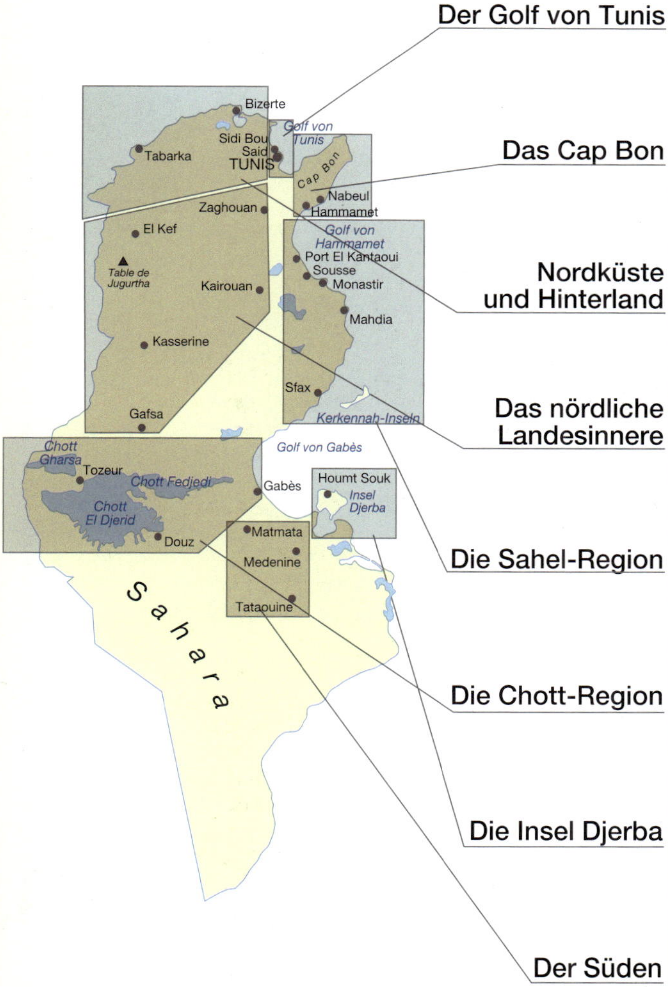
Der Golf von Tunis
Das Cap Bon
Nordküste
und Hinterland
Das nördliche
Landesinnere
Die Sahel-Region
Die Chott-Region
Die Insel Djerba
Der Süden
Bizerte
Golf von Tunis
Sidi Bou Said
TUNIS
Tabarka
Cap Bon
Nabeul
Hammamet
Zaghouan
El Kef
Table de Jugurtha
Kairouan
Golf von Hammamet
Port El Kantaoui
Sousse
Monastir
Mahdia
Kasserine
Sfax
Kerkennah-Inseln
Gafsa
Golf von Gabès
Chott Gharsa
Tozeur
Chott Fedjedj
Chott El Djerid
Gabès
Houmt Souk
Insel Djerba
Douz
Matmata
Medenine
Tataouine
Sahara

Text und Recherche: Sabine Becht

Lektorat: Angela Nitsche, Sabine Senftleben

Redaktion und Layout: Nona-Andreea Kolle

Fotos: siehe Fotonachweis

Cover: Karl Serwotka

Titelfotos: oben: Sahara bei Ksar Ghilane (Sabine Becht);
unten: Seguia-Strand, Insel Djerba (foto-presse timmermann)

Karten: Susanne Handtmann, Matthias Patrzek

Fotonachweis

Sabine Becht und Gregor Malinowski: 3, 8, 9, 17, 21, 27, 34, 41, 52, 61, 63, 69, 70, 71, 73, 80, 81, 83, 85, 88, 89, 91, 97, 106, 113, 114, 124, 127, 133, 136, 137, 145, 148, 151, 153, 157, 165, 171, 174, 184, 193, 205, 207, 209, 214, 216, 221, 223, 224, 228, 229, 233, 241, 244, 249, 251, 252, 255

Michael Bussmann: 13, 29, 37, 43, 45

Claudia Hoffmann: 11, 14, 18, 25, 31, 35, 36, 39, 49, 53, 87, 90, 105, 110, 119, 123, 125, 131, 132, 134, 142, 149, 156, 159, 162, 167, 179, 183, 189, 195, 201, 206, 215, 236

Mark-Richard Kolle: 58

Marcel Reinhard: 10, 55, 94, 111, 172, 175, 185, 199, 204, 217, 227

Unser besonderer Dank gilt Claudia Hoffmann für ihre wertvolle Mitarbeit bei der Aktualisierung dieses Buches, Gregor Malinowski für die Mitarbeit bei der Recherche in Tunesien und Sonia Ben Salah für die Erstellung des kleinen Sprachführers.

Besonders möchten wir den Lesern danken, die uns durch zahlreiche Tipps und Infos bei der Aktualisierung dieses Buches unterstützt haben.

ISBN 978-3-89953-341-5

3. überarbeitete und aktualisierte Auflage 2007

TUNESIEN

Sabine Becht

INHALT

Alles im Kasten

Was haben Sie entdeckt?

Haben Sie ein stimmungsvolles Café, ein typisches Restaurant, Ihren Lieblingsstrand oder ein sehenswertes entlegenes Dorf gefunden?

Wenn Sie Tipps, Verbesserungen oder Anregungen haben, schreiben Sie uns bitte.

Schreiben Sie an:

Sabine Becht
Stichwort „Tunesien“
c/o Michael Müller Verlag
Gerberei 19
91054 Erlangen
E-Mail: s.becht@michael-mueller-verlag.de

Kartenverzeichnis

Zeichenerklärung für die Karten und Pläne

- Autobahn
- Asphaltstraße
- Asphaltstraße
- Piste
- Gewässer
- Sumpfgebiet
- Strand
- Palmenhain
- Badestrand
- Bebaute Fläche
- Park/Grünanlage
- Post
- Information
- Bushaltestelle
- Campingplatz
- Leuchtturm
- Berggipfel
- Ausgrabung
- Moschee
- Kastell
- Kirche
- Museum
- Flughafen

Im Innenhof des Dar Othman in der Medina von Tunis

Tunesien erleben

Das kleine Land zwischen Algerien und Libyen steht in erster Linie für einen sonnensicheren, preiswerten Badeurlaub. Man wirbt mit herrlichen Sandstränden und erstklassigen Pauschalhotels, mit vielfältigen Sportmöglichkeiten und interessanten Ausflugsangeboten. Von Individualreisenden ist Tunesien dagegen noch nicht so richtig entdeckt worden.

Eigentlich verwunderlich, denn das „andere" Tunesien jenseits der abgeschirmten Hotelanlagen bietet eine landschaftliche Vielfalt, die man so schnell nicht wieder findet: dichte Wälder im Norden, in der Mitte sanfte Hügel, Salzseen, Steppen und Oliven, dann die Wüste – der *Grand Erg Oriental*, wie die Sahara hier genannt wird. Wer einmal da war – und am besten noch eine Nacht unter dem gigantischen Sternenzelt der Sahara verbracht hat –, kommt garantiert wieder. Wer will, kann das alles auch fast auf einmal haben: Die Fahrt von Tabarka im äußersten Norden bis zur Oasenstadt Douz, dem „Tor zur Sahara", dauert in dem kleinen, überschaubaren Land gerade mal einen Tag.

In Tunesien treffen Orient und Okzident aufeinander, europäisch orientiertes Denken mit arabischer Lebensart und islamischem Traditionsbewusstsein. Die Nähe zu Europa (vom östlichsten Punkt Tunesiens sind es nur 138 km bis Sizilien) macht sich im Norden des Landes überall bemerkbar. Tunis, die ca. zwei Millionen Einwohner zählende Hauptstadt, ist eine der wichtigsten Metropolen der arabischen Welt, gleichzeitig aber so sehr von französischem Flair geprägt, dass man sich hier eher nach Paris versetzt fühlt als nach Afrika.

An der Nordwestküste des Cap Bon

Eine stabile wirtschaftliche Lage und aufgeschlossene, freundliche Bewohner machen Tunesien zu einem relativ sicheren und leicht erschließbaren Reiseland. Nur zweieinhalb Flugstunden von Mitteleuropa entfernt, ist Nordafrika kaum einfacher zu erforschen. Und die Tunesier freuen sich über Reisende, die von ihrem Land mehr sehen wollen als nur die dicht besiedelte Küstenregion mit ihren unzähligen Hotels.

Kulturell schöpft das Land aus einer über 3.000-jährigen Besiedlungsgeschichte. Am berühmtesten sind sicherlich die Ruinen der einstigen Großmacht Karthago, doch auch die Römer haben hier erstaunlich gut Erhaltenes hinterlassen. Acht bedeutende Stätten zählen zum UNESCO Weltkulturerbe, darunter die römische Ausgrabungsstätte Dougga und das Amphitheater von El Jem. Der arabischen Kultur begegnet man am eindrucksvollsten in Kairouan, der heiligen Stadt Tunesiens, aber auch in den Medinas der großen Städte mit ihren vielen Moscheen und den stimmungsvollen Souks.

Landschaft und Geografie

Tunesien, das kleinste Land Nordafrikas, liegt in der Mitte der nordafrikanischen Küstenlinie. Im Norden und Osten wird es vom Mittelmeer begrenzt, im Westen von den Ausläufern des Hohen Atlas; hier, an der algerischen Grenze, liegt auch der höchste Berg des Landes, der 1.544 m hohe *Djebel Chambi*. Die geografische Grenze im Süden Tunesiens bildet die nordöstliche Sahara, der *Grand Erg Oriental*, dessen Ausläufer fast ein Viertel der Staatsfläche umfassen. Das Land teilt sich geografisch in vier Regionen:

1. Nördlich der diagonal von etwa Kasserine bis zum Cap Bon verlaufenden Dorsale (mitteltunesischer Gebirgsrücken) erstreckt sich eine fruchtbare Kulturlandschaft. Ganz im Norden die Kroumirie- und Mogod-Berge, beides

Auf dem Viehmarkt in Douz

Ausläufer des Tell-Atlas-Gebirges. Südlich davon fließt der *Oued Medjerda*, der einzige ganzjährig Wasser führende Fluss Tunesiens, dessen Tal die fruchtbarste Gegend des ganzen Landes ist. Südlich vom Medjerda bis zur Dorsale Hügellandschaft und Hochebenen.

2. Südlich der Dorsale bis zur Chott-Region erstrecken sich die zentraltunesischen Steppenlandschaften mit dem Steppentiefland im Osten (Kairouaner Becken) und dem Steppenhochland zwischen Dorsale und den Chotts.

3. Der tiefe Süden des Landes beginnt mit dem Salzsee *Chott El Djerid*, in südliche Richtung schließen Wüstensteppen und Sahara an. Im Südosten liegt das Plateau des Dahar-Berglands und die Djeffara-Küstenebene, in Richtung libysche Grenze hauptsächlich Steinwüste.

4. Die Sahel-Küstenregion: Die fruchtbare Gegend mit weiten Olivenhainen erstreckt sich vom *Golf von Hammamet* bis zum nördlichen Bereich des *Golfs von Gabès*.

Tunesien auf einen Blick

Offizieller Name: Al-djumhuriya at-tunisiya (Tunesische Republik)

Fläche: 164.150 km² (fast halb so groß wie Deutschland), Küstenlänge von ca. 1.300 km

Hauptstadt/große Städte: Tunis (Großraum ca. 2 Mio. Einwohner), es folgen Sfax (ca. 265.000), Sousse (ca. 175.000) und Kairouan (ca. 118.000)

Gesamtbevölkerung: 9,9 Mio., davon 65 % in den Städten, die Bevölkerungsdichte liegt bei 61 Einwohnern/km²

Verwaltungsbezirke: 24 Gouvernorate mit insgesamt 257 Gemeinden

Religion: sunnitische Moslems (99,4 %), Christen (0,3 %), Juden (0,1 %)

Sprache: Amtssprache ist Arabisch, Französisch ist weit verbreitet, in den Ferienorten auch Deutsch.

Karge Schönheit bei den Bergoasen

Klima/Reisezeit

Tunesien gilt als sonnensicheres Badeurlaubsland, doch ist man vor Überraschungen nicht sicher. In den Bergen der Kroumirie z. B. ist Schnee im Winter keine Seltenheit. Im Norden des Landes herrscht mediterranes Klima mit angenehm warmen Sommermonaten und kühlen, regnerischen Wintermonaten. Der Süden mit der Sahara ist heiß, verzeichnet kaum Niederschläge und in den Nächten (vor allem im Winter!) kann es unangenehm kalt werden. Die Küstenregion mit gemäßigtem Klima ist durch einen leichten Wind geprägt, der in den heißen Monaten sehr angenehm ist.

Prinzipiell kann Tunesien ganzjährig bereist werden; wer aber auf immer blauen Himmel setzt, sollte nicht vor Mitte April und nicht nach Ende Oktober, Anfang November kommen. Die Insel Djerba, beliebtes Ziel mitteleuropäischer „Überwinterer", ist als Ganzjahresziel zu empfehlen, aber auch hier sollte man im Winter mit mittleren Temperaturen von „nur" etwa 17–19 °C rechnen. Für Wüstentouren sind die Monate November/Dezember bis März/April gut geeignet.

Flora

Während im grünen Norden dichte Wälder und fruchtbare Ebenen das Landschaftsbild mitprägen, findet man im vegetationsarmen Süden hauptsächlich die Dattelpalmen-Oasen. In Zentraltunesien beherrschen karge Steppen mit Eukalyptusbäumen und Halfagras die Gegend.

Wälder: In der Kroumirie ganz im Norden des Landes findet sich noch ein dichter Bestand an Korkeichen, daneben auch Kiefern und wenige Zedern. Durch Abholzung hat sich der Waldbestand allerdings auf die Höhenlagen des nordtunesischen Berglandes reduziert.

Macchia und Garigue: Anspruchslose Strauch- und Buschvegetation, die sich auf dem Boden ehemals abgeholzter, nicht genutzter Fläche breit gemacht hat. Die für trockene Mittelmeergegenden typische Vegetation besteht hauptsächlich aus Ginster, Erdbeerbaum, Baumheide, Mastixsträuchern und Agaven. In Tunesien kommen noch die Feigenkakteen hinzu, die selbst auf dem ärmsten trockenen Boden wachsen und oft als Hecken in der Landschaft stehen.

Kulturpflanzen: Bereits die Karthager kultivierten das Land v. a. am Cap Bon durch Wein-, Oliven- und Getreideanbau sowie weite Plantagen mit Zitrusfrüchten. Unter den Römern wurde die afrikanische Provinz dann zur Kornkammer Roms, vor allem das fruchtbare Medjerda-Tal im Norden. Der Olivenanbau (ebenfalls schon seit der Antike) prägt die Sahel-Region. Die Kulturpflanzen des Landes wurden in aller Regel von Phöniziern, Römern und Arabern „importiert", Letztere brachten z. B. die Dattelpalme mit. Weitere Nutz- und Zierpflanzen kamen nach der Entdeckung Amerikas durch die Spanier und mit der französischen Kolonialherrschaft nach Tunesien.

Blumen: Der duftende Jasmin ist sozusagen die *Nationalblume* Tunesiens, daneben wachsen kletternde Bougainvilleen und Hibiskus. Im Frühling sind die Wiesen im Norden von wild wachsenden Blumen bunt getupft.

Oasen

Jeder Zentimeter wird genutzt, nicht nur nebeneinander, sondern auch übereinander. In der obersten Etage der Oase gedeihen die Dattelpalmen (deren Anzahl übrigens für die Größe einer Oase ausschlaggebend ist, nicht die Größe der benachbarten Ansiedlung), einen Stock tiefer wachsen Obstbäume (u. a. Granatäpfel, Aprikosen, Feigen, Zitrusfrüchte). Im Erdgeschoss schließlich gedeihen Gurken, Auberginen, Kürbisse und Tomaten, aber auch Tabak und Getreide.

Bewässert werden die Oasen durch artesische (durch Überdruck aufsteigende) Quellen, Brunnen und unterirdische Aquädukte. Die weit verzweigten Bewässerungskanäle wurden schon im 14. Jh. entwickelt. Oasen waren bald wichtige Markt- und Handelszentren der Nomaden. Zu den wichtigsten des Landes zählen Tozeur, Gabès und Douz.

Fauna

Wo in der Antike noch Löwen, Panther, Elefanten und Antilopen zu Hause waren, zeigen sich heute nur noch wenige große Säugetiere. Wildschweine, Füchse und ein paar Atlashirsche finden sich in den nördlichen Bergländern, in den Wüstenregionen halten sich noch vereinzelt Gazellen und Wüstenfüchse auf. In den verschiedenen Naturreservaten (z. B. Ichkeul im Norden) hat man u. a. Wasserbüffel, Flamingos und andere Vogelarten angesiedelt. Besucht wird Tunesien saisonal von vielen Zugvögeln (z. B. dem Storch) und kleineren Raubvögeln, die hier überwintern.

Schlangen und Skorpione sind sehr gefürchtet, aber kaum anzutreffen. Sandvipern kommen in den Wüsten- und Oasenregionen selten vor, eher bekommt man mal einen Skorpion zu Gesicht, der sich besonders nachts vom Lagerfeuer und anderen Lichtquellen in den Oasen angezogen fühlt. Die unbewohnten Galite- und Zembra-Inseln sind Rückzugsgebiete der vom Aussterben bedrohten Mittelmeermönchsrobben. Nutztiere der Tunesier sind Ziegen, Schafe, Mulis, Esel, Pferde und natürlich das Kamel bzw. Dromedar.

Literaturtipp: *Tunesien – Landschaft, Tier- und Pflanzenwelt* von Wolf-Ulrich Cropp, erschienen im Landbuch-Verlag, Hannover. Nur noch antiquarisch erhältlich.

Das Dromedar

Camelus Dromedarius (mit nur einem Höcker) war jahrhundertelang als Lasttier der Nomaden auf den Karawanenwegen unverzichtbar. Kein Wunder, da es ohne Wasser zwei bis drei Wochen in der Wüste auskommen kann. Dafür trinkt es sich dann bei Gelegenheit locker einen Vorrat von über 100 Litern auf einmal an. Doch die Anpassungsfähigkeit des seit über 3.000 Jahren domestizierten Dromedars geht noch weiter: Um Flüssigkeitsverlust zu vermeiden, kann es seine Körpertemperatur um 6 °C variieren, das im Höcker gespeicherte Fett setzt bei Verbrennung Flüssigkeit frei, beim Urinieren wird nur ein Minimum an Flüssigkeit ausgeschieden und auch der Kot ist völlig trocken und diente den Nomaden deshalb als Brennstoff.

Heute trägt das Dromedar nicht mehr Lasten durch die Wüste, sondern dient vielfach als Touristenattraktion; Kamelreiten am Strand steht in jedem Urlaubsort auf der Tagesordnung. Einer jahrhundertelangen Tradition folgend, werden die Dromedare auch heute noch vereinzelt als Nutztiere eingesetzt, z. B. um Brunnenwasser hochzuziehen oder (Öl-)Mühlen anzutreiben.

Land und Leute

Bevölkerung: Von den 9,9 Mio. Einwohnern Tunesiens leben fast zwei Drittel (65 %) in den Städten. Die Einwohnerdichte (61 Personen/km^2) weist ein starkes Nord-Süd-Gefälle auf. Während sich in Tunis und Umgebung ca. 2.000 Bewohner einen Quadratkilometer teilen, sind es im südlichsten Gouvernorat von Tataouine gerade mal vier. Die Lebenserwartung liegt für Frauen bei 75 Jahren, für Männer bei 71 Jahren (Deutschland: 81 bzw. 75 Jahre), das jährliche Bevölkerungswachstum beträgt 1,08 % (Deutschland: zurzeit rückläufig). Tunesiens Gesellschaft ist außerordentlich jung, 27 % aller Tunesier sind unter 15 Jahren.

Die nicht arabisierten Berber machen nur noch gut ein Prozent der Gesamtbevölkerung aus und leben hauptsächlich in den Gebieten des Dahar-Berglands im Süden. Neben einigen wenigen Christen (0,3 % der Gesamtbevölkerung) leben in Tunesien etwa 10.000 Juden (vor allem auf der Insel Djerba).

Religion – der Islam: 99 % aller Tunesier gehören dem *sunnitischen Islam* an. Die *Sunniten* (zu ihnen gehören 92 % aller Muslime) halten an der Rechtmäßigkeit der – ehemals ernannten – Kalifen als Anführer ihres Glaubens fest, wogegen die *Schiiten* nur die direkten Nachkommen von **Mohammeds** (Glaubensgründer, 570–632 n. Chr.) Tochter **Fatima** und deren Mann **Ali** als *Imams* (Leiter der muslimischen Gemeinde) anerkennen. Sunniten und Schiiten unterteilen sich wiederum in verschiedene Gruppierungen, bei den Sunniten sind dies die vier Rechtsschulen (*Madhab*).

In Kairouan

Gleichermaßen verbindlich ist für alle Gruppierungen der **Koran**, das *heilige Buch des Islam*, mit seinen 114 Kapiteln (Suren). Zu den fünf Grundregeln eines gläubigen Muslims gehören das Bekenntnis zur Einheit Gottes (Allah), fünfmaliges tägliches Beten (freitagnachmittags in der Moschee), Almosengaben an Bedürftige, Einhaltung des Fastengebots während des Ramadan (von Sonnenauf- bis Sonnenuntergang) und die *Hadsch* (Wallfahrt) zur Kaaba in Mekka (Saudi-Arabien). Die **Sunna**, eine Überlieferung über das Leben und Wirken des Propheten Mohammed, gilt unter den sunnitischen Moslems nach dem Koran als zweite Glaubensquelle.

Der Islam wurde 1956 zur Staatsreligion erklärt, Tunesien ist allerdings kein islamischer Staat wie z. B. der Iran. Die *Scharia* (Gerichtsbarkeit des Islam) wurde 1959 abgeschafft, die Regeln des Islam werden bei der Rechtsprechung allerdings berücksichtigt.

Politik: *Habib Bourguiba* (1903–2000) war der Begründer des unabhängigen Tunesien. Mit ihm und der Verfassung von 1959 wurde die Schleierpflicht für Frauen und die Polygamie ebenso wie die *Scharia* (Gerichtsbarkeit des Islams) abgeschafft, mit der Gleichstellung von Mann und Frau der Staat entscheidend modernisiert. Nach 31 Jahren uneingeschränkter Macht Bourguibas übernahm *Zine El Abidine Ben Ali* am 7. November 1987 durch Absetzung des Präsidenten dessen Amt. 1988 wurde das bisherige Mehrheitswahlrecht in ein gemischtes Mehrheits- und Verhältniswahlrecht umgewandelt, das Parlament um 19 Sitze (für die Oppositionsparteien) auf 163 Sitze erweitert (später auf 182 Sitze, davon 34 für die Opposition). Beobachtern zufolge führt die legale Opposition (derzeit sechs zugelassene Parteien) allerdings ein Alibidasein und hat in der Praxis keinen Einfluss auf politische

Entscheidungen. Kritik wird auch an der Verletzung der Menschenrechte politischer Häftlinge, an polizeilicher Willkür generell und an der Einschränkung der Pressefreiheit durch den Staatsapparat laut. Zusätzliche Kritik kam auf, als der „UN-Weltgipfel zur Informationsgesellschaft" im November 2005 ausgerechnet in Tunis, im Land der quasi nicht vorhandenen Presse- und Informationsfreiheit, abgehalten wurde. Die gute Nachricht: Verglichen mit manch anderen arabischen Ländern (die ja in der Mehrheit autoritär regiert werden), zählt der Lebensstandard in Tunesien deutlich zu den besseren.

Radikal-islamisch geprägte Parteien sind seit 1990 verboten. Laut Amnesty International gehört der größte Teil der etwa 2.000 politischen Häftlinge in Tunesien der islamistischen Bewegung an, hinzu kommen auch Oppositionelle des demokratischen Lagers und Intellektuelle. Laut Angaben diverser Menschenrechtsorganisationen kommen Verschleppungen und Folter immer wieder vor, besonders betroffen sind hiervon die Islamisten.

Dem gegenüber stehen die geradezu unheimlichen Wahlerfolge von Präsident Ben Ali: Der heute über 70-Jährige, früher Sicherheitschef des Landes, wurde in den Direktwahlen 1994, 1999 und 2004 jeweils mit über 95-prozentiger Mehrheit in seinem Amt bestätigt, die ersten beiden Male mit unglaublichen 99 %. Medienberichten zufolge soll Ben Ali nun sogar eine fünfte Amtszeit anstreben, dafür müsste er aber die tunesische Verfassung ändern lassen, denn diese sieht maximal vier Legislaturperioden für den Präsidenten vor.

Außenpolitisch fährt das kleinste Land des Maghreb (arab. „Westen") einen europaorientierten Vermittlerkurs zwischen den arabischen Staaten. Die Beziehungen zum Nachbarland Libyen haben sich entspannt, dagegen ruft die gleich bleibend schwierige politische Lage in Algerien Besorgnis hervor. Im Verhältnis zu Israel gilt Tunesien als gemäßigt. Das Land ist u. a. Mitglied der UNO, der Arabischen Liga (Sitz von 1979–1990 in Tunis) und der OPEC. Innenpolitisch gilt höchste Priorität für den Bildungssektor, v. a. für die Alphabetisierung (Stand 2005: 85 %), sowie für das Gesundheits- und Sozialwesen.

Wirtschaft: Mit einem Bruttosozialprodukt von 2.380 € (im Jahr 2005) pro Kopf zählt Tunesien zu den reicheren Ländern Afrikas. Die Wirtschaft wächst stetig (geschätzte 5 % für 2006), die Inflationsrate fällt mit ca. 4 % (im Jahr 2005) relativ gering aus und es ist eine beachtliche Exportsteigerung zu verzeichnen. Dennoch: Die Außenhandelsbilanz bleibt negativ. Die Arbeitslosenquote liegt offiziell bei 14,2 % (2005), besonders betroffen sind Hochschulabgänger. Große Erwartungen setzt man in die Liberalisierung des Außenhandels, u. a durch den GATT-Beitritt 1994 und das EU-Freihandelsabkommen von 1995. Bis zum Jahr 2008 sollen alle Außenhandelszölle abgeschafft werden.

Mehr als die Hälfte (59 %) des Bruttoinlandsproduktes (BIP) entfällt auf den Dienstleistungssektor (mit Tourismus), gut ein Viertel (28 %) auf die Industrie und weitere 13 % auf die Landwirtschaft. Die wichtigsten Erträge aus der Landwirtschaft sind Getreide, Oliven, Zitrusfrüchte, Tomaten und Datteln, hinzu kommt die Vieh- und Weidewirtschaft, die aber den Inlandsbedarf kaum decken kann. Ein geringer Anteil des BIP entfällt auf die Forstwirtschaft mit Holz, Kork und Halfagras. Seit Jahren stagnierend ist der Fischereisektor, u. a. wegen Überfischung der Gewässer. Rohstoffe (Phosphat, Erdöl und -gas, etwas Eisenerz) tragen mit nur ca. einem Prozent zum BIP bei, auch hier werden sinkende Erträge verzeichnet. In der verarbeitenden Industrie dominieren Textil- und Lederwaren sowie

Nahrungsmittel, etwa 80 % davon sind für den Export bestimmt. Die traditionell wichtigen Erwerbszweige Handwerk und Kunsthandwerk haben heute keinen leichten Stand mehr, zum einen durch die zunehmende Industrialisierung, zum anderen durch den vermehrten Import. Vielfach wurde auf Souvenirproduktion umgestellt. Das *Office Nationale de l'Artisanat Tunisien (ONAT)* versucht, durch staatliche Ausbildungsstätten und Verkaufsstellen die Qualität des Kunsthandwerks zu gewährleisten und die Handwerkszweige zu unterstützen. Allgemein wird die Privatisierung verschiedener Wirtschaftszweige verstärkt vorangetrieben. Die wichtigsten Außenhandelspartner Tunesiens sind sowohl für den Export als auch für den Import Frankreich, Italien und Deutschland.

Tourismus: Reisende kamen bereits im 19. und Anfang des 20. Jh. Einen ersten Boom erlebte Tunesien ab den 60er Jahren des 20. Jh., als besonders Hammamet zum Exklusivziel avancierte. Seit Anfang der 70er Jahre wird Tourismus von staatlicher Seite intensiv gefördert, heute rangiert das Geschäft mit ausländischen Gästen bei den Deviseneinnahmen an zweiter Stelle (nach der Textilindustrie). Im gesamten Tourismussektor arbeiten etwa 200.000 Menschen.

Tunesien hat heute das Image eines Billigreiselandes, das vorrangig auf Pauschalreisende setzt. Mittlerweile stehen etwa 230.000 Gästebetten in über 800 Hotelanlagen zur Verfügung, die von jährlich etwa 6 Mio. Touristen (davon im Jahr 2005 ca. 600.000 Deutsche) belegt werden; über 90 % davon kommen mit einem Pauschalarrangement nach Tunesien. Trotz des Einschnitts, der durch den Anschlag auf Djerba 2002 verursacht wurde, sind die Prognosen für die Entwicklung des Tourismus in Tunesien positiv. So beobachtet man seit 2004 wieder einen Anstieg der Urlauberzahlen auf einen vorher nicht erreichten Höchststand. Die Erwartungen für die Zukunft sind hoch. 17.000 neue Betten sollen in den nächsten Jahren hinzu kommen sowie mehrere Golfplätze und Wellness-Zentren. Seit einiger Zeit versucht man, dem Fremdenverkehr einen facettenreicheren Anstrich zu verpassen, anstatt ihn nur auf Badehotels und Sandstrände zu reduzieren. Die „Nur-Badegäste" sind gern gesehen und sicherlich auch das Fundament des tunesischen Tourismus, doch will man auch verstärkt den Kultur-, Sport-, Wellness- und Saharatouristen das Land schmackhaft machen. Auch wird der so genannte „Ökotourismus" in der weniger frequentierten nördlichen Region gefördert. Individualreisende sind – trotz sehr günstiger Flugangebote – in Tunesien noch immer kaum anzutreffen.

Geschichte im Überblick

Ab ca. 8000 v. Chr.: Funde aus der Gegend um Gafsa deuten auf Ureinwohner hin, die wahrscheinlich die Vorfahren der heutigen Berber und der „libyschen" Ureinwohner Nordafrikas waren.

Ab ca. 1100 v. Chr.: Die Phönizier, wichtige Handelsmacht im östlichen Mittelmeer, erschließen westliche Seewege und gründen 1101 v. Chr. *Utica* im Norden Tunesiens, die erste phönizische Ansiedlung auf tunesischem Boden.

Ab 814 v. Chr.: Gründung von Karthago bzw. *Quart Hadascht* („Neue Stadt") durch die Phönizier. Es folgt ein rascher wirtschaftlicher Aufschwung, Handelsbeziehungen zu den Etruskern (Italien) werden etabliert, die Karthager errichten Kolonien in Marokko, Algerien, auf Sardinien, den Balearen und Sizilien – Karthago steigt zur Großmacht des westlichen Mittelmeers auf. Gleichzeitig entstehen an den tunesi-

Das berühmte Neptun-Mosaik im Bardo-Museum

schen Küsten phönizische Siedlungen, die zum Teil mit Karthago kooperieren, zum Teil aber auch unabhängig bleiben.

Ab dem 6. Jh. v. Chr.: Der Kampf um Sizilien beginnt zunächst zwischen Karthago und den Griechen. 480 v. Chr. unterliegt Karthago den Griechen bei der *Schlacht von Himera*, kann seine Handelsmacht aber vorerst bewahren. Es folgen weitere Auseinandersetzungen um die strategisch so günstig gelegene Insel, die ihren ersten Höhepunkt 310 v. Chr. finden: Die Truppen von Agathokles, des Tyrannen von Syrakusa (Sizilien), landen auf dem Cap Bon, können auf afrikanischem Boden aber nur wenig ausrichten. Drei Jahre später schlagen die Karthager die Griechen entscheidend. Zur Bedrohung der nordafrikanischen Vormacht werden jetzt die aufstrebenden Römer, mit denen zuvor noch territoriale Verträge Gültigkeit hatten, die aber ihrerseits Sizilien, den Zankapfel der Großmächte, beherrschen wollen und sich durch Karthago in ihren Expansionsbestrebungen gestört fühlen.

Begriffsbestimmung – Phönizier, Punier oder Karthager?

Die *Phönizier* bzw. *Phöniker* waren die aus dem heutigen Libanon (Tyros) abgewanderten ersten Siedler auf tunesischem Boden (ab 11. Jh. v. Chr.). Später prägten die Römer für sie die Bezeichnung *Poeni* (altrömisch für *Punier*). Nach der politischen und kulturellen Unabhängigkeit Karthagos ab etwa dem 7. Jh. v. Chr. kam die Bezeichnung *Karthager* auf.

264–146 v. Chr. – das Zeitalter der Punischen Kriege: Auslöser für den *1. Punischen Krieg* (264–241 v. Chr.) ist der Kampf um die Stadt Messina im Osten Siziliens. Nach langem Hin und Her, bei dem die Römer auch in Nordafrika landen, ist Karthago geschwächt und muss seine Ansprüche auf Sizilien komplett an Rom

Das römische Sufetula

abtreten. Im *2. Punischen Krieg* (218–201 v. Chr.) scheint sich das Blatt zunächst zugunsten Karthagos zu wenden: Hannibals legendärer Zug mit Elefanten über die Alpen und die *Schlacht von Cannae* (218 v. Chr.), bei der die Römer vernichtend geschlagen werden, erwecken den Eindruck, als würden die Punier siegreich aus dem Krieg hervorgehen. Doch Rom wird unterschätzt und besiegt Hannibal und seine Truppen bei der *Schlacht von Zama* (in Tunesien) 202 v. Chr., die das Ende des 2. Punischen Kriegs markiert. Scipio der Ältere setzt die gesamte punische Flotte in Brand; Karthago verliert an Boden, und das nicht nur bei den verlustreichen Auseinandersetzungen mit den Römern, die ihnen mit jedem Friedensvertrag neue Bürden aufladen. 201 v. Chr. paktiert Massinissa, der König des benachbarten numidischen Reichs, mit Rom und stellt für Karthago nunmehr eine zusätzliche Bedrohung aus dem Westen dar. Der Konflikt zwischen den Numidern und Karthagern – denen durch einen repressiven Friedensvertrag der Römer Kriegshandlungen untersagt sind – löst letztendlich den *3. Punischen Krieg* (149–146 v. Chr.) aus. Der fällt vergleichsweise kurz, dafür aber verheerend für Karthago aus. Nachdem fast alle unabhängigen Städte auf tunesischem Boden rechtzeitig zu Rom übergetreten sind, hat das ohnehin geschwächte Karthago keine Möglichkeit mehr, dem inzwischen übermächtigen Rom entgegenzutreten. Scipio der Jüngere brennt Karthago 146 v. Chr. nieder, die punische Großmacht ist besiegt, die Stadt völlig zerstört.

Ab 146 v. Chr. – Tunesien unter den Römern: Nach dem Ende Karthagos ist von einer offiziellen römischen Kolonialisierung zunächst nichts zu spüren, obwohl einige reiche Römer bereits karthagisches Land erwerben und durch Punier und Berber bewirtschaften lassen. Utica, das sich früh auf Roms Seite geschlagen hat, wird zur freien Stadt ernannt. Jugurtha, ein Enkel des Numiderkönigs Massinissa, beschwört durch allerlei Machenschaften und die Ermordung einiger römischer

Bürger den *Jugurthinischen Krieg* (111–105 v. Chr.) herauf, dem er selbst zum Opfer fällt. Bei der *Schlacht von Thapsus* (46 v. Chr.) schlägt Julius Caesar die Pompejaner, seine Gegner im römischen Bürgerkrieg, vernichtend. Der Numiderkönig Juba ist ein Verbündeter der Pompejaner und so fällt auch Numidien in die Hände Caesars. Das numidische Territorium wird zur Provinz *Africa Nova,* an das *Africa Vetus,* das ehemalige karthagische Gebiet, anschließt. 27 v. Chr. werden beide unter Kaiser Augustus zur Provinz *Africa Proconsularis* zusammengeführt. Karthago wird bald wieder zur Hauptstadt der afrikanischen Provinz ernannt.

Das Gebiet des heutigen Tunesien erfährt einen Aufschwung, die Städte erhalten bald den Status der *Coloniae,* d. h. sie gehören zum römischen Staatsgebiet, der Boden wird vom Senat verpachtet und die Bewohner sind römische Staatsbürger. Eine einflussreiche Aristokratie macht sich breit, die Provinz ist Kornkammer Roms: Zwei Drittel des Getreides (vor allem aus dem Medjerda-Tal im Norden des Landes) werden ins Mutterland exportiert, daneben Zitrusfrüchte und Oliven. Der stetige Aufstieg des römischen *Africa* bringt u. a. bedeutende Bauwerke hervor, wie sie in Karthago, Dougga, Sbeitla und Bulla Regia zu sehen sind. 238 n. Chr. ruft man in der afrikanischen Provinz den Gegenkaiser Gordianus aus, die Revolte wird aber von Rom niedergeschlagen. Ab Ende des 3. Jh. geht es mit dem Wohlstand der römischen Provinz langsam abwärts, ab Mitte des 4. Jh. verliert die römische Großmacht auch in Nordafrika mehr und mehr an Bedeutung.

Ab ca. 180 – das frühchristliche Tunesien: Karthago wird bereits 200 Bischofssitz. Das Christentum erfährt regen Anklang, auch unter den Berbern, die oftmals aus Opposition zu Rom zum christlichen Glauben konvertieren. Das frühe Christentum wird bald in zwei Lager gespalten: Die *Donatisten* folgen der Lehre des Bischofs Donatus von Karthago (gest. ca. 355), den Gegenpol bilden die Anhänger von Augustinus, der von 374 bis 384 in Karthago lehrt. Unter den Gefolgsleuten von Augustinus werden die Donatisten verfolgt.

Ab 429 – die Vandalen: Das germanische Volk der Vandalen kommt, nachdem es 409 Spanien eingenommen hat, 429 unter Geiserich mit 80.000 Mann nach Nordafrika. Die Küstengebiete sind schnell eingenommen und 439 folgt Karthago, das zur Hauptstadt des Vandalenreichs erklärt wird. Die etwa 100-jährige Herrschaft ist geprägt von religiösen Spannungen zwischen den dem arianischen (christlichen) Glauben zugehörigen Vandalen und den Katholiken im Land, hinzu kommen immer häufigere Angriffe der Berberstämme aus dem Hinterland. Als 530 König Hilderich, ein Freund des byzantinischen Kaisers Justinian, von Gelimer gestürzt wird, nehmen dies die Byzantiner zum Anlass, ihre Truppen zu schicken. Ohne größeren Widerstand seitens der Vandalen zieht der byzantinische Feldherr Belisar 534 in Karthago ein.

Ab 534 – das byzantinische Tunesien: Trotz vieler byzantinischer Bauwerke auf tunesischem Boden trügt der Schein einer einflussreichen oströmischen Großmacht – die Byzantiner können sich in Nordafrika nur schwer behaupten. Das liegt zum großen Teil an den zunehmenden Überfällen durch Berberstämme. Die neuen Herrscher kommen kaum über ihre Festungen (meist auf ehemals römischen Städten) hinaus, das Hinterland ist fest in den Händen der Berber. Ein schwaches Byzanz also, das die arabische Eroberung geradezu herausfordert.

Ab ca. 647 – das arabische Tunesien: Die Araber kommen – wie viele Jahrhunderte zuvor schon die Phönizier – aus dem Osten und bringen ihre neue Religion mit: den Islam. Die Berber, nunmehr der einzige ernst zu nehmende Gegner, sind zu uneins, um das Vordringen der Araber aufhalten zu können. Nach einer anfänglichen Phase des Widerstands nehmen viele von ihnen den islamischen Glauben an. Die Byzantiner sind schnell aus dem Land vertrieben und mit der Einnahme Karthagos im Jahr 698 ist die arabische Herrschaft in Nordafrika besiegelt. Bereits 670 hat der islamische Eroberer *Okba ibn Nafaa* die Stadt Kairouan gegründet, von nun an Hauptstadt und geistiges Zentrum des arabisch-islamischen *Ifrikya*. Regiert wird die *ifrikyanische Provinz* allerdings von Osten aus – erst aus Damaskus von der Kalifendynastie der *Umayyaden*, später dann aus Bagdad von den *Abbasiden*.

800–909 – die Aghlabiden-Dynastie: Ursprünglich Statthalter des weit entfernten abbasidischen Kalifen von Bagdad, gelingt es *Ibrahim ibn al Aghlab* bald, die Unabhängigkeit der Provinz zu erreichen. Das Ergebnis ist ein wahrhaft goldenes Jahrhundert, wovon noch heute die zahlreichen islamischen Prachtbauten in Kairouan zeugen. Als Herrschersitz wird Rakkada bei Kairouan erbaut. Während ihrer Glanzzeit gelingt es den Aghlabiden sogar, Sizilien zurückzuerobern. Handel und Landwirtschaft blühen, viele der heute noch zu besichtigenden Ribats (Wehrklöster) entstehen unter ihrer Regie.

909–973 – die Fatimiden-Dynastie: Die Berberstämme, die schon seit längerem mit der Regierung der Aghlabiden unzufrieden sind, ermöglichen den Fatimiden (benannt nach Fatima, der Tochter Mohammeds) die Machtübernahme. Die *schiitische* Glaubensrichtung der Fatimiden gewinnt gegenüber der *sunnitischen* der Bagdader Kalifen, die noch immer Einfluss auf die aghlabidischen Herrscher hat, an Bedeutung. Die Fatimiden betrachten Tunesien und den Maghreb jedoch nur als Zwischenstation auf ihrem Eroberungszug. Zwar wird die Hauptstadt 921 nach Mahdia, einem strategisch günstig gelegenen Fischerdorf an der Küste, verlegt, doch mit der Einnahme Kairos (969) verlagern die Fatimiden ihre Hauptstadt dorthin und überlassen die Herrschaft im östlichen Maghreb den berberischen Ziriden.

973–1160 – die Ziriden-Dynastie: Zunächst noch als Statthalter der fatimidischen Herrscher in Kairo entwickeln die Ziriden mit der Zeit mehr und mehr Selbstständigkeit, wenden sich vom schiitisch-fatimidischen Glauben ab und wieder den Abbasiden zu. Eine fatale Entscheidung, denn die Fatimiden senden als Rache Mitte des 11. Jh. die *Beni-Hilal-Nomaden* (und später die *Beni-Sulaim*) in den Maghreb, die im Jahr 1057 Kairouan zerstören und das Land in Schutt und Asche legen. Mahdia, die Hauptstadt, kann zwar von den Ziriden gehalten werden, wird aber 1148 von den Normannen erobert.

1160–1227 – die Almohaden-Dynastie: Die almohadische Herrscherdynastie kommt ursprünglich aus Marokko. Unter ihnen wird Tunis 1207 neue Hauptstadt (und Namengeber Tunesiens), doch haben auch die Almohaden größte Schwierigkeiten mit den revoltierenden Berberstämmen im Land. Aus den Almohaden geht die Dynastie der – ebenfalls berberischen – Hafsiden hervor, die für fast 350 Jahre die Herrschaft innehaben sollen.

1227–1574 – die Hafsiden-Dynastie: Unter ihnen erlebt das Land eine erneute wirtschaftliche Blüte und eine große Expansion nach Westen (bis nach Andalusien) und in östliche Richtung bis Tripolis (Libyen) sowie die endgültige Loslösung von den einstigen Herrschern im Osten. Einen großen Beitrag zur kulturellen Blüte leisten auch die andalusischen Mauren, die im Zuge der *Reconquista* (Wiedereroberung des maurisch besetzten Spanien durch die Christen) vor allem nach Nordtunesien fliehen.

Unter dem ersten hafsidischen Herrscher Abu Zakarya (1229–1249) erfährt das Land auch seinen ersten Aufschwung, der allerdings nur von kurzer Dauer ist, da mit den Kreuzrittern eine Gefahr aus Europa naht: Ludwig IX. (der Heilige) unternimmt 1270 einen Kreuzzug nach Tunesien, stirbt aber bald nach seiner Ankunft an der Pest. Karl von Anjou, der Bruder Ludwigs, ringt den Hafsiden, die eine christliche Invasion befürchten, Religionsfreiheit für die Christen im Land ab. Im 14. Jh. kämpfen die Hafsiden zunehmend mit der europäischen Bedrängung und internen Familienrivalitäten, aber auch mit der wachsenden Macht der Berber (u. a. durch den Zuzug der Beni-Sulaim-Beduinen). Stabilität bringt erst wieder der Hafsidenherrscher Othman (1434–1488), der vor allem die revoltierenden Berberstämme unter Kontrolle bringen kann. Durch seine Vorarbeit können die hafsidischen Herrscher des späten 15. und frühen 16. Jh. ihre Macht behaupten und ausbauen. Neben dem bereits etablierten Trans-Sahara-Handel entstehen Handelsbeziehungen mit Europa, vor allem mit Venedig und Genua. 1534 wird Tunis von den Osmanen (Türken) erobert, die hafsidischen Herrscher abgesetzt. Diese wenden sich nun Hilfe suchend an den Habsburger Karl V. von Spanien. Seine Truppen geben Tunis ein Jahr später an die Hafsiden zurück, zwingen sie aber in die Abhängigkeit. Zudem übernehmen in den 40er Jahren des 16. Jh. muslimische Korsaren einige Teile des hafsidischen Territoriums. Bald werden die osmanisch-spanischen Auseinandersetzungen zunehmend auf tunesischem Boden ausgetragen: 1551 ernennen die Türken den Korsaren Dragut zum Gouverneur des eroberten Tripolis, ihr Machtbereich verschiebt sich mehr und mehr nordwärts, bis 1569 Tunis (das unter dem Machtbereich der Habsburger stand) eingenommen wird. 1574 übernehmen die Osmanen endgültig die Herrschaft.

Frühchristliches Taufbecken in Sufetula (Sbeitla)

1574–1705 – die Osmanen: In der Hauptstadt nicht unwillkommen, stoßen die Türken im Hinterland allerdings auf Widerstand der berberischen Landbevölkerung. Von Istanbul aus werden in Tunis zunächst die regierenden *Pashas* eingesetzt, 1591 übernehmen die *Deys* die militärische Macht in den Städten und die Befehlsgewalt über die *Janitscharen* (türkische Elitetruppen). Die Deys sind – im Gegensatz zu den *Beys* – nicht von Istanbul legitimiert. Zwischen Beys und Deys kommt es mehrfach zu Auseinandersetzungen, die Piraten tragen ihren Teil zur wirren Situation des ausgehenden 16. Jh. bei. Etwas stabiler wird die Lage erst wieder unter *Mourad Bey* (1612–1631) und dessen Sohn *Hammouda* (1631–1666). Aus ihnen geht die *Dynastie der Muraditen* (1631–1705) hervor, die allerdings den Einfall der algerischen Janitscharen im Jahr 1686 nicht verhindern kann. In der konfusen Lage ernennt sich *Hussein ibn Ali* 1705 selbst zum Bey von Tunis und gründet damit die *Husseiniden-Dynastie*, die letzte große Dynastie, die, zumindest formell, bis 1957 an der Macht bleibt.

1705–1957 – die Husseiniden-Dynastie: Hussein ibn Ali führt die Erbmonarchie ein und bringt im Kampf gegen die algerischen Expansionsbestrebungen die Janitscharen und Korsaren auf seine Seite. Trotz vielfacher Erbstreitigkeiten, die das Land mehr als einmal an den Rand des Bürgerkriegs drängen, und der Machtübernahme durch *Ali Pasha* (1735–1756), der die Anhänger Husseins verfolgt, gelingt es in der zweiten Hälfte des 18. Jh. vor allem unter *Hammouda Bey* (1782–1814), die Macht zu stabilisieren. *Ahmed Bey* verwendet in seiner Regierungszeit (1837–1855) viel Geld und Mühen darauf, das Land zu europäisieren. Er hebt zum Wohlwollen der Europäer die Sklaverei auf, stürzt Tunesien aber gleichzeitig in eine wirtschaftliche Misere, die nur mit europäischen Krediten geschmälert werden kann, und macht so den ersten Schritt in die Abhängigkeit von Europa bzw. Frankreich. Der Berliner Kongress von 1878 segnet die französische Besetzung von europäischer Seite ab (die Franzosen haben in den Jahren von 1830 bis 1847 bereits das Nachbarland Algerien eingenommen). Am 24. April 1881 landen 35.000 französische Soldaten an der Nordküste Tunesiens, zwei Tage später sind El Kef und Tabarka besetzt.

1881–1956 – unter französischem Protektorat: Der anfängliche Widerstand der Tunesier gegen die französischen Kolonialherren erlischt bald. Mit dem *Bardo-Vertrag* vom 12. Mai 1881 behält der *Bey Mohamed es Sadok* zwar offiziell seinen Status, wird aber zu weitgehenden Reformen des Landes gezwungen. Das französische Protektorat bringt zum einen der Wirtschaft Tunesiens einen starken Aufschwung (Landwirtschaft, Bodenschätze, Außenhandel), zum anderen zunächst eine relativ ruhige politische Lage. Dennoch setzen schon zu Anfang des 20. Jh. Unabhängigkeitsbestrebungen ein, vor allem durch die intellektuelle Oberschicht des Landes, die aus dem 1875 gegründeten *Sadiki-College* in Tunis kommt. Bis zur Gründung eines unabhängigen Staates soll es aber noch über 50 Jahre dauern. Die Spuren der französischen Besatzungszeit sind heute noch in vielen Teilen des Landes sichtbar.

Tunesien im 2. Weltkrieg

Das strategisch so günstig gelegene Tunesien spielt im Winter 1942/43 eine nicht unbedeutende Rolle im Kriegsgeschehen. Im Westen besetzen alliierte Truppen Marokko und Algerien, im Südosten belagern die Italiener Ägypten und Libyen. Rommels Afrikakorps greift an der Seite von Mussolinis Truppen in das Kriegsgeschehen in Libyen ein, wird aber im November 1942 vom britischen General Montgomery auf südtunesisches Gebiet an die Mareth-Linie (bei Gabès) zurückgedrängt. Der von Hitler ersonnene deutsch-italienische „Brückenkopf Tunesien" kann ein halbes Jahr gehalten werden, bis die Heeresgruppe Afrika unter Rommel am 13.5.1943 bei Bizerte vor den alliierten Truppen kapituliert.

20. März 1956 – das unabhängige Tunesien: Mit der Abspaltung der *Neo-Destour-Partei* von der 1920 gegründeten *Destour-Partei* im Jahr 1934 wird die Unabhängigkeit Tunesiens vorangetrieben. Zu den politischen Köpfen der *Neo-Destour* zählt ihr Begründer Habib Bourguiba, der spätere Präsident Tunesiens. Massendemonstrationen gegen die französischen Kolonialherren fordern am 9. April 1938 mehr als 100 Tote auf der Seite der Demonstranten, die Stimmung im Land richtet sich mehr und mehr gegen Frankreich. Unterbrochen vom 2. Weltkrieg, in dem sich Bourguiba weigert, mit Frankreich zu kooperieren, werden die Unabhängigkeitsbestrebungen nach Kriegsende mit härterer Gangart fortgesetzt – und das mit Erfolg. 1954 gewährt Frankreich dem Land die innere Autonomie, am 20. März 1956 wird Tunesiens Unabhängigkeit erklärt. Vorangegangen sind weltpolitische Ereignisse wie der Krieg in Algerien und die Unabhängigkeitsbestrebungen in Marokko (beide ebenfalls von Frankreich besetzt), aber auch die Niederlage der Franzosen im *Indochina-Krieg* – alles Ereignisse, die Frankreich zum Nachgeben bewegen. Nachdem einen Tag zuvor der letzte husseinidische Bey abgesetzt worden ist, wird am 25. Juli 1957 die unabhängige Republik Tunesien mit ihrem Präsidenten Habib Bourguiba ausgerufen. Die Verfassung tritt 1959 in Kraft, 1974 lässt sich Bourguiba als Präsident auf Lebenszeit wählen. Aus „Gesundheitsgründen" wird er am 7. November 1987 vom bisherigen Ministerpräsidenten und früheren Sicherheitschef *Zine El Abidine Ben Ali* abgesetzt. 1988 wird die bereits 1963 reorganisierte Staatspartei *PSD* (*Parti Socialiste Déstourien*) umbenannt in *RCD* (*Rassemblement Constitutionnel Démocratique*). Seit seinem Amtsantritt wird Ben Ali in jeder Wahl mit geradezu unglaublich großer Mehrheit bestätigt (1994 und 1999 jeweils 99 % und 2004 mit 95 %).

Anreise

Etwa 98 % aller deutschen Urlaubsgäste reisen schnell und bequem mit dem Flugzeug an. Fährpassagen (v. a. ab Genua und Marseille) sind nicht zuletzt wegen der sehr hohen Preise wenig populär und lohnen eigentlich nur bei längerem Aufenthalt. Einreisen auf dem Landweg, also über Libyen oder Algerien, sind zwar theoretisch machbar, kommen in der Praxis aber äußerst selten vor.

Mit dem Flugzeug

Die meisten Chartergesellschaften fliegen tunesische Ziele an, vor allem Djerba und Monastir, aber auch Tabarka und Tunis. Die reine Flugzeit beträgt je nach Abflug- und Zielflughafen zwei bis drei Stunden. Die tunesische Fluggesellschaft *Tunis Air* übernimmt einen relativ großen Anteil an Charterflügen, daneben fliegen u. a. *Lufthansa, Alitalia und LTU.*

Charterflüge sind nicht mehr zwingend an ein Pauschalarrangement (Hotelbuchung) gekoppelt. Preisliche Unterschiede gibt es weniger zwischen den einzelnen Gesellschaften, dafür aber umso mehr zwischen den Reisezeiten. Absolute Hochsaison sind Weihnachten, Ostern und die Sommerferien. Für diese Termine sollte man den Flug mindestens zwei Monate vor Reisebeginn buchen. Die Bestätigung des Rückfluges vor Ort (ca. 24 Std. vor Rückreise) ist zwar in der Regel reine Formsache, man sollte aber für den Fall, dass sich der Abflug vorverschiebt, dennoch am Flughafen anrufen. Von Tunesien aus sind keine Charterflüge möglich.

• *Preise* Abhängig von Saison, Abflug- und Zielflughafen etwa 150–350 €. Sicherheits- und Flughafengebühren sind bei Charterflügen meist im Preis inbegriffen. Die Tickets sind in der Regel 1–4 Wochen gültig, bei Verlängerung (max. 3 Mon.) werden ca. 25–30 € Gebühr erhoben. Umbuchungen vor Ort sind möglich und kosten je nach Gesellschaft ca. 25–50 €.

• *Last Minute* Schon lange nicht mehr im Wortsinn zu verstehen, man kann bereits etwa 2 Wochen vor dem gewünschten Flugdatum im Reisebüro nachfragen. Die Preise liegen bei ca. 150–200 €, manchmal gibt es sogar Superschnäppchen um die 100–130 €. Nachteil: Abflug- und Zielflughafen sowie Datum und Zeitraum der Reise sind unabänderlich festgelegt. *Wer eine Last-Minute-Pauschalreise bucht, liegt preislich oft nur wenig höher als bei einem regulären Charterflug!* Allerdings lohnt hier der Vergleich, und zwar zwischen den verschiedenen Anbietern untereinander *und* zwischen dem Last-Minute- und dem Katalogpreis.

Information z. B. im Internet unter *www.ltur.de* oder *www.lastminute.de*, auf Videotext, am Flughafenschalter, bei den speziellen Last-Minute-Reisebüros wie z. B. L'tur (✆ 01805/212121), aber auch bei normalen Reisebüros.

• *Billigflieger* Air Berlin fliegt Monastir und Djerba an, allerdings liegen die Preise mit ca. 300 € ähnlich wie bei den anderen Charterflügen bzw. sogar höher. Nähere Informationen unter ✆ 0180/5737800, Internet: *www.airberlin.de*. Ebenso fliegt Hapag Lloyd von Düsseldorf, Hannover, Leipzig, Nürnberg, München und Stuttgart immer dienstags nach Monastir. Die günstigsten Angebote liegen bei 200 €. Internet: *www.tuifly.com*

• *Gepäck/Sondergepäck* 20 kg Freigepäck und 5 kg Handgepäck sind immer erlaubt, über kleine Überschreitungen wird i. d. R. großzügig hinweggesehen. Fahrräder, Golf-, Tauch-, Surf- und sonstige Sportausrüstungen können bei rechtzeitiger Anmeldung gegen eine Gebühr von 25–50 € mitgenommen werden, bei erfreulich vielen Chartergesellschaften ist der Transport sogar im Preis inbegriffen.

Beachten Sie auch die seit November 2006 gültigen Sicherheitsvorschriften für das **Handgepäck**!

Linienflüge: Auch bei Linienflügen lassen sich teilweise recht interessante Sonderangebote finden, zudem ist man nicht von den Flugtagen der Charter- bzw. Billiganbietern abhängig (und kann daher an jedem Wochentag fliegen) und auch Gabelflüge sind normalerweise machbar (z. B. mit Tunis Air von Frankfurt nach Tunis und zurück ab Djerba). Die Reisebüros sowie die Vertretungen der einzelnen Fluglinien informieren über preisgünstige *Sondertarife*, die bestimmten Bedingungen unterliegen (z. B. muss immer ein Wochenende zwischen Hin- und Rückflug liegen).

Achtung: Keinesfalls sollte man nur einen Hinflug buchen, um sich dann in Tunesien frei von allen zeitlichen Zwängen um den Rückflug zu kümmern. Die Flüge von Tunesien nach Europa sind, bedingt durch viele staatlichen Reglementierungen, erheblich teurer als von Europa aus.

• *Tunis Air* fliegt von den großen deutschen Flughäfen Frankfurt, Düsseldorf, München und Berlin mind. 1-mal wöchentlich nach Tunis und Monastir, von Frankfurt 5-mal wöchentlich nach Tunis sowie 1-mal wöchentlich nach Djerba und Tozeur. Außerdem 2-mal wöchentlich von Wien und Zürich nach Tunis. In der Hochsaison deutlich mehr Verbindungen. Am einfachsten über das Reisebüro zu buchen, günstige Tarife (z. B. Weekend-IT) ab ca. 300 €, in der Hochsaison höher. Max. Aufenthalt 4 Wochen, Stornokosten 77 €, Umbuchung oft ohne Gebühr, Storno ca. 25 €. Gabelflüge sind nur eingeschränkt möglich. **Informationen** z. B. bei Tunis Air Frankfurt: ✆ 069/2710010, 📠 27100135; Düsseldorf: ✆ 0211/3230916, 📠 132471; München: ✆ 089/595653, 📠 5503519; Zürich: ✆ 08/40070707 📠 2113234; Wien: ✆ 01/5814206-07-09, 📠 5814208.

Charterflüge mit Tunis Air sind nur über Reiseveranstalter buchbar.

• *Lufthansa* fliegt von allen größeren deutschen Flughäfen (z. T. via Frankfurt oder München) nach Tunis. Jugend- und Studententarif (bis 25 bzw. 29 Jahre) ab ca. 350 €, weitere Angebote ab ca. 500 €, je nach Tarif gelten verschiedene Konditionen, in der Regel max. Aufenthalt 12 Mon., Umbuchung vor Ort und Stornierung je 77 €, je nach Angebot sind unverbindlich Reservierungen nur bedingt möglich. Buchungen mit Kreditkarte sind online möglich unter *www.lufthansa.com* (Ticketabholung am Schalter), Flugplaninformation gibt es unter ✆ 0180/5838426 oder im Reisebüro.

- *Austrian Airlines* bietet nur Charterflüge nach Tunesien (Tunis, Monastir, Djerba) an, die ausschließlich über Reiseveranstalter zu buchen sind.
- *Alitalia* fliegt ab Berlin, Düsseldorf, Stuttgart, Frankfurt und München über Mailand nach Tunis, Spartarife ab ca. 350–400 €, max. Aufenthalt 3 Mon., Umbuchung vor Ort ca. 100 €, Stornierung nicht möglich, keine Vorausbuchungsfrist. Zu buchen bei allen Reisebüros oder bei Alitalia Frankfurt: ✆ 069/69505241, 📠 69505297, Internet: *www.alitalia.de*.

Mit der Fähre

Es gibt nur ein bescheidenes Angebot an Fährverbindungen nach Tunesien und die sind nicht gerade billig. Verglichen mit den oftmals sehr günstigen Flugpreisen stellt sich die Frage, ob der Aufwand an Kosten, Mühen und Zeit überhaupt lohnt, schließlich muss man allein bis zum Fährhafen meist schon 1.000 km und mehr hinter sich bringen. Die Fähren verkehren hauptsächlich von den Mittelmeerhäfen Marseille, Genua und Palermo (Sizilien) nach Tunis, die Überfahrt dauert 20 bis 27 Stunden. Von Palermo sind es nur ca. 11 Stunden. Der Fährhafen von Tunis heißt La Goulette.

Die folgenden Fährpreise beziehen sich auf die Saison 2006, daher muss mit einem ca. fünfprozentigen Aufschlag für die nächste Saison gerechnet werden. Über neue oder nicht mehr bestehende Verbindungen informieren die deutschen Agenturen der Fährgesellschaften (s. u.).

- *Ab/bis Genua* Im Winter 1-mal wöchentlich, im Sommer fast täglich mit der **CTN** (Compagnie Tunisienne de Navigation) *nach Tunis*, Fahrtdauer 21–25 Std.

Preise (hin und zurück): Sitzplatz pro Person 197 €, Kinder (4–14) 99 €, Schüler/Studenten 164 €; Kabinenzuschläge 34–317 € pro Person; Autos, Wohnwagen, Wohnmobile und Anhänger je nach Länge 346–502 €; Motorrad 144 €. Die One-Way-Preise liegen etwa 10 % höher als bei der Buchung von Hin- und Rückfahrt.

• *Ab/bis Marseille* **SNCM Ferryterranée**, im Winter 1-mal wöch. *nach Tunis*, im Sommer 3- bis 5-mal pro Woche, Fahrtdauer ca. 21 Std. **Preise (hin und zurück)**: Sitzplatz pro Person 276 €, Jugendliche 230 €; Kabinenzuschläge 12–21 € pro Person; Auto, Wohnwagen, Wohnmobil etc. 450–584 €.

Mit der **CTN** von Marseille *nach Tunis*: Überfahrt ca. 24 Std., 1-mal wöch., im Sommer fast täglich, die Preise decken sich in etwa mit denen von SNCM.

• *Ab/bis Palermo (Sizilien)* 2-mal wöch. (ganzjährig) mit **Grimaldi** *nach Tunis*, Überfahrt ca. 11 Std. (1-mal tagsüber, 1-mal über Nacht). Die Preise für die **einfache Überfahrt** liegen bei 44 € pro Person (Deck oder Pullman), 75-215 € in der Kabine (4er-Innen bis Einzel-Außen), Auto 80-95 €, Motorrad 40 €, Fahrrad frei.

• *Ab/bis Salerno* 2-mal wöch. (ganzjährig) mit **Grimaldi** nach Tunis, Dauer der Überfahrt ca. 25 Stunden, **einfache Überfahrt** 99 € pro Person (Pullman), in der Kabine 149-329 € (4er-Innen bis Einzel-Außen), Auto 129-150 €, Motorrad 55 €, Fahrrad frei.

• *Ab/bis Civitavecchia* 1-mal wöch. mit **Grimaldi**, Überfahrt über Nacht ca. 17 Stunden, gleiche Preise wie ab Salerno.

• *Generalagenturen in Deutschland* Für **CTN** und **SNCM**: SNCM Germany GmbH, Berliner Str. 31–35, 65760 Eschborn, ☎ 06196/42911-13, 📠 483015. Im Internet: *www.sncm.de* und *www.ctn.com.tn*. **Grimaldi** über Internet: *www.grimaldi-ferries.com*

Buchungen der Fähren können auch in den **DER-Reisebüros** vorgenommen werden.

Anreise auf dem Landweg

Visa für die Nachbarländer Algerien und Libyen müssen in jedem Fall schon zu Hause beantragt werden (s. „Wissenswertes von A bis Z/Diplomatische Vertretungen"). Von Algerien gibt es sieben Grenzübergänge: Tabarka, Babouch-El Aioun, Ghardimaou, Sakiet Sidi Youssef, Bou Chebka und Hazoua. Von Libyen kann man über die Grenze bei Ras Ajdir (Nähe Ben Guerdane) einreisen, der Grenzübergang Dehiba-Nalut ist geschlossen. Informationen dazu erhalten Sie auf der Website des Auswärtigen Amtes: *www.auswaertiges-amt.de*.

Spezialreiseveranstalter Tunesien

Ob mit dem Kamel durch die Wüste, Trekking im südtunesischen Bergland oder Golfreisen nach Tabarka – eine ganze Reihe spezialisierter Reiseveranstalter bietet organisierte Touren nach Tunesien an. Eine Auswahl:

• *Golfreisen* **Swing Golf Reisen GmbH**, Clemensstr. 24, 80803 München, ☎ 089/34088, 📠 34089860, Internet: *www.swingtours.de*.

Deutsche Golftours Reisegesellschaft, Neuer Wall 38, 20354 Hamburg, ☎ 040/3785050, 📠 37850522.

AMP Touristik GmbH , Schloßstr. 14, 23626 Warndorf, ☎ 04502/777780, 📠 777788, Internet: *www.amp-golf.de*.

Fairtime Touristik GmbH, Industriestr. 51, 82194 Gröbenzell, ☎ 08142/4186123, 📠 4186633, Internet: *www.fairtime.de*.

• *Rundreisen* **Ikarus Tours GmbH**, Am Kaltenborn 49/51, 61452 Königstein, ☎ 06174/29020 oder 08004636452, 📠 22952.

Athena-Weltweit Studienreisen, Hohe Bleichen 21, 20354 Hamburg, ☎ 040/351257, 📠 354362.

Kipferl's Reisen, Frankfurter Str. 70, 63322 Rödermark, ☎ 06074/89420, 📠 894260.

Xenotours, Alte Poststr. 11, 5417 Untersiggenthal, Schweiz, ☎ (0041)056/5117777, Internet: *www.xenotours.ch*.

• *Kur- und Gesundheitsreisen* **IKD Reisen**, Mozartstr. 17, 80336 München, ☎ 089/54409220, 📠 54409229.

FIT Reisen, Ravensteinstr. 2, 60385 Frankfurt, ☎ 069/4058850, 📠 4058851298, Internet: *www.fitreisen.de*.

• *Trekking- und Wüstentouren* **Oase Reisen**, Wieblinger Weg 81/1, 69123 Heidelberg, ☎ 06221/7500456, 📠 7599458, Internet: *www.oasereisen.de*.

• *Wander- und Kulturreisen* **Dr. Koch Fachexkursionen**, Am Stadtgarten 9, 76137 Karlsruhe, ☎ 0721/151151, 📠 151152, Internet: *www.dr-koch-reisen.de*.

TRH Trekking Tours Hoffmann, Im Schnepfenflug 20, 67147 Forst, ☎ 06326/9675753, 📠 9675756, Internet: *www.trh-reisen.de*.

Sahara Tours, Lapperdorfer Str. 15, 93059 Regensburg, ✆/📠 0941/84567, Internet: *www.saharatours.de.*

LK Reisen GmbH, Hainer Weg 8, 60599 Frankfurt, ✆ 069/61002646, 📠 61002645, Internet: *www.lkreisen.de.*

Tour Off Road, Wellinger Str. 26, 73061 Ebersbach, ✆ 07163/530586, 📠 530587, Internet: www.tour-off-road.de.

• *Sprachkurse* Arabischkurse mit **Dr. Steinfels Sprachreisen GmbH**, Fliedersteig 11–13, 90604 Rückersdorf, ✆ 0911/570197, 📠 576308, Internet: *www.steinfels.de.*

In Tunis bei der **Université Libre Tunis**, Avenue Khereddine Pacha 30, ✆ 00216/71/483226, 📠 00216/71/782260, E-Mail: *contact@ult-eil.org*, Internet: *www.ult-eil.org.*

• *Sonstige* Ballonreisen mit **Jonathan Ballooning**, Max-Kurz-Str. 3, 83339 Chieming/Hart, ✆ 08664/927613, 📠 927614, Internet: *www.jonathan-ballooning.de.*

Das „rollende (Bus-)Hotel" – Rotel Tours, Herrenstr. 11, 94100 Tittling, ✆ 08504/404-0, 📠 4926, Internet: *www.rotel.de.*

Reisepraktisches

Unterwegs in Tunesien

Busse, Bahnen und Louages bringen Sie an fast jeden Ort in Tunesien, und das auch noch ausgesprochen günstig. Flexibler ist man mit dem eigenen Auto oder Mietwagen, Letztere sind in Tunesien allerdings nicht billig. Man kann außerdem vor Ort aus einem immensen Angebot an Ausflugsfahrten zu fast jeder Sehenswürdigkeit des Landes wählen.

Tozeur – beim Belvédère-Hügel

Mit dem Auto oder Motorrad

Das tunesische Verkehrsnetz ist gut ausgebaut, vor allem in der Nordhälfte des Landes. Alle größeren Straßen sind asphaltiert und gut befahrbar und außer in Großstädten wie Tunis oder Sousse muss man nicht mit allzu starkem Verkehr rechnen. Ideale Ausgangsbedingungen, um Tunesien mit dem eigenen Fahrzeug zu erkunden. Einziges Manko sind die hohen Überfahrtkosten von den Fährhäfen Genua und Marseille (s. S. 25/26) und die sehr teuren Mietwagen.

Straßenverhältnisse: In der Regel gut, zu abgelegenen Orten oder Stränden oftmals jedoch nur mühsam befahrbare Schotterpisten. Gleiches gilt für einige Orte im Süden: mit dem Pkw oft nur schwer erreichbar, zu einigen Orten in der Wüstenregion nur Sandpisten. Man sollte gemäßigt fahren, zumal Schlaglöcher und unangekündigte Baustellen keine Seltenheit sind.

Nachtfahrten sollte man nach Möglichkeit vermeiden, vor allem auf unbekannten Straßen. Bei Polizeikontrollen immer das Tempo verringern. *Von Saharatouren ohne entsprechende Ausrüstung wird dringend abgeraten!*

Verkehrsbestimmungen

Höchstgeschwindigkeiten in geschlossenen Ortschaften 50 km/h, auf Landstraßen 90 km/h, auf Landstraßen auf der Insel Djerba 70 km/h, auf Autobahnen 110 km/h.

Promillegrenze: 0,0 Promille.

Sicherheitsgurte müssen angelegt werden.

Für Moped- und Motorradfahrer besteht **Helmpflicht**!

Rechtsverkehr; wer von rechts kommt, hat Vorfahrt, auch im Kreisverkehr.

Bei **Unfällen** aller Art ist die Polizei zu informieren unter ✆ 197 (landesweit).

Notruf ✆ 190 (Krankenwagen), **Feuerwehr** ✆ 198, **Pannenhilfe** ✆ 71/243921 (Automobil Club de Tunisie). **Notrufsäulen** befinden sich in unregelmäßigen Abständen an der Autobahn Bizerte – Sousse.

Parken: Außer in Großstädten und Tourismuszentren kein Problem. Dennoch sollte man das Parkverbot (rot-weiße oder gelbe Markierung am Straßenrand) beachten, denn eine „Kralle“ ist schnell am Vorderrad angebracht. In diesem Fall geht man mit dem Strafzettel zum Rathaus bzw. Gouvernorat und bezahlt (i. d. R. unter 5 €), die Wegfahrsperre wird dann gleich wieder abmontiert. In den Städten gibt es auch gebührenpflichtige Parkplätze (ca. 40 Cent pro Tag). Man sollte darauf achten, dass bei Bezahlung auch ein Ticket ausgehändigt wird. Nur so kann man sicher sein, dass der berechtigte Parkplatzbetreuer die Gebühr erhält und kein selbsternannter Kassierer. Bewacht sind diese Parkplätze in der Regel nicht.

Tankstellen: Bleifrei kann man in allen größeren Städten tanken. Das Fremdenverkehrsamt Tunesien in Frankfurt (Adresse s. S. 50) gibt eine Liste der Tankstellen mit bleifreiem Benzin heraus. Tanken in Tunesien ist sehr günstig: Treibstoff kostet zwischen 0,44 € (Diesel) und 0,66 € (Super) pro Liter (Stand: November 2006). Die Preise sind staatlich festgelegt und deswegen an allen Tankstellen gleich. Man sollte aufgrund der besseren Qualität die bekannten Markentankstellen bevorzugen.

Innertunesische Entfernungen in Kilometern

Tunis – Sousse 143 km
Tunis – Tozeur 436 km
Tunis – Kairouan 153 km
Tunis – Nabeul 67 km
Tunis – Sfax 270 km
Tunis – Gabès 406 km

Sousse – Tataouine 388 km
Sousse – Tozeur 349 km
Sousse – Kairouan 57 km
Sousse – Nabeul 96 km
Sousse – Sfax 127 km
Sousse – Le Kef 232 km
Sousse – Mahdia 62 km

Straßengebühren: Die einzige Autobahn Tunesiens führt von Bizerte über Tunis nach Sousse und ist gebührenpflichtig: Man zahlt 1,60 TD pro Strecke. Die Mautstellen befinden sich bei Enfidha (ca. 50 km vor Sousse), ca. 10 km vor Tunis und nördlich von Tunis Richtung Bizerte.

Unfälle: Trotz Verbotes sieht man in Tunesien immer wieder Fahrzeuge mit abgelaufenen Zollkennzeichen (insbesondere deutschen). Diese Fahrzeuge wurden

Im Zug durch die Selja-Schlucht

meist von tunesischen Gastarbeitern importiert, um die hohen Zölle bei einem Fahrzeugkauf zu umgehen. Wenn die notwendige Ummeldung versäumt wurde, kann es bei einem Unfall also vorkommen, dass man keinen solventen Unfallgegner mit entsprechender Versicherung hat. Auch Unfallflucht ist nicht selten. Schwere Unfälle sind häufig, besonders auch bei den Louages (Sammeltaxis), da die Fahrer hier oft sehr schnell unterwegs sind. Hinzu kommen abgefahrene Reifen oder andere Schäden an den oft stark beanspruchten Fahrzeugen.

Mietfahrzeuge: Mietwagen werden in Städten und touristischen Orten an jeder Ecke angeboten, sind aber leider ein sehr teures Vergnügen. Ein Tag kostet ab ca. 60 €, in der Woche muss man mit etwa 400 € rechnen (Preise inkl. Steuer und Versicherung). Jeeps können nur mit Fahrer gemietet werden, z. B. auf der Insel Djerba (ab ca. 100 €/Tag). Mopeds und Fahrräder werden in den großen Touristenorten, manchmal auch über die Hotels vermietet. Ein Moped kostet ca. 25 € am Tag, ein Fahrrad etwa 10 €. Wer eine Enduro mieten möchte, muss mit etwa 40 € pro Tag rechnen. Bei der Anmietung eines Fahrzeuges kann die Kaution per Kreditkarte hinterlegt werden. Den Mietvertrag sollten Sie genau lesen: Oftmals wird der Fahrzeugdiebstahl im Vertrag nicht mitversichert. Es kommt zwar nicht sehr häufig vor, dass ganze Fahrzeuge gestohlen werden, dennoch sollte man gegen diese Eventualität abgesichert sein. Bedenken Sie auch, dass die Fahrzeuge im Regelfall keinen Verbandskasten mitführen. Denken Sie also am besten zu Hause schon daran, eine kleine Erste-Hilfe-Tasche einzupacken.

Achtung: Zur Anmietung eines Autos müssen Sie mindestens 25 Jahre alt sein und seit mindestens einem Jahr im Besitz des Führerscheins!

Mit der Bahn

Tunesien mit der Bahn zu erkunden ist mit Sicherheit sehr interessant und noch dazu sehr günstig, allerdings sind nicht alle Orte über die Schienen erreichbar. Die Hauptverbindungen sind: Tunis – Bizerte, Tunis – Beja – Ghardimaou (alger. Grenze), Tunis – Sousse – Sfax – Gabès. Auf der Strecke Tunis – Sousse – Sfax pendelt mehrmals täglich ein klimatisierter Expresszug, der nur in den genannten drei Städten hält. Im Ticketpreis ist ein Getränk enthalten. Detaillierte Angaben erhalten Sie unter den jeweiligen Ortskapiteln. Unterschieden wird zwischen 2. Klasse, 1. Klasse und Komfort-Klasse. Letztere ist klimatisiert und mit Service, der Zuschlag liegt bei 0,40 € pro 100 km (reservierungspflichtig).

Wer plant, hauptsächlich mit der Bahn zu fahren, kann sich die **Carte Bleu** besorgen, eine Netzkarte mit 7, 14 oder 21 Tagen Gültigkeit, die je nach Dauer und Klasse 18–80 € kostet und ebenfalls zur freien Benutzung aller Bahnstrecken des Landes berechtigt.

Ermäßigungen erhalten Studenten (mit ISIC) und Kinder unter 10 Jahren.

Im Internet sind unter *www.fahrplancenter.com* übersichtlich alle wichtigen Städteverbindungen in Tunesien mit Abfahrtszeiten und Preisen aufgeführt.

Tipp: Eisenbahnfans sollten sich auf keinen Fall eine Fahrt mit dem alten Salonzug *Lézard Rouge* entgehen lassen. Von Metlaoui geht die Fahrt durch die eindrucksvolle Selja-Schlucht und zurück (mit Fotostopps). Preise und Abfahrtszeiten s. S. 218.

Mit dem Bus

Busse fahren in fast jedes tunesische Dorf, in das auch eine Straße führt. Diese Fortbewegungsart ist die günstigste, aber auch die langsamste und zumindest auf längeren Strecken die unbequemste. Zwischen größeren Orten und Städten bestehen sogar hervorragende Verbindungen, zum Teil auch Komfortbusse, die zwar etwas teurer, dafür aber klimatisiert und schneller sind. Die Hauptstadt Tunis wird von fast allen Orten des Landes angesteuert, vom Süden aus oftmals über Nacht. **Achtung**: Wenn dies die einzige Verbindung nach Tunis ist, sollte man (soweit möglich) sein Ticket frühzeitig kaufen und sich schnellstens um einen Sitzplatz bemühen, es kann ein ziemliches Gedränge geben.

Busverbindungen sind bei den jeweiligen Orten detailliert aufgeführt. Die Häufigkeit der Fahrten bezieht sich auf Werktage, an Wochenenden, Feiertagen und während des Ramadan sind viele Verbindungen stark eingeschränkt.

- *Fahrscheine* Tickets kauft man im Bus, an größeren Stationen gibt es sie auch am Schalter. Fahrscheine immer bis zum Ende der Fahrt aufbewahren, es wird häufig kontrolliert.
- *Preise* Busfahren ist ausgesprochen günstig: 100 km kosten ca. 4 €.
- *Abfahrtszeiten* Sie stimmen i. d. R. mit den Fahrplänen in den Busstationen überein, manchmal sind die Busse aber auch überpünktlich. Hat der Bus schon eine längere Strecke hinter sich, kann es zu Verzögerungen kommen. Im Zweifelsfall an der Busstation nachfragen.
- *Orientierung* Etwas verwirrend, besonders bei großen Busbahnhöfen, da die Busse oft nur arabisch beschriftet sind. Auf die angegebene Busnummer kann man sich bei Stadtbussen verlassen, bei Überlandbussen bringt das wenig. Auch wenn

Warten auf Kundschaft

Ihnen der Ticketverkäufer in etwa sagen kann, wo Ihr Bus abfährt, sollte man beim Einsteigen dennoch nachfragen.

• *Busbahnhöfe* Sie heißen in Tunesien **Gare Routière**. In Städten mit Wartehalle, Kiosk, Imbiss und Café. In kleineren Orten gibt es meist ein „Busbahnhofscafé" nebenan, wo man die Wartezeit verbringen oder zumindest sein Gepäck abstellen kann.

Mit der Louage (Sammeltaxi)

In Nordafrika und den Staaten des Vorderen Orients ein äußerst beliebtes und unentbehrliches Verkehrsmittel. Die Louages – zumeist der Marke Renault 21 Nevada (Kombi) und seit neuerem auch VW Busse – können mindestens fünf Personen und deren Gepäck befördern, sind in jedem Fall schneller und bequemer als der Bus und nur wenig teurer. Dafür muss man oftmals Wartezeiten an der Louage-Station (befindet sich meist nahe dem Busbahnhof) in Kauf nehmen: Die Sammeltaxis fahren nicht nach Fahrplan, sondern wenn sie voll sind. Wer es eilig hat, der kann den Preis für die fehlende(n) Person(en) mitbezahlen, damit es losgeht. Für Touristen sind die Louages eine interessante Möglichkeit, Land und Leute kennen zu lernen, denn auf längeren Fahrten ergeben sich fast immer Gespräche. Nähere Informationen unter den jeweiligen Orten.

• *Preise* Auf einer Strecke unter 150 km kostet der Kilometer 3 Cent (39 Millimes), über 150 km 2 Cent (32 Millimes). Gepäckstücke werden in der Regel umsonst befördert. Gezahlt wird die Fahrt immer kurz vor Ankunft am Zielort (wenn die mitfahrenden Insassen plötzlich ihre Münzen zusammensuchen, ist man bald da). Trinkgelder werden extra gegeben.

• *Orientierung* Kein Problem, die Zielorte werden an der Louage-Station lautstark ausgerufen, z. T. kommt man auch auf den potenziellen Fahrgast zu und fragt, wohin er will. Sie können sich auch an den „Stationschef" wenden, er zeigt Ihnen das richtige Sammeltaxi.

• *Sicherheit* Zeit ist Geld und je schneller der Fahrer von A nach B kommt, desto größer sind die Verdienstmöglichkeiten an einem Tag. Fazit: Die Chauffeure fahren ganz schön schnell. Wem das etwas ausmacht, sollte lieber mit dem Bus fahren, denn Sie können nicht davon ausgehen, dass der Fahrer auf Ihre Anfrage hin langsamer fährt. Unfälle mit Louages sind nicht selten.

Inlandsflüge

Tunesien ist nicht besonders groß, so dass man auf Inlandsflüge eigentlich nicht angewiesen ist. Unter Touristen sind sie auch nicht populär, obwohl die Flüge bequem, zeitsparend und äußerst günstig sind. Buchungen sind meist am Flugtag noch möglich und können in jeder *Tunis-Air-* oder *Tuninter-Agentur* vorgenommen werden. Die Verbindungen bestehen mehrmals wöchentlich.

Verbindungen und Preisbeispiele (einfach)

Tunis	–	Djerba	63 €	3-mal täglich
Tunis	–	Tozeur	55 €	1-mal täglich
Tunis	–	Sfax	47 €	5-mal pro Woche
Sfax	–	Djerba	28 €	1-mal pro Woche

Keine Inlandsflüge nach Tabarka!

Die Preise sind Richtwerte, sie beinhalten Steuern und Sicherheitsgebühren. Rauchen ist auf Inlandsflügen i. d. R. nicht gestattet. Geflogen wird meist mit Maschinen der Tuninter vom Typ AT 7 oder AT 4 (ca. 75 Plätze).

Andere Möglichkeiten

Taxis: Taxistände gibt es in jeder Stadt bzw. in größeren Orten, in Touristenzentren sowieso. Die Tarife sind relativ günstig: 10 km kosten etwa 3 €; man sollte immer darauf bestehen, dass das Taxameter eingeschaltet wird. Ein Aufkleber (in mehreren Sprachen) an den hinteren Türen des Taxis verweist darauf, dass der Fahrer hierzu verpflichtet ist. Dies ist wichtig, da manche Fahrer den Fahrpreis auszuhandeln versuchen. Lässt man sich auf einen derartigen Handel ein, fährt man fast immer teurer. Für größeres Gepäck wird ein Zuschlag berechnet; ab 21 Uhr steigt der Fahrpreis um 50 %. Für Überlandfahrten sind die Louages zuständig, Taxis fahren nur in einem bestimmten Umkreis ihrer Stadt. Für Fahrten vom und zum Flughafen muss man oftmals mehr bezahlen.

Trampen: Für Touristen als Fortbewegungsart völlig unüblich und auch überflüssig, da man mit Bus und Louage günstig fast überall hinkommt. Für den Fall, dass Sie jemanden mitnehmen wollen, möchten wir an dieser Stelle darauf hinweisen, dass es auch in Tunesien vereinzelt schon zu Überfällen durch Tramper gekommen ist. Oftmals trampen auch die Polizisten nach Dienstende von ihrer Kreuzung nach Hause. Der Nebeneffekt bei einem solchen Mitfahrer sind die weniger häufigen Polizeikontrollen durch dessen Kollegen.

Fähren verkehren zwischen Sfax und den Kerkennah-Inseln (im Sommer viermal, im Winter zweimal täglich) und vom Festland zur Insel Djerba (etwa alle 20 Minuten, oftmals lange Wartezeiten). Die Fährpreise (auch für Autos) sind außerordentlich niedrig.

Organisierte Touren: Praktisch jede Reiseagentur und die meisten größeren Hotels bieten organisierte Ausflüge in weite Teile Tunesiens an, entweder mit Bussen oder

Jeeps. Besonders die *Jeeptouren* bieten eine gute Gelegenheit, um schwer erreichbare Orte im Süden des Landes und/oder in der Wüste zu erreichen, die man mit dem Mietwagen nicht besuchen könnte. Sechs bis acht Leute teilen sich Jeep und Chauffeur, die zwei- bis dreitägigen Touren sind perfekt organisiert (mit Reiseleitung, Vollpension und Übernachtung) und kosten ab etwa 120 € aufwärts. Achtung: Denken Sie daran, dass die vorderen Sitzplätze wesentlich bequemer sind als die hinteren über den Radkästen.

Günstiger sind die *eintägigen Besichtigungsfahrten* mit dem Bus, dafür sind sie aber oft wenig lohnend. Im Eiltempo wird an einem Tag so viel wie möglich abgehakt – für eigene Erkundungen bleibt fast nie genug Zeit. Einen Ausflug (v. a. in die nähere Umgebung) mit öffentlichen Verkehrsmitteln selbst zu organisieren bereitet keine größere Mühe, ist mindestens um die Hälfte billiger und mit Sicherheit erlebnisreicher als die abgeschirmte Fahrt im vollklimatisierten Touristenbus mit getönten Scheiben. Einige der großen Reiseveranstalter warnen ihre Gäste davor, auf eigene Faust Ausflüge zu unternehmen (zu gefährlich, katastrophale Zustände der öffentlichen Verkehrsmittel usw.). Diese Warnungen haben in erster Linie das Ziel, die eigenen Veranstaltungen zu verkaufen. Lassen Sie sich also nicht schrecken.

Hinweis: Die Preise für Ausflugsfahrten sind bei fast allen Reiseagenturen eines Ortes gleich, auch bei Buchung über das Hotel ändert sich der Preis nicht. Bei Buchung wird in der Regel gleich bezahlt. Meist wird ein Treffpunkt vereinbart oder man wird vom Hotel abgeholt.

Übernachten

Strandhotels gibt es in Tunesien fast wie Sand am Meer. Das Angebot an günstigen, meist recht einfachen Stadthotels ist ebenfalls sehr gut, dazwischen klafft allerdings eine große Lücke: Kleine, gemütliche Hotels und Pensionen der mittleren Preisklasse – wie man sie beispielsweise in Italien oder Griechenland findet – sind in Tunesien sehr selten. Auch für Camper ist das Angebot bescheiden.

Viele der Strandhotels gehören zu großen Hotelketten bzw. Konzernen, z. B. die nach dem gleichnamigen arabischen Dichter benannten Abou-Nawas-Hotels. Die *Zones Touristiques* liegen immer etwas außerhalb der Ortschaften. Richtige Bettenburgen mit Hochhausformat findet man in Sousse, am Sidi-Mahres-Strand auf Djerba und zum Teil auch in Hammamet, wobei Sousse in punkto Unansehnlichkeit konkurrenzlos an der Spitze liegt. Aber man hat aus den architektonischen Sünden der Vergangenheit gelernt. So wurden 1992 vom Umweltministerium strenge Auflagen erlassen, die „landestypisches" Bauen verlangen und Betonklötze für die Zukunft ausschließen sollen. Dadurch wird allerdings nicht verhindert, dass immer mehr Strände zugebaut werden.

Die bei den jeweiligen Ortsbeschreibungen angegebenen Zimmerpreise sind in der Regel inkl. Frühstück und beziehen sich immer auf die **Hochsaison**! In der Nebensaison bzw. ganz außerhalb der Saison sinken die Preise oft um 50 %. Achtung: Wer pauschal von Deutschland aus bucht (meist Strandhotels), kommt fast immer günstiger weg als bei Einzelbuchung des Flugs und Hotelbuchung vor Ort! Es ist auch günstiger, pauschal zu buchen, um dann vor Ort für ein paar Ausflugstage die Hotelleistungen nicht in Anspruch zu nehmen.

Nicht schlecht – Pool eines 5-Sterne-Hotels auf Djerba

Die **Strandhotels** (2–5 Sterne) haben fast alle einen sehr hohen Standard und trumpfen oft mit sehr pompösen Foyers auf. Ein gepflegter Privatstrand, Swimmingpool, Tennisplätze, Wassersportangebote und andere Sportmöglichkeiten gehören zur Minimalausstattung. Die Zimmer verfügen meist über Klimaanlage, Bad und Balkon, Telefon, TV und Radio. Wer zur kühleren Jahreszeit in Tunesien unterwegs ist, sollte ein Zimmer mit Heizung nehmen. Fast alle Strandhotels haben Verträge mit den großen europäischen Reiseveranstaltern; zur Schulferienzeit ist es nicht immer einfach, noch ein Zimmer zu bekommen. Dies trifft im Besonderen auf kleinere **Stadthotels** zu (die auch pauschal buchbar sind) oder auf Orte, in denen es nur wenige Hotels gibt. Wer in der Hochsaison individuell nach Tunesien fährt, sollte, sofern ein Aufenthalt in einem touristischen Zentrum geplant ist, auf jeden Fall vorher reservieren. Die oftmals sehr einfachen **Medinahotels** haben allerdings fast immer ein Zimmer frei. Keine Chance auf eine Unterkunft hat man während der großen Festivals in Tunesien, besonders beim Sahara-Festival in Douz (s. S. 221) und dem Falken-Festival in El Haouria (s. S. 95). Hier ist eine monatelange Vorausbuchung erforderlich. Während des Ramadan ist der Service oft stark eingeschränkt. Dies gilt auch für die Luxushotels.

• *Preise* Sind festgelegt (immer pro Person im DZ), hängen in den Zimmern aus und sind an der Rezeption jedes Hotels einsehbar. Beim örtlichen Tourismusbüro erhält man außerdem Hotellisten mit Preisen. Aufpreise muss man für EZ (ca. 30–50 %), Zimmer mit Meerblick und z. T. für das Bad bezahlen.

• *Hotel-Klassifizierung* Wird von der ONTT vorgenommen, und zwar in einer Skala von 1–5 Sternen. Dabei lassen sich die Unterscheidungen nicht immer ganz nachvollziehen, besonders im luxuriösen 4- und 5-Sterne-Bereich. Oftmals bietet aber auch ein modernes 2-Sterne-Hotel mehr als sein 3-sterniger, renovierungsbedürftiger Nachbar aus den frühen 1970er Jahren; die Kategorisierung ist also nicht immer sonderlich aussagekräftig. 1-Stern-Hotels findet man meist in den Städten, sie werden von den

Reiseveranstaltern oft als so genannte „Roulette-Hotels" angeboten. Neben dem preislichen Vorteil bieten diese Hotels meist eine zentrale Lage, familiäre Atmosphäre und einen persönlichen Service.

• *Medinahotels* Fast immer ohne Stern, oftmals sehr einfache Zimmer, die kaum den Minimalanforderungen entsprechen. Für die Dusche muss z. T. ein Aufpreis gezahlt werden, Frühstück wird nur selten angeboten. Vorteile: sehr günstig, immer zentral, man trifft andere Individualreisende.

• *Öffnungszeiten* Viele tunesische Hotels sind ganzjährig geöffnet, das gilt besonders für den Süden des Landes. In einigen weniger besuchten Orten schließen die Hotels über Winter (etwa Nov.–März). Die unklassifizierten Medinahotels sind das ganze Jahr über geöffnet.

Privatzimmer werden in Tunesien nicht vermietet!

Appartements sind in Tunesien nicht besonders populär. Es gibt zwar einige Anlagen in den touristischen Zentren, z. B. in Port El Kantaoui, Monastir und auf Djerba, die Masse der Urlauber zieht es jedoch in die Strandhotels, die bei Buchung von Halb- oder Vollpension oft die preislich günstigere Variante darstellen.

Jugendherbergen: Tunesien zählt insgesamt 32 Jugendherbergen (*Maison des Jeunes* oder arabisch *Dar schebeb*). Hier gibt es immense Unterschiede, zwar nicht unbedingt an Komfort oder Preis (alle Jugendherbergen Tunesiens sind einfach ausgestattet, das Bett kostet überall um die 5 € pro Nacht), sondern vielmehr in der Leitung. In den meisten Jugendherbergen herrscht jedoch eine relativ angenehme Atmosphäre, es gibt in der Regel einen Aufenthalts- und Fernsehraum, die Mahlzeiten aus der Jugendherbergsküche sind einfach und günstig. Eine Übernachtung im Zweibettzimmer ist bei fast allen Jugendherbergen möglich. Eine preisgünstige Alternative also. Im Reiseteil werden einige Jugendherbergen empfohlen.

Der andernorts obligatorische **internationale Jugendherbergsausweis** wurde bei unseren Reisen nie verlangt.

Am Strand von Monastir

Camping: Tunesien ist kein typisches Camping-Land, Zeltplätze sind dünn gesät und entsprechen nicht unbedingt den gewohnten Standards. Wildcampen ist zwar nicht generell verboten, jedoch sollte man sich vorher vom Besitzer des Grundstücks eine Erlaubnis einholen, ebenso bei der Polizei. Bei der Ortswahl ist darauf zu achten, dass keine kläffenden Hunde in der Nähe sind.

Campingplätze sind, soweit vorhanden, bei den Ortsbeschreibungen im Reiseteil dieses Buches aufgeführt. Die Übernachtungen sind zwar relativ günstig, doch stellt sich die Frage, ob sich der Aufwand bei so vielen anderen preiswerten Unterkunftsmöglichkeiten überhaupt lohnt. Mit dem Wohnmobil kann man sich in aller Regel auch auf die Parkplätze der Jugendherbergen stellen. *Vorsicht vor Skorpionen beim Zelten im Süden des Landes!*

Essen und Trinken

Die tunesische Küche ist scharf und äußerst reichhaltig. Das auch in unseren Breiten bekannte Couscous gibt es in allen nur denkbaren Variationen, auf der Speisekarte stehen außerdem Fisch- und Fleischgerichte, Gemüse- und andere Eintöpfe sowie Aufläufe.

Ein kulinarisches Reiseziel ist Tunesien sicher nicht. Sieht man einmal von den luxuriösen Touristenrestaurants ab, dominiert die einfache, deftige Hausmannskost, die zumeist in den unlizenzierten Restaurants auf den Tisch kommt. Man sollte sie unbedingt einmal probieren. Gewürze wie Koriander, Kreuzkümmel, Kurkuma, aber auch Knoblauch, Paprika und Peperoni (als Basis für die scharfe *Harissa-Paste*) spielen in der tunesischen Küche eine tragende Rolle und geben vielen Gerichten erst den exotischen Geschmack.

Mittag- und Abendessen sind vom Stellenwert her in etwa vergleichbar. Gefrühstückt wird traditionell wenig, oft nur ein Croissant zum Kaffee.

Tunesische Bäckerei

Die Lokale

Lizenzierte Restaurants besitzen eine Lizenz zum Alkoholausschank und tragen oft die Aufschrift *Restaurant Touristique*. Klassifiziert sind sie in vier Qualitätsstufen (*Forchettes* = Gabeln), die sich auch im Preis niederschlagen: *1–2 Forchettes* = mittleres Preisniveau; *3 Forchettes* und *3 Forchettes de luxe* (eine seltene Auszeichnung) bedeuten ein gehobenes bis hohes Preisniveau. Einfachere lizenzierte Restaurants sind selten.

Am Gewürzmarkt von Tataouine

Die Inneneinrichtung wie auch die Speisekarte richtet sich oftmals nach dem europäischen Geschmack, doch findet man zwischen internationalen Gerichten wie *Spaghetti* oder *Entrecôte* auch *Couscous* und andere tunesische Spezialitäten. Viele Gäste sind Touristen, aber auch tunesische Geschäftleute. Der Service ist meist hervorragend, neben den heimischen werden manchmal auch französische Weine angeboten.

Unlizenzierte Restaurants: Ohne Alkoholausschank, schlichte Einrichtung (ein Fernseher gehört aber fast immer zum Inventar), deftige Küche und meist ziemlich gut besucht. Das Preisniveau liegt mehr als die Hälfte unter dem der lizenzierten Restaurants, was sich aber nicht auf die Qualität der Gerichte niederschlagen muss. Die Speisekarte ist oft sehr umfangreich, doch listet sie eher das, was es geben *könnte*, als das tatsächliche Angebot, das sich in der Regel auf sechs bis acht Gerichte beschränkt (alles frisch gekocht, darunter fast immer Couscous und gegrilltes Hähnchen). Wer die Speisekarte nicht versteht (meist nur auf Arabisch und Französisch), wird in die Küche gebeten – immer ein gutes Zeichen.

Fastfood und Garküchen: Noch günstiger als die unlizenzierten Restaurants, ebenfalls ohne Alkoholausschank. In den Mini-Restaurants stehen meist ein paar Tische und Stühle auf engstem Raum, an der Theke werden *Casse-croûtes* (tunesische Sandwichs) und *Fricassées* (kleine, gefüllte Hefebrötchen) verkauft. Gekocht werden einige einfache Gerichte, darunter oft *Chorba* (Suppe) und Eintöpfe.

Cafés: Jedes tunesische Dorf hat eins, das Café ist eine wichtige gesellschaftliche Einrichtung. Besucht werden die Kaffee- bzw. Teehäuser traditionell ausschließlich von Männern, in Großstädten und touristischen Zentren erregen aber mittlerweile auch Frauen im Café kein allzu großes Aufsehen mehr. Man trifft sich hier zum *Chicha-Rauchen* (Wasserpfeife), Kartenspielen, Debattieren und natürlich auch zum Kaffee- und Teetrinken. Neben den vielen einfachen Cafés auf dem Land und in den Neustädten finden sich in den Medinas großer Städte (z. B. Tunis, Sfax) auch sehr stimmungsvolle traditionelle Häuser, in denen die Zeit stehen geblieben zu sein scheint.

Einige tunesische Spezialitäten

• *Vorspeisen* In vielen Restaurants wird neben dem Baguette, das zu jeder Mahlzeit gehört, oft ein kleines Entrée gereicht: **Harissa**, die scharfe Gewürzpaste (ohne die in der tunesischen Küche nichts geht) zum Dippen, dazu ein paar Oliven o. Ä.

Briks: *à l'œuf* (mit Ei) oder *au thon* (mit Thunfisch), hauchdünne gefüllte Teigtaschen, frittiert.

Chapati: Omelett mit Kräutern, Öl, Harissa, Thunfisch und manchmal Käse, eingelegt in ein aufgeschnittenes, angeröstetes, oftmals auch frisch gebackenes Fladenbrot.

Chorba: Tunesische Suppe, schmeckt v. a. in der kalten Jahreszeit. Es gibt einige Varianten, oftmals mit Lammfleischeinlage und Gemüse, z. T. mit Nudeln, fast immer feurig scharf.

Lablabi ist die tunesische Kichererbsensuppe.

Salade Tunisienne: Gurken, Paprika, Tomaten und Zwiebeln klein gehackt, mit Vinaigrette angemacht, obenauf meist ein paar Oliven, Thunfisch und ein hart gekochtes Ei.

Salade Mechouia: gebratene Paprika, Peperoni und Tomaten, mit Öl angemacht, sehr lecker.

• *Hauptgerichte* Beilagen der Fleisch- oder Fischgerichte sind – sofern es sich nicht um Eintöpfe, Aufläufe o. Ä. handelt – meist Pommes frites, dazu gibt es eine Salatgarnitur. Schweine- oder Rindfleisch wird nur in den Hotelrestaurants angeboten.

Couscous: Tunesisches Nationalgericht Nr. 1. Etliche Varianten, in der Standardform aber mit Lammfleisch, Gemüse (u. a. Kürbis, Karotten, Kartoffeln) und Soße, dazu der gedämpfte Grieß. Außerdem gibt es Couscous mit Fisch, mit Huhn, Couscous vegetarisch usw.

Merguez: scharfe gegrillte Hammelwürstchen.

Tajine heißt Auflauf, immer mit Gemüse, dazu Lammfleisch, Huhn oder Fisch.

Coucha d'Agneau: Lamm mit Gemüse aus dem Backofen.

Kefta: Lammfrikadellen, mit Petersilie, Eiern, Knoblauch und eingelegtem Weißbrot angemacht.

Kamounia: eine Art tunesisches Gulasch vom Lamm (z. T. mit Innereien), scharf mit Harissa, Paprika und Koriander gewürzt.

Chakchouka: Gemüseeintopf (oft mit Lammfleisch).

Brochettes: gegrillte Spieße, meistens Lamm.

Fischgerichte werden hauptsächlich in den Küstenorten angeboten. Gebratener/gegrillter Fisch meist mit Pommes frites und etwas Salat, Fisch wird auch für Couscous, Eintöpfe oder Aufläufe verwendet.

Daneben gibt es eine große Anzahl verschiedener **Gemüseeintöpfe**, z. B. weiße Bohnen (*Haricots*) in Soße. Unverzichtbar auf der Speisekarte v. a. einfacher Restaurants ist auch das gegrillte halbe Hähnchen mit Pommes frites oder Reis und Salat.

• *Nachspeisen* **Obst** oder **Eis**, zumindest nichts Schweres. Wer nach einem reichhaltigen Essen noch Appetit hat, dem sei Makroud, Baklawa, ein meist sehr süßer Kuchen, Pudding oder die abgewandelte Form von Couscous mit Zucker und Obst empfohlen.

Patisserien: Oftmals zum Stehcafé erweitert, bieten eine riesige Auswahl an supersüßem tunesischem Gebäck: *Makroudh, Baklawa*, hauptsächlich im Süden auch *Cornes de Gazelle*, um nur einiges zu nennen. Grundzutaten dieser Süßspeisen sind fast immer Honig und Nüsse. Daneben stehen auch Sahnetörtchen, Kuchen und anderes Gebäck in der Vitrine.

Für Selbstversorger: In Tunesien ist das Einkaufen von frischen Lebensmitteln ziemlich preiswert, die Grundnahrungsmittel Wasser und Brot gibt es in den

Supermärkten wirklich sehr günstig. Auf den Märkten kann man sich für wenig Geld mit Gemüse und Obst versorgen, z. B. mit Äpfeln, Melonen, Feigen, Apfelsinen, Datteln oder Granatäpfeln.

Getränke

Wasser gehört zu jeder tunesischen Mahlzeit und kostet – in großen Flaschen serviert – sehr wenig. Man unterscheidet zwischen kohlensäurehaltigem Mineralwasser (*gazeuse*) und dem stillen Wasser (*plein*). Die bekanntesten Marken sind *Safia* und *Sabrine*.

Limonade: Selbstverständlich ist der bekannte amerikanische Getränkekonzern auch in Tunesien vertreten – und die noch süßeren örtlichen Nachahmer.

Kaffee und **Tee** schmecken am besten in den traditionellen Cafés, beim Kaffee unterscheidet man zwischen dem *Café espress* (schwarz, stark) und dem *Café direct* (mit Milch und Zucker). Unbedingt probieren sollten man den *Thé de la Menthe* (starker, süßer Pfefferminztee), schließlich ist Tunesien ein Land von Teetrinkern.

Bier: *Celtia* heißt das tunesische Bier, internationale Biere gibt es nur in größeren Hotels (teuer!). Einige kleinere Lokale, die keine Lizenz zum Alkoholausschank haben, führen alkoholfreies Bier.

Wein: Er ist zwar nicht gerade berühmt, der tunesische Wein, aber es findet sich doch immer wieder ein guter Tropfen an Rot-, Weiß- und Roséweinen, z. B. der *Magon*, *Château Mornag* oder *Haute Mornag* sowie der *Muscat de Kelibia*. Die Hauptanbaugebiete liegen auf dem Cap Bon und im Medjerda-Tal im Nordwesten des Landes. Wein und Bier gibt es in den großen Supermärkten *Monoprix* und *Magasin General* zu kaufen.

Spirituosen: *Boukha* heißt der tunesische Feigenschnaps, *Thibarine* ist ein Kräuterlikör, *Sarab* ein Dattellikör. In den großen Hotels werden außerdem internationale Spirituosen angeboten.

Palmwein: Köstlich, aber sehr schwer zu bekommen. Der *Laghmi* wird kaum verkauft, mit etwas Glück bekommt man in einem kleineren Hotel im Süden des Landes einmal ein Glas angeboten – eine einmalige Gelegenheit!

Säfte: Oft findet man in den Touristenorten kleine mobile Vitaminbars, die frisch gepressten Orangensaft anbieten.

Wissenswertes von A bis Z

Alkohol

In Tunesien, immerhin einem islamischen Land, gehört Alkohol bei Weitem nicht so zum Alltag wie hierzulande. Zwar sehen viele Tunesier das Ganze nicht mehr so eng und gehen gerne mal ein Bier trinken, aber über die Stränge schlägt so schnell keiner und das ist auch für Touristen empfehlenswert. Ausgeschenkt werden darf Alkohol nur in Restaurants oder Cafés mit Lizenz, die dafür eine gesonderte Steuer entrichten müssen. In einigen größeren Supermärkten gibt es auch alkoholische Getränke zu kaufen.

Ärztliche Versorgung

In den Urlaubszentren ist die ärztliche Versorgung relativ gut, es gibt auch einige *niedergelassene Ärzte*, die Deutsch sprechen. Ansonsten wendet man sich an das nächstgelegene staatliche oder private *Krankenhaus*, Letzteres meist mit europäischem Standard. Alle Ärzte in Tunesien sprechen Französisch, in Krankenhäusern oder in den Urlaubszentren oft auch Deutsch oder Englisch. In abgelegenen Regionen, z. B. im Süden des Landes, kann es schwieriger werden, einen Arzt zu finden, der der deutschen oder englischen Sprache mächtig ist; hier empfehlen sich zumindest Grundkenntnisse in Französisch.

Kosten: Zwischen Deutschland und Tunesien besteht ein *Sozialversicherungsabkommen* der gesetzlichen Krankenversicherungen, d. h. Behandlungskosten werden gegen Vorlage einer detaillierten Arztrechnung zu 80 % (bei kleineren Beträgen zu 100 %) von der heimischen Krankenkasse erstattet, dasselbe gilt für verschriebene Medikamente (Rechnungen aufbewahren).

Zunächst müssen Sie – auch in staatlichen Krankenhäusern – also immer selbst bezahlen, zurückerstattet wird auf der Basis der vorgelegten Quittung(en). Wer eine Privatklinik in Anspruch genommen hat, kann als gesetzlich Versicherter leicht auf seinen Kosten sitzen bleiben – sofern auf der Quittung ersichtlich ist, dass man sich privat hat behandeln lassen. Am besten erkundigt man sich jedoch bei der eigenen Krankenversicherung über die Modalitäten. Zum Schließen einer eventuellen Finanzierungslücke ist der Abschluss einer **privaten Auslandskrankenversicherung** für die Dauer der Reise unbedingt ratsam; diese Versicherungen sind in der Regel sehr günstig (ab ca. 10 €). Ebenso wird der Abschluss einer **Reiserückholversicherung** empfohlen.

Apotheken

Eine *Pharmacie* finden Sie in jedem größeren Ort, die Öffnungszeiten entsprechen in der Regel denen normaler Geschäfte. In größeren Orten und Städten gibt es auch Nachtapotheken (*Pharmacie de nuit*), die – ebenso wie die Sonntagsdienste – in den jeweiligen Tageszeitungen aufgelistet sind. Zum Teil sind sie auch bei den jeweiligen Ortsbeschreibungen im Reiseteil aufgeführt. Neben tunesischen Medikamenten sind auch ausländische Präparate im Sortiment.

Archäologische Stätten und Museen

Für archäologische Ausgrabungsorte gibt es keine einheitlichen Öffnungszeiten und Eintrittspreise. Gehört zum Ausgrabungsgelände ein Museum, ist dieses montags meist geschlossen ist. Größere antike Stätten haben in der Regel täglich von 9–12 und von 15–18.30 Uhr geöffnet, auch montags. Der Eintrittspreis liegt normalerweise bei 3 TD (Ausnahme: Karthago mit 7 TD, Fotografieren kostet 1 TD extra). Schüler und Studenten mit Internationalem Studentenausweis (ISIC) haben in fast allen Museen, Ausgrabungsstätten oder Moscheen freien Eintritt. Das Gleiche gilt für Kinder bis 6, manchmal auch bis 12 Jahren.

Achtung: Von etwa Oktober bis April sind die Öffnungszeiten eingeschränkt!

Wenn Sie sich einen **Führer** nehmen wollen, sollten Sie das am Eingang kundtun und sich nicht auf irgendwelche selbst ernannten Fremdenführer einlassen. Die Aufsichtspersonen, die an jeder der Stätten zahlreich vertreten sind, können Ihnen oftmals auch weiterhelfen. Fragen Sie vor der Führung nach dem offiziellen Preis. Darüber hinaus ist ein Trinkgeld üblich.

Sousse – römisches Mosaik im archäologischen Museum (Kasbah)

Baden

Tunesien ist das Badeurlaubsland schlechthin, was jährlich etwa sechs Millionen Besucher bestätigen. Die meisten von ihnen kommen zum klassischen Badeurlaub, kein Wunder, denn ganz Tunesien bietet eine Küstenlinie von fast 1.300 km mit herrlichen feinsandigen Abschnitten. Die schönsten Strände des Landes befinden sich an der **Korallenküste** im Norden (hier besonders der *Zouaraa-Strand* bei Tabarka) und am **Cap Bon**. Die Strände um die Hotelzonen der großen Touristenorte Hammamet/Nabeul, Sousse/Monastir, Mahdia und Djerba sind sehr gepflegt und bieten hervorragende Wassersportmöglichkeiten, weniger erschlossene Strände sind zum Teil nicht besonders sauber. Die Qualität des Wassers ist in der Regel gut, Quallen sind eher selten.

Mittlere Wassertemperaturen

Jan./Feb.	16 °C	Juli/Aug.	26 °C
März/April	17 °C	Sept./Okt.	25 °C
Mai/Juni	20 °C	Nov./Dez.	19 °C

FKK ist in einem islamischen Land wie Tunesien undenkbar und obendrein verboten, oben ohne baden kann man an den Hotelstränden, man muss aber darauf gefasst sein, von Strandhändlern ziemlich angestarrt zu werden. In solchen Fällen empfiehlt es sich, etwas überzuziehen. An Stränden, die hauptsächlich von Tunesiern besucht werden, erscheint man am besten – wie übrigens tunesische Frauen auch – im Badeanzug.

Warnsignale: An manchen Stränden befinden sich Warnflaggen und Schilder (z. B. herannahender Sturm, Strömungen), die unbedingt beachtet werden sollten.

Betteln

Bettler sitzen nach den Gebetszeiten manchmal vor den Moscheen und man kann beobachten, dass viele Tunesier ein paar Münzen geben. In den seltensten Fällen werden Sie es erleben, dass ein (erwachsener) Bettler Sie direkt anspricht, er würde es als unter seiner Würde betrachten, auf einen Touristen zuzugehen und nach Geld zu fragen. Anders verhält es sich mit bettelnden Kindern. Sie können – besonders in den stark besuchten Ausflugsorten im Süden des Landes – ziemlich penetrant sein.

Chicha

Die tunesische Wasserpfeife (Chicha) bestellt man im Café zum Preis von etwa 4 TD. Der feuchte Tabak ist mit Apfel-, Bananen- oder Erdbeeraroma angereichert, obenauf liegt ein glühendes Stück Holzkohle, unter dem der Tabak langsam und gleichmäßig abbrennt.

Wer eine *Chicha* kaufen möchte, sollte in ein Spezialgeschäft gehen und sich ausführlich in die Kunst des Wasserpfeife-Rauchens einweisen lassen. Die Preise liegen hier zwar höher als in den Souvenirshops, dafür kann man sich einer besseren Qualität sicher sein.

Diplomatische Vertretungen

Alle Botschaften haben ihren Sitz in Tunis. Sie helfen in Notfällen mit einem Darlehen aus, z. B. beim Verlust sämtlicher Ausweispapiere und/oder der Reisefinanzen. Diese Überbrückungsgelder sind nach Rückkehr unverzüglich zurückzuzahlen.

- *Deutsche Vertretung* Ambassade d'Allemagne, Rue el Hamra 1, 1002 Tunis/Mutuelleville, ✆ 71/786455, ℻ 788242, www.tunis.diplo.de.

Einen **Honorarkonsul** gibt es außerdem auf der Insel Djerba: Dr. Slaheddine Anane, Rue Béchir Sfar 8, Houmt Souk, 4180 Djerba, ✆ 75/757768.

- *Österreichische Vertretung* Ambassade d'Autriche, Rue Ibn Hamdis 16, 1004 Tunis/El Manzah I, ✆ 71/751091 oder 751094, ℻ 767824.
- *Schweizerische Vertretung* Ambassade de Suisse, Rue du Lac d'Annecy, Immeuble Stramica,. 1053 Les-Berges du Lac, ✆ 71/962997, ℻ 965796.
- *Tunesische Vertretungen in Deutschland* Tunesische Botschaft, Lindenallee 16, 14050 Berlin, ✆ 030/3641070, ℻ 30820683.

Tunesische Konsulate: – Jürgensplatz 36–38, 40219 **Düsseldorf**, ✆ 0211/3006874, ℻ 392106.

– Overbeckstraße 19, 22085 **Hamburg**, ✆ 040/2201756, ℻ 22279786.

– Seidlstraße 28, 80335 **München**, ✆ 089/554635 oder 5502517, ℻ 5502518.

- *In Österreich* Tunesische Botschaft und Konsulat in Wien, Opernring 3–5, 1010 Wien, ✆ 01/5815281-82 (Botschaft) oder 5815280 (Konsulat), ℻ 5815592.
- *In der Schweiz* Tunesische Botschaft in Bern, Kirchenfeldstraße 63, 3005 Bern, ✆ 031/3528226-27, ℻ 3510445.

Wer plant, **von Tunesien nach Algerien** zu reisen, benötigt ein Visum, das man in Deutschland beantragen muss: Botschaft der Demokratischen Volksrepublik Algerien, Görschstraße 45–46 in 13187 Berlin, ✆ 030/437370, ℻ 48098716 (zuständig für Reisende aus den nördlichen und östlichen Bundesländern); oder beim Generalkonsulat der Demokratischen Volksrepublik Algerien, Rheinallee 32–34, 53173 Bonn, ✆ 0228/943760, ℻ 3698661 (zuständig für Reisende aus den westlichen und südlichen Bundesländern). In Anbetracht der angespannten Sicherheitslage in Algerien ist von einer Reise in Tunesiens Nachbarland allerdings abzuraten.

Wer **von Tunesien nach Libyen** reisen möchte, sollte sich zwecks eines Visums (auch dieses muss in Deutschland ausgestellt werden) an die libysche Botschaft wenden: Podbielskiallee 42, 14195 Berlin, ✆ 030/2005960, 📠 20059699.

> Aktuelle Informationen zur Sicherheitslage in Algerien und Libyen unter *www.auswaertiges-amt.de.*

Drogen

Drogen sind in Tunesien strengstens verboten, schon kleinste Mengen führen ins Gefängnis und das für mindestens ein Jahr (bis 10 Jahre), dazu kommt eine saftige Geldstrafe. Auf einen Touristenbonus braucht man nicht zu spekulieren.

Einkaufen

Märkte: Kaum ein Dorf in Tunesien ohne seinen Wochenmarkt, der in der Regel nur vormittags abgehalten wird. Auf den Märkten gibt es kaum etwas, was es nicht gibt. Von einfachen Kleidern über Decken, Teppiche, Hausrat, Lebensmittel und Gewürze bis hin zu lebenden Schafen, Ziegen und Hühnern. Handeln ist obligatorisch, wer es nicht tut, verliert sein Gesicht. Der Markt hat natürlich auch einen sozialen Aspekt: Einmal wöchentlich trifft sich hier der ganze Umkreis zum Austausch von Neuigkeiten und zum Teetrinken. Der berühmteste und sehenswerteste Markt des Landes findet donnerstags in der Oase Douz statt: der Vieh- und Kamelmarkt, zu dem viele Hotels und Reiseagenturen in der Umgebung Busausflüge veranstalten.

> **Das Souvenir zum Abheben ...**
>
> Wer in Tunesien einen Teppich kaufen will, sollte besonders bei teuren Stükken auf die Qualitätsgarantie des *ONAT* achten. Das Fremdenverkehrsamt Tunesien empfiehlt für die Nachsendung des Teppichs nach Deutschland, beim Kauf auf dem Kontrolletikett des Teppichs zu unterschreiben, um spätere Verwechslungen auszuschließen – es wäre ärgerlich, einen Teppich geliefert zu bekommen, den man sich gar nicht ausgesucht hat. Bei Abschluss des Kaufvertrags darauf achten, dass der Preis in Dinar angegeben ist und eine Transportversicherung bereits enthalten ist. Die Ware wird normalerweise an den nächstgelegenen Flughafen oder das Hauptpostamt der Heimatstadt geliefert.
>
> **Achtung**: Bei Abholung muss die deutsche Mehrwertsteuer auf den Gesamtpreis der Ware entrichtet werden!

Souks: Traditionell ist die Hauptmoschee einer Stadt von kleinen, nach Berufs- und Handelszweigen angeordneten Läden umgeben. Zu den stimmungsvollsten Souks des Landes zählen die von Tunis, Kairouan, Sousse und Sfax, allerdings sind deren Hauptgassen meist ausschließlich mit Souvenirgeschäften belegt. Richtig interessant und oft viel günstiger sind die Souks abseits der gängigen Touristenpfade. Wenn Sie hier etwas kaufen möchten, sollten Sie Zeit mitbringen, denn das Feilschen ist auch hier oberste Pflicht, außerdem wird bei einem

Beliebtes Mitbringsel sind die bunten Keramikteller

ernsthaften Handel oftmals noch immer die schöne Tradition des gemeinsamen Teetrinkens zelebriert. Die großen Souks (z. B. in Tunis) sind traditionell nach den verschiedenen Handwerken aufgeteilt, der jeweilige Souk trägt den Namen der hier angebotenen Waren.

Souvenirs kauft man am besten in den Souks oder auf den Märkten, wer in puncto Qualität auf Nummer sicher gehen möchte, geht zu **ONAT** (Office National de l'Artisanat Tunisien). Diese staatlichen Souvenirshops gibt es in jeder größeren Stadt, in touristisch relevanten Orten sowieso. Die Preise sind festgelegt, die Qualität ist 1 a und oftmals lohnt sich ein Besuch beim ONAT auch, um sich eine preisliche Orientierung zu verschaffen (damit man auf dem „freien Markt" nicht völlig hilflos dasteht).

Tipp: Zu den beliebtesten **Souvenirs** zählen bunte Keramikwaren (z. B. aus Nabeul), dem Berber-Stil nachempfundener Silberschmuck, die in der Wüste „gewachsenen" Sandrosen, Chichas aller Größen und natürlich Teppiche (s. u.). Freunde der nordafrikanischen Küche sollten vielleicht die Anschaffung eines Couscoussiers in Erwägung ziehen (spezieller Kochtopf mit Einsatz), den man auf den Märkten z. T. schon sehr günstig bekommt (Achtung, es gibt große Qualitätsunterschiede). Nicht teuer sind auch die Couscous-Services, sechs Essschüsseln und eine große Servierplatte, oft in den Wüsten-Oasen-Farben Grün und Gelb. Als kulinarische Mitbringsel bieten sich Gewürze (am besten offen kaufen), Wein oder Likör sowie Datteln oder die scharfe Gewürzpaste Harissa an.

Einreise (Ausweispapiere)

Bei Aufenthalten bis zu drei Monaten genügt ein gültiger Reisepass, bei längerer Aufenthaltsdauer ist ein Visum erforderlich (*Carte de sejour*), das man bei den Behörden vor Ort beantragen muss. Kinder unter 16 Jahren benötigen einen Kinderausweis (mit Foto) oder müssen, ebenfalls mit Foto, im Pass der Eltern eingetragen sein. Es ist sinnvoll, immer einen Ausweis bei sich zu tragen, Polizeikontrollen sind häufig, v. a. wenn man mit dem eigenen Auto unterwegs ist. Jugendliche unter 18 Jahren, die alleine reisen, müssen bei Einreise eine Einverständniserklärung der Eltern vorlegen – in französischer oder arabischer Sprache und notariell beglaubigt.

Für Reisende, die mit einem Pauschalarrangement nach Tunesien kommen, genügt der Personalausweis.

Achtung: Bei der Einreise müssen Sie eine „Besucherkarte" (*Carte de visiteur non-résident*) ausfüllen, deren unterer Abschnitt Ihnen ausgehändigt wird. Diesen Abschnitt sollte man unbedingt aufbewahren, er wird bei der Ausreise wieder eingesammelt. Ein **GPS-Gerät** sollte man bei der Reise nach Tunesien lieber zu Hause lassen, bei den Grenz- und Zollbehörden kann man damit durchaus in Erklärungsnot kommen.

Einreise mit dem Auto: Die internationale grüne Versicherungskarte (gültig für Tunesien!) ist obligatorisch, außerdem Fahrzeugschein und Führerschein (national). Für das mitgebrachte Auto muss ebenfalls eine Karte ausgefüllt werden, deren unteren Abschnitt Sie aufbewahren müssen. Um sicherzustellen, dass Sie das Land auch wieder mit dem Fahrzeug verlassen, wird es am Zoll in den Reisepass eingetragen. Bei einem Aufenthalt, der länger als drei Monate dauert, muss das Fahrzeug mit großem Aufwand in Tunesien angemeldet werden.

Feste, Festivals und Feiertage

In Tunesien feiert man gerne und oft. Neben den gesetzlichen und religiösen Feiertagen gibt es eine Reihe von regionalen Festivals, die Besucherströme aus allen Teilen des Landes anziehen. Zu den berühmtesten Festivitäten zählt das *Internationale Sahara-Festival* in Douz und das *Falken-Festival* von El Haouria auf dem Cap Bon (Einzelheiten s. Kasten rechts).

Fotografieren

Für Hobby- und andere Fotografen ist Tunesien das reinste Eldorado – eine größere Vielfalt an lohenswerten Motiven lässt sich kaum finden. 20 Filme dürfen eingeführt werden (was in der Praxis niemand kontrolliert), Nachschub an Papierfilmen bekommt man in größeren Städten und Tourismuszentren. Lithium-Ersatzbatterien sowie Diafilme sollte man von zu Hause mitbringen. Strengstens verboten ist das Fotografieren von militärischen Anlagen und öffentlichen Gebäuden (z. B. Rathaus und Polizei), Hinweisschilder warnen vor dem Gebrauch der Kamera. Im Sperrgebiet südlich von Tataouine darf überhaupt nicht fotografiert werden. In archäologischen Stätten und Museen darf man fotografieren (kein Stativ, z. T. auch kein Blitz), in der Regel muss man dafür eine gesonderte Eintrittskarte lösen.

Der Islam verbietet die Abbildung von Menschen. Wenn sich jemand nicht fotografieren lassen will, ist es selbstverständlich, das zu respektieren. Der beste Weg ist, sich in einem kurzen Gespräch höflich zu erkundigen, ob man von der jeweiligen Person ein Foto machen darf.

Gesetzliche Feiertage

1. Januar	Neujahr
18. Januar	Tag der Revolution
20. März	Tag der Unabhängigkeit (Aufhebung des französischen Protektorats am 20.3.1956)
9. April	Tag der Märtyrer (8./9.4.1938, Proteste gegen die französischen Besatzer, bei denen über 100 Tunesier getötet wurden
1. Mai	Tag der Arbeit
1. Juni	Nationalfeiertag
2. Juni	Tag der Jugend
25. Juli	Tag der Republik (Ausrufung der unabhängigen Republik Tunesien mit Präsident Habib Bourguiba am 25.7.1957)
13. August	Tag der Frau
7. November	Gedenktag des 7.11.1987 (Absetzung Habib Bourguibas und Machtübernahme durch Ben Ali)

Religiöse Feiertage (richten sich nach dem Mondkalender)

31.3.2007, 20.3.2008, 9.3.2009	El Mouled (Geburtstag des Propheten)
12.9.2007, 1.9.2008, 21.8.2009	Beginn des Ramadan
20.12.2007, 8.12.2008, 28.11.2009	Aid El'Kebir (islam. Opferfest)
20.1.2007, 10.1.2008, 29.12.2008, 18.12.2009	Raas El Am (islam. Neujahr)

Feste und Festivals

März	Festival von Tataouine
April	Orangenblütenfest in Nabeul
Mai/Juni	Falken-Festival in El Haouria
	Festival von Meknassy mit Pferderennen
Juli	Korallenfest in Tabarka
	Jazzfestival in Tabarka
	Hafenfest im Yachthafen von Port El Kantaoui
	Theater-Festival in Dougga
8. Juli – 31. August	Internationales Festival im Kulturzentrum von Hammamet mit Musik, Theater, Folklore, Tanz
Juli/August	Festival von Sousse: Film, Folklore, Musik
	Konzerte im Amphitheater von El Jem
	Festival d'Ulysse in Houmt Souk/Djerba
	Festival International de Carthage: Theater, Tanz, Folklore im römischen Theater von Karthago
	Les Nuit de Mahdia, Straßenfest
September	Filmfestival von Karthago
Oktober	Festival der Medina in Tunis
	Festival Octobre Musical in Karthago
November	Festival von Matmata
	Internationales Oasen-Festival in Tozeur
November/Dezember	Internationales Sahara-Festival in Douz

Frauen allein unterwegs

Tunesien ist ein relativ sicheres Reiseland, das kommt auch allein reisenden Frauen zugute. Allerdings sollte man auf keinen Fall nachts allein in einsamen Gegenden, am Strand oder in der Medina herumlaufen. Besonders als Individualreisende muss man jedoch für die Dauer des Urlaubs damit leben, dass man (fast) ständig angemacht wird. Ein dickes Fell ist also notwendig und auch wenn man sich mit der Zeit daran gewöhnt hat, zerrt die Anmacherei ganz schön an den Nerven. Eine oder zwei allein reisende Frau(en) erwecken bei vielen jüngeren Tunesiern nun mal den Eindruck, auf der Suche nach einem Abenteuer zu sein – auch wenn dem nicht so ist. Wem es zuviel wird, sollte es vielleicht mit einer Sonnenbrille versuchen. Die Vermeidung von Blickkontakt wirkt zwar keine Wunder, reduziert die Anmache aber spürbar. Auch auf das Tragen von Miniröcken und tief ausgeschnittenen Oberteilen sollte man unbedingt verzichten.

Geld

Die Landeswährung ist der **tunesische Dinar (TD)**. Es gibt Banknoten im Wert von 30, 20, 10 und 5 TD, Münzen zu 1 und ½ Dinar (= 1.000 bzw. 500 Millimes) sowie Münzen zu 100, 50, 20, 10 und 5 Millimes.

Kurs zur Zeit der Drucklegung (Januar 2007):

1 TD = 0,59 €	1 TD = 0,96 sfr	1 € = 1,68 TD

Die **Ein- und Ausfuhr** der Landeswährung ist verboten. Devisen dürfen bis zu einem Gegenwert von maximal 3.000 TD eingeführt werden, alles was darüber liegt, muss deklariert werden. Bis zu 30 % des in Dinar eingetauschten Betrags können gegen Beleg bei der Ausreise wieder zurückgetauscht werden (max. 150 Dinar). Quittungen und Kaufbelege (zumindest bei größeren Beträgen) sollte man aufbewahren.

Geldwechsel: Es gilt landesweit der Wechselkurs der tunesischen Zentralbank. Man kann (als Gast) in vielen Hotels zum offiziellen Kurs der Bank wechseln, auch Reiseschecks. Von daher ist es gleichgültig, ob man bei der Bank, bei Wechselstuben oder im Hotel Geld umtauscht. Beim Wechsel – ob Reiseschecks oder bar – muss man immer einen Ausweis vorlegen. Geldwechsel außerhalb der autorisierten Hotels, Banken oder Wechselstuben ist verboten!

• *Öffnungszeiten der Banken* Sie sind in ganz Tunesien einheitlich geregelt: Mo–Do 8–11 Uhr und 14–16 Uhr, Fr 8–11 Uhr und 13.30–15.50 Uhr. Vom 1.7.–15.9. Mo–Fr nur 8–11 Uhr, während des Ramadan Mo-Fr 8-11 Uhr und 14-16 Uhr. Regionale Schwankungen sind möglich, in Touristenhochburgen sind einige Wechselstuben länger geöffnet, auch Sa/So, das Gleiche gilt für Flughäfen und Häfen.

• *Gebühren* Beim Wechsel von Reiseschecks fällt ca. 1 % an.

• *Zahlungsmittel* Etwas Bargeld, Reiseschecks (z. B. American Express, Thomas Cook) und eine der üblichen Kreditkarten (VISA, Mastercard, American Express, Diners) sowie zunehmend die ec-Karte sind die gängigen Zahlungsmittel. Reiseschecks werden allerdings nicht bei jeder Bank akzeptiert, in diesem Fall werden Sie von den Bankbeamten zur „richtigen" Bank geschickt. In größeren Orten finden sich *Geldautomaten*, an denen Sie mit Kreditkarte (VISA, Mastercard) und ec-Karte (Maestro-Karte) abheben können. Internationale Kreditkarten ersparen bei der Anmietung eines Leihwagens die Kaution. Diskrete Zurückhaltung am Bankschalter ist übrigens nicht üblich. Man lehnt sich am besten gemeinsam mit den Tunesiern über den Tresen und deutet höflich, aber bestimmt an, dass man auch schon lange ansteht.

Preise: Gehandelt wird in Tunesien um fast alles, ausgeschlossen sind tariflich festgelegte Preise bei öffentlichen Verkehrsmitteln, Festpreise in Supermärkten und Hotels sowie das Essen im Restaurant oder in der Imbissstube. Tunesien ist ein relativ günstiges Reiseland, die Transportkosten (Bus, Bahn, Louage, Taxi) liegen um ein Vielfaches niedriger als in Deutschland. Während Grundnahrungsmittel wie Brot in ganz Tunesien für Pfennigbeträge verkauft werden, sind andere Lebensmittel wie z. B. Konserven, besonders aber Importwaren vergleichsweise teuer.

„Touristenpreise" werden überall dort verlangt, wo sie bezahlt werden. Wenn man sich unsicher ist oder keine Speisekarte vorhanden ist, fragt man – z. B. an einem Imbissstand – am besten *vor* der Bestellung nach dem Preis. An Straßenständen, die außerhalb der normalen Öffnungszeiten noch Waren anbieten (z. B. Getränke, Zigaretten), muss man mit einem Aufschlag rechnen. „Normal" sind die Preise bei den beiden Supermarktketten *Monoprix* und *Magasin Général* (s. auch „Einkaufen", S. 44).

Trinkgelder: Im Restaurant lässt man ein paar Münzen auf dem Tisch, etwa 5 bis 10 % des Gesamtbetrags, in manchen Lokalen steht an der Kasse ein kleiner Teller fürs Trinkgeld. Auch andere Dienstleister wie z. B. den Friseur oder Taxifahrer sollte man bei Zufriedenheit mit einem kleinen Trinkgeld bedenken, ebenso die Führer in Museen oder Ausgrabungsstätten.

Gesundheit

Zwar unterscheidet sich Tunesien in vielen Regionen (vor allem den nördlicheren) in puncto Hygiene und Gesundheitsgefahren nur unwesentlich von südeuropäischen Ländern, dennoch sollte man eine gewisse Vorsicht walten lassen.

Impfungen sind nicht vorgeschrieben, es sei denn, man reist aus einem Gelbfieber-Gebiet nach Tunesien ein. Ratsam sind in jedem Fall die Standardimpfungen gegen *Tetanus, Diphtherie* und *Polio*. Darüber hinaus wird – besonders für Individualreisende – eine Impfung gegen *Hepatitis A* und *Typhus* empfohlen. Beide Erreger kommen im Wasser und in Nahrungsmitteln (z. B. Meeresfrüchte) vor. Das tunesische Leitungswasser sollte daher besser nicht getrunken werden, es sei denn abgekocht als Kaffee oder Tee. Ebenso sollten Fisch und Meeresfrüchte nicht roh oder halb roh verzehrt werden.

Generell empfohlen wird seit einiger Zeit auch eine Impfung gegen Hepatitis B, die in der Regel von den Kassen allerdings nicht bezahlt wird. Mit Aktivimpfungen sollte man spätestens zwei Wochen vor der Reise beginnen, wer Last-Minute gebucht hat, kann sich auch wenige Tage vor dem Urlaub noch mit einem Passivimpfstoff versorgen lassen. So genannte „Risikoreisende“, z. B. Motorradfahrer mit erhöhter Verletzungsgefahr, Wildcamper sowie alle, die sich viel in der Natur aufhalten, sollten eventuell auch eine Impfung gegen *Tollwut* in Erwägung ziehen, hiermit sollte man spätestens fünf Wochen vor der Reise beginnen. Die Impfkosten (mit Ausnahme von Polio, Tetanus und Diphtherie) müssen derzeit vom Reisenden selbst getragen werden. *Malaria* und *Cholera* gibt es in Tunesien nicht.

Die häufigste **Reisekrankheiten** in Tunesien sind ein *verdorbener Magen* bzw. *Darminfektionen* durch Kolibakterien. Halten die Beschwerden länger an und kommt schleimiger, blutiger Stuhl hinzu, sollte man unbedingt einen Arzt aufsuchen. Meist bessert sich der unangenehme Zustand aber nach ein bis zwei Tagen. In den südlichen Oasengegenden (Gafsa, Chott-Region) wird vor *Bilharziose* in stehenden oder nur wenig fließenden Gewässern gewarnt.

Die starke **Sonneneinstrahlung** sollte man keinesfalls unterschätzen und sich ausreichend mit Sonnencreme etc. eindecken (in Tunesien teurer als zu Hause). Ein Sonnenhut ist nützlich, für Fahrten in die Wüste ist eine gute *Sonnenbrille* unbedingt notwendig.

Skorpionstiche und **Schlangenbisse** sind äußerst selten, dennoch sollte man nicht sorglos ins Nichts treten oder greifen, vor allem in den Oasen und in der Nähe von altem Gemäuer. Nördlich von Sousse braucht man keine Skorpione zu befürchten. Ein wirkliches Problem sind allerdings die **Stechmücken**, Sie sollten besonders abends in den Oasen unbedingt einen Mückenschutz auftragen.

Tipp: Gegen eine Gebühr von 15 € verschickt die *Reisemedizinische Abteilung des Tropeninstitutes der Universität Tübingen* detailliertes Informationsmaterial zum Thema Gesundheitsvorsorge in Tunesien (✆ 07071/2980221 oder 2982364, Mo–Fr 14.30–16.30 Uhr). Allgemeine Auskünfte werden am Telefon auch umsonst gegeben. Eine persönlich zugeschnittene reisemedizinische Vorsorge bekommt man im Internet unter *www.medizin.uni-tuebingen.de/tropenmedizin/impfmail.html*. Außerdem kann man sich unter *www.fit-for-travel.de* informieren oder sich an den Hausarzt oder das örtliche Gesundheitsamt wenden.

Information/Fremdenverkehrsämter

Das tunesische Fremdenverkehrsamt „Office National du Tourisme Tunisien“, kurz **ONTT**, unterhält in Deutschland vier, in Österreich und der Schweiz je ein Büro. Auf Wunsch werden Informationspakete zum geplanten Reiseziel und zu allgemeinen Fragen versandt. Die ONTT informiert auch im Internet unter *www.tourismtunisia.com*.

• *Deutschland* **60313 Frankfurt**, Goetheplatz 5, ✆ 069/2970640, ℻ 2970663.

10707 Berlin, Kurfürstendamm 171, ✆ 030/8850457, ℻ 8852198.

40213 Düsseldorf, Flingerstraße 66, ✆ 0211/8800644, ℻ 8800648.

80331 München, Burgstraße 12, ✆ 089/29163685, ℻ 29164009.

• *Österreich* Opernring 1/R, Tür 109, 1010 Wien, ✆ 01/58534800, ℻ 585348018.

• *Schweiz* Bahnhofstraße 69, 8001 Zürich, ✆ 01/2114830, ℻ 2121353.

Die ONTT-Büros in Tunesien geben Hotellisten mit Preisen und z. T. auch Stadtpläne heraus. Hinzu kommen allgemeine Touristeninformation. Reguläre Öffnungszeiten: Mo–Do 8.30–13 Uhr und 15–17.45 Uhr, Fr/Sa 8.30–13.30 Uhr, in Urlauberzentren und während der Hochsaison oft auch länger.

• *ONTT-Büros finden Sie in* Tunis, Bizerte, Tabarka, Nabeul, Hammamet, Sousse, Port El Kantaoui, Kairouan, Monastir, Mahdia, Sfax, Gabès, Houmt Souk/Djerba, Tozeur, Douz und Gafsa, außerdem an allen Flughäfen des Landes. E-Mail: *info@tourismtunisia.com*.

Genaue Adressen der Büros finden Sie bei den jeweiligen Ortsbeschreibungen im Reiseteil.

Internet

Der Zugang zum Internet wird in Tunesien staatlich geregelt, d. h. durch spezielle Filter-Software sind bestimmte Seiten auf dem einzigen (staatlichen) tunesischen Server einfach nicht zugänglich. Nichtsdestotrotz gibt es auch in Tunesien mittlerweile einige Internet-Cafés, in denen man im Bereich des Möglichen surfen kann. Allerdings ist die Verbindung oft nur sehr langsam oder bricht abrupt ab, sodass es recht frustrierend werden kann, in eines dieser so genannten *PUBLINET* zu gehen. In punkto E-Mail steckt das Land noch in den Kinderschuhen, auch bei größeren Hotels läuft nur relativ wenig auf dem elektronischen Postweg. Lediglich internationale Hotelketten sind bestens ausgerüstet. Erste Informationen über Tunesien bietet die ONTT im Internet unter *www.tourismtunisia.com* (informativ auch *www.tunisie.com*). Des Weiteren bieten die gängigen Reiseportale umfangreiche Informationen zum Land.

Kartenmaterial

In den ONTT-Büros gibt es kostenlos eine Gesamtkarte zu Tunesien, die recht brauchbar ist. In einigen Städten werden auch Stadtpläne bereitgehalten, die zwar zur Orientierung nützlich sind, oft aber keinen allzu hohen Qualitätsanspruch erheben.

Freytag & Berndt Tunesien, Maßstab 1:800.000. Recht übersichtlich, enthält kleinere Stadtpläne (Tunis, Sousse, Karthago) sowie eine Übersichtskarte zu Djerba.

RV (Reise- und Verkehrsverlag), World-Länderkarte Tunesien, Maßstab 1:800.000, ähnliches Niveau wie F & B.

Michelin Straßenkarte Algerien-Tunesien, Maßstab 1:1.000.000, gilt als beste und aktuellste Straßenkarte für Tunesien.

Kinder

Für einen Urlaub mit Kindern ist Tunesien durchaus geeignet. Nach einer relativ kurzen Anreisezeit erreicht man die beliebten Sandstrände mit warmen Wassertemperaturen und Gut-Wetter-Garantie. Die großen Hotels haben sich auf Familien eingestellt und bieten meistens familiengerechte Zimmer, Kinderanimation und Betreuung. Außerhalb der Hotelanlagen gibt es viele Familienausflugsziele, wie z. B. den Vergnügungspark „Carthageland" in Hammamet Yasmine (*www.carthageland.com.tn*), die Krokodilfarm „Djerba-Explore" auf Djerba (*www.djerbaexplore.com*) und den Safaripark „Friguia" bei Port El Kantaoui. Ebenso lohnend und interessant für Kinder sind der Besuch der Ruinen von Karthago und des Ozeanografischen Museums von Karthago. Einige der genannten Ziele sind bei den jeweiligen Orten beschrieben.

Kleidung

Wer Tunesien im Sommer besucht, braucht sich um seine Garderobe keine großen Sorgen zu machen. Anders im späten Herbst, Winter oder Frühjahr: Besonders im nördlichen Teil des Landes, aber auch in der Wüste ist man mit einer warmen Jacke und langen, möglichst etwas dickeren Hosen sehr gut beraten.

Für den Besuch von Moscheen und anderen islamischen Stätten ist *dezente Kleidung* angesagt: Schultern und Knie bedecken (und auch nicht bauchfrei), ein langes Kleid bzw. langer Rock sind angebracht. Männer sollten ebenfalls lange Hosen tragen. Tunesische Männer sind auch bei 40 Grad im Schatten korrekt gekleidet und oft sogar im Anzug unterwegs, kurze Hosen gehören hier nicht zur Ausstattung. Anders ist es in den Touristenzentren an der Küste, lockere Sommerbekleidung ist hier auch bei Tunesiern üblich.

Moscheen

Seit 1988 dürfen Nicht-Moslems die Gebetssäle von Moscheen nicht mehr betreten, man kann lediglich vom Innenhof einen Blick hineinwerfen. In der Regel können die Moscheen vormittags besichtigt werden, an Freitagen und in den Wintermonaten verkürzte Zeiten. Die drei wichtigsten Moscheen des Landes sind die *Sidi-Okba-Moschee* in Kairouan, die *Ez-Zitouna-Moschee* in Tunis und die *Große Moschee* von Sousse.

Nachtleben

Gibt es in Tunesien fast nicht. Abgesehen von Hammamet und der Gegend um Gammarth, wo man zwischen einigen öffentlichen Diskotheken wählen kann, herrscht im ganzen Land eine ziemliche Flaute, was abendliche Vergnügungen angeht. Bleiben nur die Hoteldiskotheken bzw. die Abendveranstaltungen der Hotels. Auch eine Kneipenkultur findet man in Tunesien kaum. Die Medinas größerer Städte wirken nachts wie ausgestorben, lediglich in den Restaurants und im Sommer auch in den Cafés spielt sich nach 21 Uhr noch ein wenig Leben ab.

Nationalparks

Neben vier Nationalparks (**Ichkeul** bei Bizerte, **Bou Hedma** zwischen Gafsa und Sfax, **Djebel Chambi** bei Kasserine und die Inseln **Zembra/Zembretta** vor dem Cap

Bon) gibt es eine Vielzahl von Naturreservaten und Naturschutzgebieten. Damit die Nationalparks auch solche bleiben, sind sie nur mit Genehmigung zu besuchen, die man (in französischer Sprache) beim *Ministère de l'Agriculture, Direction de Forêt, Rue Alain Savary, 1001 Tunis* beantragen muss (am besten Wochen bzw. Monate vorher). Einzige Ausnahme ist der **Ichkeul-Nationalpark**, der jederzeit besucht werden kann.

Öffnungszeiten

Keine einheitliche Regelung, die Geschäfte sind meist von 8–13 Uhr und von 15–19 Uhr geöffnet. In Großstädten und Tourismuszentren z. T. auch über Mittag. Souvenirläden und die Souks haben ebenfalls oft durchgehend auf.

Hinweis: Die Öffnungszeiten von Post, archäologischen Stätten, Moscheen und der Touristeninformation finden Sie unter den jeweiligen Stichwörtern.

Polizei/Notruf

Polizeistationen gibt es in allen größeren Orten. Die Beamten der *Police* sind in der Regel sehr freundlich und hilfsbereit, sprechen aber meist nur Arabisch und Französisch. Lediglich in Urlaubsorten findet sich oftmals auch ein Polizist, der Deutsch spricht.

Wichtige Notrufnummern: *Polizei* ✆ 197, *Rettungsdienst* ✆ 190, *Feuerwehr* ✆ 198, *Pannenhilfe* ✆ 71/243921 (Automobil Club de Tunisie).

Polizeikontrollen: Je südlicher, desto häufiger werden die Kontrollposten, in manchen Regionen sind sie an jeder größeren Abzweigung anzutreffen. Im Nordwesten des Landes finden die meisten Kontrollen entlang der algerischen Grenze statt. „Touristische Transporte" wie z. B. organisierte Jeeptouren oder Reisebusse werden meistens durchgewunken, wer mit dem Mietwagen, besonders aber mit dem eigenen Auto unterwegs ist, muss fast immer anhalten. Wer mit der Louage reist, muss ebenfalls mit Kontrollen rechnen, teilweise wird auch das Gepäck kontrolliert. Die äußerst korrekt uniformierten Herren der *Police* oder der *Garde National* führen in der Regel nur Routinekontrollen durch.

Auch wenn es Ihnen irgendwann auf die Nerven geht, auf 20 km zum dritten Mal kontrolliert zu werden: Zeigen Sie es nicht, die Polizisten sind in der Regel sehr höflich und wollen meist mit Ihnen einen Smalltalk über Tunesien, Deutschland, das Wetter oder Ihren Urlaub halten. Französischkenntnisse sind hier übrigens von großem Vorteil.

Post

Zumindest in größeren Orten gibt es ein Postamt. Öffnungszeiten: Mo–Fr 8–12 Uhr und 15–18 Uhr, Sa 8–12 Uhr; vom 1. Juli bis 15. September haben die Postämter Mo–Sa von 8–13 Uhr geöffnet. Das *Porto* für Postkarten und Briefe nach Europa beträgt etwa 36 Cent (600 Millimes). Von allen Postämtern können *Telefongespräche* ins Ausland geführt werden.

Sicherheit

Tunesien gilt als relativ sicheres Reiseland. Vergewaltigung und Überfälle sind eher selten, auch wenn Letztere laut Angaben einiger unserer Leser in Tunis (TGM-Vorortbahn) und El Kef vorgekommen sind. Diebstähle können hingegen – wie in jedem anderen Reiseland auch – nicht ausgeschlossen werden. Insbesondere in der Medina sowie in öffentlichen Transportmitteln sollten die Wertsachen sicher verstaut sein. Hotelfenster sollten bei Abwesenheit verschlossen und Wertgegenstände nicht offen sichtbar im Zimmer liegen gelassen werden. An den Strand sollte man keine Wertsachen mitnehmen.

Der Grund für die eher geringe Zahl an Gewaltdelikten ist mit Sicherheit die hohe Polizeipräsenz, die seit den Anschlägen auf Djerba im April 2002 noch verstärkt wurde. Auch das eng gestrickte soziale Netz wirkt: Jeder kennt jeden, mit Ausnahme von Tunis auch in den Städten, sodass kriminelle Aktivitäten kaum unerkannt bleiben können.

Aktuelle Informationen zur Sicherheitslage im Internet unter *www.auswaertiges-amt.de*.

Sport

Gute Sportmöglichkeiten, allerdings fast ausschließlich bei den Urlauberhochburgen. Wassersport überall bei den großen Hotels an der Küste.

Golf erfreut sich unter den Touristen in Tunesien zunehmender Beliebtheit. 260.000 Golfer kommen schon jetzt jährlich, davon sind ein Drittel Deutsche. Die meisten Plätze entstanden Ende der 1980er, Anfang der 1990er Jahre, doch der Bauboom hält an. Für die kommenden Jahre sind sieben neue Anlagen geplant Golfplätze gibt es in Tabarka, Karthago, Hammamet, Port El Kantaoui, Monastir Tozeur und Djerba. Details bei den jeweiligen Ortsbeschreibungen.

Jagd: In den Wäldern der Kroumirie um Ain Draham im Norden des Landes frönt man hauptsächlich der Wildschweinjagd. Informationen beim ONTT (s. S. 50).

Reiten: Ob gemächlich auf dem Dromedar oder auf dem Pferd am Strand entlang, reiten kann man in (fast) allen größeren Touristenorten. Dromedarritte in die Wüste v. a. bei den Oasen Ksar Ghilane und Douz im Süden des Landes.

Yachting: In Tunesien gibt es fünf Yachthäfen (Sidi Bou Said, Bizerte, Tabarka, Port El Kantaoui, Monastir) und fünf Häfen (La Goulette, Kelibia, Mahdia, Sfax und Houmt Souk/Djerba), die über geeignete Anlegeplätze verfügen. Mit der eigenen Yacht nach Tunesien zu reisen ist also kein Problem, in Tunesien eine Yacht zu chartern dagegen sehr schwierig.

Tauchen: Zum Beispiel an der Korallenküste Nordtunesiens. In Tabarka gibt es einige Tauchzentren mit Schule. Tauchmöglichkeiten und -kurse auch in Port El Kantaoui. Näheres unter den jeweiligen Ortsbeschreibungen.

Tennis: Fast überflüssig zu erwähnen, Tennisplätze gibt es in jedem größeren Hotel. Oftmals auch für Nicht-Hotelgäste zu mieten.

Trekking: Mehrtägige Dromedartouren durch die Wüste (Ausgangspunkt meistens

Douz) sowie Wandertouren durch das südliche Bergland werden von einigen deutschen Spezialreiseveranstaltern (s. S. 26) angeboten. Wüstentouren auch vor Ort buchbar (z. B. in Douz).

Wassersport: Surfen, Wasserski, Tretboote, Jet Ski und Paragliding an fast allen Touristenstränden, auf Djerba außerdem Strandsurfen. Näheres unter den jeweiligen Ortsbeschreibungen im Reiseteil.

Sprache

Die tunesische Amtssprache ist Arabisch, fast alle Tunesier sprechen darüber hinaus Französisch. Wer zwei Wochen im Strandhotel verbringt, braucht sich über mangelnde Arabischkenntnisse keine Sorgen zu machen: Die Hotelangestellten sprechen in der Regel fünf Sprachen, neben den landesüblichen sind dies Deutsch, Italienisch und Englisch. In entlegeneren Gegenden wird man sich allerdings schwer tun, wenn man weder ein paar Brocken Arabisch noch Französisch spricht. Im umgekehrten Fall sind viele Tunesier begeistert, wenn Touristen bemüht sind, sich in der Landessprache zu verständigen, auch wenn es nur ein paar Worte sind.

Tipp: Empfohlen sei an dieser Stelle der Kauderwelsch-Sprachführer Band 73 „Tunesisch-Arabisch – Wort für Wort", Peter Rump Verlag, 7,90 €.

Strom

Normalerweise 220 Volt Wechselstrom, in alten Häusern und entlegenen Gegenden im Süden manchmal auch 110 Volt. Ein Euro-Stecker ist sinnvoll, da die Steckdosen in Tunesien oft kleiner sind.

Telefonieren

In jedem größerem Ort gibt es mindestens ein **Taxiphone**, ein öffentliches Telefonbüro. Ein schlichter Raum mit ein paar Zellen, an der Kasse sitzt meist jemand, der Wechselgeld parat hat. In der Regel kann man von jedem der Telefone ins Ausland anrufen, wenn nicht, weist ein Schild darauf hin, welche Apparate für internationale Gespräche verwendet werden können. Die Verbindung nach Deutschland ist erstaunlich gut. Eine Minute nach Deutschland kostet etwa 1 € (1,69 TD). Die Taxiphones (meist an einem gelben Schild mit Wählscheibe zu erkennen) sind den ganzen Tag über und nicht selten auch bis 22 Uhr oder länger geöffnet. Telefonieren kann man außerdem auch bei den Postämtern.

Mobiles Telefonieren ist über die *Tunisie Telecom* inzwischen in nahezu

Das berühmte Henna von Gabès

ganz Tunesien möglich. Die Abdeckung ist lediglich im Süden im Dahargebirge sowie im zerklüfteten Bergland im Norden noch mangelhaft. Auch südlich von Douz auf der Piste nach Ksar Ghilane und auf der asphaltierten Straße zwischen Matmata und Douz befinden sich größere Funklöcher. Im Notfall kann vom Fahrzeugdach aus der Empfang erheblich verbessert werden. Im Raum Tunis ist das Netz sehr oft überlastet. Der Empfang und das Versenden von Kurzmitteilungen funktionieren nur zeitweise. Es kommt vor, dass die SMS-Kommunikation mehrere Monate problemlos möglich ist und dann wiederum für den gleichen Zeitraum nicht funktioniert. Die Gesprächsminute nach Deutschland kostet ca. 1 € (1,69 TD) pro Minute. Telefonieren innerhalb Tunesiens kostet ca. 30 Cent (ca. 0,50 TD) pro Minute. Zu beachten ist, dass auch bei ankommenden Gesprächen erhebliche Gebühren anfallen. Je nach Netzbetreiber zwischen 50 und 80 Cent.

Vorwahlnummern für Auslandsgespräche (die Ortskennzahl muss ohne die 0 gewählt werden) nach Deutschland ✆ 0049, nach Österreich ✆ 0043, in die Schweiz ✆ 0041.

Landesvorwahl Tunesien: ✆ 00216.

Vorwahlen in Tunesien: Tunis ✆ 71, Hammamet/Nabeul und Bizerte ✆ 72, Sousse/Monastir und Mahdia ✆ 73, Sfax ✆ 74, Djerba und Gabès ✆ 75, Gafsa und Tozeur ✆ 76, Kairouan ✆ 77, El Kef und der Norden ✆ 78.

Thalasso

Zunehmend gefragter im Bereich Wellness wird die Meerwassertherapie Thalasso, benannt nach dem griechischen Wort „thalassa" für Wasser. Tunesien verfügt über 34 Kurzentren, meist angeschlossen an Hotels der Kategorie vier oder fünf Sterne mit oft sehr luxuriösem Standard, weitere 23 Anlagen sind in Planung. Schwerpunkte sind Djerba, wo sich allein 14 Thalassozentren befinden, ebenso sind Hammamet und Hammamet Yasmine wichtige Standorte. Mit seinem breiten Angebot ist Tunesien einer der wichtigsten Thalasso-Anbieter weltweit. Das Credo ist die heilkräftige Wirkung des Meerwassers. Bei Dampfbädern, Massagen und Algenanwendungen können hier Stressgeplagte Entspannung finden, aber auch Rheuma und Arthroseerkrankungen unterstützend behandelt werden. Die Therapieformen sind vielfältig und individuell. Einen Katalog zu den Thalassozentren und deren Angeboten gibt das tunesische Fremdenverkehrsamt heraus.

Umweltschutz

Als in Tunesien 1992 ein Umweltministerium eingerichtet wurde, zählte zu dessen wichtigsten Zielsetzungen die Erneuerung von Klär- und Wasseraufbereitungsanlagen, landschaftsgerechtes Bauen bei neuen Hotels sowie Aufklärungsarbeit in Sachen Umweltschutz – vor allem an Schulen. Damit konnte aber nicht verhindert werden, dass die immer größer werdende Hoteldichte an den Küsten und in den Oasenstädten zu einer erheblichen Umweltschädigung führt, besonders wenn durch deren hohen Wasserbedarf die benachbarte Oase „verdursten" muss. Auch die Abfallberge der Touristen tragen zu einer erhöhten Umweltverschmutzung bei, hinzu kommen weiträumig abgegraste Weideflächen und ein genereller Wassermangel, durch den sich die unfruchtbaren Steppengebiete immer weiter ausbreiten.

Inzwischen gibt es Umweltverträglichkeitsprüfungen vor der Genehmigung von Bauprojekten. Das Bewusstsein für die große Bedeutung des Umweltschutzes wird durch staatliche Kampagnen gefördert. Im Vergleich zu anderen arabischen Ländern kommt Tunesien eine Vorreiterrolle zu. So gibt es in fast jeder größeren und kleineren Stadt neben der obligatorischen, nach Bourguiba benannten Straße auch einen Boulevard d'Environnement. Gleichfalls häufig anzutreffen ist ein Denkmal mit einer Steinfigur, die auf den ersten Blick aussieht, als gehöre sie zum benachbarten Kinderspielplatz. Doch es handelt sich um das Nationaltier *Fennek*, der als Umweltsymbol fungiert: ein Wüstenfuchs mit übermäßig langen Ohren, der auch in einigen Zoos zu bewundern ist, z. B. in Tozeur und Tunis.

Wer nach Tunesien fährt, findet vor allem im waldreichen Norden des Landes oftmals eine intaktere Natur als vielerorts in Mitteleuropa vor.

Wasser

Vor allem im Süden des Landes absolute Mangelware. In vielen Hotels wird man durch einen Aufkleber im Bad zum bewussten Umgang mit dem kostbaren Gut angehalten – „Economisez de l'Eau, S.V.P."

Vom Genuss des tunesischen Leitungswassers muss abgeraten werden. In den Städten ist es sehr stark gechlort und daher kaum trinkbar, in den ländlichen Regionen ist es – insbesondere während der Sommermonate und bedingt auch durch alte Leitungsrohre – nicht sicher keimfrei. Trinkwasser ist in 1,5-Liter-Plastikflaschen für ca. 40 Cent (600 Millimes) überall erhältlich.

Zeit

Gleiche Uhrzeit wie in Deutschland, Österreich und der Schweiz, allerdings gibt es in Tunesien keine Sommerzeit.

Zeitungen und Zeitschriften

In Tunis und den Touristenorten bekommt man die wichtigsten deutschsprachigen Zeitungen und Magazine. Die Tageszeitungen sind jedoch mindestens einen Tag alt und fast doppelt so teuer wie zu Hause, das Gleiche gilt für Zeitschriften. *La Presse* und *Le Temps*, erhältlich an jedem Zeitungskiosk, sind die beiden auflagenstarken französischsprachigen und regierungsfreundlichen Tageszeitungen Tunesiens (oftmals mit Veranstaltungshinweisen). Weitere Tageszeitungen nur in arabischer Sprache.

Zoll

Es dürfen die üblichen Reisebedarfsgegenstände in für den persönlichen Bedarf angemessener Menge zollfrei eingeführt werden. Die Einfuhr von *Waffen* aller Art ist strengstens verboten (für Jagdwaffen gelten gesonderte Bestimmungen), das Gleiche gilt für *Funkgeräte*, Schwierigkeiten kann man auch bei *GPS-Geräten* bekommen.

Alle Gegenstände, die der Reisende für den privaten Bedarf erworben hat, dürfen zollfrei ausgeführt werden. Bei größeren Einkäufen sollte man sich eine Quittung geben lassen, die man gegebenenfalls dem Zoll vorlegen kann.

Der weite Golf von Tunis

Der Golf von Tunis

Feine Sandstrände bei La Marsa und Gammarth, das malerische, hoch über der Bucht von Tunis gelegene Dorf Sidi Bou Said, die weit verstreuten Ruinen von Karthago und natürlich die Metropole Tunis selbst – am weitläufigen Golf von Tunis ist für jeden Geschmack etwas geboten.

Hauptattraktion der Gegend ist **Karthago**, den Römern einst ein Dorn im Auge, heute nobler Villenvorort der Hauptstadt. Neben dem streng bewachten Präsidentenpalast stößt man auf die größtenteils nicht sonderlich gut erhaltenen Reste der einstigen punischen Großmacht Karthago, die 146 v. Chr. von den Römern dem Erdboden gleichgemacht wurde.

In Nachbarschaft zu Karthago liegt **Sidi Bou Said**, ein von maurischen Flüchtlingen im 16. Jh. besiedeltes Dorf. Mit seinen strahlend weißen Häusern und dem herrlichen Ausblick über den Golf von Tunis erfreut sich Sidi Bou Said großer touristischer Beliebtheit und gehört zum Standardprogramm jeder Rundfahrt. Bei **La Marsa** und **Gammarth** – beides nördliche Villenvororte der Hauptstadt – kommen Erholungssuchende voll auf ihre Kosten: kilometerlange weiße Sandstrände, die vom Tourismus gerade erst entdeckt werden. Besonders zwischen Gammarth und dem nördlicher gelegenen **Raouad** ist der Strand oft menschenleer.

Tunis

(1,8 Mio. Einwohner)

Französisches Flair und orientalische Lebensart, Prachtboulevards und enge Medinagassen, verschleierte Berberfrauen und europäisch gekleidete Geschäftsleute – keine andere tunesische Stadt bietet so viele Gegensätze wie die Hauptstadt, in der ein Fünftel aller Tunesier leben.

Tunis wird durch den *Lac de Tunis* (oder El-Bahira) vom offenen Meer getrennt; über einen langen Damm ist es mit dem Vorhafen **La Goulette** verbunden. Der neu gestaltete Prachtboulevard Avenue Habib Bourguiba führt direkt zum Eingang der **Medina**, der Porte de France oder Bab el Bhar. Während die Medina im Zentrum auf die Aghlabidenherrschaft im 9. Jh. (und früher) zurückgeht, stammt das **Neustadtzentrum** aus der Zeit des französischen Protektorats von 1881 bis 1956.

Hier, besonders um die Avenue Habib Bourguiba, spielt sich das Leben ab. Auf der großzügig angelegten Avenue mit Uhrenmonument und Wasserspielen findet man die französische Kathedrale aus dem Jahr 1882, ebenfalls ein Überbleibsel aus der Protektoratszeit, mehrere Kinos, Hotels, Restaurants und das 1911 entstandene Theater mit seiner strahlend weißen Jugendstilfassade.

Ganz anders dagegen die Medina, die Altstadt von Tunis: schmale Gässchen und dicht an dicht gebaute Häuser, von der großzügigen Stadtplanung der ehemaligen Kolonialherren blieb der älteste Teil der Metropole zum Glück verschont. Hauptsehenswürdigkeit im alten Viertel ist die über tausend Jahre alte **Ez-Zitouna-Moschee** im Zentrum der Medina.

Tunis ist in jeder Hinsicht Zentrum des Landes. Zwei Drittel aller tunesischen Industriebetriebe haben hier ihren Sitz. Die 1960 gegründete Universität, wichtige Bibliotheken und nicht zuletzt das berühmte Bardo-Museum mit seiner wertvollen Mosaikensammlung unterstreichen die Stellung der Hauptstadt auch als kulturelles Zentrum Tunesiens.

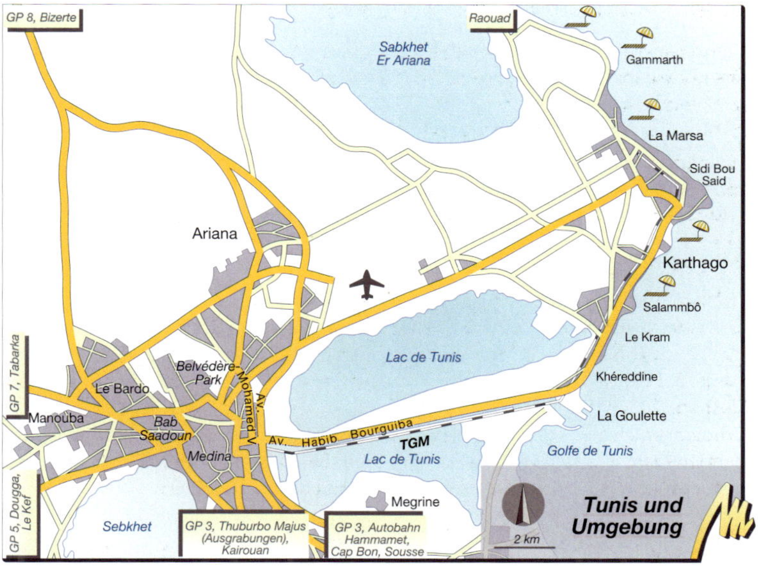

Geschichte

Die Besiedlung der Stadt geht schon auf die Zeit vor den Karthagern zurück. Mit der Gründung Karthagos 814 v. Chr. geriet Tunis, damals auch unter dem Namen Thunes oder Thynes bekannt, bald in den Schatten der mächtigen Nachbarin und wurde 146 v. Chr. – genau wie Karthago – von den Römern völlig zerstört. Bedeutend wurde Tunis erst wieder im 8. und 9. Jh. n. Chr. In dieser Zeit wurde die Ez-Zitouna-Moschee gebaut und die Hauptstadt des Landes von Mahdia hierher verlegt (1207). Eine Blütezeit erlebte Tunis unter den Hafsiden im 13. bis 16. Jh. Bald darauf wurde die Stadt zuerst spanisch, dann türkisch beherrscht. Ab Anfang des 18. Jh. unterstand Tunis den türkischen Husseiniden, die auch während des französischen Protektorats von 1881 bis 1956 eine bevorzugte Stellung innehatten. Nach der Unabhängigkeit Tunesiens am 20. März 1956 und der Abwanderung der französischen Bewohner wurde Tunis zu einer der wichtigsten Metropolen der arabischen Welt.

Information

• *Touristeninformation* **ONTT** in der Av. Mohamed V. 1 (bei der Kreuzung mit der Av. H. Bourguiba). Mo–Sa 8–18 Uhr, So 9–12 Uhr, ✆ 71/341077. Hier sind Stadtpläne (auch Medina), Hotellisten von Tunis und Umgebung sowie Info-Broschüren zu Tunis und vielen Teilen des Landes erhältlich. Ansonsten sind die oftmals auch Deutsch oder Englisch sprechenden Angestellten des staatlichen Büros zwar in der Regel sehr freundlich, können aber meist nur wenige weiter gehende Informationen erteilen.

• *Vorwahl* Für Tunis und Umgebung gilt die Vorwahl **71**.

Verbindungen

Hervorragende Verbindungen, Tunis ist Verkehrsknotenpunkt des Landes, von hier aus ist auch das hinterste Dorf Tunesiens erreichbar.

• *Internationale Verbindungen* **Mit dem Flugzeug**: Internationaler Flughafen Karthago, ca. 8 km außerhalb (✆ 71/755000). Touristeninformation im 1. Stock des Flughafengebäudes. Banken, Autovermietungen (z. B. Avis, Hertz, Europcar), Café, Restaurant, Läden usw. Erreichbar mit dem Bus Nr. 35 (z. B. ab dem Hôtel El Mouradi (Av. H. Bourguiba, ca. 700 Millimes) oder mit dem Taxi (ca. 5 TD).

Mit dem Schiff: Von La Goulette, dem Hafen von Tunis, bestehen Fährverbindungen nach Genua, Marseille und Trapani/Sizilien. Das Hafengelände von La Goulette ist ausreichend beschildert.

• *Landesweite Verbindungen* **Bahn**: Hbf. an der Place de Barcelone, im Bahnhofsgebäude Touristeninformation (Mo–Sa 9–18 Uhr, So 9–12 Uhr) und Informationsschalter (✆ 71/345511), an dem Fahrpläne aller Zugverbindungen des Landes erhältlich sind. Tägl. Verbindungen: 4-mal nach Bizerte (ca. 1,5 Std., 3,35 TD); 11-mal nach Bir Bou Rekba (1 Std., 3,50 TD), von hier aus umsteigen Richtung Hammamet/Nabeul; darüber hinaus 2 direkte Verbindungen nach Hammamet und Nabeul (3,50 TD); 9-mal Sousse (2 Std., 6,50 TD), 4-mal Monastir (ca. 2,5 Std., 7,85 TD), 2-mal Mahdia (ca. 4 Std., 7,85 TD), 5-mal über El Jem nach Sfax (ca. 4 Std., 10,50 TD), 1-mal nach Gabès, 1-mal (über Nacht) nach Gafsa und Metlaoui. Außerdem mehrmals tägl. Züge über Beja und Jendouba nach Ghardimaou an der algerischen Grenze.

Busse: zwei große Busbahnhöfe, die durch die Stadtbusse Nr. 50 oder 71 (fahren durch die Innenstadt) miteinander verbunden sind.

Bus-Bhf. Süd (Gare Routière Sud): An der Ausfallstr. nach Hammamet und Sousse (mit Wartehalle und Kiosk), ✆ 71/492456 (hier kann man auch Abfahrtszeiten erfragen). Die wichtigsten Verbindungen: etwa alle 45 Min. nach Hammamet (1–1,5 Std., 3,40 TD), alle 30 Min. nach Nabeul (1–1,5 Std., ca. 3,40 TD), mehrmals tägl. nach Korbous, El Haouria, Kelibia, Korba/Menzel Temine. Etwa stündl. nach Kairouan (2 Std. 45 Min., 8,40 TD); 9-mal Gafsa (ca. 6 Std., 15 TD); 5-mal Tozeur (7,5 Std., 17 TD); 2-mal Djerba (7,5 Std., ca. 21,30 TD); 7-mal Sousse (2 Std. 15 Min., 6,50 TD); 4-mal über El Jem nach Sfax (4 Std., ca. 11 TD); 5-mal Gabès (7 Std., 17,50 TD); 1-mal (über Nacht) nach Tripolis (Libyen), 27 TD. Außerdem mehrmals tägl. Verbindungen nach El Fahs (Thuburbo Majus), Kasserine, Sbeitla, Makthar, Nefta, Douz, Kebili, Tataouine, Ben Guerdane, Zarzis, Medenine und Matmata.

Gare Routière Nord: Kleinere Station (Café, Kiosk) beim Bab Saadoun im Norden von Tunis, ✆ 71/562299 o. 562532. Louage-Station direkt davor, erreichbar mit Stadtbus (Nr. 50

Blick über Sidi Bou Said

und 71) oder Straßenbahn Nr. 3 und 4 (Haltestelle Saadoun). Alle 30 Min. nach Bizerte (1 Std., 3,20 TD); stündl. nach El Kef (3 Std., 6,50 TD) und Teboursouk/Dougga (1 Std. 45 Min., 3,50 TD); 10-mal Beja (2 Std., 4,50 TD); 7-mal Tabarka (3,5 Std., ca. 7 TD) über Mateur.

Louages: Kleinere Stationen bei den beiden Busbahnhöfen, große, überdachte Louage-Station in einer Seitenstr. der Av. Moncef Bey (beschildert, trotzdem nicht einfach zu finden, da in unauffälligem Gebäude untergebracht). Von hier Fahrten überwiegend *in den Süden*, die Sammeltaxis sind wie im Bus-Bhf. nach Zielorten aufgereiht: Hammamet (35 Min., 3 TD); Nabeul (40 Min., 3,50 TD); Kelibia (1 Std., 4,50 TD); Enfida (1 Std., 4,50 TD); Sousse (1 Std. 15 Min., 6 TD); Monastir (1,5 Std., ca. 7 TD); Kairouan (2 Std., 6,50 TD); El Jem (2,5 Std., 8,50 TD); Mahdia (1 Std. 45 Min., 8 TD); Sfax (3 Std., 10 TD); Gabès (4,5 Std., 15 TD); Djerba (6 Std., 19 TD); Kasserine (6 Std., 10,50 TD); Gafsa (6 Std., 15 TD); Tozeur (6 Std., 16 TD). *Richtung Norden und Nordwesten*: Louages vor dem Bus-Bhf. Nord, El Kef (2 Std., 7 TD); Tabarka (1,5 Std., 7,50 TD); Bizerte (40 Min., 3,90 TD); außerdem nach Mateur, Jendouba, Beja.

• *Verbindungen in und um Tunis* **Nahverkehrszüge**: vom *Hbf.* alle 30 Min. nach Rades, Hammam Lif, Borj Cedria; mit der TGM-Vorortbahn (**T**unis-**G**oulette-**M**arsa) vom *Bhf. Tunis Marine* (am östl. Ende der Av. Habib Bourguiba) über La Goulette, Karthago, Sidi Bou Said bis *La Marsa Plage*, alle 12 Min., Ticket bis *Goulette Nouve* ca. 410 Millimes, darüber hinaus 650 Millimes.

Straßenbahn (Metro): vom TGM-Bhf. die Nr. 1 zum Hbf. (Place de Barcelone), Nr. 2 zum Belvédère-Park (Haltestelle Palestine); vom Hbf. die Nr. 4 über Av. H. Bourguiba, Av. H. Thameur und Bab Saadoun (Busstation Nord) zum Bardo-Museum (Haltestelle Bardo).

Stadtbusse: Vom *TGM-Bhf. Marine* mit der Nr. 2 oder 2 B zur Place de Kasbah (Westseite der Medina), Nr. 4 A oder 104 zum Stadtteil Bardo, Nr. 5 oder 38 B zum Belvédère-Park, Nr. 35 zum Flughafen (über Place de Barcelone, Av. Habib Bourguiba). Ticketverkauf an der Haltestelle. Weitere wichtige Stadtbushaltestellen an der Place de Barcelone, in der Av. Habib Bourguiba (gegenüber vom neuen Hôtel El Mouradi) und in der Av. H. Thameur (kleiner Park an der Place Thameur, von hier Nr. 4 oder 23 nach Bardo, Nr. 63 zum Belvédère-Park, Nr. 35 zum Flughafen). Keine Busse nach La Goulette, Sidi Bou Said und Gammarth!

Taxis: Wagen stehen z. B. am TGM-Bhf., in der Av. H. Bourguiba, an größeren Plätzen oder man winkt sich eines herbei. Preise: Flughafen ca. 5–6 TD, Bardo-Museum ca. 2 TD, Sidi Bou Said/La Marsa 5–6 TD.

Die Souks

Dichtes Gedränge in dunklen, gewölbeartigen Gängen, exotische Düfte und viel orientalisches Ambiente – ein Bummel (eine schnellere Gangart ist meist auch gar nicht möglich) durch die Souks der Medina von Tunis ist sicher eines der eindrucksvollsten Erlebnisse beim Besuch der Hauptstadt.

Die Souks entstanden zu Zeiten der Hafsiden im 13. Jh. und waren streng nach Handwerk bzw. angebotenen Waren getrennt. Je höher das Ansehen eines Handwerks, desto näher war der jeweilige Souk bei der Ez-Zitouna-Moschee angesiedelt, aber auch der Geräuschpegel der jeweiligen Zunft spielte eine entscheidende Rolle für die Lage: Der *Souk es Sakkajine* (Souk der Sattler) war traditionell am weitesten von der Großen Moschee entfernt. Der *Souk el Berka*, der ehemalige Sklavenmarkt, liegt ebenfalls relativ weit von der Moschee entfernt, hier ist heute der Souk der Goldschmiede untergebracht.

Trotz vieler Souvenirshops findet man rund um die Ez-Zitouna-Moschee noch immer die alteingesessenen Souks. An deren Nordseite z. B. den *Souk el Attarine* (Souk der Parfümhändler) mit unterschiedlichen Duftwässern wie Rosenwasser und Orangenblütenwasser, das nach dem Essen in den Händen verrieben wird, aber auch Ölen, Henna, Parfümfläschchen und anderen Kosmetika. Westlich davon schließt sich der *Souk el Trouk* an (türkischer Souk aus dem 17. Jh.), im Osten der *Souk Blaghjia* (Souk der Schuhmacher), in dem noch heute die traditionellen türkischen Slipper gefertigt werden. Auf der Westseite der Moschee stößt man auf den *Souk el Koumach* (Souk des Etoffes) mit seinen Stoffrollen und Tüchern, ganz in der Nähe liegt der *Souk el Leffa* (Souk de la Laine), wo mit Wolle, Decken und Teppichen gehandelt wird, und schließlich der *Souk des Femmes*, in dem Frauenkleidung angeboten wird.

Besonders interessant ist der *Souk ech Chaouachiyas* oder *Souk des Chechias* (Souk der Hutmacher) bei der Rue Sidi Ben Arous zwischen Hammouda-Pacha-Moschee und Ez-Zitouna-Moschee. Die *Chechias* wurden im 17. Jh. durch die Andalusier nach Tunesien gebracht. Zwar sieht man diese Filzmützen heute nur noch auf den Köpfen älterer Tunesier, aber durch den Export ist das Fortbestehen dieses Handwerks gesichert. Hier liegen die Rohlinge aus Schafwolle aus, die durch heißes Wasser zu Filz zusammenschrumpfen und dann – zumeist dunkelrot – eingefärbt werden.

Die Medina von Tunis wurde 1981 von der UNESCO zum Weltkulturerbe erklärt.

Adressen

Ärztl. Hilfe: Krankenhaus in der Rue Sidi Ben Ziad (Westseite der Medina), hier auch Englisch sprechende Ärzte, ✆ 663654 oder 663637. Erste Hilfe auch unter ✆ 780000 oder 341250.

Apotheke: Nachtapotheke (Pharmacie de nuit) in der Rue Charles de Gaulle neben Monoprix.

Autoverleih: Nicht gerade billig, ein paar große Anbieter in der Av. H. Bourguiba, z. B. Carthago Rent, Av. H. Bourguiba 3, ✆ 349168 oder 334752. Weitere Autovermietungen befinden sich in der Avenue Jean Jaures (zweigt bei der Touristeninformation von der Av. Mohamed V. ab). Die Preise für einen Mietwagen der kleinsten Kategorie liegen bei allen Agenturen um die 90 TD pro Tag, ca. 220 TD für 3 Tage, 400 TD pro Woche (jeweils inkl. Versicherung und Steuern, ohne Kilometerbeschränkung). In der Nebensaison kann man oft einen günstigeren Preis aushandeln.

Banken: Die meisten großen Banken befinden sich in der Av. H. Bourguiba, z. B. die UIB-Bank neben der Kathedrale oder die STB-Bank an der Porte de France, beide mit Geldautomat.

Botschaften/Konsulate: S. Kapitel „Wissenswertes von A bis Z", S. 43.

Polizei: ✆ 197; kleine Polizeistation in der Medina (Rue Sidi Morjani, Seitenstr. der Rue Jamaa Zitouna).

Post: *Hauptpost* in der Rue Charles de Gaulles, Mo–Do 8.30–13 Uhr, 15–17.45 Fr, So 8–13 Uhr.

Reisebüros: *Carthage Tours* in der Av. H. Bourguiba 59 bietet 3-Tages-Touren durch Tunesien (Fahrt, Hotel, Vollpension) für ca. 200 TD sowie einwöchige Rundfahrten (mit Wüstenexkursion) für ca. 450 TD, ✆ 347015, 📠 352740, E-Mail: carthage.tours@gnet.tn.

Eine weitere Agentur mit ähnlichem Angebot befindet sich beim Belvédère-Park: Tunisia Travel Team, 22 Avenue des Etats Unis, ✆ 800718, 📠 801388, E-Mail: travel.team@planet.tn.

Eine Tunis-Air-Agentur befindet sich an der Place de la Kasbah.

Telefonieren: einige Taxiphones (intern. Telefonzellen) im Zentrum oder bei der Post.

Einkaufen/Sonstiges/Veranstaltungen

• *Einkaufen* **Supermärkte**: *Monoprix* in der Rue Charles de Gaulle oder *Magasin Général* an der Porte de France. Der größte Supermarkt Tunesiens – eine Zweigstelle des französischen Handelsgiganten *Carrefour* – befindet sich weit außerhalb des Zentrums in Richtung La Marsa.

Großer **Lebensmittelmarkt** in der Rue Charles de Gaulle, hier und in den umliegenden Straßen auch einige **Boutiquen**. Noble Bekleidungs- und Schuhgeschäfte vor allem in der Av. H. Bourguiba. **Souvenirgeschäfte** en masse in den Hauptgassen der Medina und in den Souks, etwas günstiger kann man in den weniger frequentierten Seitengassen in der Medina einkaufen: Haushaltswaren, Teppiche, Schmuck, Strohhüte, Kleidung, Schuhe ... praktisch alles, was sich als Souvenir eignet. Handeln ist obligatorisch! Landestypisches in allerbester Qualität gibt es im **ONAT-Artisanat** im Vorort Denden, westlich von Tunis, z. B. Teppiche, Keramik, Silberschmuck. Die Preise liegen zwar etwas höher als in den Souks, dafür aber auch nur 1a-Ware. Handeln ist in dieser staatlichen Verkaufsstelle ausgeschlossen. Mo–Fr 8.30–13, 15–18 Uhr.

Ein spezielles Shopping-Center für Souvenirs der Handelsgesellschaft der Kunsthandwerksproduktion SOCOPA namens Palmarium gibt es in der Av. Bourgiba.

Weitere Shopping-Center mit vielfältigen Einkaufsmöglichkeiten gibt es im Stadtteil Les Berges du Lac.

• *Sonstiges/Veranstaltungen* In der Av. H. Bourguiba gibt es mind. vier große **Kinos**, gezeigt werden meist internationale Filme (viel Action) in französischer oder arabischer Sprache (günstig). In den französischsprachigen Tageszeitungen *Le Temps* und *La Presse* finden sich **Veranstaltungshinweise** für den jeweiligen Tag, u. a. Kinoprogramm, Ausstellungen, teilweise auch Theater, Abendveranstaltungen großer Hotels.

In den Souks

Übernachten

Allein in Tunis gibt es an die 70 Hotels aller Kategorien. Wir haben nur einige wenige ausgewählt, die alle relativ zentral in Medinanähe liegen. Von den Hotels in der Medina selbst sollte man absehen: dunkle Absteigen, in denen die Zimmer oft weder Fenster noch Türen haben. Hier wird sich selbst der Anspruchsloseste kaum wohl fühlen. Die Jugendherberge in der Medina ist allerdings durchaus empfehlenswert.

Hôtel Africa (11), edles 5-Sterne-Hotel der Kette El Mouradi mit 189 Zimmern, allem erdenklichen Komfort und entsprechenden Preisen. Pro Zimmer 300 TD (EZ/DZ). Av. H.Bourguiba 50, ✆ 347477, 📠 347432, E-Mail: info.africa@elmouradi.com.

Hôtel Hilton, 5 Sterne, modernes Haus der international bekannten Hotelkette in ruhiger Lage am Belvédère-Park. Die Ausstattung entspricht höchstem Niveau. 291 Zimmer, viele davon mit Blick über Tunis. 181 TD (EZ/DZ), ✆ 782100, 📠 782208, E-Mail: tunhitwsal@hilton.com.

Hôtel Dar El Medina (2, s. Karte Umschlaginnenklappe vorne), erst 2005 eröffnetes 4-Sterne-Hotel. Ehemals nobles arabisches Haus inmitten der Medina. Sehr stilvoll, mit herrlicher Dachterrasse. DZ ab 182 TD, EZ 166 TD. Rue Sidi Ben Arous, nahe der Ez-Zitouna-Moschee, ✆ 71/563022, 📠 71/563520, E-Mail: darelmedina@hexabyte.tn, Internet: www.darelmedina.com.

Hôtel El Hana International (10), ebenfalls 5 Sterne, gehört zu einer großen Hotelkette, 212 Zimmer mit Balkon, Aussicht über Tunis und viel Komfort. DZ 140 TD, EZ 100 TD. Viele Geschäftsleute. Av. H. Bourguiba 49, ✆ 331144, 📠 341199, E-Mail: inter.elhana@planet.tn, Internet: www.elhana.com.

Le Grand Hôtel du Lac (7), in der Rue Georges Clémenceau, Ecke Av. Mohamed V. (Nähe ONTT-Büro). 3 Sterne, bizarres Gebäude – eine auf den Kopf gestellte Pyramide. Nicht mehr neu, relativ ruhig, aber auch hier schöner Blick auf die Stadt und den Hafen. Gepflegte Zimmer mit Aircon., TV, Tel., Du/WC. DZ 90 TD, EZ 60 TD. Mehrere Restaurants, Bars, Terrasse. ✆ 338322 oder 336100, 📠 342759, E-Mail: hotel.lac@planet.tn, Internet: www.hoteldulac.com.tn.

Hôtel La Maison Dorée (13), 2 Sterne, preiswertes Hotel, zentral, aber ruhig gelegen, viele französische Gäste. Die Zimmer

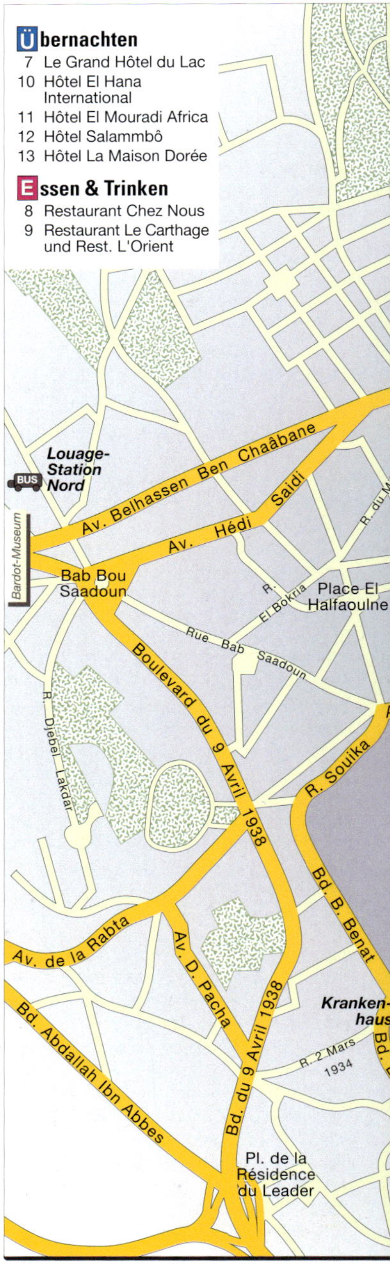

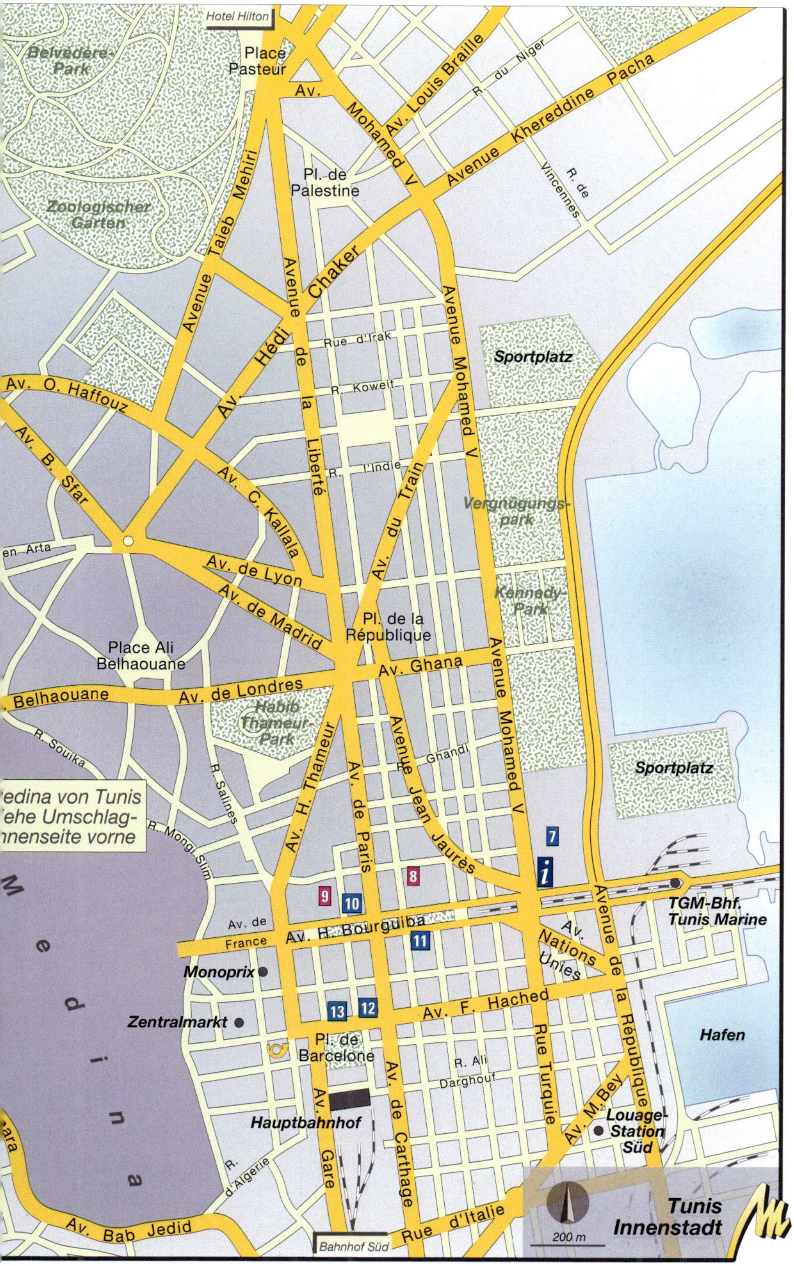

Der Golf von Tunis
Karte Seite 59

sind mit schönen, alten Möbeln, Du/WC und kleinem Balkon ausgestattet. 93 Betten, DZ 43 TD, EZ 35 TD, im Hotel Restaurant, reichhaltiges Touristenmenü für ca. 10 TD. Rue de Hollande 6 (Seitenstr. der Av. H. Bourguiba), ✆ 240631, 📠 332401. Unsere Leser Walter Meyer aus Reuth am Wald und Werner Schuh aus Zwickau waren begeistert von dem Hotel, allerdings laut Herrn Schuh mit einer Einschränkung: „[...] nach Möglichkeit in keinem Stockwerk die Zimmer mit den Nummern 3–6 geben lassen, die gehen zur Hauptstraße raus, die Straßenbahn fährt vorbei, entsprechend laut."

Hôtel Salammbô (12), älteres Hotel mit einem Stern, zentral und ruhig gelegen. Zimmer mit Balkon und wahlweise Du/WC oder Bad/WC. Gutes Preis-Leistungs-Verhältnis: DZ 28 TD, EZ ab 18 TD. Rue de Grèce 6 (Seitenstr. der Av. H. Bourguiba), ✆ 334252, 📠 337498, E-Mail: hotel.salammbo@gnet.tn.

Weitere kleine und einfache Hotels sind in den Parallelstraßen der Avenue H. Bouguiba angesiedelt, nahe dem Hotel Salammbô und dem Hotel La Maison Dorée.

Jugendherberge (3, s. Karte Umschlaginnenklappe vorne), mitten in der Medina, günstige Übernachtungsmöglichkeit, schöner Innenhof, 4-, 6- und 8-Bett-Zimmer, nach Geschlechtern getrennt. Insgesamt 70 Betten, sauber, etwas laut, pro Person und Nacht 8 TD, mit Frühstück. Rue Saida Ajoula 25, ✆/📠 567850.

Essen und Trinken (siehe Karte Seite 64/65)

Viele (fast ausschließlich lizenzierte) Restaurants (mit Alkoholausschank) um die Av. Habib Bourguiba. Auf der Avenue selbst eine Reihe von Patisserien, in denen auch Sandwichs und Snacks verkauft werden. Recht günstig essen kann man in den Garküchen im Zentrum der Medina, wo es auch ein paar unlizenzierte Restaurants gibt.

Dar El Jeld (1, s. Karte Umschlaginnenklappe vorne), 3 Gabeln de luxe, ohne Zweifel eine der allerersten Adressen in Tunis, ein kulinarisches Erlebnis! Dinieren im stilvollen Ambiente eines alten Dars (türk. Palast), Nobelrestaurant im ehem. Innenhof im Eingangsbereich gemütliche Sitzecken im alten Stil. Formelle Kleidung wird erwartet. Hervorragende tunesische Küche, für das Gebotene nicht teuer: Hauptgerichte um 19 TD, Fisch teurer, Vor- und Nachspeisen ca. 8–10 TD, sehr große Weinauswahl. Mittags und abends geöffnet, nur mit Reservierung (1–2 Tage vorher, mit etwas Glück kann man noch einen Tisch für den gleichen Tag ergattern). Lage: Rue Dar El Jeld 5 im Regierungsviertel, von der Place de Gouvernement die kleine Seitengasse hinein, unter dem großen Torbogen befindet sich rechts das gelb gestrichene Eingangstor (mit Klingel), ✆ 560916, 📠 567845.

Nur wenige Häuser entfernt (in der Rue Dar El Jeld 10) befindet sich der Ableger des erfolgreichen Restaurants, das **Diwan Dar El Jeld**, ✆ 560916, 📠 567845.

Le Carthage (9), 3 Gabeln, ruhige Atmosphäre, Fischspezialitäten, italienische, französische und tunesische Küche (einige Couscous-Variationen), Hauptgerichte 7–11 TD, Menü ab 14 TD, große Weinkarte. Zum Restaurant gehört eine kleine Bar. Rue Ali Bach Hamba 10 (Seitenstr. der Av. H. Bourguiba, beim Hôtel El Hana), ✆ 255614.

L'Orient (9), 2 Gabeln, schräg gegenüber vom Le Carthage, erkennbar an der Neon-Schrift. Sympathisches Restaurant, der Fisch liegt in der Vitrine, freundlicher Service, große Auswahl, lizenziert, mittlere bis gehobene Preisklasse (Hauptgerichte 6–10 TD). Rue Ali Bach Hamba 7, ✆ 242058.

Chez Nous (8), 2 Gabeln, sehr kleines, schlauchartiges Restaurant, sympathischer Service, mittlere Preisklasse, lizenziert. Für den Abend sollte man besser reservieren, es gibt nur wenige Tische. Rue de Marseille 5 (schräg gegenüber dem Hôtel Africa in Richtung Porte de France die kleine Straße hinein), ✆ 243048.

Pacha (6, s. Karte Umschlaginnenklappe vorne), direkt an der Port de France, überwiegend von Touristen besucht, im 1. Stock, mit Balkon (Blick auf die Place de la Victoire). Recht ordentliches typisches Touristenmenü: als Vorspeise *Brik à l'œuf* oder *Salade tunisienne*, dann ein Fleisch- oder Fischgericht, zum Nachtisch Obst oder Eis. Nicht lizenziert.

Mahdaoui (5, s. Karte Umschlaginnenklappe vorne), nur wenige Schritte von der Großen Moschee im überdachten Teil der Rue Jamaa Zitouna. Immer voll, sehr preisgünstiges und empfehlenswertes, einfaches Restaurant im Herzen der Medina.

Auch im ansonsten nur wenig sehenswerten Vorort *La Goulette* gibt es eine ganze Reihe von vorzüglichen Restaurants, die zumeist auf Fisch spezialisiert sind, z. B. das sehr beliebte Restaurant **Venus** (Eckhaus mit überdachter Terrasse, von Tunis kommend, am Ortseingang, großer palmenbestandener Platz), gute Auswahl an Meeresfrüchten und Fisch, mittlere Preislage, lizenziert. Am gleichen Platz: Restaurant **Lucullus**, 3 Gabeln, teurer als das Venus, tunesische und internationale Küche, umfangreiche Weinkarte.

In der Av. Franklin Roosevelt (Parallelstr. zur Hauptdurchgangsstr. in Richtung Meer) befinden sich weitere, teilweise sehr preisgünstige, auch unlizenzierte Fischrestaurants, z. B. das **Monte Carlo** oder das **L'Avenir**.

Cafés/Nachtleben

• *Cafés* In der Medina das **Café Ez Zitouna**, ein traditionelles, schön gekacheltes Café, ausschließlich von Männern besucht, die zum *Chicha-Rauchen* (Wasserpfeife) hierher kommen. Rue Jamaa Zitouna (bei der Ez-Zitouna-Moschee, der Großen Moschee).

Café de Paris, Traditionscafé in der Av. H. Bourguiba (schräg gegenüber vom Hôtel El Hana), ebenfalls eine Männerdomäne, die höchstens von Touristinnen besucht wird, bei den Bewohnern der Hauptstadt sehr beliebt. Das Gleiche trifft auf das **Café Rossini Palace** neben dem neuen Hôtel El Mouradi (Av. H. Bourguiba) zu. Weitere traditionelle Cafés finden Sie in der Medina, z. B. das **Café M'Rabet (4, s. Karte Umschlaginnenklappe vorne)** im Souk el Trouk.

• *Nachtleben* Kann man in Tunis (fast) vergessen. In den großen Hotels **Bars** und **Nightclubs** sowie diverse Abendveranstaltungen (meist Folklore bzw. Tanz).

Sehenswertes in der Medina

Die Medina von Tunis ist die größte und besterhaltene des ganzen Landes, von den ehemaligen Stadtmauern ist jedoch kaum mehr etwas zu sehen, lediglich die Stadttore Bab el Bahr (Porte de France) und Bab el Jedid erinnern an die frühere Ummauerung.

Hauptattraktionen sind die 732 erbaute Ez-Zitouna-Moschee (Ölbaummoschee oder Große Moschee) und die umliegenden Souks, die nach den verschiedenen Handwerksgilden unterteilt sind (s. S. 62). Abseits der touristischen Hauptachsen zeigt die Medina ein zweites, ganz anderes Gesicht: ein intaktes Wohnviertel, in dem die Kinder auf der Straße spielen und alte Männer vor ihren Häusern sitzen und das Geschehen beobachten.

Tipp: Sollten Sie sich bei Ihrem Rundgang durch die Medina verlaufen, einfach nach der Ez-Zitouna-Moschee oder der Porte de France fragen, oftmals sind an den Wänden auch kleine Wegweiser zur nächsten Sehenswürdigkeit angebracht. Die Medina sollte man am Vormittag besichtigen, da die Ez-Zitouna-Moschee nachmittags (und freitags!) geschlossen ist.

Rundgang

Ez-Zitouna-Moschee: Ausgangspunkt ist die Porte de France an der Place de la Victoire. Von hier aus geht es in die schmale, von Souvenirgeschäften gesäumte *Rue Jamaa Zitouna*, die direkt zur Ez-Zitouna-Moschee (Ölbaummoschee oder Große Moschee) führt, dem bedeutendsten religiösen Bauwerk von Tunis. Sie stammt aus dem Jahr 732 und ist damit die älteste Moschee der Stadt. Der einst wesentlich kleinere Bau, dessen Grundsteinlegung bereits auf Ende des 7. Jh. zurückgeht, wurde im Laufe der Jahrhunderte und Dynastien maßgeblich vergrößert und den jeweiligen Stilrichtungen angepasst. So stellt die *Mihrab-Kuppel* über dem Gebetssaal ein typisches Beispiel ziridischer Baukunst aus dem 11. Jh. dar, das große *Minarett* der Moschee weist nach mehrfacher Umgestaltung heute einen maurischen Einfluss auf. Die Säulen der Arkadengänge und im Gebetssaal sind antik und wurden vermutlich in Karthago abgetragen. Im Jahr 1450 wurde die östlich vom Gebetssaal befindliche *Bibliothek* gegründet, die fortan die Stellung der Ölbaummoschee als geistiges Zentrum untermauerte und Studenten aus allen Teilen des Landes anzog, die in den nahe liegenden Medersas (Koranschulen) untergebracht waren.

Öffnungszeiten tägl. außer Fr 8–14 Uhr, Eintritt 2 TD, Kinder unter 12 Jahren frei; es kann nur der Innenhof betreten werden.

Teppiche und Panoramen

Verschiedene Teppichgeschäfte um die Ez-Zitouna-Moschee werben mit dem Panoramablick von der Dachterrasse ihres Hauses. Über enge Stiegen im Slalom um die unzähligen zusammengerollten Teppiche herum geht es oftmals drei Stockwerke hinauf auf die bunt gekachelte Dachterrasse – und der Blick über die Medina ist wirklich herrlich. Zögern Sie nicht, von dem freundlichen Angebot der Teppichhändler Gebrauch zu machen, auch wenn der Hintergedanke dabei unübersehbar ist.

Medersas (Koranschulen): In direkter Umgebung der Ölbaummoschee befinden sich die drei Medersas, von denen nur die 1754 gegründete **Medersa Slimania** zugänglich ist (von der Ez-Zitouna-Moschee in die zunächst überdachte Rue des Libraires, durch einen Torbogen hindurch am Hammam Kachachine vorbei, kurz darauf nach rechts ab). Zu erkennen ist sie am säulenbestandenen Eingang an der Ecke (maurischer Torbogen). Durch den mit bunten Nabeul-Kacheln verzierten Eingangsbereich gelangt man in den Innenhof der sehenswerten Anlage, deren Aufbau den anderen Medersas gleicht: Von drei Seiten des Hofes geht es zu den zellenartigen, nur spärlich möblierten Zimmern der Studenten ab, an der vierten Seite ist die Moschee der Koranschule untergebracht, in ihr fanden neben den Gebeten auch Vorlesungen statt (für ca. 1 TD pro Person wird man herumgeführt, tagsüber geöffnet). Heute finden die Medersas nicht mehr als klassische Koranschulen Verwendung, sondern dienen vielmehr als handwerkliche Ausbildungsstätten, z. B. befindet sich in der 1673 errichteten **Medersa el Mouradia** (Souk des Etoffes, nahe Souk de la Laine und Souk des Femmes) eine Lehrwerkstatt für Silberschmiede.

Dar Othman: Von der Medersa Slimania gelangt man über die Rue El Klomsa nach links in die Rue du Trésor, von dort rechts abbiegen in den Souk el Blat, der in die Rue des Teintures übergeht. Von hier nach links in die Rue El M'bazzaa. Hier trifft man (nach einem Torgewölbe) gleich auf der rechten Seite auf das palastartige Dar Othman, ein türkisches Herrscherhaus aus dem frühen 17. Jh. mit sehr schönem bepflanztem Innenhof.

Färbermoschee: Zurück auf der Rue des Teintures, geht man frontal auf die Anfang des 18. Jh. unter den Husseiniden entstandene Färbermoschee zu (nicht zugänglich). Sie verfügt über ein hohes achteckiges Minarett.

Musée des Arts et Traditions Populaires de Tunis (Musée Dar Abdallah): Von der Rue des Teintures geht es nun rechts ab in die Rue Sidi Kassem und von dort nach ca. 50 m links in die Impassé Ben Abdallah (Sackgasse). In dem 1796 gebauten Palast sind Szenen aus dem traditionellen tunesischen Leben nachgestellt. Lebensgroße

Puppen in historischer Tracht geben einen Einblick in die einstigen Gepflogenheiten der Beys. So gelangt man vom Eingang aus zunächst in eine kleine Koranschule, dann in den Innenhof mit Arkadengängen und von hier in die einzelnen Gemächer. Neben den einzelnen Nachbildungen (z. B. Teatime beim Bey) ist auch ein Blick in die Schlafgemächer und die Küche erlaubt. Darüber hinaus sind in Vitrinen Schmuck, Stickereien, Flakons und Kostüme aus damaliger Zeit zu sehen. Im Haus neben dem Museum wurde eine kleine Ausstellung eröffnet, hier werden überwiegend Handwerksgegenstände präsentiert. Prachtstück ist ein prunkvoller, grüner, mit Silber bestickter Sattel aus dem 19. Jh. (gleiche Eintrittskarte).

Öffnungszeiten tägl. außer Mo 9.00–16.30 Uhr, Eintritt 2,50 TD, Kinder unter 6 Jahren frei, Fotografieren 1 TD.

Tourbet el Bey: Zurück auf der Rue Sidi Kassem, dann nach rechts in die Rue Sidi Zahmoúl einbiegend, erreicht man das Tourbet el Bey auf der linken Seite, ein husseinidisches Mausoleum aus der Mitte des 18. Jh. Neben den Marmorsarkophagen der Herrscher lohnt auch eine Besichtigung des Bauwerkes selbst.

Öffnungszeiten tägl. außer Mo/Fr 9–17 Uhr, Eintritt 2,50 TD.

In der Medina von Tunis

Von hier aus geht es auf der Rue Tourbet el Bey wieder zurück in Richtung Ez-Zitouna-Moschee. Bald gelangt man in die belebten Souk-Viertel, den Souk des Femmes, Souk des Etoffes, links ab in den Souk el Leffa und rechts ab (zwei Stufen hinauf) in den Souk el Berka (Schmuckgeschäfte). Vom Souk el Berka – dem ehemaligen **Sklavenmarkt** – kommt man linker Hand in die Rue Sidi Ben Ziad.

Dar El Bey: In der Rue Sidi Ben Ziad auf der rechten Seite stößt man nun auf den großen Komplex des Dar El Bey (nicht zugänglich, da Regierungsgebäude), ein 1795 erbauter prunkvoller Herrscherpalast mit andalusischem Einfluss.

Youssef-Dey-Moschee: Gegenüber dem Dar El Bey, 1616 vom gleichnamigen türkischen Herrscher errichtet. Das achteckige, für den türkischen Baustil typische *Minarett* gilt als das älteste in Tunis (Moschee nicht zugänglich).

Place de la Kasbah: Vorbei am **Tourbet Laz** (türkisches Mausoleum, nicht zugänglich) führt die Rue Sidi Ben Ziad zur Place de la Kasbah und zur Place du Gouvernement. Von dem Platz fällt der Blick auf den gegenüberliegenden **Parteipalast**, davor das Monument des Freiheitskämpfers *Farhat Hached*. Halb links davon sieht man die **Kasbah-Moschee**, eine von den Hafsiden umgebaute ehemalige Zitadelle

Medersa Slimania in der Medina von Tunis

mit bunt gekacheltem quadratischem Minarett (nicht zugänglich). Wendet man sich nach halb rechts, fällt der Blick auf das **Sadiki-College** mit zwei Kuppeln, eine berühmte Eliteschule (vgl. „Geschichte", s. S. 22). Vom kleinen Platz davor kann man auch zum **Farhat-Hached-Mausoleum** (kleiner Bau mit gelbem Tor) hinunterschauen. Zum Ausgangspunkt zurück (Porte de France) gelangt man über die Rue de la Kasbah, die in die Place du Gouvernement mündet.

Dar Lasram und Club Culturel Tahar Haddad: Im Norden der Medina steht das Dar Lasram, in dem der Förderverein zum Erhalt der Medina seinen Sitz hat; gleich um die Ecke davon der Club Culturel Tahar Haddad, eine Art privates Kulturzentrum mit Galerie und Café im Haus des *Malers Tahar Haddad* – lohnenswert.

Lage: Von der Rue de la Kasbah auf Höhe der Hammouda-Pacha-Moschee in die Rue Sidi Ben Arous einbiegen, die in die Rue du Pacha übergeht. Von hier aus rechts ab in die Rue Sidi Ibrahim Riahi und wiederum rechts in die Rue Tribunal, in der sich das Dar Lasram befindet.

Sehenswertes in der Neustadt

Belvédère-Park: Sehr schöner, großer Park im Nordosten der Stadt, der zum Spazierengehen einlädt. Beim **Zoologischen Garten** ein kleiner See (Ententeich) mit Insel, unter Palmen das *Café Oasis d'Ile* – wirklich eine Oase in der Großstadt. Sonntags nachmittags scheint ganz Tunis einen Familienausflug hierher zu unternehmen, man flaniert um den kleinen See, fliegende Händler verkaufen Popcorn, Zuckerwatte und Luftballons. Der Zoologische Garten befindet sich gleich am Haupttor des Parks bei der Avenue Taieb M'Hiri (tägl. außer Mo 9–18 Uhr, Kinder 100 Millimes, Erwachsene 300 Millimes).

Anfahrt mit der Straßenbahn Nr. 2 ab TGM-Bhf. bis zur Haltestelle Palestine oder Busse Nr. 5 bzw. 38 B.

Französische Kathedrale: Die Kathedrale *St. Vincent de Paul* an der Place de l'Indépendance (Av. Habib Bourguiba) wurde zu Beginn der französischen Protektoratszeit im Jahr 1882 gebaut und erst kürzlich restauriert. Es werden noch immer Gottesdienste abgehalten, die Zeiten hängen aus. Am Platz vor der Kirche befindet sich die Statue des arabischen Gelehrten *Ibn Khaldoun* (1332–1406).

Zentralmarkt (Marché Central): Unbedingt sehenswert und das nicht nur für Großeinkäufer. Der Zentralmarkt liegt bei der Rue d'Allemagne (vom Touristeninformationsbüro der Av. Habib Bourguiba folgen, nach der französischen Botschaft links abbiegen, dann rechts, ca. 100 m). Hier finden sich in überdachten Hallen zahlreiche Stände, die in Mitteleuropa in Feinkostgeschäften ihren Platz finden würden. Eingelegte Oliven in allen Variationen, eine große Vielfalt von Käsesorten, Gewürze aller Art, viele Brotsorten (auch aus Dinkel) und sogar eine für die islamische Welt ungewöhnliche Schweinemetzgerei. In einem Nebenraum ist die Fischhalle untergebracht. Es lohnt sich auch, einen Blick hinter diese Markthalle zu werfen: Hier werden von verschiedenen Händlern Zierpflanzen und Blumen verkauft. Im Freiluftbereich wird das ganze Jahr über lautstark Obst und Gemüse angepriesen. Der Zentralmarkt schließt bereits kurz nach der Mittagszeit seine Pforten.

Bardo-Museum

Das im gleichnamigen Stadtteil von Tunis gelegene Bardo-Museum zählt zu den wichtigsten Museen Nordafrikas. Besonders berühmt ist die weltgrößte Sammlung römischer Mosaike.

Der Palast, der heute das Museum beherbergt, wurde in den Jahren 1855 bis 1859 von Mohamed Bey erbaut. Am 7. Mai 1888 wurde hier das „Musée Alaoui" eröffnet. Mit der tunesischen Unabhängigkeit 1956 erfolgte die Umbenennung in „Musée National du Bardo". Eine Sehenswürdigkeit an sich ist schon das große, prunkvoll gestaltete Gebäude, in dem die vielfältigen Kunstschätze aus unterschiedlichen Epochen untergebracht sind. Die Exponate – besonders die Mosaike – sind nach Fundorten angeordnet, teilweise aber auch nach Themengebieten (z. B. Jagdszenen). Den größten Anteil der Ausstellungsstücke nimmt die römische Epoche im ersten und zweiten Obergeschoss ein, im Erdgeschoss findet sich die punische und die frühchristliche Abteilung, wogegen die islamische Abteilung in einem Seitentrakt relativ bescheiden ausfällt. Der folgende Rundgang beschränkt sich in Anbetracht der Fülle nur auf einige Highlights und erhebt keinen Anspruch auf Vollständigkeit.

Detail aus „Triumph des Neptun"

• *Anfahrt* Das Bardo-Museum liegt etwa 4 km vom Zentrum entfernt im Stadtteil bzw. Vorort *Le Bardo*. Am besten zu erreichen mit der **Straßenbahn** Nr. 4, Haltestelle Bardo, von hier aus geht man links um den großen Komplex herum zum beschilderten Eingang. Hier auch Parkplätze und Stände mit Souvenirs und Erfrischungsgetränken.

Mit dem Auto: Richtung Bab Saadoun nach Nordwesten (vom Nordende der Medina auf der Rue Bab Saadoun) und dann auf dem Boulevard du 20 Mars zum Museum.

• *Öffnungszeiten* Tägl. 9.30–16.00 Uhr, im Sommer 9–17 Uhr, Mo geschlossen, Eintritt 6 TD, Fotografieren 1 TD (Blitz erlaubt, kein Stativ), der Museumsführer für ca. 10 TD war zum Zeitpunkt der Recherche nur in italienischer Sprache erhältlich, man kann aber auch eine offizielle Führung für 10–15 TD (je nach Anzahl der Leute) machen. Dauer etwa 1 Std., meist auf Französisch oder Englisch, aber auch auf Deutsch. Sehr freundlich ist Herr Abdellaziz, der Ihnen in Englisch oder Französisch die einzelnen Exponate erklären kann.

Tipp: Ein Besuch des Museums steht bei organisierten Bustouren meist auf dem Vormittagsprogramm, wenn möglich, sollte man diese Stoßzeiten meiden.

Im Erdgeschoss des Museums Bücher und Postkarten, Stehcafé und eine kleine ONAT-Filiale.

Rundgang

Punische Abteilung

Erdgeschoss, vom Eingangsbereich auf der rechten Seite. Frühgeschichtliche Einführung, danach überwiegend Funde aus Karthago (Tophet) aus dem 8.–2. Jh. v. Chr., zum Teil auch aus anderen Regionen. Grabmasken aus Terrakotta und Glas, darunter auch Masken mit ägyptischem Einfluss, Fruchtbarkeitsstatuen und importierte Vasen aus Zypern und Griechenland.

Baal-Hammon-Saal: Terrakotta-Statuen, darunter Demeter (Göttin der Fruchtbarkeit) und Pluto (Gott des Reichtums) sowie eine Statue der punischen Fruchtbarkeits- und Mondgöttin Tanit mit Löwenkopf, Stelen aus dem Tophet (Karthago) mit Tanit-Symbol, eine Steinplatte mit punischer Aufschrift. In einer Vitrine die Statue von Baal Hammon mit zwei Sphinxen, die die Fruchtbarkeit versinnbildlichen. In einer Ecke des gleichen Raums befindet sich eine schmale Stele mit der Darstellung der Feueropferung eines Neugeborenen, daneben eine Stele in Form des Tanit-Symbols mit Mond. Außerdem verschiedene Grabbeigaben, auch Schmuck.

Frühchristliche Abteilung

Saal V, links vom Eingangsbereich. Grabmosaike aus dem 4.–6. Jh. n. Chr., Sarkophage, Epitaphe. In der Mitte des Raums ein kreuzförmiges Taufbecken (Djerba, 6. Jh.). Verschiedene frühchristliche Mosaike, z. B. die „Vögel des Paradieses" (häufiges Motiv), Darstellung der Phasen des Kirchenbaus und der Plan einer Kirche als Mosaik (Tabarka).

Treppenaufgang: Hier finden sich Grabmosaike aus Sfax, Tabarka und Lamta. Besondere Beachtung sollte man dem Grabmosaik halb rechts gegenüber der Treppe schenken, auf dem Epitaph sind bei der Altersangabe der Verstorbenen sogar Tage und Stunden gezählt.

Bulla-Regia-Saal, erreichbar durch den Saal V, im Durchgang ein großes Mosaik des alttestamentarischen Propheten Daniel in der Löwengrube. Im Saal selbst befinden sich ebenfalls Grabmosaike, aber auch Kirchenziegel mit Bibeldarstellungen, z. B. Abraham opfert seinen Sohn Isaak, Adam und Eva, Daniel und die Löwen. Daneben Marmorstatuen aus Bulla Regia, alle aus dem 2. Jh. n. Chr.: Minerva, Saturnus, Ceres, Äskulap mit der Schlange und eine sehr große Statue des Apollo mit einer Zither. Zu beachten ist vor allem die hervorragende Drapierung der Frauenkleider in Marmor. Im Nebenraum Büsten einiger römischer Kaiser, u. a. Mark Aurel, Hadrian und Septimius Severus.

Der Karthago-Saal beherbergt Statuen aus dem 2. und 3. Jh. n. Chr.

Römische Abteilung (erstes Obergeschoss)

Karthago-Saal: Über den Treppenaufgang (hier eine Apollo-Statue aus dem Theater von Karthago, 2. Jh. n. Chr.) gelangt man in den prachtvollen Saal. Ursprünglich war er der nicht überdachte Patio (Innenhof andalusischer Prägung) des ehemaligen Herrscherpalasts, von den Arkaden gingen die Zimmer ab, die nur zum Patio hin offen waren. Im Saal selbst sehr gut erhaltene Statuen vornehmlich aus Karthago (2./3. Jh. n. Chr.), darunter Venus, Bacchus (Dionysos) mit Weinbecher sowie Herkules mit dem Fell des Nemeischen Löwen (eine der zwölf Aufgaben des Halbgottes).

Uthina-Saal (Oudna-Saal), das Speisezimmer des Palasts mit bemalter Holzdecke. Mosaik der badenden Venus mit Vögeln, ungewöhnlich die Signatur des Künstlers „Industri", von dem das Mosaik stammt. Außerdem eine römische Freske aus dem 2. Jh. n. Chr., an der Kopfseite des Raumes ein Mosaik des Orpheus, der mit seiner Musik wilde Tiere bezaubert.

Vergil-Saal, an der Kopfseite des Karthago-Saals. Hier befindet sich das einzige Mosaik dieses römischen Dichters überhaupt (Sousse, 3. Jh. n. Chr.). Die gut erhaltene Darstellung zeigt Vergil sitzend zwischen den beiden Musen Klio (Geschichte) und Melpomene (Tragödie), auf seinem Schoß eine Papyrusrolle mit dem achten Vers seiner „Aeneis". In diesem Raum auch ein Mosaik mit der Personifizierung der sieben Wochentage, umgeben von Sternzeichensymbolen. Der Vergil-Saal beherbergte früher den Harem des Beys, beachtenswert die andalusisch beeinflusste Deckenbemalung des Raums. Im kleinen **Nebenraum** befindet sich eine Ausstellung mit karthagischem Goldschmuck aus dem 7. bis 3. Jh. v. Chr., die teilweise sehr filigranen Exponate sind durch Dias vergrößert; u. a. Amulette, goldene Anhänger mit Tanit-Symbol und Ringe. Die Gravur auf einem der Stücke deutet auf die ägyptische Göttin Isis hin.

Althiburos-Saal, gegenüber vom Oudna-Saal. In dem ehemaligen Musikzimmer (bemalte Holzdecke) war eine der Tribünen den Musikern, die andere den Frauen zugewiesen. Bodenmosaik aus dem 3. Jh. n. Chr., das wie in einer Art Katalog 23 verschiedener Bootstypen darstellt.

Hadrumentum-Saal, gegenüber dem Vergil-Saal, Empfangsraum des Palasts mit goldverzierter Decke, v. a. Funde aus dem heutigen Sousse. Hier befindet sich das größte Mosaik des Museums: Die Darstellung Neptuns mit den Nereiden besteht aus über 2 Mio. Mosaiksteinen! Daneben die Reste einer Jupiter-Statue, die sitzend 7,5 m hoch war (Thuburbo Majus), sowie ein Mosaik mit einer Darstellung des Ozeanus, der den Besucher förmlich anstarrt.

Dougga-Saal, nächster Raum: „Der Triumph des Neptun", umgeben von den „Vier Jahreszeiten" – eines der berühmtesten Mosaike. Außerdem Gipsmodelle von Theater und Kapitol in Dougga.

El-Jem-Saal: Bodenmosaik „Triumph des Bacchus" sowie ein Jagdmosaik als Szenenfolge und eine Darstellung römischer Männer beim Würfelspiel.

Säle XXV–XXVIII, Durchgang vom El-Jem-Saal. Besonders sehenswert das Mosaik der „Hochzeit von Bacchus und Ariadne" und das berühmte Mosaik von „Odysseus' Flucht vor den Sirenen" (3. Jh. n. Chr.), außerdem ein Bassin-Mosaik mit Ozeanus (Thuburbo Majus, 2. Jh. n. Chr.), dazu mehrere Jagdmosaike.

Die Abteilung mit den **Schiffsfunden von Mahdia** aus dem 1. Jh. v. Chr. war zum Zeitpunkt der Recherche geschlossen.

Römische Abteilung (zweites Obergeschoss)

Zu sehen gibt's hauptsächlich Mosaike, aber auch einige Kleinfunde. Besonders auffällig ist das Mosaik eines tragischen Poeten mit zwei Masken und zwei Darstellungen der Göttin Diana, jeweils in einer Jagdszene. Der **große Saal** des Obergeschosses ist den Funden aus dem Bad von Acholla (bei Rass Bou Tria nördlich von Sfax) gewidmet.

Islamische Abteilung (Seitentrakt)

Die Sektion ist in einem eigenen Flügel des Gebäudes untergebracht und hat einen prachtvollen Eingang. Aufwändig verzierte Decke, außerdem der ursprünglich offene, typisch arabische **Innenhof**. Von hier aus gelangt man zu den **Wohnräumen**, in denen traditionelle Möbel ausgestellt sind: Paravent, Truhen, Wiege usw. Daneben werden auch traditioneller Schmuck, Kopfbedeckungen, Kostüme, Haushaltsgegenstände und Münzen aus den verschiedenen arabischen Epochen gezeigt.

Karthago

„Das große Carthago führte drei Kriege. Es war noch mächtig nach dem ersten, noch bewohnbar nach dem zweiten. Es war nicht mehr auffindbar nach dem dritten", schrieb Bertolt Brecht 1951 und ganz Unrecht hatte er nicht.

Besonders die punischen Funde in Karthago sind – gemessen an der einstigen Vormachtstellung der Stadt – sehr dürftig. Beeindruckender sind die Überreste der römischen Kolonie Karthago, wogegen auch die Funde aus byzantinischer Zeit bescheiden ausfallen. Dennoch ist der Besuch der weit auseinander liegenden Ruinen in jedem Fall ein Erlebnis, hängt doch mit Karthago ein Mythos zusammen, der schon von den Römern begründet wurde. „Ceterum censeo Carthaginem esse delendam – im Übrigen bin ich der Meinung, dass Karthago zerstört werden muss", mit dieser Forderung schloss Cato der Ältere seine Reden vor dem römischen Senat und letztendlich hatte er Erfolg damit: 146 v. Chr. ging die Stadt in Flammen auf.

Heute ist Karthago der noble Villenvorort von Tunis, hier befinden sich der Präsidentenpalast und ein Teil der ausländischen Botschaften. Nur wenige teure Hotels, einige exklusive Restaurants und die großzügigen Anwesen der tunesischen Oberschicht prägen das Bild der Stadt. Karthagos touristische Bedeutung liegt bei den Tagesausflüglern, die die berühmteste Sehenswürdigkeit Tunesiens tagsüber bevölkern, am Abend aber wieder verschwunden sind.

Ein Land so groß wie eine Stierhaut

Schenkt man der Mythologie Glauben, war es die phönizische *Prinzessin Dido* aus Tyros, die Karthago gegründet hat. Auf ihrer Flucht aus dem phönizischen Mutterland gelangte Dido oder auch Elissa, wie sie in Tyros genannt wurde, an die Stelle des heutigen Karthago. Hier verkaufte ihr der ortsansässige König „so viel Land, wie auf eine Stierhaut gehen würde". Dido zerschnitt die Haut in schmalste Streifen und legte sie um einen Hügel, auf dem sie eine phönizische Zitadelle errichten ließ. Der Hügel erhielt später den Namen *Byrsa* (griech. Haut) und wurde zum Ausgangspunkt der Stadtgründung Karthagos.

Die Geschichte um die sagenhafte Prinzessin inspirierte Vergil bei seiner Dichtung *Aeneis*, in der sich Dido in den Titelhelden verliebt, von ihm jedoch bald verlassen wird und sich daraufhin verzweifelt auf einem Scheiterhaufen verbrennt.

Geschichte

Karthago, unter den Phöniziern *Quart Hadascht* („Neue Stadt") genannt, hielt in der antiken Welt über 600 Jahre lang die Vormachtstellung in der westlichen Mittelmeerregion. Die Stadt wurde von phönizischen Seefahrern im Rahmen der schon im 11. Jh. v. Chr. einsetzenden Expansion nach Westen gegründet. Von Tyros (im heutigen Libanon) aus errichteten die Phönizier Kolonien auf Zypern, Sizilien, Sardinien und den Balearen, das Gründungsdatum der Kolonie Quart Hadascht schließlich fällt auf das Jahr 814 v. Chr. Die Stadt sollte als Zwischenstation auf dem Weg nach Südspanien dienen. Schon bald nach ihrer Gründung erlebte Karthago einen raschen Aufschwung: Handelsbeziehungen mit den Etruskern (Italien) und iberischen Siedlungen (Südspanien) wurden etabliert; so tauschten die Karthager z. B. Gold, Silber und Zinn gegen etruskisches Eisen, Kupfer und Blei.

Mit dem Handel kam der Wohlstand und bald setzten von Karthago aus weiträumige Expansionsbestrebungen ein: Ab Mitte des 6. Jh. v. Chr. kolonisierten die Karthager Marokko, Teile Algeriens und Tunesiens (an der Küste), unter dem Feldherren Hanno fiel auch Sardinien in ihren Machtbereich. Ende des 6. Jh. v. Chr. schloss Karthago ein Bündnis mit Libyen, um die spartanischen Eroberungsversuche in Nordafrika zu stoppen – mit Erfolg. Nachdem auch *Sizilien* mittlerweile zum Einflussbereich Karthagos gehörte, kam es unweigerlich zu Auseinandersetzungen mit den mächtigen *Griechen*, die ihrerseits Ansprüche auf die Insel, die später quasi zum Schicksal Karthagos werden sollte, erhoben. Der Konflikt um Sizilien (Syracusa) ging so weit, dass Ende des 4. Jh. sogar griechische Truppen auf afrikanischem Boden standen – und somit die erste existentielle Bedrohung Karthagos darstellten. Zwar konnte das Unheil damals noch abgewendet werden, doch aus den fortwährenden Auseinandersetzungen um Sizilien ging Karthago wenn auch siegreich, so doch meist geschwächt hervor. Sizilien blieb der Zankapfel der Großmächte, doch war es nun, im 3. Jh. v. Chr., nicht mehr Griechenland, sondern *Rom*, das sich in seiner Ausdehnung von Karthago beeinträchtigt fühlte. Die früher zwischen Rom und Karthago abgeschlossenen territorialen Verträge wurden Makulatur, als es im Streit um Messina (Sizilien) zum ersten militärischen Konflikt kam. Das Ganze mündete in den *1. Punischen Krieg (264–241 v. Chr.)*, den Karthago bei der entscheidenden Seeschlacht vor der Westspitze Siziliens verlor. Mit der Einnahme der Insel hatte sich die lang bewährte *Balance of Power* im Mittelmeer zugunsten der aufstrebenden Römer verschoben, Sardinien, die bedeutendste karthagische Provinz wurde ebenso wie Korsika annektiert. Karthago musste mit seinen Eroberungsabsichten nach Spanien ausweichen – und wurde dort zur Landmacht. In Spanien nahm auch der *2. Punische Krieg (218–201 v. Chr.)* seinen Anfang. *Hannibal* überschritt den Fluss Ebro, die vertraglich festgelegte Grenze zwischen Karthago und Rom, und zog über die Alpen in die Po-Ebene; bei der Schlacht von Cannae (218 v. Chr.) schlug er die Römer vernichtend.

Nach der Niederlage von Zama wurden die Karthager auf ihr afrikanisches Gebiet zurückgedrängt, mehr noch, der Feldherr Scipio der Ältere setzte die gesamte karthagische Flotte in Brand. Mit einem repressiven Friedensvertrag ließ Rom dem Gegner kaum noch eine Möglichkeit, sich von dem Debakel zu erholen. Eine Vertragsverletzung seitens der Karthager läutete 150 v. Chr. schließlich den endgültigen Untergang der ehemaligen Großmacht ein. Karthago wurde von Osten durch die einfallenden Numider bedrängt, hätte aber nur mit der Genehmigung Roms einen Krieg führen dürfen – für die Römer der willkommene Anlass für einen neuen Angriff. Mit dem *3. Punischen Krieg* (149–146 v. Chr.) beschloss Rom, in Nordafrika „gründlich aufzuräumen". 146 v. Chr. kapitulierte Karthago vor *Scipio dem Jüngeren*, nachdem dieser die Stadt in Flammen gesetzt und völlig vernichtet hatte. Mit der Zerstörung Karthagos gab es auch den karthagischen Staat nicht mehr.

24 Jahre später wurde Karthago von den Römern, die die Stadt eigentlich für die Ewigkeit hatten zerstören wollen, wieder besiedelt. Nach ersten diesbezüglichen Versuchen durch Gaius Gracchus war es aber erst *Julius Caesar*, der kurz vor seinem Tod 44 v. Chr. eine Kolonie hier plante. Unter *Kaiser Augustus* wurden die Besiedlung der „Colonia Julia Karthago" dann realisiert. Von nun an verlief die Geschichte Karthagos relativ ruhig. Auf dem Boden der zerstörten Stadt entstand eine geradlinig angelegte Ansiedlung mit Theater, Odeon, Amphitheater und Circus, auf dem zum Plateau aufgeschütteten Byrsa-Hügel wurden Forum und Kapitol gebaut und die Antoninus-Thermen waren in der römischen Welt weit über die Grenzen der Stadt hinaus berühmt. Fünf Jahrhunderte später übernahmen die Vandalen die Macht, die 439 n. Chr. das römische Karthago ohne größere Mühen einnahmen. Im Jahr 533 folgten die Byzantiner unter ihrem Feldherrn Belisar, 698 n. Chr. wurde Karthago von den Arabern erobert. Im frühen Christentum (2.–6. Jh.) war Karthago ein Zentrum der christlichen Welt, hier wurden Konzile abgehalten und es entstanden einige Basiliken zu Ehren der frühen christlichen Märtyrer. Erwähnenswert ist der Aufenthalt des *hl. Augustinus*, der hier von 374–384 n. Chr. lehrte.

Hannibal: der berühmteste aller Karthager

Man weiß nicht viel über die Person, aber was man weiß, sorgt auch heute noch immer wieder für Erstaunen: Hannibal, der berühmteste aller Karthager, zog im Herbst 218 v. Chr. mit seinen Kriegselefanten über die französischen Alpen.

Was uns heute so spektakulär erscheint, war damals eher eine Notlösung: Um in einem Feldzug auf römisches Terrain vorzudringen, waren Hannibal sämtliche Wege verschlossen bzw. von römischen Stellungen besetzt, so blieb also nur der mühsame, zwei Wochen dauernde Umweg über die Alpen, um die Po-Ebene zu erreichen. Die Dickhäuter mühten sich zwar tapfer durch die verschneite Bergwelt, die Spätfolgen des Klimaschocks überlebte aber keines der Tiere.

Bei der Schlacht von Cannae im Jahr 216 v. Chr., bei der Rom eine vernichtende Niederlage erlebte, wies Hannibal die Römer in die Schranken, ohne sich darüber im Klaren zu sein, dass die neue wirtschaftliche Großmacht sich rasch erholen und bald zum Gegenschlag rüsten würde. Der kam, und zwar vernichtend: Die entscheidende Schlacht von Zama in Tunesien (202 v. Chr.) wurde für Hannibal und seine Truppen zum Desaster. Der resignierte Feldherr zog sich zunächst ins Privatleben, später in die Innenpolitik zurück.

Die Persönlichkeit Hannibals bleibt undurchsichtig. Trotz des militärischen Debakels wurde er, der nur sechs Jahre seines Erwachsenenlebens in der Heimatstadt verbracht hatte, 196 v. Chr. vom Volk zum Sufeten (Oberbeamten) gewählt. Seine Reformen stießen jedoch in karthagischen Adelskreisen auf so massiven Widerstand, dass er Karthago bald verlassen musste und 195 v. Chr. nach Ephesus (in der heutigen Türkei) floh. Als die Römer ihren größten Angstgegner zwölf Jahre später am Bosporus aufspürten und seine Auslieferung verlangten, erwies sich Hannibal als konsequent und trank den Giftbecher.

Dem römischen Klischee vom „grausamen, hinterlistigen, lügnerischen Punier, dem nichts heilig ist und dem auch der Meineid nichts bedeutet“ (W. Elliger), steht das Bild eines beim Volk beliebten Charismatikers gegenüber. Einigkeit herrschte allerdings auch in römischen Kreisen darüber, dass Hannibal der herausragendste Feldherr und Stratege seiner Zeit war.

Literatur: Sachbücher: Werner Huß, *Karthago*, Beck Verlag. Winfried Elliger, *Karthago, Stadt der Punier, Römer, Christen*, Kohlhammer Verlag. Belletristik: Gustave Flaubert, *Salammbô*, Insel Taschenbuch. Gisbert Haefs, *Hannibal*, Heyne Taschenbuch.

Später geriet Karthago in Vergessenheit, Interesse wurde der einstigen Großmacht erst wieder im 19. Jh. entgegengebracht. Der französische Schriftsteller Gustave Flaubert ließ sich hier 1858 für seinen Roman „Salammbô“ inspirieren und erste Grabungen wurden unternommen. Die meisten Ausgrabungen wurden in der Mitte des 20. Jh. vorgenommen, von 1972 bis 1992 lief das große „Save Carthage“-Projekt des Nationalinstituts für Archäologie und der UNESCO, das vor allem zum Zweck hatte, die Stadt vor einer allzu raschen modernen Bebauung zu bewahren.

• *Verbindungen* Am besten mit der TGM-Vorortbahn ab *Tunis/Marine*, die im 12-Min.-Takt hierher fährt (0,65 TD). In Karthago gibt es 6 Haltestellen der TGM, sodass man nicht die gesamten Sehenswürdigkeiten ablaufen muss – will man ganz Karthago besichtigen, wird es zu Fuß ganz schön anstrengend.

Mit dem Auto: durch La Goulette nach Karthago, die einzelnen Sehenswürdigkeiten sind ausgeschildert, Parkplatzprobleme gibt es nicht.

• *Übernachten* **Hôtel Amilcar (2),** 3 Sterne, liegt zwischen Karthago und Sidi Bou Said unterhalb der Hauptdurchgangsstr. Av. Habib Bourguiba in einer Bucht (beschildert). Unschöner, schon älterer Betonklotz direkt am Meer, Privatstrand, kleiner Swimmingpool. In der Empfangshalle Springbrunnen, Statuen und Büsten, freundliche Atmosphäre. „Restaurant de la Mer" am Strand, gut eingerichtete Zimmer (Bad, Balkon, Telefon), teilweise mit Blick aufs Meer. Diverse Freizeitangebote, z. B. Kamelreiten, Bootsausflüge, Wasserski, Segeln, Tretboot. Wer einen Standort in der Nähe der Hauptstadt und der Sehenswürdigkeiten von Karthago sucht, auf Erholung am Strand aber nicht verzichten möchte, ist hier sicher gut aufgehoben. DZ 68 TD, EZ ca. 44 TD. ✆ 71/740788, ℻ 743139.

• *Essen und Trinken* **Neptune (3),** 2 Gabeln, sehr beliebtes Restaurant, Terrasse direkt am Meer, wird hauptsächlich von wohlhabenden Tunesiern besucht. Reichhaltiges Angebot an Fischgerichten, tunesische und internationale Küche. Gehobenes Preisniveau. Rue Ibn Chabbat 3, von der Av. Habib Bourguiba aus beschildert. ✆ 71/731456.

Le Phenix de Carthage (1), mit Säulen geschmücktes Restaurant. Freundliche Atmosphäre, ruhige Lage, netter Garten, auch Unterhaltungsprogramm. Französische und tunesische Küche, besonders stolz ist man auf die dazugehörige Patisserie. Mittlere Preislage, Menü 10–16 TD. Große Auswahl an einheimischen Weinen und Likören. Das Restaurant liegt neben der Zisterne La Malga. Nordwestl. des Byrsa-Hügels am großen Kreisel der Av. 7 Novembre folgen, ausgeschildert. Relativ weit zu laufen.

Günstiger essen kann man im benachbarten *Vorort Le Kram*, einfach der Av. Habib

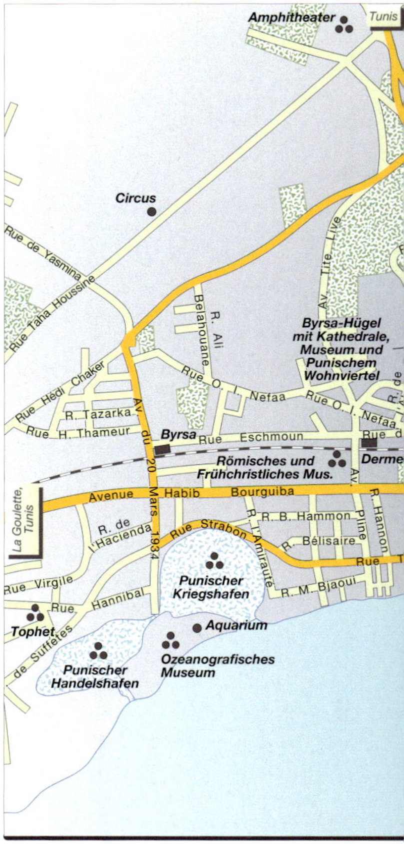

Bourguiba in Richtung La Goulette folgen, auch zu Fuß schnell erreichbar; einige einfache Restaurants an der Hauptstraße.

• *Baden* Am Strand von Karthago gibt es einige Badeplätze. Öffentlicher, nicht sehr sauberer Strand neben dem Hôtel Amilcar.

Rundgang

Für eine angemessene Besichtigung Karthagos sollte man mindestens einen ganzen Tag einplanen, besonders im Hochsommer empfiehlt es sich, einige weniger bedeutende Ruinen auszulassen. Auf jeden Fall sehenswert sind: Tophet, Punische Häfen, Antoninus-Thermen, Byrsa-Hügel mit Museum, römische Villen, das benachbarte römische Theater und das Römische und Frühchristliche Museum sowie das Quartier Magon.

• *Eintritt* Für die Besichtigung der Ruinen muss man ein **Sammelticket** zum Preis von 7 TD kaufen (Fotografieren 1 TD, Kinder unter 6 Jahren frei). Das Ticket berechtigt zum

Der Golf von Tunis
Karte Seite 59

Eintritt bei allen wichtigen Sehenswürdigkeiten, erhältlich u. a. am Tophet und an den Antoninus-Thermen. *Extra-Eintritt für die Saint-Louis-Kathedrale auf dem Byrsa-Hügel und das Ozeanografische Museum (s. dort).*

• *Öffnungszeiten* Die im Sammelticket enthaltenen Ruinenstätten sind tägl. von 8–19 Uhr geöffnet, im Winter nur bis 17 Uhr. Bei den Antoninus-Thermen befindet sich ein Souvenirshop, in dem auch deutschsprachige Literatur zu Karthago verkauft wird.

Tophet: Das Tophet war die den Gottheiten Tanit und Baal Hammon geweihte Opferstätte der Punier. Ihr Areal war ursprünglich wesentlich größer, heute sieht man hier einen etwas verwilderten Garten mit Palmen, in dem eine große Anzahl an Grabstelen ausgestellt ist. Die Ausgrabungen wurden Anfang der 1920er Jahre von Archäologen der Universität Michigan (USA) begonnen, in den 1970er Jahren wurden hier – im Rahmen der von der UNESCO initiierten „Save Carthage campaign“ – die letzten wichtigen Erkenntnisse gewonnen. Dennoch sind die Informationen über das Tophet nicht vollständig. Im Tophet wurden insgesamt über 6.000 Votivstelen gefunden, darunter befanden sich Keramikurnen, gefüllt mit Asche, Knochen und Grabbeigaben. Bemerkenswert ist, dass der Platz der Opferstätte im

Laufe der Zeit nicht erweitert wurde, sondern dass der mit Gräbern ausgefüllte Raum umgegraben wurde und an gleicher Stelle neue Gräber angelegt wurden. Dies erschwerte zwar die Arbeit der Archäologen, gibt aber auch Aufschlüsse über die Entwicklung des Opferkults, den man in drei Hauptphasen (750–600 v. Chr., 600–300 v. Chr. und 300–146 v. Chr.) unterteilt. Unter den Römern wurde der punische Opferplatz überbaut. Als sicher gilt, dass im Tophet Kinderopfer dargebracht wurden (darüber berichtet u. a. der antike griechische Autor Plutarch), oftmals handelte es sich um Neugeborene. Die Kinderopfer wurden in späterer Zeit durch Tieropfer ersetzt. Auf einigen der Votivstelen im Tophet ist das Tanit-Symbol erkennbar, teilweise ist auch der Name des Opfernden auf den Stelen zu finden. Die aufschlussreichsten Grabaufbauten und Grabbeigaben befinden sich heute im *Bardo-Museum* in Tunis und im *Nationalmuseum von Karthago* auf dem Byrsa-Hügel.

Anfahrt Das Tophet befindet sich im Ortsteil Salammbô, von der Av. H. Bourguiba der Beschilderung zum „Sanctuaire Punique" und dem Hôtel Résidence Carthage folgen.

Punische Häfen: Sie befinden sich nur wenige Meter vom Tophet entfernt in nördlicher Richtung. Bei dem südlichen, ovalen Becken handelte es sich um den punischen Handelshafen, daneben der sichelförmige Kriegshafen. Beide Häfen waren miteinander verbunden. Die Rekonstruktionen im Antiquarium helfen sehr bei der Veranschaulichung. Der einst kreisrunde punische Kriegshafen hatte keinen direkten Zugang zum Meer, außen befanden sich 190 überdachte Schiffslagerplätze, in der Mitte 30 Reparaturdocks. Die Hochziehrille zu den Docks ist heute noch sichtbar. Die damals eingesetzten Galeeren hatten eine Länge von 40 bis 45 m und waren mit 120 Soldaten und 40 Ruderern bemannt. Die Brücke zwischen Kriegs- und Handelshafen gab es in punischer Zeit noch nicht, hier befand sich der einzige – stark gesicherte – Zugang vom Kriegshafen zum Meer, die ganze Anlage war von Wachtürmen umgeben. Kurz vor dem 3. Punischen Krieg wurde der heute noch sichtbare direkte Zugang vom Kriegshafen zum Meer gebaut. Nach der Zerstörung Karthagos 146 v. Chr. errichteten die Römer im inneren Rund des Kriegshafens einen dem Handelsgott Merkur geweihten Tempel und einen Herkules-Tempel, die Fundamente beider Bauwerke sind noch heute sichtbar (die Herkules-Statue befindet sich im Bardo-Museum).

Ein netter älterer Herr mit Strohhut schließt Ihnen das Antiquarium auf dem befestigten Teil des ehemaligen Kriegshafen auf und führt Sie herum (ein kleines Trinkgeld ist angemessen).

Tophet

Karthago – der punische Kriegshafen

Der Golf von Tunis
Karte Seite 59

Ozeanografisches Museum: Das nach längerer Renovierung im November 1996 wiedereröffnete Museum widmet sich hauptsächlich den Meeresbewohnern an der tunesischen Küste sowie den seltenen Mittelmeermönchsrobben und Meeresschildkröten, die noch auf einigen unbewohnten tunesischen Inseln zu finden sind. Darüber hinaus wird anhand von Schaukästen ein Einblick in die verschiedenen Methoden des Fischfangs gegeben, Rekonstruktionen von Booten sind ausgestellt; darüber hinaus ist ein ganzer Raum der tunesischen Vogelwelt gewidmet. Im Erdgeschoss befinden sich die Meerwasseraquarien. Besonders für Kinder sicherlich ein sehenswertes Museum, die Erläuterungen sind allerdings ausschließlich in französischer Sprache.

• *Öffnungszeiten* Tägl. 10–13 und 14.30–17 Uhr, Mo geschlossen. Eintritt 2 TD, Kinder, für Studenten mit ISIC frei, Fotografieren verboten. Das Museum befindet sich in direkter Nachbarschaft zu den Punischen Häfen.

Römisches und Frühchristliches Museum (Musée Romain et Paléochrétien): An der Hauptdurchgangsstraße Karthagos (Av. H. Bourguiba) liegt das 1972 vom Tunesischen Nationalinstitut für Archäologie (INAA) gegründete Museum direkt an der Kreuzung zweier römischer Handelsstraßen. In den Sommermonaten werden auf dem Gartengelände Ausgrabungen von amerikanischen Studenten aus Chicago und Michigan vorgenommen; hier findet man noch einige Reste römischer Häuser und einer byzantinischen Basilika. Eine auf dem Grundstück gefundene Zisterne ist in das Museum integriert und einsehbar. In dem kleinen Museum selbst werden Funde aus der Zeit von 400 bis 700 n. Chr. gezeigt, darunter architektonische Fragmente (Säulen und Wanddekor), die Fragmente zweier Pfauenmosaike aus der *Basilika von Carthagenna*, der Torso einer Bacchus-Statue,

Münzen von der punischen bis zur byzantinischen Epoche und weitere Kleinfunde sowie alte Fotos von den Ausgrabungsarbeiten. Wichtigstes Exponat ist die kleine marmorne *Statue des Ganymed*, die 1977 entdeckt und aus 17 Einzelteilen zusammengesetzt wurde. Der Mythologie nach hat sich Zeus in den schönen Ganymed verliebt. Zeus nahm die Gestalt eines Adlers an und entführte Ganymed in den Olymp, wo er zum Mundschenk des Göttervaters avancierte. Die Statue zeigt außerdem den heulenden Hund des Zeus und den lethargischen Ziegenbock.

Quartier Magon (Magon-Viertel): Punisches und später römisches Wohnviertel. Zu sehen sind noch die Fundamente punischer Häuser aus dem 5. bis 2. Jh. v. Chr. und Reste der punischen Seemauer, die die Wohnanlage vor dem Meer schützte, außerdem Reste der hier verlaufenden römischen Straßen *Decumanus I* und *Cardo XVIII*. In den beiden Antiquarien (Pavillons) am Eingang sieht man ein Modell des rekonstruierten Steinbruchs in El Haouria (Cap Bon) und grafische Darstellungen der Baustile von der punischen Epoche bis zur spätrömischen Zeit. Im Viertel wurden Ausgrabungen vom Deutschen Archäologischen Institut vorgenommen, daher sind die Darstellungen auch in deutscher Sprache beschriftet.

Auf der Av. H. Bourguiba aus Richtung der punischen Häfen nach wenigen hundert Metern rechts ab (beschildert) durch eine imposante Palmenallee (Av. de la République) zum Meer hinunter. Das Ausgrabungsgelände liegt auf der rechten Seite.

Antoninus-Thermen und archäologischer Park: Die größte Attraktion Karthagos liegt in direkter Nachbarschaft zum hochgesicherten Präsidentenpalast, das Fotografieren in diese Richtung ist streng verboten! Ihre Attraktivität für Besucher haben die Antoninus-Thermen sicherlich auch der herrlichen Lage direkt am Meer zu verdanken, bei den Ruinen selbst bedarf es schon einiger Fantasie, um sich die repräsentative Pracht der ehemals so bedeutenden Bäder vorstellen zu können. Auch die Ausgrabungen im dazugehörigen archäologischen Park erschließen sich nicht gleich auf den ersten Blick.

• *Rundgang* Vom Eingang links die Palmenallee (*Decumanus III*) hinauf gelangt man zur *Schola* (4. Jh. n. Chr.) auf der linken Seite, hier findet sich ein spätrömisches Mosaik. Gegenüber stößt man auf die *Asterius-Kapelle* (Treppen führen hinunter) mit Bodenmosaik aus dem 6. Jh. n. Chr. Unweit davon (hügelaufwärts) die säulenbestandenen Reste der *Dermech-Basilika* (6. Jh. n. Chr.) mit Mosaiken, auf der linken Seite des Wegs die spärlichen Reste eines Töpferofens aus spätpunischer Zeit (2. Jh. v. Chr.). Etwas weiter oberhalb davon (halblinks) die Reste des *Hauses der verborgenen Statuen* (2.-5. Jh. n. Chr.), in dessen Untergrund verschiedene Statuen gefunden wurden. Wendet man sich oberhalb der Dermech-Basilika nach rechts, gelangt man auf einem schmalen Pfad zur *punischen Nekropole*, die Eingänge in die Gewölbe und die Gewölberäume selbst sind noch zu sehen. Parallel zur Str. Decumanus III führt *Decumanus IV* nun hinunter zum Herzstück der Anlage, den Antoninus-Thermen, auf dem Weg mehrere Überreste römischer Häuser und Zisternen. Oberhalb der Thermen findet sich ein Modell, das den Bau nach seiner Vollendung im Jahr 162 n. Chr. darstellt. Die Bäder wurden unter dem römischen Kaiser Hadrian 145 n. Chr. begonnen und unter Antoninus fertig gestellt. Der heute noch erhaltene Teil des Mammutbaus zeigt lediglich noch das Erdgeschoss, hier befand sich das Heizungssystem der Anlage. Von dem eigentlich Bad im Obergeschoss und der Freitreppe zum Meer hinunter ist nichts mehr zu sehen. Das Zentrum dieses symmetrisch angelegten Baus bildete das Frigidarium mit vier Kaltwasserbecken, der größte und prachtvollste Saal des Bades. Eine einzelne Säule aus dem Frigidarium wurde wieder aufgestellt und vermittelt eine Idee vom Ausmaß des Ganzen. Vom Kaltwasserbad aus ging es in die beiden identischen, nach Norden und Süden angelegten Seitentrakte mit Palästra (Säulenhof), Gymnasium, Umkleideraum, Heißwasserbad, Schwitzraum und Abkühlraum. Das etwa 1.000 m^2 große Frigidarium war auf der Meerseite vom

Karthago – die Antoninus-Thermen

großen Schwimmbad, auf der Landseite vom kleineren Caldarium (Warmwasserbad) begrenzt. Unter Mark Aurel wurden die Thermen im 4. Jh. restauriert, später, vermutlich nach dem Einsturz eines Teils des Gebäudes, war die Anlage dem Verfall preisgegeben: Marmorsäulen wurden abtransportiert und finden sich heute in einigen Moscheen des Landes wieder, z. B. in der Ez-Zitouna-Moschee in Tunis.

• *Anfahrt* Von der Av. Habib Bourguiba aus beschildert, in der Av. des Thermes d'Antonin.

Römische Villen: Das römische Villenviertel liegt ebenso wie das Odeon und das benachbarte Theater auf einer weitläufigen punischen Nekropole. Die Gräber wurden nur zufällig bei den Ausgrabungen entdeckt. Die Villen sind noch nicht vollständig erforscht, bei genauerem Hinsehen kann man auf einige „halbausgegrabene" Teile stoßen. Prachtstück dieses Ausgrabungsgeländes ist die restaurierte und rekonstruierte *Villa Les Volieres*, von der aus man einen fantastischen Ausblick auf den Golf von Tunis und das Cap Bon hat, der allein schon einen Abstecher hierher lohnenswert macht. Die Reste des römischen *Odeons* liegen oberhalb.

Anfahrt Von der Av. 7 Novembre geht es (von den Antoninus-Thermen kommend) rechts ab den Berg hinauf (beschildert).

Römisches Theater: Oberhalb des Villenviertels gelegen, bot es Platz für 10.000 Zuschauer. Das unter Hadrian im 2. Jh. n. Chr. entstandene Theater bildet heute die Kulisse für das *Festival International de Carthage* (Theater, Tanz und Folklore, alljährlich von Anfang Juli bis Ende August). Durch die etwas zu glatt geratene Restaurierung in den 1970er Jahren erscheint der Bau allerdings ziemlich seelenlos (von der Av. 7 Novembre aus beschildert).

Amphitheater: Zu sehen ist nur noch die Ummauerung der Arena und eine einzelne Säule. Mit einem Fassungsvermögen von knapp 40.000 Zuschauern ist die

Anlage eines der größten Amphitheater außerhalb Roms. Von dem nur wenige hundert Meter entfernten *Circus* ist nichts mehr übrig.

Anfahrt Av. 7 Novembre, am Kreisel Richtung Tunis; beschildert. Etwa 1,5 km außerhalb.

Zisternen La Malga: Die Zisternen liegen ca. 500 m nordöstlich vom Amphitheater auf der Straße nach La Marsa (auf der linken Seite). Zu besichtigen sind noch Teile der Überdachungen der Wasserbecken sowie einige spärliche Reste des Aquädukts, über das Karthago vom über 60 km entfernten Zaghouan mit Wasser versorgt wurde.

Byrsa-Hügel: Schon von weitem sichtbar thront die **St.-Louis-Kathedrale** quasi als Wahrzeichen Karthagos über der Stadt. Die mit 65 m Länge und 30 m Breite größte christliche Kirche Tunesiens wurde zwischen 1882 und 1894 auf Geheiß des französischen Kardinals Lavigerie zu Ehren des *heiligen Ludwig IX.* gebaut. Dieser französische König starb auf einem Kreuzzug in Karthago an der Pest. Das Innere der mit klassischer Musik beschallten Kathedrale mutet sehr exotisch-orientalisch an, eine Mischung aus moslemischen und indischen Elementen, die dominierenden Farben sind Türkis und Rosa. An den Wänden sieht man einige moderne Gemälde sowie Wappen der Familien, die durch ihre Spenden den Bau des Gotteshauses finanziell unterstützt haben. Von der Galerie gelangt man auf die Dachterrasse mit Blick auf das angebaute Kloster des *Missionsordens der Weißen Väter*, in dem heute das **Nationalmuseum Karthago** untergebracht ist. Regelmäßige Konzerte.

• *Öffnungszeiten* tägl. 9–18 Uhr (im Winter 8–17 Uhr), Eintritt 2 TD, Kinder unter 6 Jahren frei.

• *Anfahrt* Von der Av. de l'Amphithéatre geht es links ab in die Rue Pasteur und dann hinauf.

Nationalmuseum Karthago: Ein sehr übersichtliches und anschauliches Museum, die Ausgrabungsarbeiten werden z. T. mit Fotos dokumentiert. Im Erdgeschoss zunächst ein Plan des Museums, im Eingangsbereich römische Statuen und Büsten. Außerdem Sarkophage, Säle mit jeweils römischen und punischen Skulpturen, Sarkophagen und Kleinfunden, frühchristlicher Saal mit Mosaiken und weiteren Kleinfunden sowie Wanddekorfragmente, sehr gut erhalten das Mosaik der androgyn wirkenden „Dame von Karthago". Interessant die Abteilung *Archäologie und Wissenschaft* mit Anschauungsunterricht in Sachen archäologischer Feinarbeit: Erläutert werden Konservierung und Materialbestimmung der Funde. Im ersten Stock eine weitere punische Abteilung mit gut präsentierten Stelen aus dem Tophet sowie Grabmasken, Schmuck und Vasen, die zumeist in den Nekropolen gefunden wurden. Daneben eine römische Abteilung, eine frühchristliche Abteilung und eine Sammlung von Amphoren aus verschiedenen Epochen. Im Garten des Museums weitere Funde, vor allem Säulen.

Öffnungszeiten täglich von 8–19 Uhr geöffnet.

Punisches Wohnviertel: Vom großen Vorplatz des Museums geht es hinunter zum Viertel, das zu Zeiten Hannibals am Hang angelegt wurde. Lange vor dieser Wohnsiedlung befand sich hier eine Nekropole, danach Metallwerkstätten, von beidem ist allerdings nichts mehr zu sehen. Erhalten sind noch einige Reste der Wohnsiedlung; viele der meist zweistöckigen Gebäude hatten eigene Zisternen. Gut zu erkennen sind auch noch die gewaltigen Stützmauern, die die Römer im 1. Jh. v. Chr. bei der Aufschüttung des gesamten Geländes verwendeten, der Hügel wurde zum Plateau und für die Römer mit Forum und Kapitol zum Zentrum des damaligen Lebens.

Die Küste bei Sidi Bou Said

Sidi Bou Said

In direkter Nachbarschaft zu Karthago liegt das malerische Bergdorf hoch über dem Meer am Cap Carthage, von hier aus hat man einen grandiosen Blick über den Golf von Tunis. Sidi Bou Said mit seinen engen Gassen, den andalusisch geprägten, strahlend weißen Häusern und dem eleganten Yachthafen ist eine der größten Touristenattraktionen Tunesiens.

Sidi Bou Said liegt etwa 20 km von Tunis entfernt. Bereits im 9. Jh. befand sich an Stelle des heutigen Leuchtturms ein Wehrkloster (Ribat). 1207 wurde dann der eigentliche Ort von dem Ordensbruder Abu Said el Beji gegründet. Noch heute findet jährlich im August eine Wallfahrt zum Mausoleum des Namengebers von Sidi Bou Said statt. Der heutige andalusische Charakter des Ortes geht auf die Folgen der Reconquista (Wiedereroberung Spaniens durch die Christen) zurück: Im 16. Jh. siedelten sich hier maurische Flüchtlinge aus Spanien an. Seine Glanzzeit erlebte Sidi Bou Said Anfang des 20. Jh. als Künstlerkolonie.

Bereits Anfang des 20. Jh. wurde Sidi Bou Said unter Denkmalschutz gestellt. Das Dorf lädt zum Bummel durch die pittoresken steilen Gassen mit ihren sorgfältig restaurierten Häusern ein. An speziellen Sehenswürdigkeiten hat Sidi Bou Said allerdings wenig zu bieten – die Sehenswürdigkeit ist das schön herausgeputzte Dorf selbst. Man kann bei einem Rundgang den inzwischen auf privatem Grund befindlichen Leuchtturm an der höchsten Stelle des Orts besteigen (immer bergauf halten, dann der Beschilderung zum „Lighthouse" folgen; Eintritt 1 TD pro Person) und von dort die herrliche Aussicht genießen oder über viele Treppen zum Yachthafen (mit Café und Restaurant) hinuntersteigen. Hauptattraktion ist das berühmte *Café des Nattes* am zentralen Platz von Sidi Bou Said. Umgeben von allerlei Souvenirgeschäften drängen sich hier tagsüber Scharen von Touristen. Die Bewohner des

Dorfes haben sich an solche Menschenmassen gewöhnt und sitzen bei Pfefferminztee und Zeitung im Café nebenan. Wer Sidi Bou Said ohne Rummel erleben möchte, sollte in den Morgenstunden hierher kommen oder sich vor Ort ein Zimmer nehmen. Allerdings ist das Angebot beschränkt und Sidi Bou Said ein eher teures Pflaster.

Ein Fest fürs Auge ...

... sind die Aquarelle des deutschen Malers *August Macke*, die während einer 14-tägigen Tunesienreise entstanden. Schon lange geplant, wurde die Tunisreise mit seinen Freunden *Paul Klee* und *Louis Moilliet* am 6. April 1914 in die Tat umgesetzt – nachdem Mackes Mäzen, der Berliner Fabrikant Bernhard Koehler, ihn großzügig mit 500 Mark bedacht hatte. Die gemeinhin als Tunisaquarelle in die Kunstgeschichte eingegangenen 38 Bilder beeindrucken besonders durch ihre kräftigen Farben und die Art, wie Macke die Atmosphäre Nordafrikas eingefangen hat. Zur reichen Ausbeute des Aufenthalts gehören außerdem zahlreiche Skizzen und Zeichnungen sowie Fotografien des Künstlers.

In Tunis wohnte Macke zunächst im *Hôtel de Paris*, während seine Begleiter im Haus eines mit Moilliet befreundeten Arztes untergebracht waren. Später vertrieben sich die drei im Landhaus des Arztes im europäischen Stadtteil St. Germain, dem heutigen Vorort Ez Zahra, die Zeit mit aquarellieren, hier entstanden einige von Mackes **Gartenansichten**. Voller Schaffensdrang schreibt Macke an seine Frau Elisabeth: „Wir liegen in der Sonne, essen Spargel etc. Dabei kann man sich herumdrehen und hat Tausende von Motiven, ich habe heute schon sicher 50 Skizzen gemacht. Gestern 25. Es geht wie der Teufel, und ich bin in einer Arbeitsfreude, wie ich sie nie gekannt habe."

Nachdem Macke, Moilliet und Klee neben der Medina auch die arabischen Rotlichtviertel von Tunis besichtigt hatten, ging es mit der Bahn weiter nach Hammamet und ins Landesinnere nach Kairouan. Die hier entstandenen Bilder erscheinen aufgrund der kargen tunesischen Steppenlandschaft weniger leuchtend und kontrastreich. Herausragend bleiben sicher die in und um Tunis gefertigten Aquarelle, darunter der berühmte **Blick auf eine Moschee**: das *Café des Nattes* in Sidi Bou Said mit dem Minarett der Abu-Said-el-Beji-Zaouia im Hintergrund, das einzige Motiv der Tunisaquarelle mit eindeutigem Wiedererkennungseffekt.

Von der Faszination und Exotik des Landes inspiriert, war die Reise nach Nordafrika im Leben aller drei Künstler ein Meilenstein. Doch während Moilliet später immer wieder nach Tunesien zurückkehrte und Klee sich hier erstmals als Maler erkannte, stellte die Reise für August Macke in ungeahnter und tragischer Weise einen letzten Höhepunkt seines Schaffens dar: Kaum fünf Monate später fiel er im 1. Weltkrieg in der Champagne. „Mit seinem Tode knickt eine der schönsten und kühnsten Kurven unsrer deutschen künstlerischen Entwicklung jäh ab", schrieb sein Freund, der Maler Franz Marc.

Literatur: August Macke, *Die Tunisreise*, Aquarelle und Zeichnungen, DuMont Kunst-Taschenbücher. Magdalena M. Moeller, *August Macke – Die Tunisreise*, Bildband, Prestel Verlag.

Sidi Bou Said – das Café des Nattes

Verbindungen/Adressen/Baden

• *Verbindungen* Sidi Bou Said erreicht man mit der **Vorortbahn TGM** von Tunis und La Marsa aus (410 bzw. 650 Millimes). **Mit dem Auto**: Sidi Bou Said ist für den Verkehr gesperrt, gebührenpflichtiger Parkplatz etwas unterhalb des Dorfes (ca. 2 TD pro Tag).

• *Adressen* Im touristisch uninteressanten neuen Viertel von Sidi Bou Said am unteren Teil des Berges befinden sich auf der Av. Habib Bourguiba (Str. Richtung Karthago) **Apotheke**, **Bank** und ein **Supermarkt** (Magasin Général), in der Av. de la République (Seitenstr. von der Ḥ. Bourguiba) die **Post** (Mo–Sa 7.30–13.30 Uhr und 18–20 Uhr, So 9–11 Uhr), daneben die **Polizei**.

• *Baden* Neben dem Yachthafen von Sidi Bou Said sowie zwischen Sidi Bou Said und Karthago beim Hôtel Amilcar gibt es einen kleinen öffentlichen Strand, der allerdings nicht sehr sauber ist.

Übernachten

Hôtel Sidi Bou Fares, in der Nebengasse vom Café des Nattes, gut ausgeschildert. Kleines Hotel mit individuell eingerichteten Zimmern und schönem Innenhof, saubere Duschen und WCs. Während der Saison kann es sinnvoll sein, vorher zu reservieren. DZ 68 TD, EZ 35 TD. ✆ 71/740091, 📠 728868. E-Mail: hotel.boufares@gnet.tn.

Hôtel Dar Said, renoviertes, stilvolles 4-Sterne-Hotel in der Rue Hedi Zarouk. 24 großzügige Zimmer mit guter Ausstattung, klimatisiert, kleiner Pool, wunderschöner Blick aufs Meer. Zum Hotel gehört auch das empfehlenswerte Restaurant Dar Zarouk. DZ/EZ ab 245 TD. ✆ 71/740591, 📠 71/980260, E-Mail: darsaid@gnet.tn, Internet: www.darsaid.com.tn.

Hôtel Sidi Bou Said, ebenfalls 4 Sterne, mit traumhaftem Blick über die Umgebung. Nobles, aber auch teures Hotel mit freundlichem und zuvorkommendem Service. Die Zimmer sind mit TV, Weltempfänger (!), Aircon., Bad (Wanne), WC und großem Balkon ausgestattet. Einziger Nachteil: Das Hotel liegt ca. 1,5 km außerhalb an der Str. nach La Marsa. DZ 150 TD, EZ 105 TD, ✆ 71/740411, 📠 745129.

Eine günstigere Alternative ist das **Hôtel Amilcar** am Meer (s. „Karthago", s. S. 78).

Essen und Trinken/Cafés

• *Essen und Trinken* **Chergui**, im Zentrum von Sidi Bou Said (am Hauptplatz neben dem Café des Nattes). Trotz der Lage erstaunlich moderate Preise. Man sitzt im Freien, an Tischen oder auf mit Teppichen belegten Steinbänken, teilweise überdacht, auch hier eine tolle Aussicht. Einladend.

Le Pirate, 3 Gabeln, am Yachthafen. Ein großer Anker weist den Weg in einen hübschen Garten, Restaurantbetrieb innen und außen. Das Le Pirate ist etwas für Feinschmecker, entsprechend gehoben (aber nicht überteuert) sind auch die Preise. Viele Fischgerichte, gepflegte und ruhige Atmosphäre. Wer nach einem ausgiebigen Mahl den Treppenaufstieg ins Dorf (je nach Kondition ca. 15–30 Min.) nicht mehr auf sich nehmen möchte, kann sich ein Taxi bestellen (ca. 3-4 TD). ✆ 71/748266.

Um die Place 7 Novembre 1987 gibt es eine Reihe von **Fastfood-Läden** und **Pizzerien**.

Gasse in Sidi Bou Said

• *Cafés* **Café des Nattes**, wohl eines der berühmtesten Cafés Tunesiens! Nicht zu verfehlen, da mitten im Zentrum gelegen. Das typisch maurische Café ist tagsüber (zumindest auf der Terrasse) meist bis auf den letzten Platz besetzt, toller Ausblick. Innen ziemlich dunkel, im traditionellen Stil eingerichtet. Eher junges Publikum, Wasserpfeifenverleih (Chichas), gehobenes Preisniveau, Touristenattraktion.

Café Sidi Chebaane, liegt zwar ziemlich abseits, steht dem Café des Nattes aber in punkto Aussicht in nichts nach. Man sitzt sehr schön auf mit Strohmatten belegten Steinbänken und genießt den Blick auf den Yachthafen und den Golf von Tunis. Sehr beliebt, Lage und Aussicht schlagen sich auch in den Preisen nieder. Vom Hauptplatz die Gasse halb rechts, dann rechts abbiegen in die Rue Sidi Chebaane.

Wer einen Ausflug zum Yachthafen unternimmt, kann sich hier im **Café Club Nautique** stärken. Entweder zu Fuß die Treppen hinunter zum Yachthafen oder (mit dem Auto) zunächst der Beschilderung zum Hôtel Amilcar, dann den Wegweisern zur Residence El Marasi folgen.

La Marsa und Gammarth

Hauptattraktion der beiden ineinander übergehenden Vororte La Marsa und Gammarth ist der weiße Sandstrand. Die palmenbestandene Corniche (Uferpromenade), die noblen Restaurants und Hotels, aber auch die Nähe zu Tunis ziehen vor allem gut situierte Touristen an.

La Marsa und Gammarth sind praktisch die Hausstrände der Hauptstadt, besonders an den Wochenenden trifft man hier auf viele tunesische Erholungssuchende. Im belebten Zentrum von La Marsa findet man einige wenige Geschäfte, Cafés, Restaurants und Fastfood-Läden. Die Nähe zur Hauptstadt ist unübersehbar. Viel ländlicher nimmt sich dagegen **Raouad** aus. Obwohl direkt am herrlichen Sandstrand gelegen, wirkt das Dorf fast verlassen. Europäischer Tourismus spielt sich hier – wenn überhaupt – ausschließlich in der *Zone Touristique* zwischen Gammarth und dem etwa 7 km entfernten Raouad ab.

Verbindungen

• *Verbindungen* Von Tunis mit der **TGM** bis zur Endstation La Marsa Plage. Zu den Strandhotels zwischen Gammarth und Raouad weiter mit dem Bus oder **Taxi** (ab ca. 3 TD).

Mit dem Auto: von Tunis auf der GP 9 direkt nach La Marsa oder am Meer entlang über La Goulette und Karthago.

Übernachten

Sehr begrenztes Angebot in La Marsa. In Gammarth und der nördlich des Ortes verlaufenden Strandzone gehobenes Preisniveau.

• *In La Marsa* **Hôtel Plaza Corniche**, *Tipp!* Kleines Hotel mit nur 12 gemütlichen Zimmern, die jeweils in verschiedenen Farbtönen gehalten sind. Im Hotel herrscht eine persönliche Atmosphäre, der Besitzer ist ein humorvoller Amerikaner, der für jeden Spaß zu haben ist. Palmenbestandener, bunt dekorierter Vorgarten mit Café, auf der Terrasse zum Meer hin ein kleiner Pool und das Restaurant (mittlere Preislage, empfehlenswert). Ca. 300 m zum Strand. DZ mit Telefon, TV, Bad und Balkon 140 TD, EZ 120 TD. Auf demselben Areal befindet sich die **Palm Beach Discotheque**. Rue du Maroc 22, TGM-Haltestelle Corniche, ca. 300 m vom Zentrum (ausgeschildert). ✆ 71/743577, 742554, E-Mail: reservations@plaza-corniche.net.

Jugendherberge, fast direkt am Sandstrand von La Marsa (nur wenige Meter vom Zentrum und der TGM-Endhaltestelle), einzige wirklich günstige Übernachtungsmöglichkeit in der Gegend. Einfache, aber saubere DZ, die sanitären Anlagen lassen jedoch zu wünschen übrig. Lockere Atmosphäre, viele Jugendgruppen, auf dem Parkplatz der Jugendherberge können auch Wohnmobile campieren. Günstig: pro Person 6 TD. Vom Zentrum La Marsas zunächst auf der Uferpromenade, dann rechts hinunter der Beschilderung „Maison des Jeunes" folgen, das erste Haus auf der rechten Seite, daneben dem Basketballplatz. ✆ 71/774074, 743055.

• *In Gammarth* **Abou Nawas Hôtel Le Palace**, 5 Sterne, Ende 1996 eröffneter Mammutkomplex der Luxusklasse mit knapp 300 Zimmern. Allein das Foyer mit Kronleuchter ist von riesigem Ausmaß. 3 Swimmingpools, 2 maurische Bäder, Tennisplätze, Wassersportmöglichkeiten, Diskothek, Autovermietung. Diverse Bars, in den Restaurants kann man zwischen tunesischer, mexikanischer, libyscher und italienischer Küche wählen. Luxuriös auch die Zimmer: neben Telefon/Faxgerät, Aircon., Bad mit Wanne und WC auch Föhn und Minibar; von den großen Balkons herrlicher Meerblick. DZ ab 290 TD, EZ ca. 270 TD ✆ 71/912000, 71/911442, E-Mail: lepalace@lepalace.com.tn, Internet: www.lepalace.com.tn.

Malerischer Hauseingang

Grand Hotel Gammarth, ebenfalls 5 Sterne, ebenfalls Luxuskategorie. Zentraler in Gammarth selbst gelegen (beschildert), etwas günstiger. In einem parkähnlichen Gelände wurde das Hotel vorbildlich in die Landschaft eingepasst. Alle der Kategorie entsprechenden Annehmlichkeiten sind auch hier zu finden, daneben maurisches Café, Fitnessraum, Sauna und Massage, am Strand Parasailing u. a. Es werden Ausflüge in die nähere Umgebung (Tunis, Karthago etc.), aber auch Wüstenexkursionen angeboten. Klimatisierte Zimmer mit Balkon oder Terrasse, DZ ab 440 TD, EZ ca. 240 TD. ✆ 71/741444, 📠 740400.

Hôtel Karim, 3 Sterne-Hotel mit Animation (kinderfreundlich). Ältere zweistöckige Anlage, am Strand Surfen, Wasserski, Tretboot, daneben Tennis, Reiten, Bogenschießen, versch. Ausflüge; ziemlich kleiner Pool. Zimmer entweder im Haupthaus oder kleine, in Reihe gebaute Appartements (auch für 3 oder 4 Pers.). Immer mit Bad, TV, Telefon, Terrasse oder Balkon. DZ 110 TD, EZ 70 TD. Ca. 7 km nördl. von Gammarth Richtung Raouad, einzige öffentliche Verbindung ist das Taxi. ✆ 71/912188, 📠 71/911126, E-Mail: hotel.karim@planet.tn, Internet: www.hotel-karim.com.tn.

Essen und Trinken

Le Grand Bleu, 3 Gabeln, vornehmes Restaurant mit hoch über dem Meer gelegener Terrasse (Blick auf Gammarth). Internationale Küche, Sie sollten hier eines der ausgezeichneten Fischgerichte probieren. Gute Auswahl an tunesischen und italienischen Weinen; auch der Service stimmt. Die exponierte Lage des Restaurants betrifft allerdings auch die Preise, gehoben bis teuer. Wird von vielen Geschäftsleuten besucht. Etwa 2 km nördl. von Gammarth an der Str. nach Raouad in der Zone Touristique, ✆ 71/746504.

Am Hauptplatz von La Marsa eine ganze Reihe von **Fastfood-Läden**, **Pizzerien**, **Cafés** und **Eisdielen**. Abends ist hier und an der palmenbestandenen Uferpromenade Flanieren angesagt.

Baden: Schöner Strand in La Marsa, direkt vom Zentrum ans Meer, trotzdem frei zugänglich und sauber. Zwischen Gammarth und Raouad erstreckt sich ein weiterer herrlicher breiter Sandstrand, sehr sauber, türkisblaues Wasser, sehr seicht. Wassersportmöglichkeiten bei den großen Hotels. Zwischen den Privatstränden ist genug Platz für Individualisten, am weitläufigen Strand findet jeder ein ungestörtes Plätzchen.

Bei Douala auf dem Cap Bon

Das Cap Bon

Der „Obstgarten Tunesiens" oder die „tunesische Riviera": grüne Kulturlandschaften und Flaniermeilen im schicken Badeort Hammamet, dazu einsame Dünenstrände im Nordosten der Halbinsel und nicht zuletzt die berühmten punischen Ausgrabungen von Kerkouane. Das alles macht das Cap Bon zu einem der interessantesten und vielfältigsten Urlaubsziele im Norden des Landes.

Mit seiner hervorragenden touristischen Infrastruktur, zahlreichen Sportangeboten um die Zentren Hammamet und Nabeul, aber auch mit Ausflugsmöglichkeiten ins einsame Hinterland rangiert das Cap Bon auf der Beliebtheitsliste deutscher Urlauber ganz oben. Nur die Region um Sousse kann das mit fast 50.000 Hotelbetten ausgestattete Zentrum Hammamet/Nabeul zahlenmäßig noch schlagen. Daneben profitiert das Cap Bon von seiner Hauptstadtnähe – Besuche in der Medina von Tunis, in Karthago oder Sidi Bou Said können leicht an einem Nachmittag bewältigt werden. Nahezu alle Reiseagenturen bieten derlei Ausflüge an, äußerst beliebt sind auch eintägige Rundfahrten auf der Halbinsel.

Das Cap Bon mit einer Gesamtfläche von etwa 2.890 km^2 wird im Norden vom *Golf von Tunis* und im Süden vom *Golf von Hammamet* begrenzt. Geografisch lässt sich die Halbinsel in drei Regionen aufteilen: das teilweise schroffe *Bergland* bei Korbous und am Kap mit der höchsten Erhebung Djebel Ben Oulid (637 m); die *Küstenebene* von Hammamet bis El Haouria; und das *Hügelland* im Inneren des Cap Bon, das den größten Teil der Halbinsel einnimmt. Während die Vegetation im unfruchtbaren Bergland mit Macchia und Garrigue, aber auch einigen Eichenarten und Aleppokiefern eine landwirtschaftliche Nutzung ausschließt, wird das Hügel-

land intensiv für den Ackerbau und als Weideland genutzt. Obst-, Gemüse- und Olivenanbau prägen das Bild der Küstenebene. Wichtigstes Anbaugebiet des Cap Bon ist die Ebene um Grombalia, durch ausreichendes Grundwasser und hochwertige Böden eine der ertragreichsten Gegenden Tunesiens (zur optimalen Wasserversorgung wurden zusätzlich große Sammelbecken angelegt). Neben Obst, Oliven und Getreide spielt auf dem Cap Bon auch der Wein eine wichtige Rolle, ein wenig Industrie (Zementwerke) hat sich dagegen lediglich in Hammam Lif angesiedelt, das die westliche Grenze zum Cap Bon markiert.

Geschichte

Historisch relevant war die Halbinsel ab dem 7. Jh. v. Chr., und zwar in zweierlei Hinsicht: Zum einen war das Cap Bon für die Karthager damals schon ein wichtiges Anbaugebiet (Wein, Oliven, Feigen, Granatäpfel und Weizen), zum anderen liegt das Kap nur 138 km von der Südwestspitze Siziliens entfernt und somit strategisch äußerst günstig. Die einzigen erhaltenen Überreste einer rein phönizischen Ansiedlung auf dem Cap Bon sind die an der Ostküste gelegenen Ruinen von Kerkouane. In römischer Zeit spielte das Cap Bon als Teil der Kornkammer Afrika eine entscheidende Rolle. Zu besichtigen sind heute noch die Reste einiger römischer Siedlungen, von denen *Clupea* (das heutige Kelibia), die Steinbrüche von *Aquilaria* (El Haouria) und vermutlich auch *Neapolis* (Nabeul) auf ursprünglich phönizischem Boden errichtet wurden; *Aquae Calidae Carpitanae* (Korbous), *Curubis* (Korba) und *Pupput* (Hammamet) wurden von den Römern neu gegründet.

Im Mittelalter wurde der Halbinsel ihre exponierte Lage oftmals zum Verhängnis. Da unter den Aghlabiden, Fatimiden und Ziriden (8.–12. Jh.) das Machtzentrum des Landes nach Süden in die Sahel-Region bzw. nach Kairouan verlagert wurde, war das Cap Bon schutzlos den Plünderungen durch verschiedene Nomadenstämme ausgeliefert. Erneut besiedelt und kultiviert wurde das Land von den maurischen Rückkehrern aus Spanien. Die Rückwanderung der andalusischen Mauren vollzog sich ab dem 12. Jh., hatte ihren Höhepunkt jedoch im 17. Jh. Zu Zeiten des französischen Protektorats (1881–1956) wurde auf dem nunmehr wieder sehr dicht besiedelten Cap Bon besonders der Weinbau gefördert. In Hammamet, dem ältesten Badeort Tunesiens, hat man den Grundstein für die touristische Erschließung des Cap Bon schon Anfang des 20. Jh. gelegt, seinen ersten Boom erlebte das einst so beschauliche Fischerdorf in den 60er Jahren, als es zum exklusiven Touristenort avancierte.

Der Name *Cap Bon* deutet wahrscheinlich auf einen italienischen Ursprung hin, worauf auch die italienischen Namen der beiden vorgelagerten Inseln *Zembra* und *Zembretta* schließen lassen. Erstaunlicherweise gibt es keine arabische Bezeichnung für die Halbinsel.

Korbous

Obwohl einer der wichtigsten Kurorte Tunesiens, ist Korbous sehr klein. Hier in der Bucht an der kargen Nordwestküste des Cap Bon wurden einige wenige Hotels angesiedelt, an der Hauptdurchgangsstraße findet man ein Restaurant, ein Café und ein paar Souvenirshops – das war's dann auch schon.

In Korbous herrscht eine ruhige, gedämpfte Atmosphäre, nicht zu vergleichen mit der lebhaft-legeren Stimmung in den Strandhotels. Die Klientel des Kurortes besteht hauptsächlich aus älteren tunesischen Kurgästen, die sich hier Linderung ihrer Leiden erhoffen, ausländische Besucher sieht man kaum. Hoch über dem Ort thront einer der vielen über das ganze Land verteilten Präsidentenpaläste.

Bereits bei den Römern war Korbous mit seinen heilenden Thermalquellen unter dem Namen *Aquae Calidae Carpitanae* ein hoch angesehener Kurort. Während der Herrschaftszeit von Ahmed Bey (1837–1855) wurde ein Kurpavillon erbaut und Korbous erhielt den Ruf als ausgezeichnetes Thermalbad, den es bis heute behalten hat. In Korbous gibt es sieben Quellen, darunter den *Ain-Echiffa-Brunnen* (Quelle der Heilung) direkt vor dem neu renovierten Thermalzentrum. Gesundheitliche Verbesserung verspricht man sich bei Atemwegserkrankungen, Rheumatismus, Zahnfleischproblemen, Hautkrankheiten und Störungen des Verdauungsapparats. An der Straße Richtung Soliman (3 km außerhalb von Korbous) liegt die *Ain-Oktor-Quelle.* In der Gegenrichtung (ca. 1,3 km außerhalb) befindet sich die schwefelhaltige

Bei Korbous

Quelle Ain Atrous, die sich besonders bei tunesischen Ausflüglern großer Beliebtheit erfreut. Hier gibt's auch einige Fastfood-Restaurants. Einige Meter von der Quelle entfernt finden Sie eine gute Gelegenheit zum Baden.

• *Verbindungen* Einzige Verbindung ist der unregelmäßig von und nach Soliman verkehrende Linienbus (ca. 0,85 TD). Die direkte Straße von Soliman nach Korbous ist seit längerer Zeit gesperrt (Stand: August 2006). Man erreicht den Ort, indem man zunächst in Richtung Haouria fährt. Bald erreicht man eine kleinere, ausgeschilderte Straße, hier links nach Korbous abbiegen. *Weitere Verbindungen ab Soliman*: Bus-, Louage- und Taxistation an der Hauptdurchgangsstr. nach Korbous. **Busse ab Soliman**: etwa alle 30 Min. nach Tunis, ca. 1,50 TD; mehrmals tägl. nach Korbous (1 TD); 4-mal tägl. nach El Haouria und Kelibia; dort umsteigen Richtung Hammamet und Nabeul.

Louages ab Soliman: nach Tunis, Nabeul, Hammamet (mit Umsteigen in Grombalia) und El Haouria.

Taxi ab Soliman für ca.1,50 TD.

• *Übernachten* Da es nur wenige Hotels im Ort gibt, sollte man vorsorglich reservieren.

Hôtel Les Sources, 3 Sterne, am Hang. Mit Bar, Pool, Restaurant, ✆ 72/284535, ℻ 294533. Von der Hauptstr. Richtung El Haouria rechts die steile Straße hinauf, ca. 50 m. Achtung: Das Hotel befindet sich bis ca. März 2007 im Umbau, die neuen Zimmerpreise waren bis Redaktionsschluss nicht in Erfahrung zu bringen.

Hôtel Des Thermes, 1 Stern, nicht mehr das neueste Modell, die stilvoll in Weiß und Hellblau gehaltene Fassade erinnert an ein europäisches Seebad, das Hotel liegt ca. 200 m vom Thermalzentrum entfernt an der Hauptstr. (auf der rechten Seite). Fast ausschließlich Kurgäste, sehr ruhig. DZ mit Terrasse oder Balkon 60 TD, EZ 50 TD. Die meisten Zimmer verfügen auch über Dusche oder Bad. ✆ 72/284520, ℻ 72284755.

Hôtel Résidence Des Thermes, 2 Sterne, gegenüber vom Hotel Des Thermes, Appartements mit ansprechender Einrichtung, Service nicht besonders freundlich. EZ 45 TD, DZ 70 TD, ✆ 72/284524, ℻ 284755.

• *Kuren* Auch als Tourist kann man an Kurmaßnahmen teilnehmen. Alle Anwendungen im Thermalzentrum stehen unter medizinischer Betreuung (einige Ärzte sprechen Englisch), zahlen muss man allerdings selbst, sofern keine Kur verschrieben wurde. Übrigens kommen auch die tunesischen Krankenkassen nur für die Anwendungen der Patienten auf, Anfahrt, Unterkunft und Verpflegung müssen die Kurgäste selbst zahlen. Kuren in Korbous ist aus europäischer Sicht äußerst günstig, so kostet z. B. eine Massage ca. 10 TD, eine Fangopackung 12 TD und ein Thermalbad sogar nur 8 TD. Eine komplette Kurwoche kommt auf etwa 90 TD. Erkundigen Sie sich beim Thermalzentrum (Station Thermale, 8041 Korbous, ✆ 72/284585, 📠 284530) oder beim Office du Thermalisme (8, Rue du Sénégal, Tunis, ✆ 71/288150, 📠 791868). Informationen erteilen auch die Krankenkassen in Deutschland.

Baden: An der Nordwestküste des Cap Bon (zwischen Korbous und El Haouria) warten noch einige unberührte, oft durch Dünen begrenzte Strände auf ihre Entdeckung. Sehr idyllisch liegt z. B. der Strand von **Port Prince**, leider ist er zum Baden weniger geeignet (4 km hinter Douala in Richtung El Haouria links ab; beschwerliche Anfahrt).

El Haouria

Schon von weitem sichtbar sind die fast 30 großen Windräder wenige Kilometer vor El Haouria. Herausragendes Gebäude des Ortes selbst ist das fast schon überdimensional große neue Minarett, das zwischen all den ein- bis zweistöckigen weißen Häusern noch mächtiger erscheint.

Landesweit berühmt ist El Haouria, die nördlichste Ansiedlung auf dem Cap Bon, allerdings für sein alljährlich im Mai bzw. Juni stattfindendes **Falkenfestival**. So braucht man sich nicht zu wundern, dass am Hauptplatz des Dorfes ein überlebensgroßer Falke eindrucksvoll seine Flügel über jeden Eindringling ausbreitet und das angrenzende *Café des Fauconniers* eine kaum minder imposante Wandbemalung mit dem Wahrzeichen El Haourias aufweist – der Ort steht eben ganz im Zeichen des Falken. Außerhalb der Falken-Saison geht es in El Haouria gemächlich zu. Vor dem besagten Café sitzen die alten Männer des Dorfs und beobachten das Geschehen am Platz, hereinkommende Touristen werden mit Interesse betrachtet.

Schon in der Antike waren die Steinbrüche von *Aquilaria* berühmt. Die Römer machten sich den hier abgetragenen Sandstein u. a. für den Bau des Amphitheaters

Das Falkenfestival von El Haouria

Bereits im März eines jeden Jahres fängt man am nördlichen Cap Bon die hier überwinternden Sperber und Falken ein und richtet sie zur Wachteljagd ab. Im Rahmen des Festivals Ende Mai, Anfang Juni müssen die zierlichen und blitzschnellen Greifvögel, zu deren natürlichen Beutetieren Kleinvögel wie eben die Wachtel gehören, dann zum Wettbewerb antreten. Gekürt wird der schnellste und beutereichste der beteiligten Raubvögel, die übrigens nach dem Fest alle wieder freigelassen werden.

Auch wenn das Festival inzwischen von einem großen Rahmenprogramm begleitet wird (mit Rummelplatz, Folklore, Jagd- und Hochseeangelwettbewerben, Fußballspiel, Prozession, aber auch Seminaren und Vorträgen zu Umweltschutz und Artenvielfalt auf der Halbinsel), bildet die Falkenjagd noch immer den Höhepunkt des Festes, zu dessen Gästen sogar schon der Präsident zählte. Wer seinen Urlaub im Mai oder Juni auf dem Cap Bon verbringt, sollte sich das Spektakel auf keinen Fall entgehen lassen. Auskünfte über die genauen Termine erteilen die ONTT-Büros in Hammamet oder Nabeul, hier kann man evtl. auch ein Programm bekommen.

in El Jem zunutze. Heute sind die zum großen Teil eingestürzten Steinbrüche die Touristenattraktion El Haourias. Von hier hat man einen schönen Blick auf die Insel *Zembra* und die kleinere Nachbarinsel *Zembretta*, beides Naturschutzgebiete. Auf den Inseln finden sich seltene Pflanzen- und Tierarten, z. B. die vom Aussterben bedrohte Mittelmeermönchsrobbe.

• *Verbindungen* Am Hauptplatz von El Haouria (Place 7 Novembre) befindet sich die Bus-, Louage- und Taxistation. **Busse**: 6-mal tägl. nach Tunis (ca. 2 Std., 5 TD); 4-mal tägl. Nabeul (1 Std. 45 Min., ca. 3,50 TD); 1-mal tägl. (morgens) 1-mal morgens um 5 Uhr nach Mahdia (über Sousse, 7 TD). **Louages**: Soliman 3,50 TD (1 Std.); Nabeul 4 TD (ca. 1 Std.). Eine **Taxifahrt** zu den außerhalb liegenden römischen Steinbrüchen kostet etwa 2,50 TD.

• *Adressen* Im Zentrum von El Haouria gibt es **Polizei**, **Bank**, **Post**, **Apotheke** und einige kleinere **Lebensmittelläden**.

• *Übernachten* **Achtung**: während des Falkenfestivals (im Mai/Juni, wechselnde Termine) sind die wenigen Unterkünfte in El Haouria restlos ausgebucht. Informieren Sie sich frühzeitig.

Hôtel L'Epervier, 2 Sterne, an de Av. H. Bouguiba im Zentrum, unser *Tipp!* Der freundliche Besitzer Mohamed Djelidi kümmert sich um das Wohl seiner Gäste. Einfache Zimmer mit Bad und Balkon, DZ ca. 44 TD, EZ 22 TD; familienfreundlich. Eine Empfehlung wert ist auch das angeschlossene gleichnamige **Restaurant**. ✆ 72/297017, ℻ 297258.

Pension Les Grottes, außerhalb von El Haouria (etwa 300 m von den Steinbrüchen entfernt, Anfahrt s. u.). Große Zimmer mit WC und Badewanne, deutschsprachige Leitung, viele Reisegruppen. DZ 90 TD, EZ 55 TD. Hier sollte man evtl. Vollpension in Erwägung ziehen, da zum Hotel ein gutes Restaurant gehört. ✆ 297296, ℻ 269070, E-Mail: salem.bouraoui@planet.tn, Internet: www.centregrotte.com.tn.

Pension Dar Toubib, günstigste Übernachtungsmöglichkeit im Ort. Freundliche, kleinere Herberge, die Zimmer liegen alle um den Innenhof, gut eingerichtet, alle Zimmer mit Bad, sehr sauber. Der nur im Sommer anwesende Eigentümer spricht gut Deutsch. Die Pension liegt ca. 300 m vom Zentrum, bestens ausgeschildert. DZ 48 TD, EZ 30 TD, mit Frühstück, die Preise sind verhandelbar. ✆ 72/297163.

• *Essen und Trinken* **L'Epervier**, 2 Gabeln, lizenziert. Einziges Restaurant im Zentrum selbst.

Les Grottes, ebenfalls 2 Gabeln, allerdings etwa 2 km vom Zentrum entfernt bei den Steinbrüchen. Einladendes Restaurant mit tunesischer und internationaler Küche, Schwerpunkt Fisch. Das hervorragende Fischmenü kostet etwa ab 17 TD pro Person, aber auch à la carte sehr große Auswahl.

La Daurade, von hier toller Blick auf die Felsenküste. Das Lokal liegt bei den römischen Steinbrüchen (3 km vom Zentrum, beschildert). Sie sollten auch hier eine der Fischspezialitäten probieren, das Menü gibt es ab ca. 15 TD. ✆ 72269680.

Sehenswertes

Römische Steinbrüche: Die Sandsteinbrüche stammen bereits aus dem 6. Jh. v. Chr. und wurden erst von den Karthagern, später von den Römern genutzt. Der abgetragene Sandstein wurde von hier aus nach Karthago und teilweise auch nach Sizilien verschifft; von Karthago wurden die Steinblöcke auf dem Landweg nach El Jem transportiert. Herrlich ist der Blick auf die Felsküste mit dem Kap der Halbinsel und auf die beiden vorgelagerten Inseln.

Bei der Besichtigung der Steinbrüche ist zu beachten, dass die Eingangstreppen erst nachträglich gebaut wurden. In der Antike ließ man hier Sklaven (meist aus dem Sudan) arbeiten, sie wurden morgens mit der Strickleiter durch einen der Luftschächte, durch die auch der Stein abtransportiert wurde, hinuntergelassen und abends wieder hochgezogen – Flucht ausgeschlossen. An den Schächten sind noch Vertiefungen im weichen Gestein zu sehen, vermutlich von den Fußabdrücken der Sklaven.

Von den ehemals 90 Grotten sind die meisten eingestürzt. Betritt man die mittlere der drei großen begehbaren Grotten und blickt von unten hinauf zum Eingang, kann man die Silhouette eines liegenden Dromedars erkennen – aus Sandstein!

• *Anfahrt/Öffnungszeiten* Die Steinbrüche liegen knapp 3 km außerhalb von El Haouria. Einfach die Durchgangsstr. von El Haouria weitergehen oder -fahren. Die *Grottes Romaines* sind im Sommer von 8–19 Uhr, im Winter von 9–17 Uhr geöffnet, Eintritt 3 TD, Kinder und Studenten mit ISIC frei. Auf dem Gelände finden Sie einen fachkundigen, freundlichen Herrn, der Sie herumführt (ein kleines Trinkgeld ist angemessen).

Kerkouane

Zur Linken blickt man auf das Cap Bon, zur Rechten thront in der Ferne die Festung von Kelibia. Doch die so friedlich anmutende, malerische Lage am Meer täuscht: Zu Zeiten der Besiedlung war Kerkouane von einer etwa 10 m hohen und über 2 m starken Stadtmauer umgeben. Wegen der römischen Bedrohung kam später eine zweite Mauer ähnlichen Ausmaßes hinzu.

Bei der im 6. Jh. v. Chr. gegründeten Ansiedlung handelt es sich um eine punische „Kleinstadt“, die, und das ist das Besondere an Kerkouane, später weder von den Römern noch von den Byzantinern überbaut oder im Grundriss verändert wurde. Für (Hobby-)Archäologen also ein besonders interessanter Ausgrabungsort, man spricht in Fachkreisen sogar vom *punischen Pompeji*. Trotzdem weiß man nicht allzu viel über Kerkouane. Wahrscheinlich siedelten hier phönizische Flüchtlinge aus Tyros (im heutigen Libanon). Wann genau und weshalb der Ort verlassen wurde, ist allerdings unklar. Vermutlich gab es Kerkouane aber schon lange vor der endgültigen Zerstörung Karthagos 146 v. Chr. nicht mehr, sodass die Existenz der Stadt auf nur etwa 300 Jahre geschätzt wird. Die **Nekropole** befand sich außerhalb der Stadt am Meer; Funde hiervon kann man im **Museum** der Ausgrabungsstätte besichtigen.

• *Anfahrt* 15 km von El Haouria (Richtung Kelibia) geht es links ab nach Kerkouane, dann noch ca. 2 km auf asphaltierter Str. (beschildert). Keine Busverbindung, Taxi ab Kelibia etwa 3–4 TD (ca. 10 km).

• *Öffnungszeiten* Im Sommer tägl. außer Mo 9–18 Uhr, im Winter 9–16 Uhr, auch das Museum ist montags geschlossen. Eintritt 3 TD, Kinder frei, Fotografieren 1 TD.

Das punische Pompeji – Kerkouane

Rundgang: Bei einem Spaziergang durch die Überreste der hufeisenförmig angelegten Siedlung fallen die sich zumeist rechtwinklig kreuzenden Straßen ins Auge. Ungewöhnlich ist, dass in der Handelsstadt Kerkouane weder ein großer zentraler Platz noch Marktanlagen zu finden sind. Man stößt auf parzellenartig angelegte Wohnhäuser, die in der Regel über einen Innenhof (Eingang durch einen schmalen Korridor), eine eigene Zisterne und über eine zementierte Sitzbadewanne (mit Wasserableitungssystem) verfügten. Zu sehen sind außerdem noch Reste der mit Ziegelstaub rötlich gefärbten punischen Fußböden, die mit kleinen Marmorwürfeln weiß gesprenkelt waren (z. T. auch mit Tanit-Symbol aus marmornen Mosaiksteinen), sowie die Türschwellen der Häuser, von denen nur noch die Grundmauern stehen.

Museum: In dem kleinen Museumsgebäude sind hauptsächlich Kleinfunde aus der punischen Nekropole von Kerkouane, aber auch einige Funde aus Karthago ausgestellt (fast alle aus dem 4.–3. Jh. v. Chr.). Im Innenhof stehen einige Vasen, Amphoren und Stelen (Kerkouane und Karthago). In den Innenräumen Statuetten, weitere Vasen und Amphoren (darunter eine Minerva-Amphore aus dem 6. Jh. v. Chr.) sowie aus Griechenland importierte Keramik. Glanzstück des Museums ist ein *hölzerner Sarkophag* aus dem 3. Jh. v. Chr., auf den eine Frauengestalt eingeschnitzt wurde, außerdem eine Amphore mit geometrischem und ornamentalem Dekor (Karthago). Zu sehen sind außerdem gut erhaltene, teils farbig bemalte Schmuckstücke, einige Münzen, Würfel, Kleinfunde aus Bronze sowie blaue Flakons, die teilweise auf die Zeit vor dem 4. Jh. v. Chr. zurückgehen.

Kelibia

Mächtig thront die Festung der Stadt über der weiten Ebene. In 150 m Höhe auf einem Felshügel gebaut, ist sie quasi das Wahrzeichen des Orts. Mit seinen etwa 18.000 Einwohnern und einer Fabrik außerhalb des Zentrums präsentiert sich Kelibia als „großes Dorf" – allerdings mit rasch wachsender touristischer Infrastruktur.

Allgemeiner Treffpunkt ist die *Place de la République* im Zentrum mit seinen zwei Cafés, vor denen abends oftmals an die 100 Mofas stehen, die dazugehörigen Eigner sitzen auf der Caféterrasse. In Kelibia kann man ein paar erholsame Ferientage verbringen, da sich der Ort als Ausgangspunkt für Erkundungstouren auf dem Cap Bon gut eignet (zu den Ausgrabungen von Kerkouane sind es z. B. nur 10 km). Außerdem hat Kelibia neben ein paar Sehenswürdigkeiten auch einen netten Strand zu bieten.

Der für die Stadt bedeutende Fischereihafen liegt etwa 1,5 km außerhalb des Zentrums unterhalb der Festung. Hier befinden sich auch die bescheidenen römischen Ausgrabungen. Der bis vor einigen Jahren noch unverbaute El-Manzourah-Strand musste zu großen Teilen einem neuen und riesigen Beachhotel-Komplex weichen. Wenige hundert Meter weiter entstand eine neue Wohn- und Ferienhaussiedlung – von Ruhe und Unberührtheit ist hier nichts zu spüren. In der weiten Ebene um die Stadt wird übrigens ein in ganz Tunesien bekannter Muskatwein angebaut.

Das heutige Kelibia war wahrscheinlich schon in punischer Zeit besiedelt. Der Hafen wurde später von den Römern überbaut, wovon noch einige Ruinen zeugen. Vermutlich war das römische *Clupea* ein wichtiger Handelshafen für den Export. Die wahrscheinlich schon zu römischer Zeit angelegte Festung hatte eine ideale strategische Lage (von hier aus sind es nur 150 km nach Sizilien) und wurde später von den Byzantinern genutzt. Unter hafsidischer Herrschaft wurde die Festung mehrfach von den Spaniern angegriffen, später von den Türken ausgebaut und während des französischen Protektorats als Militärstützpunkt genutzt.

Verbindungen/Adressen

• *Busse* Tägl. 13-mal nach Nabeul (2 TD, ca. 1,5 Std.); 11-mal Tunis (4 TD, 2 Std., davon 6-mal Express, 5,50 TD, ca. 1 Std. 45 Min.); 1-mal Sousse (frühmorgens, 6,50 TD, 3,5 Std.); 1-mal morgens nach Kairouan (7 TD, ca. 4 Std.). Busstation in der Av. H. Belhouane in Richtung Nabeul (auf der linken Seite), ✆ 72/296208.

• *Louages* vor der Busstation, Nabeul 2,50 TD, Tunis ca.5 TD, Sousse 7 TD.

• *Taxis* Die Wagen stehen ebenfalls in der Av. H. Belhouane, und zwar von der Busstation Richtung Ortsausgang. Eine Fahrt zur Festung kostet etwa 1,50 TD.

• *Adressen* **Banken** im Zentrum (z. B. an der Place de la République), **Post** und **Supermarkt** ebenfalls. Das nächste **Krankenhaus** befindet sich im 12 km entfernten Menzel Temime, **Apotheke** und **Nachtapotheke** im Zentrum an der Str. Richtung Festung und Hafen. In Kelibia gibt es außerdem eine **Tankstelle** mit bleifreiem Benzin. **Reisebüro**: *Kerkouane Voyages* in der Rue Sidi Abdessalem (bei der BNA-Bank die gegenüberliegende kleine Str. hinein, nach 100 m auf der linken Seite), ✆ 72/295370 oder 296410, ℻ 296841.

Das Cap Bon
Karte Seite 92

Übernachten/Essen und Trinken/Cafés

• *Übernachten* **Bravo Club Kelibia Beach**, 4 Sterne, im Jahr 2001 eröffnetes All-inclusive-Hotel am El-Manzourah-Strand mit allem erdenklichen Komfort und vielen Sportmöglichkeiten. All inclusive 120 TD pro Person und Tag. ✆ 72/277777, ℻ 275274, E-Mail: kbeach.recep.@renthotel.org.

Hôtel Palmarina, 3 Sterne, gepflegtes Hotel am Meer (an der Straße zwischen Zentrum und Hafen). Der Strand ist wenig einladend, dafür gibt's einen netten Pool mit Bar. Im Hotel Restaurant, maurisches Café, Bar, Disko. Die großen Zimmer sind angenehm eingerichtet und ausgestattet (TV, Minibar, Bad und Terrasse/Balkon mit Meerblick). Bunt gemischtes Publikum, auch Geschäftsleute, freundlicher, entgegenkommender Service. DZ 80 TD, mit Frühstück, keine EZ. ✆ 72/274062-65, ℻ 274055, E-Mail: direction@palmarina.com, Internet: www.palmarina.com.

Hôtel La Belle Etoile, 3 Sterne, 200 m vom Hotel Palmarina entfernt Richtung Zentrum auf der Route de la Plage. Mit Schwimmbad und Disko. Helle, klimatisierte Zimmer mit Bad, DZ mit Frühstück 40 TD. ✆ 72/274374, ℻ 275302, E-Mail: labelleetoile@wanadoo.tn, Internet: www.hotellabelleetoile.com.

Pension Anis, empfehlenswerte, zentral gelegene Unterkunft,. In der Verbindungsstraße zwischen der Straße zum Hafen und der Av. des Martyrs/Av. Erriadh (beschildert). Der Besitzer, Herr Sliman, hat lange in München gearbeitet und spricht perfekt Deutsch. Sympathischer, guter Service. Einfache, saubere Zimmer mit Balkon und Waschbecken, WC und Duschen auf dem Gang. Zwei der Zimmer wurden zu kleinen Appartements umgebaut. DZ 60 TD mit Bad, 40 TD ohne Bad. Zur Pension gehört auch ein empfehlenswertes Restaurant. ✆ 72/205777, ℻ 72/273128.

Jugendherberge, die *Maison des Jeunes* liegt am Fuß der Festung beim Hafen (ca. 1,5 km vom Zentrum). Nicht besonders sauber. Sehr einfach, auch DZ, Übernachtung pro Person 5 TD. ✆ 72/296105.

• *Essen und Trinken* **El Manzourah – Petit Paris**, 2 Gabeln, am El-Manzourah-Strand, schöner Blick, Restaurantbetrieb drinnen und auf der Terrasse. Internationale Küche, gehobenes Niveau, sehr freundlicher Service, lizenziert, ganzjährig geöffnet. Touristenmenü ca. 10–15 TD. ✆ 72/295169, ℻ 273206.

Aspis, *Tipp!* Auf der Route de la Plage 400 m vom Meer Richtung Zentrum, hier sitzt man gemütlich, sehr sauber, viele tunesische Urlauber, schneller, freundlicher Service, vom 1-Dinar-Sandwich bis zur Meeresfrüchtepizza für 5 TD ist alles zu haben.

Anis, im EG der gleichnamigen Pension (s. o.). Der lange Deutschlandaufenthalt des Besitzers hat sich in der rustikalen Einrichtung niedergeschlagen. Speisekarte auf

Deutsch, es gibt sogar Pfeffersteak, viele Fischgerichte, nicht ganz billig.

• *Cafés* An der Place de la République im Zentrum gibt es zwei ausschließlich der kelibianischen Männerwelt vorbehaltene, einfache Cafés, hier kann man bei Kaffee oder Pfefferminztee das Geschehen am Dorfplatz beobachten.

Etwas unterhalb der Festung ein schönes **Café mit Panoramablick** (Touristenpreise).

Sehenswertes

Festung: Die Ruinen im Inneren stammen aus byzantinischer Zeit (6. Jh.), es sind auch noch einige spätrömische Reste zu finden. Die mächtigen Festungsmauern mit ihren vier Wachtürmen entstanden unter der hafsidischen Herrschaft (1229–1574) und dienten der Abwehr spanischer Angriffe. Nachdem die Festung zu Zeiten des französischen Protektorats als Militärstützpunkt diente, befindet sich hier nun eine Station der tunesischen Marine. In einem weiteren Haus im Inneren des Forts ist die lokale Radiostation von Kelibia untergebracht. Von einer Besichtigung sollte man sich – abgesehen von dem byzantinischen Mauerwerk im Innenhof und einigen römischen Säulen – nicht allzu viel versprechen. Dennoch ein lohnender Ausflug: Man kann auf den Außenmauern des Forts herumlaufen und hat einen herrlichen Rundblick auf die Umgebung, Kelibia, den Hafen und die unterhalb liegenden bescheidenen römischen Ausgrabungen.

• *Anfahrt* Straße vom Hafen Richtung El Manzourah, dann links ab und ca. 1 km steil hinauf zur Festung (beschildert). Taxi vom Zentrum zur Festung ca. 1,50 TD.

• *Öffnungszeiten* Tägl. 9–20 Uhr (Apr.–Sept.), Okt.–März 8.30–17 Uhr. Eintritt 3 TD, Kinder und Studenten mit ISIC frei, Fotografieren erlaubt und kostenlos.

Baden

El Manzourah: Ein malerischer Sandstrand in einer kleinen Bucht, sehr sauber und einladend, wird aber zunehmend verbaut. Es gibt auch ein Restaurant. Etwa 3,5 km östlich vom Zentrum (beschildert), Taxi zum Strand ca. 2 TD. Die Strände der Hotels in Kelibia sind wesentlich weniger attraktiv.

Strand von Menzel Heurr: Der Ort liegt 5 km hinter Menzel Temime in Richtung Korba. In Menzel Heurr der Beschilderung „La Plage" folgen, 3 km vom Ort entfernter, sehr schöner und sauberer Sandstrand. Einen weiteren, leider nicht ganz sauberen Strand findet man in *Menzel Temime.*

Nabeul

(ca. 40.000 Einwohner)

Die Provinzhauptstadt des Cap Bon steht eindeutig im Schatten des 10 km entfernten Hammamet. Zu Unrecht, denn auch Nabeul hat einen langen Sandstrand und zahlreiche Hotels der unterschiedlichsten Kategorien zu bieten.

Im Gegensatz zu Hammamet hat sich Nabeul noch ein wenig mehr Unabhängigkeit vom Tourismus bewahrt. Das Gouvernorat wird von hier aus verwaltet, außerdem – und das wird keinem ankommenden Touristen verborgen bleiben – ist Nabeul eines der Kunsthandwerkszentren Tunesiens, die bunten Keramikwaren säumen die *Avenue Habib Thameur* (Ausfallstraße nach Hammamet). Besonders bekannt ist die Stadt für die farbenfrohen gemusterten *Kacheln,* die sich auch an der einen oder anderen Hausfassade wiederfinden. Eine breite Palette an Souvenirs wird im Stadtzentrum angeboten, vor allem in den kleinen überdachten Souks und der *Ave-*

nue Farhat Hached, während sich auf der *Avenue Habib Bourguiba* eher das geschäftliche Leben abspielt. Die touristische Hauptattraktion der Stadt ist der *Vieh- und Kamelmarkt* am Freitagvormittag. Lohnenswert ist auch ein Abstecher in den Nachbarort **Dar Chaabane**, in dem das Steinmetzhandwerk zu Hause ist.

An kulturhistorischen Sehenswürdigkeiten hat Nabeul nur wenig zu bieten, wenn man von dem kleinen *Archäologischen Museum* im Zentrum und den römischen Überresten im 2 km entfernten **Neapolis** am Meer einmal absieht. Es ist vielmehr die lebendige Atmosphäre, die die kleine Stadt für ihre Besucher so reizvoll macht.

Neapolis war schon von den Puniern bewohnt und diente wahrscheinlich als Hafen. Im Zuge des 3. Punischen Kriegs wurde die Ansiedlung 148 v. Chr. zerstört, da vermutlich enge Kontakte zu Karthago, dem Erzfeind der Römer, bestanden. Die Römer selbst waren es, die den Ort wieder aufbauten und ihn im 3. Jh. n. Chr. zur *Colonia* ernannten.

Information/Verbindungen

• *Touristeninformation* In der Av. Taieb Mehiri (Straße zum Meer), sehr freundlich und hilfsbereit, man bekommt einen nützlichen, kostenlosen Stadtplan von Nabeul. In der Hochsaison offiziell tägl. von 8–1 Uhr nachts geöffnet, sonst Mo–Do 8.30–13 Uhr und 15–17.45 Uhr, Fr/Sa 8.30–13.30 Uhr (die Öffnungszeiten sind jedoch nicht sehr verlässlich). ✆ 72/286800 oder 286737, ℻ 223358.

• *Vorwahl* Für Nabeul, Hammamet und das Cap Bon gilt die Vorwahl **72**.

• *Verbindungen* Nabeul ist Verkehrsknotenpunkt des Cap Bon, entsprechend gut sind die Verbindungen. **Bahn**: tägl. 7-mal nach Tunis (davon 6-mal umsteigen in Bir Bou Rekba, ca. 1,5 Std., 3 TD); 10-mal nach Hammamet (20 Min., 0,50 TD); 10-mal nach Sousse (1,5 Std., 4 TD, umsteigen in Bir Bou Rekba); 1-mal Monastir (umsteigen in Bir Bou Rekba, 4,50 TD, ca. 2 Std.); 8-mal Sfax über El Jem (umsteigen in Bir Bou Rekba, 8 TD, ca. 4 Std.); 4-mal nach Gabès (umsteigen in Bir Bou Rekba, 11 TD, ca. 6,5 Std.). Der *Bhf.* befindet sich an der Place 7 Novembre (Av. H. Bourguiba).

Busse: 2 Busstationen: die meisten Busse fahren in der *Av. H. Thameur* ab, Abfahrtszeiten sind angeschlagen (✆ 233200 für weitere Auskünfte): von 6–18 Uhr etwa halbstündl. nach Tunis (1,5 Std., 3,50 TD, mit dem Schnellbus 55 Min., 3 TD); jede Std. nach Hammamet (15 Min., 0,50 TD); 2-mal tägl. nach Soliman (45 Min., 1,80 TD, hier umsteigen Richtung Korbous); 3-mal tägl. Kairouan (2 Std., 4,50 TD); etwa stündl. nach Zaghouan (1,5 Std., 2,50 TD); 2-mal Sousse (1 Std. 45 Min., ca. 4 TD) und 2-mal Mahdia (2,5 Std., ca. 7 TD). Busse zu einigen Orten auf dem Cap Bon fahren an der *Ausfallstr. Richtung Kelibia* ab (beim Kamelmarkt): von 5–18 Uhr stündl. nach Korba (30 Min., ca. 1 TD); von 7–18 Uhr stündl. nach Menzel Temime (1 Std., 2 TD); 12-mal tägl. Kelibia (1 Std. 15 Min., 3 TD), 3-mal El Haouria (1 Std. 45 Min., 3,50 TD).

Louages: Jeweils vor den beiden Busstationen. In der *Av. H. Thameur*: nach Tunis (ca. 3 TD, ca. 1 Std.); Sousse (4,50 TD, ca. 1,5 Std.); Zaghouan (ca. 3 TD, 1 Std.) und Kairouan (5 TD, ca. 1,5 Std.). *Louage-Station Cap Bon*: Kelibia (2,50 TD, 1 Std.); Korbous (5 TD, ca. 1,5 Std.).

Taxis: Nahe den beiden Busstationen stehen auch Taxis bereit (✆ 222444). Eine Fahrt nach Hammamet kostet ca. 5 TD.

Außerdem gibt es den **Petit Train**, eine kleine Touristenbahn. Sie verkehrt in der HS etwa halbstündl. zwischen Nabeul und Hammamet auf der *Route Touristique*, die einfache Fahrt kostet 2,50 TD.

Adressen/Einkaufen/Markt/Veranstaltungen

• *Adressen* **Ärztl. Hilfe**: deutschsprachiger Arzt in der Av. H. Bourguiba 133 (Nähe Post), ✆ 286033 (Praxis) oder 286333 (privat), Sprechstunde Mo–Fr 10–12 Uhr. Alternative ist das **Hospital** in der Av. H. Thameur, ✆ 285633.

Apotheke: Mehrere im Zentrum, z. B. auf der Av. H. Bourguiba schräg gegenüber der Post. **Nachtapotheke** nahe der Taxistation in der Av. H. Thameur.

Auto-/Zweiradverleih: Verschiedene Anbieter, die Preise liegen jeweils ähnlich hoch,

z. B. *Nova Rent* beim Bhf., ein Kleinwagen der Marke Renault Clio kostet ca. 75 TD pro Tag (inkl. Steuern und Versicherung, ohne Kilometerbegrenzung), Vespas ca. 50–55 TD/Tag, beides auch stundenweise. Av. H. Bourguiba 54, ✆ 72/222072, ℻ 285967.

Hertz in der Av. Habib Thameur (Straße nach Hammamet), ✆ 285327, ℻ 285027.

Banken: *STB-Bank* (Av. H. Bourguiba), unweit vom Bhf. Richtung Zentrum auf der rechten Seite, Automat für Visa- und Mastercard, weitere Banken im Zentrum.

Polizei: in der Av. H. Bourguiba, ✆ 72/285474.

Post: in der Av. H. Bourguiba.

Reisebüros: Die meisten in der Av. H. Bourguiba. *Delta Travel* bietet in der Hochsaison zweitägige Exkursionen in den Süden des Landes an (mit Sahara, Übernachtung in Tozeur), 195 TD/Person inkl. Übernachtung und Verpflegung. Auch Tagesausflüge. Av. H. Bourguiba 156 (Nähe Post), das Büro befindet sich im 2. Stock, ✆ 271177, ℻ 223990. *Tunis-Air-Agentur* gegenüber der Post.

Telefonieren: im Zentrum viele intern. Telefonbüros (Taxiphones).

Werkstatt: Bei der Louage-Station in der Av. H. Thameur gibt es einige Autowerkstätten.

• *Einkaufen* Kunsthandwerkliche Gegenstände gibt es in der **staatlichen Werkstatt ONAT** zu kaufen (nebenbei kann man den Kunsthandwerkern über die Schultern schauen). Keramik, Steinmetzarbeiten, Flecht- und Korbwaren usw., die Preise sind festgelegt, oft aber niedriger als in den Souks. Auf jeden Fall einen Besuch wert, geöffnet Mo–Fr 8.30–18 Uhr, Mittagspause von 12–14 Uhr. Av. H. Thameur (Str. Richtung Hammamet), auf der linken Seite. Ein großer **Supermarkt** befindet sich in der Av. T. Mehiri (neben dem Hôtel Imene). Unmengen von **Souvenirs** stehen im Zentrum in der Av. Farhat Hached und in den nahe gelegenen **Souks** zum Verkauf.

• *Märkte/Veranstaltungen* Jeden Freitagvormittag **Kamel- und Viehmarkt**, man sollte zwischen 7 und 12 Uhr kommen. **Orangenblütenfest** alljährlich im April (wechselnde Termine). Im Sommer regelmäßig **Aufführungen** im Freilichttheater in der Av. T. Mehiri.

Übernachten/Essen und Trinken/Cafés

• *Übernachten* Von nobel und teuer bis einfach und günstig, im Zentrum oder am Meer, in Nabeul ist für jeden Geschmack etwas geboten. Einige Hotels werden von deutschen Reiseveranstaltern pauschal angeboten, man sollte in der Hochsaison reservieren.

Hôtel Byzance (9), 3 Sterne, auf dem Bv. de la Corniche hinter einem schönen Stadtstrand, edles Hotel mit ruhigem Ambiente, schöne Zimmer, Sportangebot, DZ 100 TD, EZ 70 TD, ✆ 271000, ℻ 287164.

Hôtel Lido (6), 3 Sterne, schon etwas älteres, ruhiges Hotel, ca. 2 km vom Zentrum am Strand gelegen (beschildert). Beliebtes, sympathisches Hotel mit eigener Reitschule, vor dem Eingang ein Obst- und Ge-

müsestand, am Strand Wasserski, Surfen (gegen Gebühr) und Kamelreiten, dazu Tennisplatz, Hallenbad, Sauna, Pool. Zimmer mit Bad/Balkon. DZ 152 TD, EZ 98 TD, ✆ 362988, 📠 361487, E-Mail: h.lido@planet.tn.

Hôtel Imene (5), 3 Sterne, zentrumsnaher, großer Hotelklotz in der Av. H. Bourguiba. Vertragshotel großer Reiseveranstalter, ca. 800 m vom Strand, großzügige Zimmer mit Bad/Balkon, zum Zeitpunkt der Recherche stand das Hotel nach einer Generalüberholung kurz vor der Wiedereröffnung. DZ 92 TD, EZ 61 TD. ✆ 222310 oder 286222, 📠 272380.

Hôtel Riadh (7), 2 Sterne, ca. 1,5 km vom Zentrum, neben der Jugendherberge am Strand (beschildert). Freundlicher, deutschsprachiger Service, Zimmer (mit Bad/Balkon) in Hellblau, zwar nicht mehr ganz taufrisch, aber nett. Pool, Tennis, Windsurfing. DZ 92 TD, EZ 58 TD. Von der Av. Mongi Slim aus beschildert, ✆ 285744, 📠 285057.

Hôtel und Camping Jasmin (10), 1 Stern, gepflegte Anlage in Strandnähe (200 m) mit angeschlossenem Campingplatz, zuvorkommender Service. Mit Pool, kleinem Spielplatz, Tischtennisplatten, Bar, Restaurant, schönem Garten. Die recht kleinen Zimmer sind mit Bad, Heizung und Balkon ausgestattet, DZ 78 TD, EZ 50 TD. *Camping*: Schattige Stellplätze, eher für Wohnwagen und Wohnmobile geeignet. Akzeptable sanitäre Einrichtungen, einziger Campingplatz in Nabeul. Pro Person 3,30 TD, Kinder (unter 8) 2 TD, Zelt 2,50 TD, Wohnwagen/-mobil 3,30 TD, Caravan 2,80 TD Auto/ Motorrad 2,50 TD. Ca. 2,5 km vom Zentrum, Straße nach Hammamet, der Beschilderung

Das Cap Bon
Karte Seite 92

nach Neapolis folgen, nach 50 m auf der linken Seite. ✆ 285343, ℻ 285073, E-Mail: hotel.jasmins@gnet.tn, Internet: www.hotellesjasmins.com.

Pension Monia (11), familiär geführt, einfachste, kleine Appartements im Grünen, mit Bar und Restaurant. Preise inkl. Frühstück: DZ 40 TD, EZ 30 TD. Gegenüber der römischen Ausgrabung Neapolis (Beschilderung dorthin). ✆ 285713.

Pension Les Oliviers (12), einfache, aber gepflegte Familienpension, sehr persönlich, DZ mit Frühstück im Olivengarten, Bad/Balkon (Meerblick) 50 TD. Gegenüber vom Hôtel Jasmins die kleine Straße hinein. ✆ 286865, E-Mail: pensionlesoliviers@yahoo.fr.

Pension Les Roses (1), absolut zentrale, sehr einfache und günstige Übernachtungsmöglichkeit. Nur 20 Betten, Zimmer mit Balkon und Waschbecken, Toilette und Dusche (1 TD) teilen sich die Gäste. Man sollte zu den Frühaufstehern gehören, da die Pension neben der Moschee liegt. Freundlicher Hauswirt, seine Frau eher von herbem Charme, sehr gutes Preis-Leistungs-Verhältnis: DZ 16 TD, EZ 10 TD. Av. Farhat Hached, ✆ 285570.

Jugendherberge (8), schön am Strand gelegen, aber äußerst einfach, Schlafsäle mit 8–10 Betten, einfachste sanitäre Einrichtungen. Übernachtung pro Person ca. 5 TD, bei entsprechender Belegung wird auch gekocht. Ca. 1 km vom Zentrum (am Ende der Corniche, beschildert), ✆ 285547.

• *Essen und Trinken* **L'Olivier (3)**, 2 Gabeln, internationale Küche, Speisekarte wie Einrichtung sind auf den vermeintlich touristischen Geschmack abgestimmt. Dennoch gemütliches Restaurant, lizenziert, bei ausländischen Gästen sehr beliebt. Gehobenes Preisniveau. Av. Hedi Chaker.

Les Arcades (4), Place 7 Novembre, Touristenrestaurant, aber guter Couscous mit Gemüse für 4,20 TD. ✆ 72223342.

• *Cafés* **Café Erradudia (2)**, am Anfang der Av. H. Thameur (stadtauswärts auf der rechten Seite). Man sitzt gemütlich in kleinen Nischen auf Bänken mit Kissen oder auf der überdachten Terrasse; zum Kaffee/Tee gibt es Obstteller, kleine Torten oder gemischte Teller mit tunesischen Süßspeise-Spezialitäten. Tägl. geöffnet, freundlicher Service, sehr beliebt bei den jüngeren Bewohnern der Stadt.

Sehenswertes

Das römische Neapolis: Von dem ehemaligen punischen Hafen sind keine Spuren mehr zu finden und auch die Funde aus römischer Zeit sind nicht gerade umwerfend (allerdings sind sie auch noch nicht vollständig ausgegraben). Entdeckt wurden die Ruinen durch Zufall bei der Planung eines Hotels an gleicher Stelle. Zu sehen sind noch einige Hausfundamente, darunter die Reste einer sehr großen Villa aus dem 4. Jh. (*Nympharum Domus*). Das Gelände ist frei zugänglich, kein Eintritt.

Anfahrt Von Nabeul auf der Str. nach Hammamet, nach ca. 2 km links ab zur *Site Archéologique Neapolis* (beschildert).

Archäologisches Museum: In dem kleinen Museum mit Innenhof sind einige römische Mosaike und Reste römischer Statuen ausgestellt (leider oft ohne Beschriftungen). Daneben Vasen und kleinere Grabbeigaben (Öllampen, Münzen, Schmuck) aus punischer und römischer Zeit, die meisten Funde stammen aus Neapolis und Kerkouane.

• *Eintritt* 2 TD, Kinder unter 6 Jahren und Studenten mit ISIC frei, Fotografieren 1 TD. Tägl. außer Mo von 8–13, 16–19 Uhr, im Winter 9.30–16.30 Uhr geöffnet. Av. H. Bourguiba (schräg gegenüber vom Bhf.).

Baden/Umgebung

Der Strand von Nabeul liegt etwa 1,5 km vom Zentrum entfernt, hier eine ganze Reihe Hotels. Nicht immer ganz sauberer Sandstrand, in den Hotelbereichen aber in der Regel sehr gepflegt. Wassersportmöglichkeiten bei den größeren Hotels (z. B. Kheops, Lido, Riadh).

Hammamet – die Medina

Strand von Maamoura: Schöner Sandstrand mit Strandcafé. Maamoura ist ein kleiner, vom Tourismus völlig unbeachteter Ort, zu dem von der Hauptverbindung Nabeul – Korba bei Beni Khiar eine Stichstraße abzweigt (beschildert; ca. 7 km von Nabeul entfernt).

Strand von Korba: In der großen, lang gezogenen Ortschaft Korba (20 km von Nabeul) geht es vor der Brücke rechts ab zum 300 m entfernten Sandstrand mit Café.

Hammamet

(ca. 25.000 Einwohner)

Keine Frage – Hammamet ist eines der Ferienzentren schlechthin in Tunesien. Die malerische Medina mit der Kasbah direkt am Meer, die kilometerlangen, feinsandigen Strände und das große Unterhaltungsangebot bestärken jedes Jahr über 500.000 Hotelgäste in der Wahl ihres Urlaubsziels.

Dass Hammamet einmal ein kleines, verschlafenes Fischerdorf war, kann sich heute kaum noch jemand vorstellen. Wer in Anbetracht der herrschenden Touristenflut jedoch dicht aneinander gedrängte, seelenlose Betonburgen befürchtet, kann beruhigt werden: Viele Hotels, die übrigens fast alle einen sehr hohen Standard erfüllen, sind vorbildlich in die Landschaft eingepasst; einige architektonische Ausrutscher sind lediglich in der östlichen Strandzone zu bemerken. Dennoch ziehen sich die Hotelzonen beiderseits der Stadt kilometerweit am Strand entlang – und der Bauboom hält an, sodass sich einige Zyniker schon fragen, wann die „Baulücke“ zum etwa 70 km entfernten Strand von **Port El Kantaoui** wohl geschlossen sein wird.

Mit der neuen Hotelzone *Hammamet Yasmine* in Richtung El Kantaoui wurde so denn auch ein weiterer Küstenabschnitt für den Tourismus erschlossen. Es entstanden hier fast ausschließlich Hotels der Luxuskategorie.

Hammamet Yasmine mutet wie eine eigene Hotelstadt an, in der alles darauf ausgelegt ist, den Bedürfnissen der Urlauber auf höchstem Niveau nachzukommen, z. B. das Hotel *Hasdrubal Thalassa*, in dessen Präsidentensuite man für schlappe 4.500 TD eine erholsame Nacht verbringen kann. Auch die benachbarten Hotels stehen in punkto Luxus in nichts nach.

Nach einem Rückgang der Besucherzahlen aufgrund des Anschlags auf Djerba im Jahr 2002 hat sich der Tourismus in der Region wieder erholt und steigt beständig an. Die zahlreichen neuen Hotels sind gut besucht und der Bauboom hält weiter an. Allein Hammamet Yasmine verfügt derzeit über 25.000 Betten. Weiter südlich – zwischen Enfidha und Hergla – ist ein riesiger neuer Flughafen geplant, dessen erster Bauabschnitt 2008/2009 beginnen soll. Nach der geplanten Fertigstellung der gesamten Anlage im Jahre 2038 sollen hier 30 Millionen Fluggäste pro Jahr starten und landen können. Zum Vergleich: Derzeit sind alle tunesischen Flughäfen zusammen für 10,5 Millionen Passagiere ausgelegt.

Hammamets zweites Gesicht ist das einer weit auseinander gezogenen Stadt inmitten verschwenderischer Vegetation. Begünstigt durch das milde Klima wachsen hier Jasmin, Orangen- und Zitronenbäume, Palmen und Geranien. Die am Strand liegenden Fischerboote wirken wie Relikte aus alten Zeiten, die eindrucksvolle Medina mit ihren hohen Mauern tut ein Übriges dazu.

Gasse in der Medina von Hammamet

Ein Aufenthalt in Hammamet lässt sich sehr vielfältig gestalten. Zahlreiche Sport- und Unterhaltungsmöglichkeiten, ein für tunesische Verhältnisse recht ausgeprägtes Nachtleben und einige Sehenswürdigkeiten vor Ort – zum Beispiel die Kasbah, das römische Pupput oder das Centre Culturel – lassen keine Langeweile aufkommen. Für Rundfahrten auf dem Cap Bon liegt Hammamet als Ausgangspunkt wie geschaffen. Aber auch Ausflüge nach Tunis und Karthago, zu den Ausgrabungen von Dougga oder Thuburbo Majus, nach Zaghouan, Kairouan oder Sousse lassen sich leicht an einem Tag bewältigen.

Das römische *Pupput* war ein wichtiger Verkehrsknotenpunkt auf der Römerstraße von Karthago nach Hadrumentum (Sousse). 164 n. Chr. wurde die Ansiedlung zur römischen *Colonia*, entsprechende Funde lassen auch auf eine spätere byzantinische Besiedlung des Ortes schließen. Die mächtige Ummauerung der Medina stammt aus der Zeit spanischer Bedrohung im Mittelalter. Bereits zu Anfang des 20. Jh. entdeckten Künstler Hammamet als Reiseziel. Schon bald nach dem Ende des französischen Protektorats (1956) boomte der Tourismus: Zunächst war Hammamet exklusiver Badeort der Oberschicht, dann ein leicht zu erreichendes Pauschalreiseziel vorwiegend deutscher Urlauber – was die Stadt bis heute geblieben ist. Zu den prominentesten Gästen Hammamets zählten Oscar Wilde, Winston Churchill, August Macke und Paul Klee, der 1914 in sein Reisetagebuch schrieb: „Die Stadt ist fabelhaft, am Meer gelegen, winklig und rechtwinklig und wieder winklig. Dann und wann von der Ringmauer ein Blick! [...] Auch darf man hier die Friedhöfe betreten. Einer liegt köstlich am Meer. Auf ihm weiden ein paar Tiere [...]. In der Umgebung köstliche Gärten. Riesige Kakteen bilden Mauern."

Information/Verbindungen

- *Touristeninformation* ONTT-Büro in der Av. H. Bourguiba im Zentrum. Wenig hilfreich, dafür bekommt man hier einen kostenlosen Stadtplan. Mo–Fr 8.30–13 Uhr und 15–17.45 Uhr geöffnet, Sa 8.30–13.30 Uhr. In der Hochsaison erweiterte Öffnungszeiten. ✆ 72/280423. Weiteres Büro in der Av. de la République (ca. 150 m vom Strand entfernt), ✆ 72/280423 Gleiche Öffnungszeiten.
- *Telefonieren* Für Hammamet und Umgebung gilt die Vorwahl **72**.
- *Verbindungen* **Bahn**: kleiner Bhf. ca. 1 km außerhalb vom Stadtzentrum (am Beginn der Av. H. Bourguiba). Stündlich nach Tunis direkt (ca. 1,5 Std., 3,50 TD); 11-mal Nabeul (20 Min., 0,60 TD), 9-mal nach Bir Bou Rekba (5 Min., Pfennigbetrag), von hier aus folgende Verbindungen: 6-mal tägl. Tunis; 8-mal Sousse (ca. 1 Std., 4 TD); 1-mal Monastir; 1-mal Mahdia; 8-mal Sfax (über El Jem, 3,5 Std., ca. 7 TD) und 4-mal tägl. nach Gabès (6,5 Std., ca. 10 TD).

Busse: Station in der Av. de la République, ✆ 287000 oder 227711. Etwa halbstündl. nach Nabeul (0,50 TD); stündl. nach Tunis (Expressbus, ca. 1 Std., 3 TD); 6-mal Sousse (1 Std., 3,50 TD); 6-mal Kairouan (ca. 2 Std., 4 TD). Für Ziele auf dem Cap Bon in Nabeul umsteigen, dort auch weitere Verbindungen. Tickets werden im Bus verkauft.

Louages: Kleine Station in einer Seitenstraße der Av. de la République, es werden nur einige wenige Ziele angefahren, z. B. Tunis (4 TD) und Sousse (6 TD). Bessere Verbindungen in Nabeul.

Taxis: Große Taxistation im Stadtzentrum bei der Medina, eine Fahrt zur Hotelzone kostet je nach Lage 2–7 TD.

Le Petit Train: Die kleine rosafarbene Touristenbahn fährt vor der Medina ab. Hält an allen großen Hotels zwischen Hammamet und Nabeul, einfache Fahrt 2,50 TD.

Adressen/Einkaufen/Veranstaltungen/Sport

- *Adressen* **Ärztl. Hilfe**: Deutsch sprechender Arzt (Dr. Mohamed Mankai) in der Av. de la République (bei der Post), Sprechstunde Mo–Sa 9–13 Uhr und 15–19 Uhr, ✆ 281399 oder 280172 (Praxis), 282422 (privat). **Krankenhaus** in Nabeul.

Apotheke: Av. de la République (neben der Post).

Autoverleih: mehrere Anbieter im Zentrum, z. B. *TRICAR* im oberen Bereich der Av. H. Bourguiba. Ein Kleinwagen (Renault Clio) kostet hier 85 TD/Tag und 180 TD/ 3 Tage (inkl. Steuer, Versicherung, ohne Kilometerbegrenzung). ✆ 283580 o. 281211, 📠 283576. Zentraler gelegen: *AZUR Rent a Car* in der Av. de la République, ✆ 280233, 📠 283236.

Bank: Große *BIAT-Bank* in der Av. de la République, geöffnet Mo–Fr 8–16.30 Uhr. Weitere Banken im Zentrum, teilweise auch samstags- und sonntagsvormittags geöffnet.

Polizei: in der Av. H. Bourguiba schräg gegenüber dem Hôtel Yasmina, ✆ 280079.

Post: in der Av. de la République, geöffnet Mo–Do 8–12 und 15–18 Uhr, Fr/Sa 8–12.30 Uhr.

Reisebüros: Die meisten Veranstalter organisieren Fahrten nach Tunis/Karthago, Dougga/Thuburbo Majus, Kairouan/Sousse/ Monastir und Rundfahrten auf dem Cap Bon sowie mehrtägige Touren durch Südtunesien, die Preise liegen für Tagesfahrten bei 25–50 TD. Auch die großen Hotels bieten organisierte Ausflüge und Kurzreisen an.

Telefonieren: intern. Telefonzellen im Zentrum ausreichend vorhanden.

Zweiräder kann man bei einigen größeren Hotels mieten.

• *Einkaufen* Mehrere **Supermärkte** im Zentrum, **Shopping-Center** schräg gegenüber der Medina mit Cafés, Restaurant, Souvenirshops, Bank und Disko; hier gibt es auch deutsche Bücher zu kaufen. Ansonsten: im Zentrum viele, viele **Souvenirläden**.

• *Markt* am Donnerstag bis mittags.

• *Veranstaltungen* Auf der Freilichtbühne des *Centre Culturel* findet alljährlich im Sommer ein **Theaterfestival** statt.

• *Sport* **Wassersportmöglichkeiten** am Strand bei den großen Hotels, die man natürlich auch als Nicht-Hotelgast wahrnehmen kann. Wasserski, Parasailing, Jet-Ski, Tretboot, Surfen usw. Am Strand kann man auch eine Runde auf dem Kamel bzw. Dromedar reiten (ca. 15 TD/Std.), **Reitställe** bei einigen Hotels. **Golf**: 2 Golfplätze, beide *ganzjährig geöffnet*, von Bir Bou Rekba aus beschildert, jeweils etwa 8 km von Hammamet entfernt. Einzige Verbindung ist das Taxi, es sei denn, man ist in einem Hotel untergebracht, das den Transfer zum Golfplatz kostenlos übernimmt (z. B. Aziza). In diesem Fall sind auch die Gebühren etwas günstiger. **Golf Yasmine**: 9-Loch- bzw. 18-Loch-Anlage (Par 73), das Clubhaus mit Café/Restaurant liegt auf einem Hügel mit schönem Blick über die Anlage. ✆ 227001, 📠 226722. **Golf Citrus**: zwei 18-Loch-Anlagen (Par 72), eine 9-Loch-Anlage, auch Anfängerkurse. ✆ 226500, 📠 226400, www.golfcitrus.com.

• *Sonstiges* **Vergnügungspark Carthage Land** in Hammamet Yasmine, Näheres unter www.carthageland.com.tn.

Übernachten

Hammamet teilt sich in vier Hotelzonen: die Stadt selbst (hier findet man auch einige preisgünstige Herbergen), die östliche Strandzone (mit einigen klotzartigen Bettenburgen), die westliche Strandzone (teilweise sehr schön in die Landschaft eingefügte Hotels, oft nur zweistöckig) und die neue Hotelzone Hammamet Yasmine weiter außerhalb Richtung Süden. Die Hotels in den drei Strandzonen sind jeweils großzügig ausgeschildert. Man muss vor Ort leider häufig feststellen, dass man mit einem Pauschalarrangement von Deutschland aus weitaus günstiger hätte unterkommen können. In der Hochsaison ist vorherige Reservierung notwendig, in der Nebensaison sind erhebliche Rabatte üblich. Eine Auswahl:

• *Hotels in der Stadt* **Hôtel Dar Hayet (7)**, 4 Sterne, 1996 eröffnetes Luxushotel, zentral, aber ruhig gelegen, sehr nobel. Allein das Foyer ist ein Erlebnis, von außen wirkt das Hotel dagegen eher unauffällig. Perfekter Service, geschmackvolle Einrichtung, persönliche Atmosphäre. Gepflegter Privatstrand, Pool mit Bar und Restaurant. Die

Das Cap Bon
Karte Seite 92

Zimmer sind mit großzügigen Balkonen, gemütlichem Diwan, Bad und sep. WC, TV und Telefon ausgestattet, Zimmerservice. DZ 260 TD, EZ 175 TD. Rue de la Corniche (Ecke Rue Farhat Hached), ☏ 283399, ☏ 280424, Internet: www.darhayet.com.

Hôtel Khella (5), 2 Sterne, trotz der zentralen Lage relativ ruhig, sehr saubere Zimmer mit Bad, gutes Preis-Leistungs-Verhältnis: EZ 50 TD, DZ 60 TD, 3er 95 TD, 4er 100 TD, Kinderbetten werden gestellt. Bar im Erdgeschoss. In der Hochsaison etwa 10 Tage vorher reservieren. Av. de la République (Ecke Av. Mongi Slim), ☏ 283900, ☏ 283704.

Hôtel Sahbi (6), die 2 Sterne sind schon etwas verblasst, das typische „Stadthotel" großer Reiseveranstalter, erkennbar an der grün-weiß gekachelten Außenfassade (mit Wandbehang des angeschlossenen Teppichgeschäfts). Recht nette Zimmer, DZ 88 TD, EZ 55 TD. In der Hochsaison unbedingt reservieren, ab einer Woche Aufenthalt 10 % Rabatt, aber auch sonst könnte ein Nachlass möglich sein. Im Zentrum, Av. de la République (Ecke Rue 9 Avril 1938), ☏ 266130.

Jugendherberge (9), mit Abstand die günstigste Möglichkeit, in Hammamet unterzukommen. Und dabei bestimmt keine schlechte Wahl, denn die Jugendherberge ist nur durch die Uferstraße vom Strand getrennt, trotzdem einigermaßen zentral gelegen und sauber. Übernachtung pro Person ca. 3 TD, Unterbringung wahlweise in 2-, 3- oder 4-Bett-Zimmern, Etagenduschen und -WCs, im Sommer jedoch nur Gruppen vorbehalten. ☏ 280440, ☏ 72278960.

• *Hotels in der östlichen Strandzone* **Hôtel Le Sultan**, 4 Sterne, 4 km vom Zentrum. Jeder erdenkliche Komfort wird geboten, außerdem ein breites Freizeitangebot, vom Tauchen bis zum Reiten im hauseigenen Reitstall. Entsprechend sind die Preise: DZ 220 TD, EZ 140 TD. ✆ 280588, ℻ 280373, E-Mail: info@lesultan.com, Internet: www.lesultan.com.

Hôtel Bel Azur, 3 Sterne, schon etwas älteres Hotel, 2 km vom Zentrum, viel Animation, viel junges Publikum, großes Sportangebot. 300 Zimmer mit Bad/Balkon, Telefon, TV. DZ 170 TD, EZ 126 TD, ✆ 280544, ℻ 280275, E-Mail: belazurhotels@orangers.com.tn, Internet: www.tunisia-orangers.com.

• *Hotels in der westlichen Strandzone*
Hôtel Fourati, 3 Sterne, die Anlage im Landesstil liegt in einem erholsamen Garten, eines der ältesten Hotels in Hammamet (1960 gebaut). Pool mit Musikbeschallung, sehr schöner Strand mit Bar. Sauna, maurisches Bad, Tennis, Wassersport, Reitstall (10 TD/Std., auch Ausritte), Restaurant, Bar, Disko, organisierte Ausflüge. Gediegen eingerichtete Zimmer mit Bad und Balkon, DZ 198 TD, EZ 115 TD. Ca. 4 km vom Zentrum, ✆ 280388, ℻ 280508, E-Mail: fourati.hammamet @planet.tn.

Hôtel El Bousten, 2 Sterne, Traditionshotel. Am herrlichen, sehr breiten Sandstrand, ähnlich wie das Fourati, nur 2-stöckig, schöner Garten, weitflächige Anlage mit Pool. Neben Wassersport, Beach-Volleyball, Tennis und Sportanimation kann man hier auch einen Arabischkurs belegen! Geschmackvoll eingerichtete Zimmer mit Terrasse oder Balkon, Bad, sep. WC, Telefon. DZ 130 TD, EZ 77 TD, ca. 5 km vom Zentrum, ✆ 226126, ℻ 227579.

Hôtel Les Citronniers, 2 Sterne, relativ kleines Hotel, zum Strand ca. 300 m, ruhige Atmosphäre. Kleiner Pool mit Bar, Restaurant, Fernsehraum, Disko. Helle, schlicht eingerichtete Zimmer mit Bad/Balkon, Klimaanlage und Heizung. DZ 78 TD, EZ 59 TD, ca. 3,5 km vom Zentrum (nahe dem Hotel Fourati). ✆ 281650 oder 282088, ℻ 282601.

Hôtel Bel Air, 3 Sterne, ca. 300 m vom Strand, dafür aber mit großem Pool. Etwas kühle Atmosphäre, aber ansprechende Zimmer mit viel Türkis, Bad und schmalem Balkon. Im Hotel Animation und Mopedverleih. DZ 140 TD, EZ 95 TD. Gegenüber vom Hotel Byblos (etwa 6 km vom Zentrum), ✆ 226558 oder 226009, ℻ 226554, E-Mail: reservation@hotel-belair.com, Internet: www.hotel-belair.com.

• *Hotels in Hammamet Yasmine* **Hôtel Hasdrubal Thalassa**, 5 Sterne, am Südrand der Hotelzone, Hotel der absoluten Luxusklasse, kühle Architektur, jeder erdenkliche Luxus. DZ ab ca. 450 TD EZ 300 TD. ✆ 248800,

Siesta

✆ 248925, E-Mail: hammamet@hasdrubal-hotel.com, Internet: www.hasdrubal-hotel.com.

Hôtel Africana, 5 Sterne, ebenfalls im südlichsten Teil der Hotelzone. All-inclusive-Hotel mit allem Komfort. Großer Pool. Zimmer ab 200 TD/Person. ✆ 227000, ✆ 226193, E-Mail: g.chafik@magiclife.tourism.tn, Internet: www.magiclife.com.

Hôtel Safa, 3 Sterne, mächtiger Hotelklotz im südlichen Teil der Strandzone, 514 Betten, gutes Preis-Leistungs-Verhältnis, DZ 160 TD, EZ 103 TD, ✆ 248790, ✆ 248700, E-Mail: hotel.safa@gnet.tn, Internet: www.hotel-safa.com.

Essen und Trinken (siehe Karte Seite 108/109)

Große Auswahl an Restaurants, viele davon mit Lizenz. Nahe dem *Centre Culturel* kann man im **Restaurant Hong Kong** chinesisch essen und in der **Schnitzelstube bei Mutter Beimer** (westliche Strandzone beim Hôtel Citronniers) gibt es Eisbein (!) und Gulaschsuppe. Nur wenige Restaurants, die sich dem intern. Touristengaumen noch nicht angepasst haben. Beim Interieur wird – zumindest bei den gehobenen Restaurants – auf europäischen Stil gesetzt. Im Zentrum auch einige günstige **Restaurants Populaires** und **Fastfoods**.

L'Aquarium (2), 2 Gabeln, der Name bestimmt die Speisekarte. Fischgerichte ziemlich teuer, Fleisch etwas günstiger. Kleines, lizenziertes Restaurant mit gemütlicher Atmosphäre, gedämpftes Licht, leise Musik, in der Mitte des Raums steht das obligatorische Aquarium. An der Straße Richtung westliche Strandzone (gegenüber vom Hôtel Les Charmes), ✆ 282449.

La Coupole (1), 2 Gabeln, geschmackvolles Restaurant mit großem Kamin, stilvolles Ambiente, gemütliche Atmosphäre. Spezialität: Fisch aus dem Golf von Hammamet, daneben große Auswahl an tunesischen und internationalen Gerichten. Fischgerichte um die 16–18 TD, eine Flasche tun. Wein kostet etwa 10 TD. Zwischen dem Hôtel Aladin und dem Centre Culturel, ✆ 281138.

Chez Achour (14), 2 Gabeln, lizenziert, gemütliches Gartenrestaurant in ruhiger Lage. Französisch-tunesische Küche, gute Weinauswahl. Fischspezialitäten zu erschwinglichen Preisen, das Menü kostet um die 16 TD. Ca. 50 m vom Hôtel Alya auf der gegenüberliegenden Seite (Rue Ali Belhouane), ✆ 280140.

Eine schöne Panoramalage haben die Restaurants **La Medina (13)** und **Barberousse (12)**. Man sitzt „auf der Medinamauer" und genießt den Blick auf Strand und Medina. Beide mittlere Preisklasse und lizenziert.

Fatma (10), 2 Gabeln, zentral gelegen in der Av. H. Bourguiba, recht elegant, mittlere Preisklasse (lizenziert), typisches Touristenrestaurant, aber bestimmt keine schlechte Wahl. Mit Terrasse.

Les Corailles (4), Av. Habib Bourguiba. „Spezialisiert auf tunesische Spezialitäten

Frischer Fisch vom Grill

und Fischgerichte. Auch internationale Speisen in guter Auswahl. Eher gehobene Preisklasse, schöne, nicht touristisch wirkende Atmosphäre, gute und fachkundige Bedienung. Wir waren öfters dort und rundum zufrieden" (Lesertipp von Barbara Metzer aus St. Gallen).

La Gondole, daneben **Ettahrir (3)**, unlizenzierte Restaurants in der Av. de la République, einfache, aber sehr schmackhafte Hausmannskost, besonders zu empfehlen: Couscous und Hühnchen, ausgesprochen günstig, kein Hauptgericht über 4 TD. Sehr beliebt, auch bei Einheimischen, abends muss man schon mal auf einen freiwerdenden Tisch warten. Av. de la République (stadtauswärts) auf der linken Seite (neben dem Café de la Libération).

Namenlose **Imbissstube** gegenüber vom Hôtel Khella, gute Sandwichs, empfehlenswert auch die Plat de Tunisien einfache Einrichtung, aber typisch tunesisches Fastfood-Restaurant. Sympathischer Service, es läuft Michael Jackson, der Kanarienvogel singt mit.

Weitere günstige Restaurants findet man auf der Av. de la République (besonders wenn man sich vom Zentrum wegbewegt) und in der Gegend um den Bhf. (Av. H. Bourguiba).

Cafés/Nachtleben (siehe Karte Seite 108/109)

• *Cafés* **Resto Vert (11)**, ideal, um den Tag z. B. mit einem englischen Frühstück zu beginnen. Außerdem Snacks, auch warme Gerichte, Crêpes, Eis. Der Besitzer muss Kino-Fan sein, die Wände des kleinen Restaurant-Cafés sind mit Filmplakaten bedeckt. Im Zentrum (gegenüber der ATB-Bank in der Av. de la République, 1. Stock).

Café Sidi M'nasser (8), im Shopping-Center, v. a. die älteren Bewohner der Stadt treffen sich hier zur Chicha (Wasserpfeife); schön gekachelte Wände, kaum Touristen.

Café Achiri, am Eingang der Medina, man sitzt auf Steinbänken an wackeligen Tischen. Nette Stimmung, freundlicher, gesprächiger Besitzer, trotz idealer Lage sehr günstig.

• *Nachtleben* In Hammamet kommen auch Nachtschwärmer auf ihre Kosten, was in vielen anderen Städten des Landes nicht der Fall ist. Die meisten Diskos befinden sich in der Av. Moncef Bey und öffnen etwa um 21.30–22 Uhr. Des Weiteren die **Discothèque Tropicana** neben dem Hôtel Regency (beim Hôtel El Bousten), 200 m davon entfernt auf der rechten Seite der **Manhattan-Nightclub** (große Disko, viel Neonlicht, mit Restaurant, ziemlich schick), hinzu kommen noch zahlreiche **Hoteldiskotheken**.

Sehenswertes

Medina und Kasbah: Die am Meer gelegene, fast vollständig ummauerte Medina mit ihren strahlend weißen Häusern ist einer der Hauptanziehungspunkte Hammamets. Von einem Rundgang sollte man sich von den vielen Souvenirständen im Eingangsbereich nicht abhalten lassen. Schon bald wird es ruhiger und man schlendert durch enge Gassen, in denen vom Tourismus deutlich weniger zu spüren ist. An der südlichen Seite der Altstadt ist die Mauer unterbrochen und man kann einen Blick auf den islamischen Friedhof direkt am Meer werfen. In der Nähe dieses zweiten Zugangs zur Medina findet sich in einer Gasse ein kleines **Privatmuseum** (hauptsächlich Trachten aus der Region, tägl. 8.30–18.30 Uhr, Eintritt 1,50 TD, Kinder unter 10 Jahren frei).

Die **Kasbah** am westlichen Rand der Medina wurde im 15 Jh. an der Stelle eines Forts aus dem 12. Jh. errichtet. Während des Protektorats (1881–1956) war hier die französische Fremdenlegion untergebracht. Man betritt einen sorgfältig angelegten Innenhof, in dem sich neben einigen alten Kanonen, römischen Säulenresten u. Ä. auch der *Marabout Sidi Bou Ali* befindet. Man kann auf den Festungsmauern (hier oben auch ein Café) herumlaufen und hat dabei eine fotogene Aussicht auf die Medina. (Tägl. 8–20 Uhr, Eintritt: 3 TD, Kinder unter 10 Jahren frei.)

Tipp **Café Sidi Bon H'did**, von der Medina aus beschildert, durch einen schmalen Gang gelangt man zu dem noblen und originellen Café. Man sitzt auf Steinbänken an der Kasbah-Mauer oder am Strand. Crêpes, Eis, Tee oder Kaffee, Wasserpfeifenverleih.

Centre Culturel mit Villa Dar Sebastian: Eine „Sommerfrische" am Stadtrand mit üppig angelegtem Park. Begleitet von viel Vogelgezwitscher kann man durch den herrlich schattigen Garten zur 1927 erbauten Villa des rumänischen Aristokraten Georges Sebastian spazieren. Wo sich einst die internationale High Society traf, befindet sich heute ein *Café*. Man sitzt im Säulengang um ein Schwimmbassin, im Inneren der Villa wird zeitgenössische tunesische Kunst ausgestellt. Äußerst lohnenswert, erholsame Ruhe. Auf dem Gelände befindet sich auch ein Freilichttheater, im Sommer findet ein **internationales Festival** mit Film-, Theater- und Musikveranstaltungen statt.

• *Öffnungszeiten* Tägl. von 8.30–17.30 Uhr, mittags oft geschlossen, Eintritt 1 TD, Kinder unter 10 Jahren frei, ✆ 280410, ✆ 280722 (Infos zum Festival). Das Kulturzentrum liegt an der Str. in Richtung westl. Hotelzone (Str. nach Tunis, ca. 2,5 km vom Zentrum).

Hier treffen sich Kultur und Erholung – Centre Culturel

Das römische Pupput: Etwa 164 n. Chr. wurde Pupput zur Colonia ernannt, hier befand sich die Abzweigung der Römerstraße Karthago – Hadrumentum (Sousse) in Richtung Neapolis (Nabeul) und auf das Cap Bon. Zu Zeiten der Römer also eine bedeutende Zwischenstation. Auf dem Ruinenfeld sind noch einige interessante Überreste der römischen Besiedlung zu sehen, z. B. Fundamente der antiken Bäder mit Zisternen und Bodenmosaiken, dazwischen auch immer wieder byzantinische Mosaike. Außerdem Säulenreste. Richtung Meer die Reste einer großen Villa mit teilweise recht gut erhaltenen Bodenmosaiken. Im „Zentrum" von Pupput steht eine römische Sonnenuhr, auf dem Gelände finden sich u. a. auch noch Reste der marmornen Kolonnaden. Trotz der geringen Ausdehnung ist das Gelände sicherlich eine Besichtigung wert.

• *Öffnungszeiten* Tägl. von 8–18 Uhr (unregelmäßige Mittagspause), Eintritt 3 TD, Kinder frei. Das Ausgrabungsgelände befindet sich ca. 6 km außerhalb vom Zentrum in der westl. Strandzone beim Hôtel Samira Club.

Baden

Hammamet ist nicht zuletzt auch für seine kilometerlangen, feinsandigen Strände bekannt. In den Hotelbereichen äußerst gepflegt, aber auch am Stadtstrand von Hammamet gibt es nichts zu meckern. Lediglich an der *Corniche* (Avenue Assad Ibn El Fourat) etwa auf Höhe der Jugendherberge ist der Strand nicht ganz so sauber, aber akzeptabel. Wassersportmöglichkeiten bei den großen Strandhotels: Tretboot, Surfen, Parasailing, Segeln und Wasserski.

Kaum besucht – die Nordküste Tunesiens

Nordküste und Hinterland

Der Tunesien-Geheimtipp. Nordafrika einmal ganz anders als erwartet: dichte Wälder, beschauliche Städtchen und mediterranes Flair. Nördlich des Atlas-Ausläufers Kroumirie und der Mogod-Berge öffnet sich die Korallenküste mit ihren herrlichen, noch kaum entdeckten Sandstränden, ein Eldorado für Taucher. Südlich der Berge erstrecken sich sanft gewellte, oft mit Olivenbäumen bewachsene Hügel und im Osten der Region stößt man auf fruchtbares Weide-, Obst- und Weinbaugebiet. Ganz besonders üppig ist die Gegend um den Oued Medjerda, den einzigen ständig Wasser führenden Fluss Tunesiens, und die Küstenebene von Tabarka.

Touristisch gesehen ist die Gegend noch relativ ruhig. Zwar sind die beiden Hauptorte des Nordens, Bizerte und Tabarka, mit über 5.000 Gästebetten „touristisch erschlossen", doch liegen sie weit abgeschlagen hinter Sousse, Hammamet oder Djerba. Dabei bietet diese Gegend gerade für Badetouristen eine reizvolle Mischung aus Küste und Bergen. Wem Strandleben allein nicht genug ist, dem bieten sich eine Vielzahl von Möglichkeiten im Hinterland, z. B. ein Besuch des Naturparks von Ichkeul, eine Erkundung der Wälder der Kroumirie oder aber eine Besichtigung der Ausgrabungen von Utica, Bulla Regia oder Chemtou. Distanzen, die mit öffentlichen Verkehrsmitteln oder Mietwagen leicht an einem Tag bewältigt werden können. Auch Sport- und Naturfreunde erwartet im Norden des Landes ein abwechslungsreiches Programm: In Tabarka stehen Golf und Tauchen auf der Tagesordnung und in der nur etwa 25 km entfernten Kroumirie kann man dann eine Fauna und Flora bestaunen, die uns Europäern so fremd gar nicht ist: Neben den berühmten Korkeichen wachsen hier Kastanienbäume, Aleppokiefern, Steineichen und einige Atlaszedern, außerdem Ginster, Farne und Erika. Schnee im Winter ist keine Seltenheit und zur Saison geht man in den dichten Wäldern auf Wildschweinjagd.

Bizerte, die größte Stadt des Nordens, ist vom Wechsel der Kulturen geprägt. Wie auch Tabarka war es phönizisch, römisch, byzantinisch, arabisch, türkisch und französisch bewohnt. Eindrucksvolle Zeugnisse der verschiedenen kulturellen Einflüsse sind z. B. das andalusische Viertel in Bizerte oder die genuesische Festung in Tabarka.

Die strategisch günstige Lage der beiden nördlichen Hafenstädte hat der Geschichte des Landes nicht nur Vorteile gebracht: In Tabarka landeten die französischen Truppen, um das Protektorat (1881–1956) einzuläuten, Bizerte war die letzte französische Bastion und gleichzeitig NATO-Stützpunkt, der nach Protest der Tunesier erst 1963 aufgelöst wurde.

Utica (Utique)

Das antike Utica liegt heute über 15 km vom Meer entfernt. Kaum zu glauben, dass das abgeschiedene Ausgrabungsgelände einst ein blühender Handelshafen war, von dem aus die Römer kurz vor der Zerstörung Karthagos kriegswichtige Vorbereitungen trafen.

Durch die Versandung der Bucht ist die Lage des antiken Hafens und der Stadt auf einer Landspitze am *Golf von Utica* heute nicht mehr nachvollziehbar. Bei der Besichtigung der *ältesten Ansiedlung* im heutigen Tunesien wird vom Besucher ein hohes Maß an Fantasie gefordert, dennoch lohnt sich eine Besichtigung, nicht zuletzt wegen der gut erhaltenen Mosaike und der fachkundigen Führung durch den Ausgrabungswärter.

Das alte Utica war ein geschichtsträchtiger Ort. Von Plinius d. Ä. weiß man, dass die Besiedlung durch die Tyrer (Phönizier) im Jahre 1101 v. Chr., also lange vor der Gründung Karthagos, begann. Mit dem Aufstieg Karthagos im 8. Jh. v. Chr. verlor Utica zwar an Bedeutung, blieb aber immer eine unabhängige Stadt. Wichtig war Utica wieder ab dem 2. Punischen Krieg, als hier 204 v. Chr. die Truppen Scipios d. Ä. landeten, die Hannibal zwei Jahre später bei der Schlacht von Zama vernichtend schlugen. Im 3. Punischen Krieg schwenkte die Stadt schließlich ganz auf die Seite der Römer, diese starteten 146 v. Chr. von hier aus zum endgültigen Großangriff gegen Karthago. Rom erhob Utica zwei Jahre später zur *freien Stadt*, bald darauf sogar zur Hauptstadt der römischen Provinz Africa, das allerdings nur bis zur Neugründung Karthagos im 1. Jh. v. Chr. Während des römischen Bürgerkriegs zwischen den Anhängern Julius Caesars und dem Senat mit Pompeius an der Spitze beging Cato d. J., ein überzeugter Republikaner, hier Selbstmord; er wird deshalb auch *Cato Uticensis* genannt. Der Grund für seinen Freitod war der entscheidende Sieg, den sein Gegner Julius Caesar bei der Schlacht von Thapsus (46 v. Chr.) erringen konnte.

Unter Kaiser Augustus wurde die Stadt zur *Colonia Iulia Aelia Hadriana Augusta Utica* ernannt. Vom 3. Jh. bis 703 n. Chr. war Utica von Christen bewohnt (auch Bischofssitz), nach der Zerstörung durch die Araber wurde die Stadt wohl auch wegen der zunehmenden Verlandung der Bucht nicht mehr besiedelt. Viel antikes Baumaterial wurde abgetragen, sodass die Überreste nur noch ein schwaches Bild von der ehemaligen Bedeutung Uticas vermitteln können.

• *Anfahrt* Utica liegt auf halber Strecke zwischen Tunis und Bizerte. Auf der **GP 8** von Tunis geht es nach 35 km rechts ab, ca. 2 km von der Hauptstr. liegt das Museum auf der linken Seite, zum Ruinenfeld sind es noch mal 700 m. Von Bizerte aus 34 km, dann links ab nach *Utique* (beschildert).

- *Verbindungen* Man kann an der **Busstrecke** Tunis – Bizerte beim Dorf Zana an der Abzweigung nach Utica aussteigen. Fragen Sie den Fahrer und erkundigen Sie sich nach den Rückfahrzeiten! Zwischen Zana und Ras al Jabel verkehrt unregelmäßig ein kleiner Bus. Entweder man wartet auf diesen oder läuft die 2,7 km zum Ausgrabungsgelände.
- *Öffnungszeiten* im Sommer tägl. von 8.30–19 Uhr, im Winter 8.30–17.30 Uhr, Mo geschlossen.
- *Eintritt* 3 TD, Kinder unter 10 Jahren frei, Fotografieren 1 TD. Öffnungszeiten und Preise gelten für Museum und Ruinen. **Kein Restaurant oder Café**.

Da kaum Touristen den Ort besuchen, wird man vom Wächter persönlich geführt. Er gibt sich viel Mühe, alles zu erklären, erwartet am Ende aber auch ein kleines Trinkgeld.

Rundgang: Zu sehen sind vor allem noch Reste der römischen Bebauung Uticas, aber auch Teile der punischen Nekropole. Besondere Beachtung verdient das *Maison de la Cascade* im Zentrum der römischen Ruinen, vom Eingang aus betrachtet rechts davon schließt das *Jagdhaus* (*Maison de la Chasse*), auf der linken Seite das *Schatzhaus mit Getreidelager* an. Halb links hinter dem *Maison de la Cascade* befinden sich die Reste der *punischen Nekropole.*

Der Häuserkomplex mit *Maison de la Cascade, Jagdhaus* und *Getreidelager* ist von den beiden römischen Straßen *Decumanus A* und *Decumanus B* begrenzt. Auffällig im *Maison de la Cascade* ist der bunte Marmorfußboden im Speisezimmer (*Triklinium*): der rötliche Marmor stammt aus Chemtou (Nordwesttunesien), der grüne von der Insel Euböa in Griechenland und der weiße Marmor wurde aus Carrara herbeigeschafft. Im Kaskaden-Haus befanden sich drei Fontänen, deren gut erhaltene Mosaike (Fischmotive) zum Schutz mit Brettern abgedeckt sind (der Ausgrabungswärter zeigt Ihnen die kostbaren Stücke), außerdem sind noch sehr viele der Bodenmosaike erhalten. Im kleinen Garten des Hauses findet sich eine Sonnenuhr. Trotz des relativ kleinen Areals sollten Sie sich bei einem Rundgang dem freundlichen und

fachkundigen Angestellten anvertrauen, er kann Ihnen viele interessante Details zeigen und erklären (Trinkgeld).

Museum (zum Zeitpunkt der Recherche im Umbau): Ausschließlich Funde aus Utica, die verschiedenen Epochen der Besiedlung der Stadt sind gut wiedergegeben. Punische Kleinfunde (z. B. Öllampen) aus dem 7. bis 2. Jh. v. Chr., erstaunlich gut erhaltener Schmuck aus dem 7. bis 3. Jh. v. Chr., daneben Vasen

(auch aus Griechenland und Italien importierte) sowie Statuetten und Amphoren. Zu den Exponaten zählen auch Funde aus der punischen Nekropole, besonders Stelen und kleine Sarkophage.
Außerdem Marmorstatuen aus römischer Zeit (alle 2. Jh. n. Chr.), darunter eine hervorragend erhaltene *Herkules-Statue*. Im Museum befindet sich auch das Mosaik aus dem *Jagdhaus* (*Maison de la Chasse*), das sieben Jagdszenen darstellt, zwei davon sind im Museumsgarten ausgestellt. Im Garten weitere Mosaike, außerdem Säulenkapitelle etc.

Bizerte

(ca. 110.000 Einwohner)

Trotz ihrer Größe verbreitet die nördlichste Stadt Tunesiens eine beschauliche Atmosphäre. Zwischen Medina, altem Hafen, der lebhaften Place Bouchoucha und der sehr französisch wirkenden Neustadt treffen sich Europa und Nordafrika.

Bizerte war bis in die jüngste Vergangenheit ein strategisch wichtiger Standort der verschiedensten Seemächte. Kein Wunder also, dass man hier noch einige türkische und französische Einflüsse vorfindet, auch die aus Spanien vertriebenen Mauren haben im *andalusischen Viertel* ihre Spuren hinterlassen. Nur von den Puniern und den Römern nichts mehr zu sehen.

Die Gouvernoratsstadt wird im Norden vom Cap Blanc, dem nördlichsten Punkt Afrikas, und im Südosten vom Cap Zebib umrahmt. Eine Ziehbrücke leitet die Straße nach Tunis über den Kanal, den Abfluss des *Lac de Bizerte*, an dessen Ufer sich die Industrie der Stadt angesiedelt hat. Der moderne Handelshafen befindet sich am Kanal.

Keine Industrie, dafür aber ein buntes Tierleben fand der Schriftsteller **Alexandre Dumas** (1802–1870) im Jahr 1846 am Lac de Bizerte vor: „Nichts ist bezaubernder als die Ufer dieses Sees mit ihren großen Vögeln mit geflammten Flügeln, mit diesen Marabuts, die sich unter Palmen verlieren... Das Wasser, welches wir überschauten, war so klar, dass wir in der Tiefe von zehn Fuß die Fische auf ihrem Bette von Kieselsteinen und Wasserpflanzen sich bewegen sehen konnten. Einer von ihnen näherte sich der Oberfläche des Wassers, und ich schoss ihn, aber meine Kugel war verloren. Aber bei dem Schusse flogen Scharen von Enten auf, die den Himmel verdunkelten; sowie auch einige zwanzig Flamingos, die eine weiß und rot gesprenkelte Linie bildeten. Enten und Flamingos flogen einen Augenblick im Kreise über den See hin; aber ihrer Liebe getreu ließen sie sich wieder auf demselben nieder."

Die Hauptattraktion Bizertes ist der fotogene *alte Hafen* mit seinen bunten Fischerbooten. In nordwestlicher und nördlicher Richtung schließen hier Medina und Kasbah, andalusisches Viertel und das spanische Fort an, während die „Neustadt" auf der anderen Seite des alten Hafens durch die Prägung des französischen Protektorats eher europäisch wirkt. Hauptstraße ist – wie in den meisten tunesischen Städten – die *Avenue Habib Bourguiba*; gute Einkaufsmöglichkeiten findet man an der lang gezogenen *Place Bouchoucha*, dem eigentlichen Zentrum Bizertes mit Markthalle und Moschee.

Bizerte – am alten Hafen

Tourismus spielt in der Stadt selbst keine große Rolle. Die Strandhotels an der *Corniche* liegen 3 bis 5 km vom Zentrum entfernt und europäische Urlauber sind im Stadtbild eher selten. Dennoch steigt in den Sommermonaten die Einwohnerzahl sprunghaft, v. a. durch tunesische Touristen und wohlhabende Bewohner der nur 70 km entfernten Hauptstadt, die hier im kühleren Norden eine Sommerresidenz besitzen. Attraktive Strände in der Umgebung, eine recht gute Infrastruktur und ein Stadtleben ohne den großen Touristenrummel machen Bizerte zu einem interessanten, wenn auch nicht gerade typisch tunesischem Reiseziel.

Geschichte

Schon die Phönizier wussten die ideale Lage an der Nordostküste Afrikas zu schätzen und richteten hier einen Hafen ein. Bekannt war Bizerte unter dem griechischen Namen *Hippo Diarrhytus*, durch die Römer (wahrscheinlich unter Augustus) wurde die Ansiedlung zur *Colonia Iulia Hippo Diarrhytus* ernannt, war aber nie von größerer Bedeutung. Im 7. Jh. wurde Bizerte von den Arabern erobert und im 15./16. Jh. siedelten hier viele aus Spanien vertriebene Mauren. Im Winter 1942/1943 war Bizerte von Rommels Afrikakorps besetzt, das im darauffolgenden Frühling vor den Alliierten kapitulierte – das Ende der Heeresgruppe Afrika war besiegelt. Auch nach der Unabhängigkeit Tunesiens 1956 behielt Frankreich in Bizerte einen Flottenstützpunkt auf strategisch günstigem Boden bei, der erst 1963 nach heftigen Protesten seitens der Tunesier geräumt wurde.

Information/Verbindungen

• *Touristeninformation* Am alten Hafen neben dem ONAT, sehr freundlich und hilfsbereit. Der hier erhältliche Stadtplan taugt allerdings nur wenig. Mo–Do 8.30–13 Uhr und 15–17.45 Uhr, Fr/Sa 8.30–13.30 Uhr geöffnet, im Juli/August Mo–Fr 7.30–14.30 Uhr und 16–19 Uhr, Sa 10–13 Uhr. ✆ 72/431091, 📠 72/443925.

• *Vorwahl* Für Bizerte und Umgebung gilt die Vorwahl **72**.

• *Verbindungen* **Bahn**: 4-mal tägl. Züge von Bizerte über Mateur nach Tunis (1 Std. 45 Min., 3,50 TD). *Bhf.* nahe dem Hafen und der Kanalbrücke.

Busse: *Bus-Bhf.* am Hafen zwischen Rue de Russie und Quai Tarak Ibn Ziad (mit Wartehalle und Imbissständen). Stündl. nach Tunis (1 Std., 3,30 TD, letzter Bus um 18.30 Uhr); 1-mal tägl. Tabarka (frühmorgens, ca. 3 Std., 6,50 TD); 6-mal tägl. Ras El Jebel (45 Min., 1,60 TD); 3-mal Raf Raf und Ghar El Melh (ca. 45 Min., 1,60 TD). Weitere Busse fahren *beim Bhf.* ab, von hier Verbindungen nach: Menzel Bourguiba (halbstündl., 0,60 TD, dort umsteigen nach Mateur); 2-mal tägl. Jendouba (über Beja, ca. 3 Std., 5,50 TD); 3-mal Beja (ca. 2 Std., 4 TD); 1-mal nach El Kef (ca. 3,5–4 Std., 7,50 TD).

Stadtbusse und Busse zur Hotelzone fahren am öffentlichen Strand beim großen Kinderspielplatz ab: Nr. 1 und 2 fahren an der Corniche (Hotelzone) entlang, Nr. 8 über die Kanalbrücke nach Remel (Jugendherberge).

Louages: Louage-Station beim Bhf., Tunis (1 Std., 3,90 TD); Menzel Bourguiba (25 Min., 1 TD); Mateur (ca. 45 Min., 2,50 TD); Jendouba (ca. 3 Std., 7,70 TD); Beja (1,5–2 Std., 5,40 TD). Für Fahrten in den Süden immer in Tunis umsteigen.

Taxis: Wagen stehen in der Av. Habib Bourguiba oder man winkt sich eines herbei.

Adressen/Einkaufen/Sonstiges/Sport

• *Adressen* **Ärztl. Hilfe**: *Krankenhaus* in der Rue du 3 Août, hier Französisch und Englisch sprechende Ärzte, ✆ 432422.

Apotheken: mehrere im Zentrum, *Pharmacie de nuit* (Nachtapotheke) an der Place des Martyrs.

Autoverleih: *Europcar* an der Place des Martyrs (Rue M'ed Rejiba 19), Kleinwagen ab 77 TD/Tag, 220 TD/3 Tage, 460 TD/Woche. ✆ 431455, E-Mail: europcar@europcar.com.tn. Am gleichen Platz auch *Hertz*, etwas teurer als Europcar, ✆/📠 438388, E-Mail: hertz.tat.@planet.tn. *A.B.C.-Reisebüro* mit Autoverleih in der Av. H. Bourguiba 33 (beim Uhrturm), ✆ 431220 oder 434624.

Banken: einige Banken im Zentrum, z. B. die *UIB-Bank* mit Geldwechsel in der Rue Moncef Bey (schräg gegenüber von Monoprix).

Polizei: in der Av. du 20 Mars 1956 (bei der Place des Martyrs), ✆ 432392.

Post: große Post mit Geldwechsel in der Av. d'Algérie, geöffnet Mo–Sa 8–20 Uhr, So 9–11 Uhr, im Juli/August Mo–Sa 7.30–13.30 Uhr und 18–20 Uhr.

Reisebüros: Nur wenige Agenturen, die Ausflüge organisieren, z. B. *IVS* (**I**nternational **V**oyages **S**ervice) in der Av. H. Bourguiba 35 (beim Uhrturm). Hier werden neben Linienflügen auch einige Exkursionen angeboten, z. B. nach Tunis, Nabeul/Hammamet, Kairouan, Dougga sowie mehrtägige Fahrten in den Süden (mit Sahara). ✆ 432885, 📠 433547.

Tunis-Air-Agentur, Av. H. Bourguiba 76, auffallendes Gebäude in Pink, ✆ 432201.

Telefonieren: ausreichend Taxiphones in und um die Av. H. Bourguiba.

• *Einkaufen* Supermarkt **Monoprix** in der Rue d'Espagne. **ONAT-Artisanat** am alten Hafen, die Auswahl ist – verglichen mit anderen Verkaufsstellen des ONAT – allerdings ziemlich begrenzt: hauptsächlich Keramik, Leder, Teppiche.

• *Sonstiges* Ein **Nachtleben** gibt es – abgesehen von den Strandhotels, die für die Unterhaltung ihrer Gäste sorgen – in Bizerte zwar nicht direkt, aber 2 **Kinos** in der Av. H. Bourguiba, hier werden internationale Filme gezeigt.

Festival: im Juli und August im Innenhof des spanischen Forts: Musik, Folklore und Theater.

• *Sport* **Wassersportmöglichkeiten** und **Tennis** bei den größeren Strandhotels, Surfbrettverleih auch beim Club Nautique Bizerte (✆ 432262). **Reitschule** beim Hôtel Corniche.

Übernachten

Die (gehobeneren) Strandhotels liegen 3–5 km außerhalb des Stadtzentrums an der *Corniche*. Einige wenige günstige Hotels im Zentrum.

Hôtel Le Petit Mousse, 2 Sterne, kleines, sympathisches Hotel mit angeschlossenem (ebenfalls empfehlenswertem) Restaurant direkt an der Corniche. Der Strandabschnitt vor dem Hotel ist steinig, aber etwa 200 m entfernt bietet sich auch ein Sandstrand zum

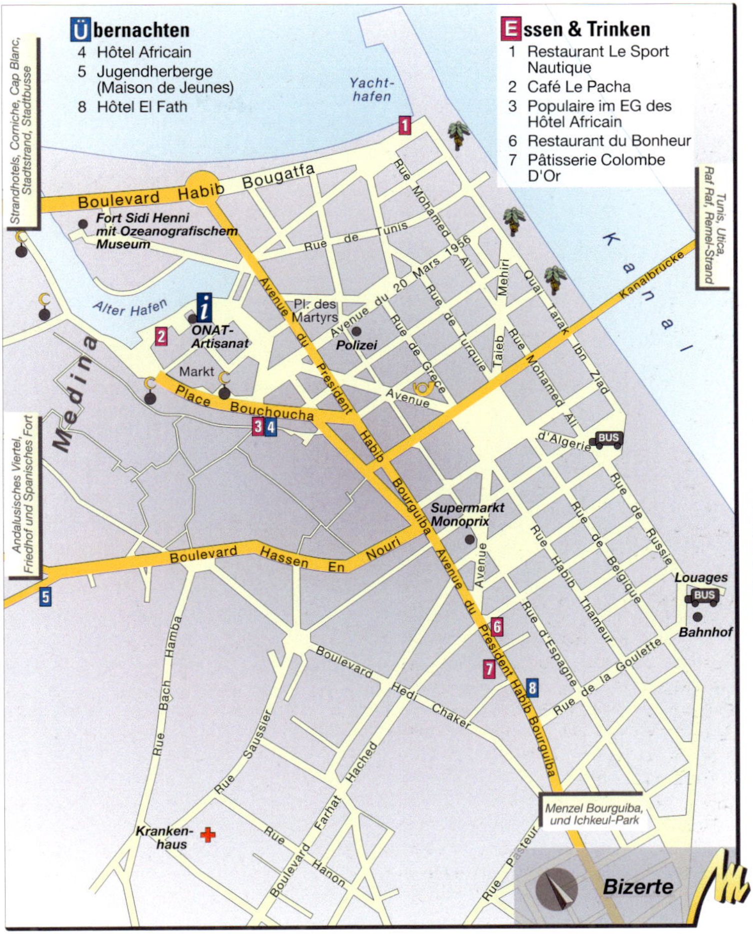

Nordküste und Hinterland
Karte Seite 116/117

Schwimmen an. DZ 80 TD, EZ 50 TD, ca. 500 m hinter Hotel Corniche, ✆ 432185, ℻ 438871, E-Mail: lepetitmousse@hotmail.com.

Hôtel Corniche, 3 Sterne, von außen nicht unbedingt eine architektonische Glanzleistung, innen jedoch recht angenehm. Viele französische und russische Gäste. Diverse Restaurants und Bars, Nightclub, schöner Garten mit Pool, guter Strand. Animation, Wassersport, Fahrradverleih, komfortable Zimmer mit Bad/Balkon, all inclusive DZ 100 TD, EZ 62 TD, ca. 4 km vom Zentrum Bizerte an der Corniche, ✆ 431831, ℻ 422515. E-Mail: hcorniche.reservation@planet.tn.

Hôtel Jalta, 2 Sterne, etwas ältere Anlage knapp 3 km außerhalb der Stadt (neben dem Hôtel Nador, beschildert). Von außen kein besonders schöner Kasten, jedoch grüner Innenhof, recht ruhig und einfach. Sympathischer Besitzer. Restaurant und Pool, kleine Freilichtbühne, Sandstrand (mit Snackbar), Tennisplatz. Auch bei Tunesiern beliebt. Die Zimmer sind okay, DZ 50 TD, EZ 35 TD. ✆/℻ 436888, E-Mail: club.jalta@planet.tn.

Hôtel El Fath (8), relativ neues Hotel an der Av. H. Bourguiba, ca. 400 m vom Zentrum (Straße Richtung Mateur auf der linken

Seite) bei einer Moschee mit hohem Minarett. Freundlicher, auch deutschsprachiger Service, große, saubere Zimmer mit Du/WC, etwas laut, Fernsehraum, Dachterrasse. DZ 35 TD, EZ 20 TD, ohne Frühstück, ✆ 430596.

Hôtel Africain (4), extrem einfache Herberge an der zentralen Place Bouchoucha. Saubere Zimmer (Etagenduschen und -WCs), von denen man sich unbedingt eines mit Fenster zur Straße geben lassen sollte (auch wenn das etwas lauter ist), die Zimmer mit Fenster zum Gang sind nämlich schon sehr trostlos. DZ 15 TD, EZ 10 TD. ✆ 434412.

Jugendherberge (Maison des Jeunes) (5), saubere Anlage, allerdings etwas außerhalb vom Zentrum, das Bett im Dreibettzimmer kostet hier 5 TD/Person, nach Geschlechtern getrennt. Von der Av. H. Bourguiba beim Kreisverkehr mit Uhrturm abbiegen und geradeaus den Berg hinauf bis zum spanischen Fort, nach dem Salle Mohamed Fatnassi links. ✆ 431608.

Essen und Trinken/Cafés (siehe Karte Seite 121)

• *Essen und Trinken* **L'Eden**, eine Gabel, relativ klein, an der Corniche (etwa gegenüber dem Hôtel Corniche), 4 km vom Zentrum. Dezentes bis nobles Ambiente, hohes Preisniveau, aber nicht überteuert, besonders für Feinschmecker eine interessante Auswahl. Der Service ist bestens, gutes Angebot an tunesischen Weinen. ✆ 439023.

Le Petit Mousse, gehört zum gleichnamigen Hotel (s. o.). Lizenziert, gehobenes Preisniveau, viel Auswahl an Fisch, sehr schmackhaft, abends viel besucht von Gästen der umliegenden Hotels. ✆ 432185.

Du Bonheur (6), bei Tunesiern sehr beliebtes Restaurant in der Rue Thaalbi (Seitenstraße zur Av. H. Bourguiba, an der Ecke der Banque de l'Habitat). Überwiegend tunesische Gerichte (Brik, Couscous usw.) zu niedrigen bis mittleren Preisen, große Auswahl an tunesischen Weinen (Flasche ca. 6–7 TD). Abends ist das einladende Restaurant oft bis auf den letzten Platz besetzt. ✆ 431047.

Le Sport Nautique (1), bereits 1956 eröffnetes, reizvoll am Fischerei- und Yachthafen gelegenes Restaurant, allerdings nicht sehr gemütlich und relativ teuer, lizenziert. ✆ 431495.

Populaire (3), im Erdgeschoss des Hôtel Africain. Nur wenige, tägl. wechselnde Gerichte, darunter aber immer gegrilltes Huhn, sehr schmackhaft, sehr günstig. Unlizenziert, bei den Bewohnern der Stadt beliebt.

• *Cafés* Im **Café Le Pacha (2)** am alten Hafen treffen sich die Männer der Stadt zum Chicha-Rauchen, großes Café, schöner Blick auf den Hafen.

Zum Frühstücken ideal ist die **Pâtisserie La Colombe D'Or (7)**. Allerdings nur Stehcafé, sehr leckere Croissants, dazu Café au lait, zusammen unter 1 TD. Jeden Morgen gestopft voll, Av. H. Bourguiba (schräg gegenüber der AMEN-Bank beim Cinema de Paris).

Sehenswertes

Alter Hafen (Vieux Port): Sehr malerische Anlage, durch einen Kanal mit dem offenen Meer verbunden. Früher lag der alte Hafen am Verbindungsstück zwischen dem *Lac de Bizerte* und dem Meer. Morgens und abends kann man hier den Fischern bei ihrer Arbeit zuschauen, besonders schön ist die Stimmung im Abendlicht. Zu dieser Zeit ist hier richtig was los, Netze werden ausgebreitet und geflickt, oder man sitzt in einem der Cafés. Der pittoreske Blick auf die niedrigen, meist weiß getünchten Häuser wird allerdings durch ein unschönes Hochhaus im Hintergrund beeinträchtigt. Treffpunkt der Fischer ist das *Café Le Pacha*. Der alte Hafen wird in Richtung zum Meer auf der linken Seite von der *Kasbah*, auf der rechten Seite vom *Fort El Henni* (ozeanografisches Museum) begrenzt.

Vom alten Hafen starten auch einige professionelle tunesische Korallentaucher; ein paar der Fischerboote sind eigens mit einer Druckkammer ausgestattet. Wenige Kilometer vor der Küste wird in 100 bis 120 m Wassertiefe nach den begehrten roten Korallen getaucht, um daraus kunstvolle Schmuckstücke herzustellen. Leider

Beschauliches Bizerte

sind die Korallenbänke schon stark dezimiert und auch an anderen Stellen des Mittelmeers vom Aussterben bedroht.

Kasbah und Medina: Eigentlich untypisch, da die (restaurierten) Festungsmauern der Kasbah in ihrem Inneren Wohnhäuser beherbergen. Am einzigen Zugang in diese Art Medina befindet sich die **Moschee** aus dem 17. Jh. mit Minarett. Im Inneren enge, labyrinthartige Gassen, ein völlig untouristisches, intaktes Wohnviertel. Allerdings verliert man recht schnell den Überblick. Einer der Kasbah-Türme kann (vom alten Hafen aus) bestiegen werden, oben ein Café, von hier netter Blick auf den alten Hafen und das spanische Fort.

Öffnungszeiten Aussichtsturm Im Sommer tägl. 10–12.30 Uhr und 16–22 Uhr, im Winter 9–12.30 Uhr und 15–19 Uhr; Mo geschlossen. Eintritt 0,50 TD, Kinder die Hälfte.

Die eigentliche Medina – ohne die übliche Ummauerung – schließt in südwestlicher Richtung an die Kasbah an. Enge Gassen mit Torbögen und Souks, man sieht noch viele der traditionellen Handwerksbetriebe, oft nur ein dunkler Raum, dessen einzige Lichtquelle die Tür ist. Ein Spaziergang durch die Medina ist durchaus lohnenswert. An ihrer Ostseite befindet sich die **Große Moschee** aus dem 17. Jh. mit dem gelben achteckigen Minarett.

Ozeanografisches Museum: im *Fort Sidi Henni* untergebracht; das Museum ist schon älteren Datums und beherbergt neben einigen noch lebenden Meeresbewohnern auch Darstellungen zum Fischfang.

Öffnungszeiten Tägl. 9–12 Uhr und 14.30–20 Uhr, Mo geschlossen. Eintritt 0,50 TD, Kinder die Hälfte. Der Eingang befindet sich am Blvd. Habib Bougatfa, beschildert.

Spanisches Fort: Es liegt auf einem Hügel oberhalb der Stadt hinter dem andalusischen Viertel und in der Nähe zweier Friedhöfe. Das spanische Fort ist eigentlich ein türkisches Fort aus dem 16. Jh., das im 17. Jh. ausgebaut wurde. Seit den 1960er Jahren finden auf der Freilichtbühne im Innenhof jeden Sommer Kulturveranstaltungen statt. Tagsüber geöffnet, schöner Blick auf die Stadt.

Baden/Umgebung

Bizerte ist von teilweise sehr schönen Stränden umgeben. Ausnahme ist der öffentliche **Stadtstrand** (nahe dem Zentrum, Straße Richtung *Corniche*) – nicht sehr sauber, stellenweise Bauschutt etc. Eindeutig zu bevorzugen ist der herrliche **Strand von Remel**: weiß, sandig, lang gezogen, sauber.

- *Anfahrt* Von Bizerte die Straße Richtung Tunis nehmen. 3,5 km nach der Kanalbrücke geht es links ab nach Remel. Nach weiteren 1,2 km wieder links ab, von hier aus sind es zum Strand noch 800 m durch einen Pinien- und Eukalyptuswald. Der Stadtbus Nr. 8 fährt nach Remel und hält an der Abzweigung zum Strand.
- *Übernachten/Camping* **Jugendherberge**, ca. 200 m vom Strand im schattigen, kühlen Pinienwald gelegen. Eine Übernachtungsalternative zu Bizerte, günstig und strandnah, wenn auch etwas abgeschieden. Die Zufahrt ist ab Remel mit „Camping" ausgeschildert. Mit Spielplatz und Campingmöglichkeit; sehr freundlich, sehr sauber, Übernachtung in der Jugendherberge 5 TD/Person, Camping 3 TD/Person, Auto 1 TD. Versorgungsmöglichkeit durch die Jugendherberge oder im nahen Dorf Remel. Im Sommer oft von Gruppen besucht. ✆ 440819.

Raf Raf Plage: Vom wenig sehenswerten eigentlichen Ort *Raf Raf* führt eine Straße steil hinab (an den Hängen Weinstöcke) zum 4 km entfernten Strand: Die Häuser der kleinen Ansiedlung reihen sich am Meer entlang wie die Perlen auf einer Schnur. Raf Raf Plage liegt in einer großen Bucht, zunächst ein steiniger Dorfstrand, der in südöstliche Richtung sandig wird. Türkisblaues Wasser, die bizarre Felsinsel *Pilau* schmückt den Blick aufs Meer, ein perfekter Badeort. Raf Raf ist touristisch so gut wie überhaupt nicht erschlossen, nur in den Sommermonaten einige Badeausflügler und ein paar Cafés am Meer.

- *Anfahrt* Von Bizerte die Straße Richtung Tunis, nach ca. 18 km geht es links ab nach Raf Raf (ca. 15 km, beschildert, Abzweigung beim Dorf El Alia). Busverbindung ab Bizerte bis zum Strand von Raf Raf. Im 2 km entfernten **Ras Djebel** gibt es ebenfalls einen Strand.

Ichkeul-Nationalpark

Der Naturpark am **Lac Ichkeul** umfasst ein Areal von über 12.000 ha, wovon etwa zwei Drittel auf den See entfallen, dessen Salzgehalt jahreszeitlich schwankt. Grund dafür ist die Verbindung durch den Tinja-Kanal zum *Lac de Bizerte*, der wiederum einen Zugang zum offenen Meer besitzt. Der Nationalpark – von der UNESCO in die Liste des schützenswerten Naturerbes der Menschheit aufgenommen – bietet in den Wintermonaten Quartier für viele Zugvögel, z. B. Störche, Graugänse und Reiher. Attraktion des Naturparks sind allerdings die Wasserbüffel, die in dem kaum über einen Meter tiefen See ihr Bad nehmen. Außerdem wird das Sumpfbiotop von Enten, Stelzenläufern, Blässhühnern, Fischottern und anderem Getier bewohnt. Der See selbst ist an seinen Randgebieten mit Schilfrohr und Binsen, teilweise auch mit Schwertlilien und Seerosen bewachsen. Im Gebiet des Parks leben und arbeiten heute 120 Familien, am Besucherparkplatz befinden sich zwei Hamams, die noch betrieben werden. Auf dem Areal wird außerdem Marmor abgebaut.

- *Anfahrt* Von Bizerte ins 23 km entfernte Menzel Bourguiba, hier am Kreisel Richtung Mateur, bald darauf ist der Nationalpark (Parc Ichkeul) ausgeschildert. 8 km nach Menzel Bourguiba geht es rechts ab, nach weiteren 6 km gelangt man zum Eingang des Parks mit Schranke. Ab hier 4 km zum Parkplatz.
- *Eintritt* Pro Fahrzeug muss an der Schranke 1 TD bezahlt werden. Der Park ist tägl. geöffnet.

Üppige Flora im Norden Tunesiens

Vom Parkplatz aus führen Treppen hinauf zum kleinen **Naturkundlichen Museum**, in dem man leider nur in französischer Sprache über die Besonderheiten des Nationalparks (z. B. seltene Tiere und Pflanzen) informiert wird. Vom Museum aus kann man entweder den Weg hinauf zum *Djebel Ichkeul* nehmen oder in einem 20-minütigen Spaziergang um die Halbinsel zurück zum Parkplatz laufen. Zwischen den Bäumen hat man immer wieder einen Blick auf den flachen, schlammigen See, außer einigen Wasservögeln sieht man allerdings nur wenige Tiere. Viele Moskitos!

Von Bizerte nach Tabarka

Die etwa 100 km auf der küstennah verlaufenden Straße MC 51, die bei Sejenane in die GP 7 mündet, erweisen sich als landschaftlich äußerst reizvoll, besonders auf dem letzten Abschnitt Richtung Tabarka. Hier wechseln sich Wald und Olivenhaine ab, während die erste Hälfte der Strecke mehr von hügeligem Agrarland geprägt ist. Auf dem Weg einige herrliche, noch nicht erschlossene **Strände** (Autoverleih in Bizerte und Tabarka, s. dort).

Cap Serrat: Eine idyllische, große Bucht, an deren nordwestlichem Rand ein Leuchtturm steht. Bei der Flussmündung in der Bucht trifft man auf eine dichte Sumpflandschaft, aus der allerlei Getier zu hören ist, ein paar Kühe erfreuen sich am Süßwasser. Außerdem Schatten spendende Palmen, im Sommer auch einige Imbissbuden. Um vom schattigen Parkplatz an den großen, sauberen Sandstrand zu gelangen, muss man den stellenweise knöcheltiefen (im Sommer auch niedrigeren) Fluss durchwaten.

• *Anfahrt* Etwa 60 km von Bizerte auf der MC 51 geht es rechts ab zum 13 km entfernten Cap Serrat (beschildert, teilweise gut befahrbare Schotterpiste, z. T. auch asphaltiert). Keine Bus- oder Louageverbindungen.

▸ **Sidi Mechreg**: Nach der Durchquerung von *Sejenane* (viele Störche haben hier auf den Dächern ihr Domizil) auf der GP 7 weiter Richtung Tabarka. Nach 9 km geht es rechts ab (nur aus Richtung Bizerte beschildert) ins 18 km entfernte Fischerdorf Sidi Mechreg, ein paar verstreut liegende Häuser mit neuem Fischereihafen östlich vom Dorf. Am Strand, der an einigen Stellen leider überhaupt nicht sauber ist, befindet sich eine römische Ruine mit drei Torbögen. Von hier Blick auf die **Galite-Inseln**, die als ausgezeichnetes Tauchrevier gelten. Die Inseln dienen auch einigen seltenen Bewohnern des Mittelmeeres (z. B. der Mönchsrobbe) als Rückzugsgebiet. Vom Cap Serrat führt eine schlecht befahrbare Piste direkt nach Sidi Mechreg.

▸ **Nefza**: Kleines Landstädtchen an der GP 7 (32 km von Tabarka entfernt). Erwähnenswert die Bus- und Louage-Station (von hier Verbindungen nach Tabarka, Bizerte, Beja) sowie viele Geschäfte (u. a. auch Supermarkt *Monoprix*) und einige Cafés an der Durchgangsstraße.

▸ **Beja**: Die geschäftige Gouvernoratshauptstadt liegt an einem Hang 40 km südlich von Nefza. Unter den Römern ein wichtiger Handelsort für Getreide, heute ziert eine Zuckerfabrik am Stadtrand die Gegend. Obwohl eigentlich ein Umweg, ist der Abstecher nach Beja lohnend, wenn man auf der Suche nach einer günstigen Übernachtungsmöglichkeit ist, die an der Nordküste eher selten sind.

• *Verbindungen* **Zug**, der *Bhf.* befindet sich unterhalb vom Zentrum (vor den Bahngleisen rechts ab, die Station ist dann auf der linken Seite zu sehen). 6-mal tägl. nach Tunis (2 Std., 4 TD), 4-mal tägl. nach Ghardimaou an der algerischen Grenze (1 Std. 15 Min., 2,20 TD).

Busse, große *Busstation* an der Straße nach Tunis (auf der rechten Seite). Etwa stündl. nach Tunis (ca. 2 Std., 4 TD); 3-mal tägl. über Nefza nach Tabarka (ca. 1,5 Std., 2 TD); 4-mal Ain Draham (ca. 1,5 Std., 3,50 TD), außerdem Verbindungen nach Bizerte und El Kef, ✆ 78/457627.

Louages, bei den Bahngleisen. Vom Zentrum kommend, auf der linken Seite. Tunis 5 TD, Tabarka 3 TD, El Kef 5 TD, Bizerte 4 TD.

• *Übernachten* **Hôtel Hiba**, im Zentrum, unschwer zu finden (Av. de la République), große, mit schönem, altem Mobiliar eingerichtete Zimmer mit Dusche. Relativ ruhig, freundlicher Service. DZ 22 TD, ✆ 78/457244, 📠 456299.

Hôtel Vaga, gegenüber dem Taxistand in der Avenue Bourguiba (ca. 100 m vom Hôtel Phenix entfernt). Nichts für Anspruchsvolle. Pro Person 16 TD inkl. Frühstück. ✆ 78/450818, 📠 456902.

▸ **Strand von Zouaraa**: Kilometerlanger Traumstrand mit tollem Weitblick über die Korallenküste und hinüber zu den Galite-Inseln. Sandstrand und Dünen, *einer der schönsten Strände Tunesiens!* Leider liegt an einigen Stellen (besonders in Park-

Die genuesische Festung von Tabarka

platznähe) Müll herum, trotzdem kann man hier mehr als ein einsames und sauberes Plätzchen finden. Kein Restaurant, keine Busverbindung.

• *Anfahrt* 7 km nach Nefza geht es rechts ab zum *Plage Zouaraa* (beschildert). Anfahrt von Tabarka: Etwa 25 km östl. von Tabarka auf der Str. Richtung Nefza links ab. Dann 12,5 km durch einen dichten, niedrigen Küstenwald (asphaltiert), vom Parkplatz sind es 100 m zum Strand.

Tabarka

(ca. 10.000 Einwohner)

Mit dicht bewaldeten Bergen im Rücken am herrlichen Sandstrand der Korallenküste liegen und aufs türkisblaue Meer schauen – die grüne Bucht von Tabarka bietet das etwas andere Urlaubserlebnis. Großer Beliebtheit erfreut sich Tabarka bei Tauchern, für die die Korallenküste ein wahres Eldorado ist.

Allein die Lage des kompakten Hafenstädtchens ist sehr malerisch. Irgendwie abgeschieden liegt Tabarka in einer Ebene, hinter der die Berge der Kroumirie bis zu 1.000 m ansteigen; in westliche Richtung sind es von hier nicht mal 10 km bis zur algerischen Grenze.

Im Ort herrscht dörfliche Atmosphäre. Das Stadtbild ist von viel Grün und den rotgedeckten Ziegeldächern, Relikten des französischen Protektorats, geprägt. Man kann hier entspannende Urlaubstage verbringen, im urtypischen Café Andalous sitzen, zu den Aiguilles-Felsen oder über den Damm zur Genuesischen Festung spazieren, beides Wahrzeichen der Stadt. Die herrlichen Sandstrände Tabarkas sind gut zu Fuß erreichbar. Der *Port de Plaisance,* der Yacht- und Fischereihafen, vermittelt ein wenig den Eindruck eines touristischen Zentrums.

Der große Ansturm ist – trotz des Flughafenbaus und mehrerer neuer Hotelprojekte in der 2 km entfernten *Zone Touristique* – bislang zwar ausgeblieben, aber die touristische Infrastruktur wird stetig ausgebaut.

Thabraca wurde bereits von den Phöniziern im 5. Jh. v. Chr. gegründet. Später nutzten die Römer den Hafen zur Verschiffung des heiß begehrten numidischen Marmors aus dem 60 km entfernten Chemtou. Seinerzeit war Tabarka Grenzstadt zwischen Numidien und dem römischen *Africa*. In der Geschichte der Stadt folgten Byzantiner, Fatimiden und Hafsiden, bis im 16. Jh. die Genueser hier einen wichtigen Handelshafen (Korallenfischerei) einrichteten. Bereits im 18. Jh. fiel Tabarka in französische Hände, im 2. Weltkrieg befand sich hier ein wichtiger Stützpunkt der Franzosen.

Information/Verbindungen

• *Touristeninformation* Av. 7 Novembre/ Ecke Rue de Bizerte, sehr hilfsbereit und informativ. Mo–Do 8.30–14 Uhr und 15–17.45 Uhr, Fr/Sa 8.30–13.30 Uhr, ✆ 78/673496. Ein weiteres kleines Infobüro befindet sich in der Av. Habib Bourguiba 43. Nur im Juli und August geöffnet. Unregelmäßige Öffnungszeiten.

• *Vorwahl* Für Tabarka und Umgebung gilt die Vorwahl **78**.

• *Verbindungen* **Flughafen**, 15 km von Tabarka entfernt (Straße Richtung Tunis, beschildert). Mit Touristeninformation, Bank, Post, Café und Bar. Keine Inlandsflüge, nur Charterflüge, u. a. von und nach Deutschland (Düsseldorf, Berlin, Frankfurt), ✆ 680005. Taxi nach Tabarka ca. 7 TD.

Busse, zwei Busstationen. Die eine liegt an der *Av. H. Bourguiba* stadtauswärts auf der rechten Seite, von hier Verbindungen nach: Bizerte (2-mal tägl., 1-mal am frühen Morgen und 1-mal mittags, ca. 3,5 Std., 6,45 TD); etwa stündl. nach Ain Draham (40 Min., 1 TD, 8-mal täglich), der gleiche Bus fährt weiter nach Jendouba (1,5 Std., 2,94 TD, 9-mal täglich). Auf der gegenüberliegenden Seite fahren stündl. Busse zur Hotelzone ab (0,30 TD). 2. Busstation in der *Rue de Peuple* (nahe dem Café Andalous), wird von der Gesellschaft SNTRI betrieben, 5-mal tägl. nach Tunis (3,5 Std., 7,50 TD), der Bus nach Tunis fährt 2-mal über Beja (2,50 TD) und 3-mal über Mateur (5 TD).

Taxis, an der Place 18 Janvier 1952 Richtung Hafen, eine Fahrt zum Flughafen kostet ca. 7 TD, zur Hotelzone ca. 2 TD; ✆ 643636.

Le Petit Train, Touristenbahn, fährt (während der Saison) ca. alle 1–2 Std. vom Hafen Tabarka entlang der Route Touristique. Einfache Fahrt 2 TD.

Adressen/Sonstiges/Sport

• *Adressen* **Ärztl. Hilfe**, kleines *Privatkrankenhaus* in der Av. H. Bourguiba Richtung Strand (gegenüber vom Hôtel Aiguilles). Französisch sprechende Ärzte, ✆ 644200. Weiteres Krankenhaus an der Straße Richtung Algerien, ✆ 673661.

Apotheken, mehrere im Zentrum, z. B. in der Av. H. Bourguiba.

Autoverleih, *Europcar* am Porto Corallo (nahe dem Restaurant La Sirene am Port de Plaisance). Ziemlich teuer: ein Wagen der kleinsten Kategorie kostet pro Tag 88 TD, für 3 Tage 258 TD, pro Woche 578 TD! ✆ 670834. Ähnliche Preise bei Hertz nebenan, ✆ 670670. Etwas günstiger bei *Tabarka Voyages* (s. Reisebüros).

Banken, im Zentrum einige Banken, z. B. die *STB-Bank* an der Place 18 Janvier 1952/Ecke Rue de la Constitution.

Polizei, Eckhaus in der Rue du Tunis, ✆ 670021.

Post, Av. H. Bourguiba/Ecke Av. Hedi Chaker, während der Saison Mo–So 8–22 Uhr, ansonsten 8–13 und 15–18 Uhr, Fr/Sa 8–12.30 Uhr.

Reisebüros, *Coralis Tabarka Voyages*, organisiert Ausflüge nach: Tunis/ Karthago/Sidi Bou Said im Schnelldurchgang (1 Tag, ca. 65 TD), Bulla Regia/Ain Draham (halber Tag, ca. 28 TD), Dougga/ Bulla Regia/Beja (1 Tag, 57 TD), El Kef/ Bulla Regia/Chemtou (1 Tag, 46 TD), 2- und 3-Tages-Safaris mit dem Jeep (140–190 TD), ganztägige **Bootsausflüge** zu den Galite-Inseln. Außerdem Agentur für *Tunis Air*, *Swiss Air* und *Lufthansa* sowie *Autoverleih* (Kleinwagen 83 TD/Tag), ✆ 673740, ℻ 673726. Straße Richtung Ain Draham (Route Ain Draham), stadtauswärts, nach dem Kreisel und der Tankstelle auf der rechten Seite. Ein ähnliches Angebot findet man bei *Tunisie Voyages* gegenüber dem Hôtel Mehari (tägl. 8–18 Uhr), dazu noch 3-Tages-Bustouren durch den Süden des Landes (205 TD) und Tagesfahrten zum Ichkeul-Nationalpark (50 TD). ✆ 673136, ℻ 673868. Weiteres Reisebüro

mit fast identischem Programm: *Vaga Tours*, Cité des Arts, Bv. 7. Nov., ✆ 670416, 📠 654803.

Telefonieren, Taxiphones im Zentrum oder bei der Post.

• *Sonstiges* **Märkte**, jeden Montag und Freitag, großer Lebensmittel- und Haushaltsmarkt, das Marktgelände befindet sich an der Straße nach Ain Draham. *Supermarkt* im Zentrum.

Festivals, zwischen Juli und September finden in Tabarka vier *Musikfestivals* statt (Jazz, World, Latino und das arabische *Raii-Festival*.

Internetcafé in derselben Straße wie die Touristeninformation, nur 50 m entfernt.

• *Sport* **Wassersport**, verschiedene Angebote bei den großen Hotels an der Strandzone. Am Yachthafen (*Port de Plaisance*) werden Parasailing, Wasserski und Banana-Boat angeboten, außerdem liegen im Hafen Boote für Ausflüge zu den Galite-Inseln sowie Aquascope-Boote mit Glasboden.

Tauchen: Die Korallenküste um Tabarka gilt als hervorragendes Tauchrevier. Tauchkurse und -ausflüge organisiert z. B. das *Tauchzentrum Etoile de la Mer* im Hôtel Abou Nawas Montazah. Ein Tauchgang kostet 25 TD, bei Nacht 37 TD, 6 Tauchgänge 130 TD, Leihausrüstung 15 TD, Bootsfahrt 10 TD. ✆ 643408. *Club Municipal de Plongée* am Yachthafen, ✆ 673212. Bei beiden Anbietern kann man auch Anfängerkurse belegen. Kontakt zu weiteren Anbietern auch über das Touristeninformationsbüro.

Golf: 18-Loch-Platz (Par 72) *Tabarka Golf* beim Golf Beach Hotel (4 km vom Zentrum), Busverbindung. Green Fee 41 TD/Tag (Hochsaison), die Ausrüstung kann geliehen werden, außerdem auch Unterricht (ca. 18 TD pro halbe Std., je nach Teilnehmerzahl). ✆ 670028 oder 671031, 📠 671026, Internet: www.tabarkagolf.com.

Übernachten/Essen und Trinken (siehe Karte Seite 129)

• *Übernachten* In Tabarka relativ teuer, wenige günstige Hotels oder Pensionen. Die zumeist luxuriösen Strandhotels sind 2–4 km vom Zentrum entfernt.

In Tabarka: **Hôtel Les Mimosas (10)**, 3 Sterne, Tipp! Stilvolles Kolonialhaus hoch über der Stadt, Terrasse mit Garten und herrlichem Ausblick, ruhiges Traditionshotel, bei Jagdtouristen in der Wintersaison beliebt. Die schlichten, aber geschmackvollen Zimmer haben alle Blick auf die Berge u./o. Meer, mit Bad, Terrasse oder Balkon, DZ 102 TD, EZ 73 TD. Mit kleinem Pool, Restaurant, Bar, Transfer zum Strand, Ausflüge werden vom Hotel organisiert. ✆ 673018 oder 673028, 📠 673276, E-Mail: reception@hotel-les-mimosas.com, Internet: www.hotel-les-mimosas.com. Am Kreisel (Ortsausgang) führt eine steile Straße hinauf zum Hotel (beschildert).

Das **Café Andalous (5)** ist *der* Treffpunkt in Tabarka. Es trifft sich allerdings eine reine Männergesellschaft – undenkbar, dass eine tunesische Frau hier hereinplatzen und *Café direct* (mit Milch) oder *Thé de la Menthe* bestellen würde, es sei denn, sie ist eine Touristin. Die werden übrigens sofort als solche identifiziert und nach einer kurzen Kenntnisnahme widmen sich die hundert männlichen Augenpaare wieder den Belangen des tunesischen Kaffeehausalltags: Chicha rauchen, Tee trinken, Karten spielen und/oder diskutieren.
Einen Besuch wert ist das Café Andalous allein schon wegen der kuriosen Einrichtung: verschiedenfarbig gekachelte Wände, von der Decke Kronleuchter und Ventilatoren, dazu allerlei Nippes an den Wänden und in Nischen. Bei einem Kaffee kann man hier stundenlang sitzen und das Geschehen beobachten. Selbstverständlich wird in einem Traditionscafé wie dem Andalous kein Alkohol ausgeschenkt.

Adresse: Av. Hedi Chaker/Ecke Rue du Peuple.

Hôtel de France (4), 3 Sterne, modernes Innenstadthotel direkt neben dem Café Andalous in der Av. H. Bourguiba. Helle Zimmer, manche mit tollem Blick über die Stadt. DZ 100 TD, EZ 65 TD. ✆ 670600 oder 670218, 📠 671132,

Hôtel Les Aiguilles (2), 2 Sterne, im Zentrum, einfache, aber angenehme Zimmer, Terrasse mit schönem Blick über die Stadt, Restaurant, freundlicher Service. Zimmer mit Bad/Balkon, DZ 80 TD, EZ 55 TD. Av. H. Bourguiba 18, ✆ 673789, 📠 673604, E-Mail: hotel.lesaiguilles@wanadoo.tn.

Hôtel Novelty (9), 2 Sterne, zentral, aber ruhig in einer Seitenstraße gelegen, helle Zimmer mit Bad, WC und Balkon, einfach eingerichtet, sehr sauber, Wäscheservice. DZ 90 TD, EZ 45 TD, ✆ 670176, 📠 673008. Av. H. Bourguiba 68, Eingang in der Rue Ali Zouaoui (beschildert).

Hôtel La Plage (3), nahe dem Fischerei- und Yachthafen, einfache, renovierte Zim-

Tabarka – der Stadtrand

mer mit Bad und Balkon, trotzdem alles nicht mehr ganz frisch, DZ 70 TD, EZ 45 TD. ✆ 670039, ✆ 670332, Av. 7 Novembre 11.

Hôtel Mamia (8), der nette Besitzer spricht Deutsch, die sauberen Zimmer mit separatem WC liegen um einen Innenhof mit Tischtennisplatte. Aufenthaltsraum mit TV, DZ 30 TD, EZ 22 TD. Viele französische Touristen. ✆ 671058, Rue de Tunis (beschildert).

An der Strandzone: **Hôtel Dar Ismail**, 5 Sterne, neue, großzügige Hotelanlage in Flachbauweise, luxuriös, am Anfang der Hotelzone gelegen. Freizeitangebote wie Wassersport, Tauchen, Golf, Jagdausflüge. DZ 190 TD, EZ 127 TD, ✆ 670188, ✆ 670343, E-Mail: shti@shti.com.tn.

The Golf Beach Hotel, 4 Sterne, ca. 4 km vom Zentrum (neben dem Golfplatz). Viele betuchte Pauschaltouristen aus Deutschland. Bestens ausgestattete, recht noble Anlage, über 400 Betten, Pool, schönes Hallenbad mit Blick aufs Meer, Strand, Tennis, Fitness, Hamam (12 TD), Sauna (10 TD), Fahrradverleih (30 TD/halber Tag) usw., modern eingerichtete Zimmer mit Bad, separatem WC und Balkon, die Preise sind entsprechend: DZ 140 TD, EZ 90 TD; ✆ 673002, ✆ 673918.

Hôtel Abou Nawas Tabarka Club, 3 Sterne, 612 Betten, freundlicher Service, Animation, großer Pool, herrlicher Sandstrand, Disko, Reitschule. Ähnliches Niveau wie das Golf Beach, weitläufige Anlage. DZ 116 TD, EZ 83 TD. ✆ 673532, ✆ 673530, E-Mail: montazah@abounawas.com.tn, Internet: www.abounawas.com.

Hôtel Morjane, 3 Sterne, typisches, schon etwas älteres Pauschalhotel, mit Pool, Strand, Tennis, Minigolf, Wassersport (z. B. Tretboote), „nur" 160 Zimmer mit Bad und Balkon, DZ 110 TD, EZ 75 TD. Öffentliche Disko, zum Hotel gehört auch eine Kamelherde. ✆ 673411, ✆ 673888.

In der **Résidence Mehari** (✆ 671058, gehört zum 4-Sterne-Hotel Mehari) werden *Bungalows* vermietet. Studio für 2 Personen 130 TD. Informationen auch im Hôtel Mehari, ✆ 670184, ✆ 673943, E-Mail: riu.meharitabarka@planet.tn, Internet: www.goldenyasmin.com.

• *Essen und Trinken* **La Galite (1)**, am Yachthafen, Place Frejus, Couscous de la mer für 10 TD, das Restaurant wird von vielen Tunesiern geschätzt.

Le Mondial (1), ebenfalls am Yachthafen bzw. Place Frejus, hier sind zahlreiche Gerichte mit den verschiedensten Meeresfrüchten im Angebot (sogar Langusten). Brik mit Meeresfrüchten 3 TD.

Restaurant **La Sirène (7)**, unlizenziertes, preisgünstiges Lokal, das von Tunesiern sehr geschätzt wird. Tagesmenü ca. 5 TD. Av. d'Algerie zwischen Place 18 Janvier 1952 und Yachthafen (auf der linken Seite).

In der *Rue de Peuples* weitere unlizenzierte Restaurants, z. B. **Restaurant des Etoiles (6)**, (Couscous mit Fisch für 6 TD).

Sehenswertes

Archäologisches Museum: Das kleine Museum, das in einer Basilika untergebracht ist, zeigt einige römische Funde, ist jedoch meistens geschlossen. Die besten Chancen auf eine Besichtigung hat man am Wochenende.

Lage Schräg gegenüber vom Café Andalous die Gasse bergauf nehmen (Rue de Kroumirie), die *Basilique* befindet sich gleich auf der rechten Seite.

Genuesische Festung: Wahrzeichen der Stadt, jedoch nicht zugänglich, da Militärgebiet. Wegen der schönen Aussicht lohnt ein Spaziergang hierher dennoch. Die Festung stammt aus der Mitte des 16. Jh. und war seinerzeit im Besitz einer einflussreichen genuesischen Adelsfamilie.

Les Aiguilles: Die *Nadelfelsen* von Tabarka liegen ca. 1 km außerhalb am Rand des Hafens (der Av. H. Bourguiba immer weiter in Richtung Meer folgen). Von der oberhalb verlaufenden Straße Richtung Algerien hat man die beste Aussicht auf die spitzen, über 20 m hohen Felsen, die Genuesische Festung und die Westküste.

Baden

Um Tabarka gibt es eine Reihe sandiger Strände, die zum Teil kaum besucht sind (z. B. entlang der Küste Richtung Nefza). Die Hotelzone Tabarkas erstreckt sich an einem langen, sehr einladenden Sandstrand, durch die zahlreichen Bauarbeiten kann es jedoch zu Beeinträchtigungen kommen. Der Strand am Ort selbst ist zwar nicht ganz so erstklassig, aber zum Baden durchaus geeignet. Im Sommer ist der Strand auch bei den Bewohnern Tabarkas und bei Leuten aus der Umgebung beliebt.

Ain Draham und Umgebung

Nur 25 km vom Meer entfernt liegt der weit verstreute Ort idyllisch auf 800 m Höhe inmitten der Korkeichenwälder Nordtunesiens. Im Sommer ein kühler Erholungsort, im Winter wird Ain Draham von europäischen Jagdtouristen besucht. In den dichten Wäldern der Kroumirie jagt man vor allem Wildschweine. Hier leben auch Atlashirsche, Wildkatzen, Schakale, Füchse und Stachelschweine, an wasserführenden Flüssen auch einige Fischotter. Zu sehen gibt es in dem Bergdorf selbst nicht viel, aber die Gegend ist wirklich ein Paradies für Naturfreunde. Man kann schöne Waldspaziergänge und kleine Wanderungen unternehmen, z. B. zum **Col des Ruines**, einem Aussichtspunkt nahe dem Hôtel Nour El Ain (ca. 2,5 km vom Hotel, beschildert).

Auf der Fahrt von Tabarka hinauf in die Kroumirie sieht man an den Hängen immer wieder kleine Gehöfte, Souvenirhändler bieten an den Straßenrändern Holzschnitzereien und Korbwaren an. Von Ain Draham geht es zunächst noch durch den dichten Wald in Kurven hinab nach Fernana und dann durch hügelige Olivenplantagen ins 39 km entfernte Jendouba.

• *Verbindungen* **Busse**, *Busstation* an der Ausfallstr. nach Jendouba auf der rechten Seite (neben einem Fußballplatz). Verbindungen: etwa stündl. nach Tabarka (30 Min., 1 TD); 5-mal tägl. Tunis (4 Std., 7 TD); 2-mal Bizerte (3,5 Std., 6,50 TD); 2-mal El Kef (3 Std., 3,50 TD); 5-mal Beja (1,5 Std., 2,50 TD); 3-mal Hammam Bourguiba (20 Min., 0,50 TD); 7-mal Jendouba (1 Std., 1,50 TD).

Louages, 100 m von der Busstation entfernt an der Str. nach Jendouba. Tabarka (25 Min., 1 TD); Jendouba (40 Min., 2 TD); Tunis (2,5–3 Std., 8 TD).

Mietwagen nur in Tabarka (s. S. 128).

• *Übernachten* **Hôtel la Fôret**, 4 Sterne, ca. 4 km außerhalb von Ain Draham auf der Straße nach Jendouba gelegen. Modernes Hotel neueren Datums in abgeschiedener Lage am Waldrand. Viele Zimmer mit herrlicher Aussicht auf Ain Draham und den Korkeichenwald der Umgebung. DZ 110 TD, EZ 80 TD. ✆ 78/655302, 📠 655335, E-Mail: info@hotellaforet.com, Internet: www.hotellaforet.com.tn.

Hôtel Nour El Ain, 3 Sterne, hoch über Ain Draham gelegen. Modernes Hotel mit Restaurant, Hallenbad, Hamam, Sonnenterrasse. Geschmackvoll eingerichtete Zimmer mit Bad und Balkon, Ausblick auf Ain Draham und das Tal. DZ 70 TD, EZ 45 TD, ✆ 78/655000, 📠 655185. Auf der Straße nach Tabarka ca. 1,5 km vom Zentrum links hinauf, ab hier noch etwa 500 m (beschildert).

Hôtel Rihana, 3 Sterne, im oberen Teil von Ain Draham gelegen (aus Jendouba kommend beschildert). Ein bisschen Jagdhausstil, nicht mehr ganz junges Publikum, Restaurant, Schwimmbad. Von den großzügigen Zimmern (mit Du/WC) Blick auf Berg und Tal. DZ 70 TD, zur Jagdsaison im Winter werden noch mal 10 TD draufgeschlagen. ✆ 78/655391, 📠 655578.

Die Nadelfelsen von Tabarka

Résidence Les Pins, *Tipp!* Liegt im oberen Ortsteil von Ain Draham. Sehr freundliche Besitzer, saubere Zimmer und Sanitäranlagen, zum Teil mit Balkon und Ausblick über Ain Draham. Zum Hotel gehört ein einfaches Restaurant (nebenan). DZ 52 TD, EZ 34 TD. ✆ 78/656200, 📠 656182.

Jugendherberge, 50 m oberhalb vom Hotel Beau Séjour, Rue H. Bourguiba, erkennbar am grünen, verschnörkelten Gittertor. *Sehr empfehlenswert.* 2-Bett-Zimmer mit eigenem WC (z. T. auch Dusche), pro Person 6 TD. Bei Hochbetrieb muss man auch mal im Schlafsaal übernachten. ✆ 78/655087.

Camping, auf der Straße nach Jendouba geht es nach knapp 3 km links ab, dann noch 1,3 km auf gut befahrbarem Waldweg. Der einsame Campingplatz liegt im Wald.

Jendouba

Kleines Landstädtchen und Gouvernoratssitz mit etwa 20.000 Einwohnern. Der Ort hat zwar keinerlei Sehenswürdigkeiten zu bieten und ist auch ansonsten keine

Augenweide, eignet sich aber als Ausgangspunkt für Ausflüge nach Chemtou oder Bulla Regia. Im Zentrum Post, Bank und Polizei sowie einige einfache Restaurants. Gute Verbindungen in die umliegenden Städte und Dörfer.

• *Verbindungen* **Busse**, neue Station mit Wartehalle am südl. Ausgang der Stadt (Str. Richtung El Kef), 6-mal tägl. nach Tunis (2,5 Std., 8 TD); 10-mal El Kef (1 Std., 2,50 TD); 5-mal Ain Draham (1 Std., 2 TD) und weiter nach Tabarka (1,5 Std., 2,90 TD); 3-mal Bizerte (3 Std., 6 TD); 2-mal tägl. nach Chemtou (30 Min., 1 TD). ✆ 78/630411.

Louages fahren neben der Busstation ab, nach: Ain Draham (45 Min., 2,20 TD); Tabarka (1 Std., 3,60 TD); El Kef (45 Min., 3,20 TD); Bizerte (2 Std., 7,50 TD); Tunis (2 Std., 8,20 TD).

Bahn: *Bhf.* im Zentrum, 5-mal tägl. nach Tunis (2,5 Std., 6,75 TD) und 5-mal nach Ghardimaou an der alger. Grenze (30 Min., 2 TD).

• *Übernachten* **Hôtel Simitthu**, 2 Sterne, neben der Louage-Station am südl. Stadtausgang. Große, dunkle Zimmer, recht einfach, aber sauber, im Erdgeschoss ein lautes Männercafé. DZ 72 TD, EZ 44 TD. Blvd. du 9 Avril 1938, ✆ 78/604043, ℻ 602595.

Jugendherberge, wenig freundlich, sehr einfach, in der Av. H. Bourguiba stadtauswärts (ca. 100 m vor der Agil-Tankstelle auf der linken Seite). Übernachtung 5 TD pro Person. ✆ 78/603652.

Bulla Regia

Die Ruinen einer der reichsten Städte des römischen Africa liegen auf leicht abfallendem Gelände am Fuß des Djebel Rebia (617 m). Vor allem die berühmten Souterrain-Mosaike machen einen Besuch der zunächst bescheiden wirkenden Ausgrabungen sehr lohnenswert.

Römische Ruinen in Bulla Regia

Bulla Regia war eine phönizische Stadtgründung aus dem 3. Jh. v. Chr., die Mitte des 2. Jh. v. Chr. von den Numidern eingenommen und wahrscheinlich numidische Königsstadt wurde (hierauf deutet auch der Name „Regia“ hin). Im 1. Jh. v. Chr. ging die Stadt an die Römer, unter Kaiser Hadrian wurde Bulla Regia *Colonia*. Hier lebte eine elitäre Schicht, die ihren Reichtum vor allem aus dem Getreidehandel bezog. Die mit Souterrain (für die heißen Sommermonate) ausgestatteten Villen vermitteln einen guten Eindruck vom einstigen Wohlstand. Die Stadt lag an der bedeutenden Römerstraße von Karthago nach Hippo Regius (Annaba in Algerien). Ab dem 4. Jh. wurde die Stadt christianisiert, verlor aber bald an Bedeutung, obwohl sie bis zum 12. Jh. noch bewohnt war.

• *Anfahrt* 7 km nördl. von Jendouba auf der Str. nach Tabarka geht es rechts ab (beschildert), dann noch 2,5 km. Keine Bus-

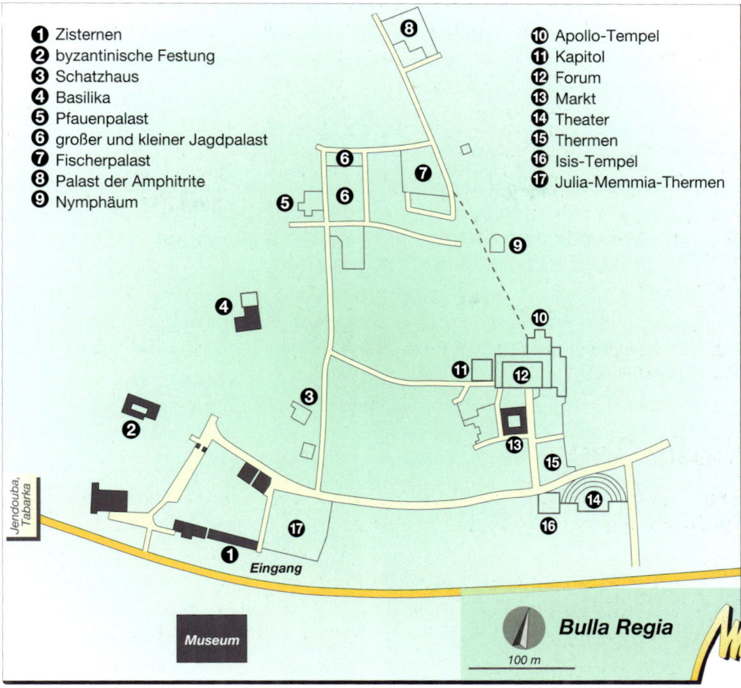

verbindung, Taxi (ca. 4 TD) oder einen Bus Richtung Tabarka oder Chemtou nehmen, an der Abzweigung aussteigen und den Rest laufen.

• *Öffnungszeiten* Ausgrabungen und Museum im Sommer tägl. von 8–19 Uhr, im Winter 8.30–17.30 Uhr, Eintritt 3 TD, Kinder unter 6 Jahren und Studenten mit ISIC frei, Fotografieren 1 TD. Eine **Führung** durch das Gelände kostet 15 TD und ist sehr lohnenswert, man bekommt die schönsten Mosaike im Souterrain gezeigt und erläutert. Auch in deutscher Sprache, z. B. mit Mohamed.

Rundgang: Wendet man sich vom Eingang nach links (an den wenig sehenswerten Zisternen vorbei), führt rechts hinauf ein Weg zur *byzantinischen Festung*, von hier rechts und dann links den Weg hinauf, erreicht man das unterkellerte *Schatzhaus* (*Maison du Trésor*) auf der linken Seite. Weiter bergauf, linker Hand eine Basilika, geht es zu den berühmten *Souterrain-Mosaiken* im *Pfauenpalast*, im großen und kleinen *Jagdpalast* (*Maison de la Chasse*), im *Fischerpalast* und noch weiter bergauf im *Palast der Amphitrite*. Über einen Pfad – am *Nymphäum* vorbei – steigt man wieder hinunter zu *Apollo-Tempel*, *Kapitol* und *Forum*, daneben befindet sich der *Markt*. Wenige Meter südöstlich liegt das *Theater*, oberhalb davon Thermen. Neben dem Theater die Ruinen des *Isis-Tempel*. Vom Theater zurück in Richtung Eingang gelangt man zum Herzstück der Anlage, den *Julia-Memmia-Thermen*, ein gut erhaltener, eindrucksvoller Gebäudekomplex, der von der Bürgerin Julia Memmia als öffentliche Badeanlage gestiftet wurde.

Museum: 1987 eröffnetes, sehr kleines Museum. Im ersten Raum Erläuterungen über die Numider (in französischer Sprache) sowie kleinere Keramikfunde

(3.–1. Jh. v. Chr.) und spätpunische Votivstelen. Der zweite Raum des Museums ist der römischen Epoche gewidmet: Statuen aus dem 3. Jh. n. Chr., Grabinschriften und das Mosaik eines Medusenhauptes (4. Jh.). Die wichtigsten Souterrain-Mosaike wurden ins Bardo-Museum nach Tunis gebracht.

Chemtou

Etwas abgelegen, dafür landschaftlich um so eindrucksvoller liegen die Ruinen des numidischen Simithus im nordwestlichen Hügelland. Der gelblich-rötliche numidische Marmor, der hier abgebaut wurde, war in der Antike berühmt und als edler Baustoff sehr gefragt.

Des kostbaren Gesteins wegen bauten die Römer, die Simithus 27 v. Chr. zur *Colonia* erhoben, eine Straße durch das Bergland nach Tabarka, wo der Marmor verschifft wurde. Große Mengen des Steins wurden hier bis in die byzantinische Epoche abgebaut.

Auf dem Hügel neben den Steinbrüchen befand sich früher ein numidisches Heiligtum aus dem 2. Jh. v. Chr., das von den Römern übernommen und zu einem Saturnus-Tempel ausgebaut wurde. Später entstand hier eine frühchristliche Kirche. Nordwestlich davon sind noch die **Steinbrüche** zu sehen (von der Zufahrtsstraße zum Museum *vor* dem Hügel links ab auf einen Feldweg). Von einem der Steinbrüche führt eine Treppe hinauf zu einem kleinen Plateau, man hat von hier einen guten Überblick über das Gelände. Die ehemaligen Arbeitslager liegen nordöstlich der Steinbrüche. Westlich vom **Museum** sind noch Reste des Forums und Theaters zu sehen, unterhalb erkennt man noch Teile der Trajansbrücke über den *Oued Medjerda*, am anderen Ufer befand sich die Getreidemühle. Die römischen Thermen passiert man bereits auf der Hinfahrt.

Ruinen der Trajansbrücke in Chemtou

• *Anfahrt/Eintritt* 7 km nachdem man Jendouba in Richtung Tabarka verlassen hat, geht es links ab nach Chemtou (rechts geht es nach Bulla Regia). Von der Abzweigung noch 17 km durch schöne Landschaft. Es gibt von Jendouba aus gelegentlich eine Bus- bzw. Louageverbindung, 1 TD. Mit dem Taxi von Jendouba ca. 5–8 TD. Eintritt: Erwachsene 3 TD, Kinder unter 10 Jahren und Studenten mit ISIC frei, Fotografieren 1 TD. Das neue **Museum** neben dem Ausgrabungsgelände beherbergt Reliefe und Gegenstände aus der Zeit der Phönizier und Römer. Öffnungszeiten: 8–19 Uhr im Sommer, 8.30–17.30 Uhr im Winter, Mo geschlossen, Führungen ca. 7–10 TD.

Imposant – der Table de Jugurtha

Das nördliche Landesinnere

Eine dünn besiedelte Gegend mit sanften Hügeln im Norden und karger Halfagrassteppe im Süden. Touristen sind hier selten und das unverfälschte tunesische Landleben ist überall präsent. Hier finden sich auch die berühmten Ausgrabungen von Dougga, Sbeitla, Makthar und, ganz im Osten, Thuburbo Majus – für Freunde antiker römischer Kultur zählt diese Region sicherlich zu den Highlights einer Tunesienreise.

Die Spuren römischer Besiedlung sind hier unübersehbar. Nordafrika als Kornkammer des römischen Imperiums brachte regen Handel in die Region und mit ihm prosperierende Städte. An der einst wichtigen Römerstraße von Karthago nach Tebessa (im heutigen Algerien) lagen Dougga, Mustis und Haidra. Später siedelten hier Christen, Vandalen, Byzantiner und Araber.

Heute ist das nördliche Landesinnere teilweise noch immer von der Zeit des französischen Protektorats (1881–1956) geprägt: Durch die Kolonialherren entstanden eine ganze Reihe moderner Orte, die mit einer traditionellen arabischen Ansiedlung nur wenig gemeinsam haben.

Landschaftlich vollzieht sich zwischen El Kef und Gafsa im Süden der Wandel von grüner Hügellandschaft zur Wüstensteppe. Klimatische Trennungslinie zwischen der nördlichen Hügellandschaft, in der noch unbewässerter Getreide- und Olivenanbau möglich ist (z. B. bei El Kef und Teboursouk), und der Steppe ist die **Dorsale**, ein Gebirgszug von über 1.000 m Höhe, der sich nördlich von Kasserine über Zaghouan bis hin zum Cap Bon erstreckt. Hier liegen auch die höchsten Berge Tunesiens: vom *Djebel Chambi* (1.544 m) im Westen bis zum *Djebel Zaghouan* im

Osten, der es immerhin auf knapp 1.300 m bringt. Südlich der Dorsale wird die Landschaft immer karger, Halfagras und Kakteenhecken, manchmal ein paar Baumgruppen prägen die Steppenregion, einigermaßen ertragreicher Anbau ist nur noch um Sbeitla und Feriana möglich. Im Gegensatz zur *östlichen Tieflandsteppe*, die in die Sahel-Region übergeht, ist die *westliche Hochsteppe* (300–700 m) sogar durch recht kühle Winter gekennzeichnet. Der schmaler werdenden Vegetation entsprechend nimmt auch die Bevölkerungsdichte ab: 30 bis 45 Einwohner kommen in den Gouvernoraten Kasserine und Gafsa auf einen Quadratkilometer Land. Landschaftliches Highlight der Region ist der **Table de Jugurtha** an der algerischen Grenze, ein imposanter Tafelberg, dessen Besteigung man sich auf keinen Fall entgehen lassen sollte.

Der Tourismus hat – sieht man einmal von den Busladungen ab, die im Schnelldurchgang Dougga, Sbeitla oder Thuburbo Majus abhaken – in dieser Region noch nicht Fuß gefasst und das wird sich in Zukunft wohl auch nicht ändern. Um so interessierter sind die Bewohner der Region, wenn Europäer in ihrem Dorf Station machen, die mehr von Tunesien kennen lernen wollen als die Strände von Hammamet, Sousse oder Djerba. Zwar verfügt Nordtunesien über eine gut ausgebaute Infrastruktur, durch die Individualreisende größere Orte mühelos ansteuern können, doch ist man mit einem Mietwagen in jedem Fall gut beraten. Abgelegene Orte und Sehenswürdigkeiten sind mit Bus und Louage oftmals nur sehr schwer, manchmal auch gar nicht zu erreichen.

El Kef (Le Kef)

(ca. 30.000 Einwohner)

El Kef bedeutet „der Felsen", und wenn man sich der Stadt von Norden nähert, sieht man zunächst tatsächlich nicht mehr als einen markanten, lang gezogenen Felsen in die Landschaft ragen. Doch lassen Sie sich überraschen, El Kef besitzt eines der schönsten Stadtbilder Tunesiens.

Die Stadt El Kef oder Le Kef, wie sie seit der französischen Protektoratszeit auch genannt wird, erstreckt sich auf der hügeligen Seite des „Felsens" auf einer Höhe von 600 bis 700 m. Gekrönt wird sie von der Kasbah, die schon den Karthagern als Aussichtspunkt diente. Wer aus dem Süden nach El Kef kommt, kann die an den Hügel geklebte weiße Stadt mit ihrer Festung schon von weitem ausmachen.

Die obligatorische *Avenue Habib Bourguiba*, Hauptstraße fast jedes tunesischen Orts, bildet die Schnittstelle zwischen Ober- und Unterstadt. Während in der modernen Unterstadt öffentliche Gebäude (Krankenhaus, Schulen), die Busstation und ein großer Supermarkt beheimatet sind, präsentiert sich die Altstadt am Hang stimmungsvoll mit engen Gassen und vielen Treppen, Moscheen und Zaouias. Unbestrittenes Zentrum ist die *Place de l'Indépendance*, hier befinden sich auch die Große Moschee mit ihrem weißen Minarett, einfache Hotels und Restaurants, die Ausgrabungen des römischen *Sicca Veneria* und – auf der anderen Seite der Av. H. Bourguiba und etwas tiefer liegend – ein hübscher, kleiner Park mit Ententeich und Café.

El Kef, die Gouvernoratshauptstadt, ist gleichzeitig die größte Stadt des nordwestlichen Landesinneren. Ein guter Standort für geschichtlich Interessierte, um die Ausgrabungen von Dougga, Makthar oder Haidra zu besichtigen. Aktivurlauber können in einem Tagesausflug den mächtigen *Table de Jugurtha* besteigen.

Ohne Auto kann es allerdings schwierig werden, abgelegene Sehenswürdigkeiten wie z. B. Haidra zu erreichen.

Die Adressen der nächsten Autoverleiher finden Sie in den Ortskapiteln zu Tabarka, Bizerte, Sousse und Kairouan.

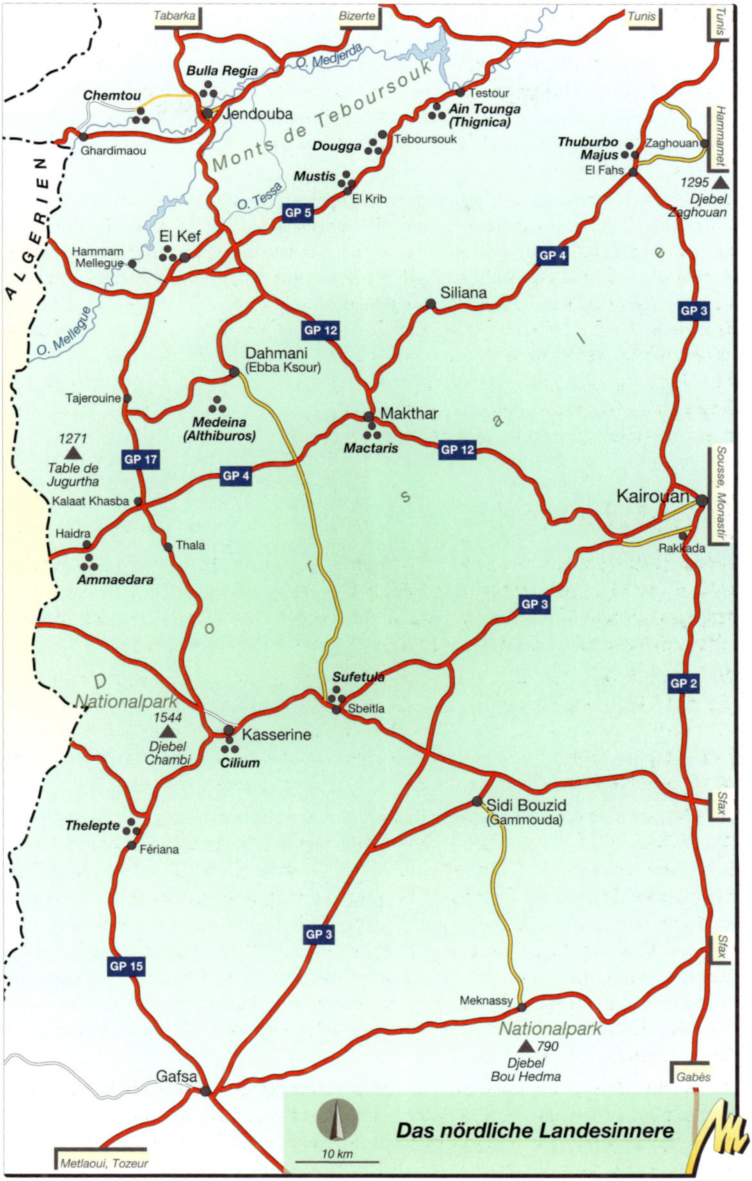

Das nördliche Landesinnere
Karte Seite 139

Geschichte

Zwei Dinge sind mit der älteren Geschichte der Stadt verbunden: der Söldneraufstand nach dem 1. Punischen Krieg, bei dem Soldaten, denen ihr Sold verwehrt und die in den entlegenen Westen abgeschoben wurden, nach Karthago zogen und die Stadt beinahe in ihrer Existenz bedrohten; und die „heilige Prostitution“: Im antiken *Sicca Veneria* befand sich nämlich ein berühmter Tempel, der der Fruchtbarkeitsgöttin Astarte geweiht war (bei den Römern Venus-Tempel, daher auch der Name *Veneria*). Punische Frauen prostituierten sich hier zu Ehren der Fruchtbarkeitsgöttin. Später war *Sicca Veneria* ein Zentrum des frühen Christentums.

Die jüngere Geschichte El Kefs ist eigentlich die Geschichte der Kasbah. In den letzten drei Jahrhunderten wurden in dieser westlichsten Bastion des Landes zahlreiche Konflikte ausgetragen, zweimal wurde die Kasbah von den Algeriern zerstört und besetzt. El Kef war eine der ersten Städte, die 1881 unter französisches Protektorat fiel. Im 2. Weltkrieg lenkte die Regierung von hier aus den Teil des Landes, der nicht von Rommels *Afrikakorps* besetzt war.

Information/Verbindungen

• *Touristeninformation* Kleines Eckhäuschen an der Place de l'Indépendance (Ecke Rue Hedi Chaker). Unregelmäßige Öffnungszeiten, da nicht staatlich geführt. Sehr freundlich und hilfsbereit.

• *Vorwahl* Für El Kef und Umgebung gilt die Vorwahl **78**.

• *Verbindungen* *Bus- und Louage-Station* ca. 800 m von der Place de l'Indépendance im Zentrum entfernt: Ausfallstraße Richtung Kasserine (bzw. Tajerouine) nehmen, nach 500 m (vor dem Krankenhaus auf der linken Seite) links ab, dann noch etwa 300 m den Berg hinunter, beide Stationen nebeneinander auf der linken Seite; einige Imbissbuden, Bustickets am Schalter.

Busse: etwa stündl. nach Tunis (3 Std., 7 TD); Tabarka (3 Std., 4,50 TD); Jendouba (1 Std., 2 TD); Dougga bzw. Teboursouk (1,5 Std., 2 TD); 4-mal tägl. nach Kasserine (1,5–2 Std., 5 TD); 3-mal tägl. über Kairouan (3 Std., 6,50 TD) nach Sousse (ca. 3,5–4 Std., 9 TD) und Sfax (ca. 5 Std., 10 TD); 2-mal nach Gafsa (3,5–4 Std., 8 TD); außerdem Verbindungen nach Makthar.

Louages: nach Tunis (2,5 Std., 7 TD); Kasserine (1,5 Std., 5 TD); Gafsa (3,5 Std., 10 TD); Jendouba (45 Min., 2,50 TD).

Taxis: Keine feste Station, einige Taxis fahren in der Stadt herum.

Adressen

Ärztl. Hilfe: *Hôpital Regional du Kef* an der Ausfallstraße nach Kasserine (500 m nach dem Zentrum auf der linken Seite). ✆ 228900.

Banken: *BNA-Bank* in der Rue Salah Ayech (bei der Place de l'Indépendance Richtung Ausfallstraße nach Kasserine) oder *Banque du Sud* in dem großen Gebäudekomplex in der Av. H. Bourguiba gegenüber vom Markt (Richtung Ausfallstr. nach Tunis).

Einkaufen: Markttag in El Kef ist der Dienstag, der **Markt** findet neben der tägl. geöffneten Markthalle (Lebensmittel) statt, hier gibt es – wie üblich – Haushaltswaren, Teppiche, Decken, Kleidung etc., Av. H. Bourguiba (neben dem kleinen Park). Ein **Supermarkt** (Monoprix) befindet sich bei der Bus- und Louage-Station.

Polizei: in der Av. H. Bourguiba (im großen Gebäude, in dem auch die Banque du Sud untergebracht ist), ✆ 220261.

Post: Rue Hedi Chaker (Seitenstraße vom unteren Teil der Place de l'Indépendance), Mo–Sa 8–18 Uhr, So 9–11 Uhr.

Übernachten

Hôtel Sicca Vénéria, 3 Sterne, im Stadtzentrum von El Kef in der Avenue Bourguiba (schräg gegenüber dem Hotel La Source), beim letzten Check nicht sehr sauber, Zimmer entsprechen nicht dem erwarteten 3-Sterne-Standard. DZ 38 TD, EZ 22 TD. ✆/℻ 78/202389.

Hôtel Les Pins, knapp 2 km außerhalb vom Zentrum, nördl. Stadtausgang (an der Straße Richtung Tunis). Nette Einrichtung, sehr sauber, schlichte Zimmer mit Bad, freundlich, relativ gutes Preis-Leistungs-Verhältnis, beste Unterkunftsmöglichkeit in El Kef: DZ 48 TD, EZ 34 TD. ✆ 204300 oder 204021.

Residence Venus, sehr ruhig gelegen, mit Restaurant. Saubere, schlichte Zimmer, hebt sich aber deutlich von den Einfachherbergen im Zentrum ab. DZ 40 TD, EZ 28 TD, ✆ 204695, ℻ 202411. Bei der Moschee (Place de l'Indépendance) und den Ausgrabungen im Zentrum (Sicca Veneria) die Gasse hinein, durch den Torbogen, danach rechts und die erste Straße links. Das Venus befindet sich nach ca. 50 m auf der linken Seite.

Hôtel El Medina, einfache und sehr günstige Herberge. Freundlicher Besitzer, karge, kleine Zimmer mit „Gefängnisfenstern", Etagenduschen/WCs, recht saubere sanitäre Einrichtungen. DZ 16 TD, EZ 8 TD. Kein Frühstück. ✆ 223214 oder 204183, Rue Farhat Hached 18. Im Zentrum von der Av. H. Bourguiba eine schmale Str. hinauf (beschildert).

Essen und Trinken/Cafés

• *Essen und Trinken* **El Hana**, *Tipp!* Sehr günstige tunesische und internationale Küche, hervorragendes *Couscous Poulet* (mit Hühnchen), einfache Einrichtung, guter Service, ohne Lizenz. In der Av. H. Bourguiba im Zentrum (gegenüber dem großen Gebäude der Banque du Sud). Lesertipp auch von Stephan Mertens aus Köln.

Lizenziert und demzufolge etwas lauter und teurer ist das **Restaurant Venus** in der Rue Farhat Hached (Seitenstraße der Av. H. Bourguiba bei der Place de l'Indépendance): freundliche Einrichtung, etwas höheres Preisniveau.

Les Remparts, Place de l'Indépendance, ein ganz eigener Charme geht von diesem sehr einfachen, aber lizenzierten Restaurant im 1. Stock des gleichnamigen Hotels aus: dunkle, urige Kneipe mit hohem Lärmpegel, bei Verständigungsschwierigkeiten wird man in die Küche zu den Kochtöpfen gebeten; das Essen ist übrigens sehr deftig und schmackhaft, außerdem preisgünstig. Das angeschlossene **Hôtel Les Remparts** eignet sich nur für sehr anspruchslose und lärmunempfindliche Reisende (DZ 10 TD, ✆ 202100).

• *Cafés* In dem kleinen Park mit Ententeich (von der Place de l'Indépendance ein paar Treppen hinunter) gibt es ein sehr nettes, schattiges Café unter Bäumen.

Sehenswertes

Sicca Veneria: Die wenig beachteten römischen Ruinen liegen mitten im Ort, von der Moschee an der Place de l'Indépendance nur durch eine Gasse getrennt. In diese einbiegen, denn hier befindet sich der Eingang zu dem kleinen Ausgrabungsgelände (frei zugänglich, kein Eintritt). Herausragendes Gebäude ist ein sechseckiges Badehaus mit ebenfalls sechseckigem Bassin in der Mitte. Zu sehen sind außerdem noch Reste einer byzantinischen Basilika. Weitere Ruinen befinden sich auf der anderen Seite der Gasse.

Kasbah: Sie thront hoch über der Stadt, von hier hat man einen grandiosen Ausblick auf El Kef und die Umgebung bis hinüber zum eindrucksvollen Table de Jugurtha. Hier soll ein Kulturzentrum mit Café, Bibliothek usw. entstehen, das Projekt ist jedoch auf unbestimmte Zeit verschoben. Im Augenblick wird das Gelände zum jährlichen Sidi-Bou-Makhlouf-Festival genutzt.

Das Plateau der Kasbah war bereits von Karthagern und Numidern, Römern und Byzantinern bebaut. Vom 8. bis 12. Jh. herrschten hier die Araber. Unter den Türken diente die Kasbah ab Ende des 16. Jh. als Versorgungsstation, aber auch als wichtige Festung zum Schutz der westlichen Landesgrenze. Nach mehrfacher Zerstörung wurde die Festung unter Hammouda Pacha 1805 wieder aufgebaut. Ab 1881 war sie französischer Militärstützpunkt, den die tunesische Armee 1957 übernahm. Unter Präsident Ben Ali fiel 1988 die Entscheidung, die Kasbah zu einem öffentlichen kulturellen Zentrum umzugestalten.

Vom großen Platz vor der Festung gelangt man zunächst in den kleineren Teil der zweigeteilten Kasbah. Von den begehbaren Außenmauern schöner Blick, hier soll ein Hotel entstehen, die ehemaligen Stallungen (Écuries) sollen zum Panoramacafé umfunktioniert werden. Bevor man über die Zugbrücke zur „großen Kasbah“ gelangt, passiert man linker Hand das ehemalige Gefängnis, in dem während des 2. Weltkriegs tunesische, marokkanische und algerische Gefangene inhaftiert waren. Am Eingang zum oberen Bereich der Kasbah finden sich noch römische, byzantinische und türkische Bauelemente. Die Räume um den Innenhof beherbergen heute ein Artisanat für Paillettenstickerei. Hier waren während des Protektorats maghrebinische Gefangene in Haft, ihre Moschee befindet sich im hinteren Bereich der Kasbah. Auch hier verschiedene Stilelemente: byzantinische Säulen, dazu römische Kapitelle, die Bögen des Kuppelbaus sind türkischer Prägung. Rechts vom Eingang der oberen Festung führt eine Treppe hinauf zum Bereich der Frau des Beys, dem „Serail“, der zu einer Bibliothek umgebaut werden soll.

• *Lage/Öffnungszeiten* Etwa gegenüber der Moschee an der Place de l'Indépendance führen Treppen hinauf zur Kasbah. Kein Eintritt, tagsüber geöffnet. Die Tür scheint zwar geschlossen, aber wenn man sich dagegen stemmt, lässt sie sich öffnen. Im Innenhof wird man auch sogleich begrüßt und über die Anlage geführt.

El Kef – Zaouia und Moschee Sidi Bou Makhlouf

Byzantinische Basilika: Die *Basilique à Auges* aus dem 6. Jh. liegt etwas unterhalb der Kasbah und wurde im 8. Jh. zur Großen Moschee der Stadt (*Djama el Kebir*) umfunktioniert. Das Gebäude hat weder Dach noch Minarett, im Inneren der wuchtigen Mauern sind einige Säulen und Stelen, ein Mosaik und eine Amphore zu sehen. Tagsüber geöffnet, Eintritt frei, Fotografieren verboten.

Zaouia und Moschee Sidi Bou Makhlouf: Von der byzantinischen Basilika führen Treppen hinauf zu dem Gebäudekomplex mit zwei gerippten Kuppeln und kachelverziertem achteckigem Minarett, ein lauschiges Plätzchen. Vom Innenhof kann man in den mit vielen Teppichen belegten Gebetssaal hineinschauen, dahinter befindet sich der Sarkophag des Heiligen Sidi Bou Makhlouf. Wer will, kann das Minarett über eine enge Wendeltreppe besteigen (viel Taubendreck), ein freundlicher älterer Herr schließt die Eingangstür auf und freut sich über ein Trinkgeld.

Zaouia Sidi Ben Aissa mit Museum: Der Bau von 1784 mit schönem Kuppelraum beherbergt heute das *Musée des Arts et Traditions Populaires*. Eine Gedenktafel erinnert an den Namensgeber, der 1956 im Unabhängigkeitskampf starb. Der vordere Bereich des Museums widmet sich vor allem der berberischen Tradition: Im ehemaligen Gebetsraum wurde ein Nomadenzelt nachgebaut, ausgestellt sind außerdem Ackerbaugeräte, Teppiche, Zaumzeug sowie Berberschmuck und Hochzeitstrachten. Durch einen Innenhof gelangt man zu weiteren Räumlichkeiten, in denen u. a. eine Berberküche, ein türkisches Café und die Koranschule nachgebaut sind, außerdem Keramik, weitere Trachten und Darstellungen zur Heilkunst der Berber. Ein weiterer Innenhof führt zur Teppichknüpferei, zur Getreidemühle, zum Schlafgemach mit Frisiertisch (auf dem sich grausige Instrumente zum Zähneziehen und Beschneiden befinden) sowie zur Schmiede. Ein sorgfältig gestaltetes Museum, das Aufschluss über traditionelle Lebensweisen gibt.

- *Lage* Von der Kasbah aus folgt man der Straße (leicht bergauf) an den Festungsmauern entlang und biegt mit der Straßenführung rechts ab, kurz darauf gelangt man zur kleinen Place Ben Aissa mit Blumenrabatten und Kanone.
- *Öffnungszeiten* im Sommer 9.30–13 Uhr und 16–19 Uhr, im Winter 9.30–16.30 Uhr, jeweils Mo geschlossen.
- *Eintritt* 2 TD, Kinder unter 12 Jahre und Studenten mit ISIC frei, Fotografieren 1 TD.

Zaouia Sidi Mizouni: Von der Place Ben Aissa die Straße hinunter sieht man auf der rechten Seite das 1834 erbaute Mausoleum mit seinen Kuppeln und dem hohen Minarett. Tagsüber geöffnet, der Innenhof ist zugänglich. Gleich darauf auf der linken Seite befindet sich einer der vielen *Präsidentenpaläste* des Landes, zu sehen ist allerdings nur eine gepflegte Parkanlage hinter verschlossenem Eingangstor.

Von El Kef nach Dougga

Wer die Möglichkeit hat, sollte unbedingt die Anfahrt über El Kef nach Dougga wählen und nicht aus Richtung Tunis kommen. Auf den ca. 65 km Strecke eröffnen sich schöne Landschaften. Es geht u. a. durch das liebliche Tal des *Oued Tessa*, umgeben von relativ hohen Bergen, dann kommen wieder kargere Abschnitte, dazwischen Dörfer, die Touristen kaum zu sehen bekommen – echtes tunesisches Landleben. Mustis, Dougga und Ain Tounga liegen an der alten Römerstraße von Karthago ins heute algerische Tebessa, der die moderne Straßenführung der GP 5 auf diesem Abschnitt in etwa folgt.

Mustis: Von El Kef kommend nach dem Ortsausgang vom Dorf El Krib (dienstags Markt) auf der linken Seite. Die Stadtgründung geht wahrscheinlich auf das frühe 1. Jh. v. Chr. zurück. Außerhalb des eigentlichen Ausgrabungsgeländes befinden sich die beiden Triumphbögen, Ein- und Ausgangstor der Stadt, von denen der östliche noch recht gut erhalten ist. Von dem geschätzt 20 ha umfassenden Gelände sind erst 6 ha ausgegraben.

In römischer Zeit lebten hier etwa 3.000 Menschen. Zu sehen sind noch Reste der drei Tempel, die der Getreidegöttin Ceres, Apollon und Pluton geweiht waren, außerdem zwei Ölpressen, eine Villa mit Souterrain (die Mosaike davon befinden sich im Bardo-Museum in Tunis) und Zisterne sowie eine weitere Villa mit kleinem Atrium und einigen Säulenresten. Im 6. Jh. n. Chr. trugen die Byzantiner zum Bau ihrer Festung Steine vor allem von den drei Tempeln ab. Die Ruinen der Festung stehen heute auf dem Grund des früheren römischen Forums das in der Zeit unter Kaiser Hadrian entstand. Die dreischiffige Basilika aus dem

6. Jh. weist eine noch gut erkennbare Apsis mit Taufbecken auf, die Mosaike hieraus wurden ebenfalls ins Bardo-Museum gebracht (s. Tunis, S. 73).

- *Anfahrt* knapp 50 km von El Kef, 27 km von Dougga entfernt an der GP 5.
- *Verbindungen* Die Ausgrabungen liegen an der Busstrecke nach Dougga, im Dorf El Krib aussteigen (und sich nach Rückfahrzeiten erkundigen!).
- *Öffnungszeiten* tägl. außer Mo 7–19 Uhr, Eintritt 1 TD.

Dougga

Die besterhaltenen und sehenswertesten römischen Ruinen des Landes sollte man sich auf keinen Fall entgehen lassen, zweifelsohne ein Höhepunkt jeder Tunesienreise! Umgeben von grünem Hügelland liegt das 25 ha große Ausgrabungsgelände schon von weitem sichtbar an einem Südhang.

Obwohl Dougga auf dem Ausflugsprogramm tunesischer Reiseveranstalter in allen Ecken des Landes ganz oben steht, herrscht erstaunlicherweise kaum Rummel. Souvenirs werden lediglich innerhalb des Geländes (Nähe Eingang/Theater) in einem kleinen Shop (mit Café) verkauft, Imbissbuden, Restaurants oder Straßenstände fehlen bei der nach Karthago berühmtesten Ausgrabungsstätte Tunesiens ganz. Nur der Hauptplatz des 6 km entfernten Teboursouk mit seinen überteuerten Imbiss- und Obstständen sowie kleinen Restaurants macht den Eindruck, als würden hier häufig Touristenbusse Pause machen und ihre Insassen für eine halbe Stunde ins tunesische Hinterland entlassen. Das Gros der Besucher Douggas stellen Schulklassen, die um die Mittagszeit wieder verschwunden sind, Individualtouristen sieht man nur wenige. Mit etwas Geduld findet man also optimale Bedingungen, um sich die teilweise sehr gut erhaltenen Ruinen – allen voran Kapitol und Theater – in Ruhe anzusehen. Man sollte allerdings die Südlage des Hangs nicht unterschätzen, ab ca. 11 Uhr kann es ganz schön heiß werden und Schatten findet man auf dem Ruinengelände nur wenig. Wer in Dougga allein sein möchte, sollte am frühen Morgen oder spätnachmittags kommen.

Erste Grabungen führten französische Archäologen ab 1882 durch, nach der Unabhängigkeit wurden die Arbeiten von ihren tunesischen Kollegen weitergeführt. 1991 erklärte der Ministerrat Dougga zum *Monument National*, 1995 wurde ein Vertrag mit dem Archäologischen Institut der Uni Freiburg abgeschlossen. Seit April 1996 laufen die Forschungsarbeiten der deutschen Archäologen.

Gemessen an den eindrucksvollen Überresten der Stadt war die Bedeutung Douggas in der Antike eher dürftig. Bemerkenswert ist, dass die Römer, die hier so großartige Spuren hinterlassen haben, auf dem Boden einer numidischen Stadt bauten. Unter König Massinissa (ca. 240–149/148 v. Chr.) nahmen die Numider hier eine karthagische Siedlung ein und errichteten eine ihrer Königsstädte. Erst nachdem Julius Caesar 46 v. Chr. den mit den Pompejanern verbündeten Numiderkönig Juba besiegt hatte, wurde *Thugga* römisch. Doch trotz des raschen Aufschwungs der Handelsstadt entstanden die bedeutendsten Bauwerke erst im 2. und 3. Jh. n. Chr., besonders unter Kaiser Hadrian. Septimius Severus erhob Thugga im Jahr 205 zum *Municipium*, 261 erhielt die Stadt den Rang einer römischen *Colonia*.

Keinerlei Zeugnisse lassen sich über Dougga zur Zeit der Vandalenherrschaft (429–533) finden und auch die Byzantiner (533–698) hinterließen nur wenige Spuren.

Imposanter Anblick, schönes Panorama – Douggas gut erhaltenes Theater

Später war die Stadt, in der einst 5.000 römische Bürger lebten, zwar noch bewohnt, hatte aber keine Bedeutung mehr. 1997 wurden die Ruinen von Dougga von der UNESCO zum Weltkulturerbe ernannt.

- *Anfahrt* Entweder vom Dorf **Dougga Nouvelle** der Beschilderung zu den *Ruines Dougga* folgen (4 km, die letzten 800 m auf schlechter Schotterpiste durch die Ruinen hindurch) oder über Teboursouk der Beschilderung nach Dougga folgen (6 km, asphaltiert).
- *Verbindungen* Busse und Louages nur bis Teboursouk (s. S. 150), von dort zu Fuß. Taxis gibt es nicht.
- *Öffnungszeiten* im Sommer tägl. 8–19 Uhr, im Winter 8.30–17.30 Uhr.
- *Eintritt* 3 TD, Fotografieren 1 TD, Kinder unter 6 Jahren, Studenten mit ISIC und Journalisten frei. Man kann an einer Führung teilnehmen, auch in deutscher Sprache (am Eingang fragen, ca. 10–13 TD je nach Dauer der Führung). Im Café/Souvenirshop auf dem Gelände gibt es Literatur zu Dougga zu kaufen, meist in französischer Sprache.
- *Übernachten/Essen* **Hôtel Thugga**, derzeit einzige Unterkunft in der Gegend (die Jugendherberge im Zentrum von Teboursouk war zum Zeitpunkt der Recherche geschlossen). Das Hotel liegt an der GP 5 nahe dem Ort Dougga Nouvelle und ist beschildert. Freundliches, ruhiges Haus, die Zimmer gruppieren sich jeweils um einen der Innenhöfe. Schlicht und sauber, mit Dusche und WC, DZ 44 TD, EZ 30 TD. Restaurant und Bar. ✆ 78/466647, 📠 466721.

Rundgang

Für eine angemessene Besichtigung des weit verstreuten Ruinenfeldes sollte man etwa 3 Std. einplanen, die Mittagshitze meiden und etwas zu trinken mitnehmen.

Theater: Eines der besterhaltenen Nordafrikas, gleich nach dem Eingang auf der rechten Seite. Das Theater bot Platz für 3.500 Zuschauer und wurde 168/169 n. Chr. unter Mark Aurel und Lucius Verus gebaut. Heute eröffnet sich dem Besucher von den oberen Sitzreihen des halbkreisförmigen Baus ein schöner Blick über Dougga und das umliegende Hügelland (in der Antike war der Blick durch eine hohe Wand

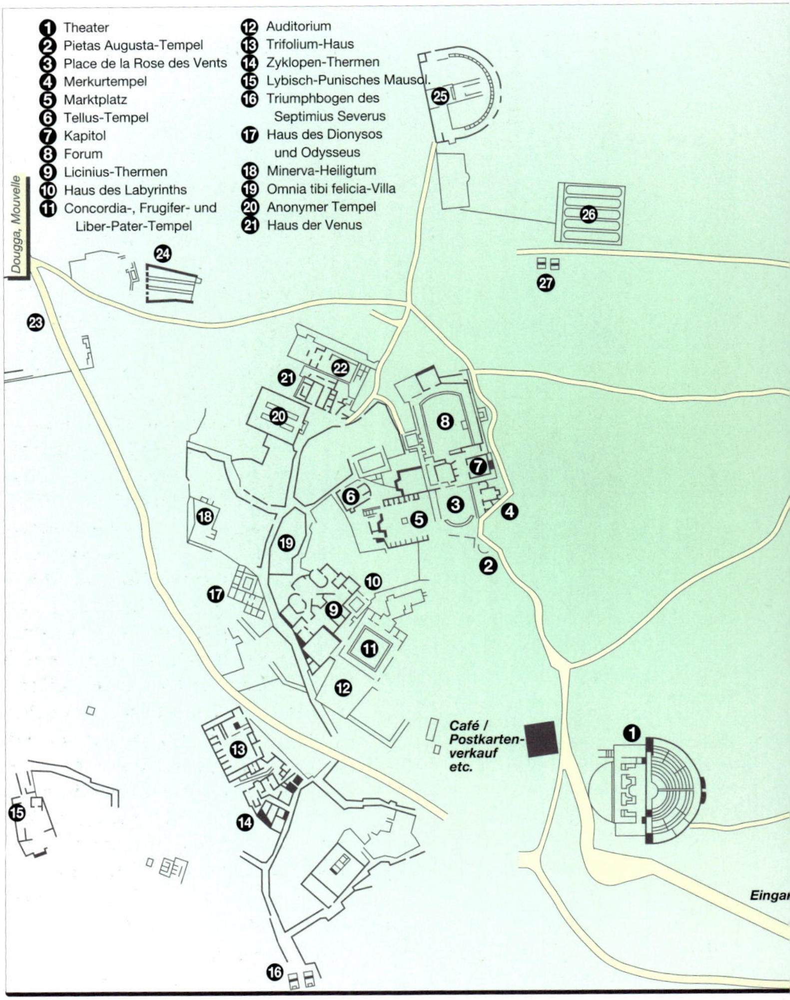

hinter den Säulen der Bühne versperrt). Die Orchestra mit den Nischen und zwei Treppenaufgängen war den römischen Ehrengästen vorbehalten, die einst mit Mosaiken belegte Bühne selbst war von hinten über drei Treppen zugänglich.

Vom Theater aus gelangt man (vorbei am links gelegenen *Pietas-Augusta-Tempel*, frühes 2. Jh.) zur **Place de la Rose des Vents**. Der *Windrosenplatz* entstand etwa Ende des 2. Jh. und diente als Erweiterung des Marktes. Seinen Namen hat er von einer Windrose im Pflasterboden. Nördlich davon befindet sich der dem Handelsgott geweihte *Merkur-Tempel*. Südlich des Windrosenplatzes schließt eines der ältesten Bauwerke Douggas an, der **Marktplatz** aus dem Jahr 54 n. Chr. Die Grund-

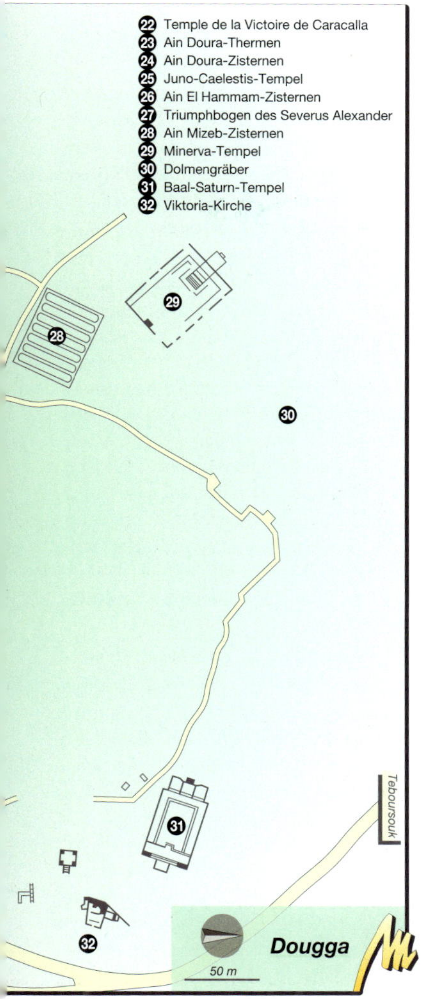

mauern der Marktbuden auf zwei Seiten des Platzes sind noch erkennbar, das ist aber auch schon fast alles, der größte Teil des Mauerwerks wurde von den Byzantinern zum Bau ihrer Festung abgetragen. Vom Marktplatz führen Stufen hinunter zum *Tellus-Tempel* (261 n. Chr.).

Kapitol und Forum schließen westlich an den Windrosenplatz an. Besonders eindrucksvoll ist das *Kapitol* (166–167 n. Chr.), das den drei Gottheiten Jupiter, Juno und Minerva geweiht war. Ein imposanter Treppenaufgang führt zur säulenbestandenen Vorhalle mit korinthischen Kapitellen, am Giebel ist die Apotheose (Erhebung eines Menschen zum Gott) des Kaisers Antoninus Pius (138–161 n. Chr.) durch einen Adler symbolisch dargestellt. Von der Vorhalle gelangt man in die 13 x 14 m große *Cella* des Kapitols, in deren drei Nischen Statuen von Juno, Jupiter und Minerva standen. Ungewöhnlich und asymmetrisch die Anordnung: Das Kapitol befindet sich in Dougga nicht wie sonst üblich an der Stirnseite des Forums, sondern daneben. Treppen führen hinunter zum *Forum*, das mit einer Fläche von 38,5 x 24 m von eher geringem Ausmaß war. An einer Längsseite sind noch Reste des byzantinischen Forts zu sehen, für das die Steine aus dem Forum abgetragen wurden.

Licinius-Thermen: Auf der anderen Seite des Marktplatzes führt ein Weg zu den 260 bis 268 n. Chr. entstandenen Thermen auf der linken Seite. Man betrat die Bäder wahrscheinlich von der Nordseite. Vom Atrium führte eine Treppe hinunter zur Eingangshalle, von hier aus gelangte man in die reich ausgestattete, fast symmetrisch konstruierte Anlage mit Garderobe, Palästra (Sporthalle), Frigidarium (Kaltwasserraum im Zentrum der Thermen), Tepidarium (Wärmeraum), Caldarium (Heißwasserraum), Schwitz- und Trockenraum. Zu sehen sind noch einige Säulen und Bogengänge, das ornamentale Mosaik in der Eingangshalle sowie Teile des Gewölbebaus. Die Thermen wurden im 4. Jh. umgebaut. Oberhalb der Thermen befand sich das *Haus des Labyrinths*, dessen Mosaik (nach dem es benannt ist) im Bardo-Museum in Tunis zu sehen ist. Neben

Das nördliche Landesinnere
Karte Seite 139

den Thermen liegen die *Concordia-*, *Frugifer-* und *Liber-Pater-Tempel* aus dem frühen 2. Jh. Am Hang unterhalb der drei Tempel befindet sich das *Auditorium*, das gleichzeitig als kleines Theater diente.

Trifolium-Haus: Wenn man vom Auditorium einen steilen Pfad hinuntergeht, kommt man zu diesem Haus einer sehr reichen Familie, links daneben (von oben betrachtet) befinden sich die dazugehörigen *Zyklopen-Thermen*. Zum Trifolium-Haus (Trifolium = Kleeblatt) führen Stufen hinunter, zu sehen sind noch Säulenreste um den Garten und Innenhof sowie die Grundmauern der Zimmer.

Vom Trifolium-Haus führt ein Pfad hinunter zum **Libysch-Punischen Mausoleum**: Der eindrucksvolle dreistöckige Turmbau (Anfang 2. Jh. v. Chr.) mit einer Höhe von 21 m liegt hangabwärts als Blickfang über der Ebene. Ein Glanzstück *numidischer Königsarchitektur*, das ionische, ägyptische und hellenistische Stilelemente vereinigt. Die Grabkammer befand sich im unteren Geschoss des Baus. Die Inschrift in libyscher und punischer Sprache (heute im British Museum in London) besagt, dass das Mausoleum von dem Numiderfürsten Ateban gebaut wurde. Durch die bereits bekannte punische Schrift gelang es, die bis dato unbekannte libysche Schrift zu entschlüsseln. Das Gleiche hatte auch der britische Konsul von Tunis vor, der 1842 das gesamte Bauwerk beinahe zerstörte, um die Platten zu demontieren.

Das libysch-punische Mausoleum von Dougga

Triumphbogen des Septimius Severus: Links neben den Zyklopen-Thermen führt ein gepflasterter Pfad hinunter zum Triumphbogen (auf dem Weg dorthin sieht man die spärlichen Reste eines *Tempels*, der vermutlich Pluton geweiht war). Der Triumphbogen, von dem nicht mehr allzu viel erhalten ist, wurde 205 n. Chr. zum Anlass der Erhebung Douggas zum *Municipium* gebaut und bildete das Ausgangstor der Stadt auf dem Weg zur nahen Römerstraße von Karthago nach Theveste (Tebessa im heutigen Algerien).

Haus des Dionysos und Odysseus: Kehrt man zurück auf den Hauptweg zu den Licinius-Thermen, lässt diese aber rechts liegen, gelangt man zu der Villa (auf der linken Seite), die einst eine der prächtigsten der Stadt gewesen sein muss. Die hier gefundenen Mosaike von Odysseus und Dionysos zählen heute zu den berühmtesten Stücken der Mosaiken-Sammlung im Bardo-Museum. Die Ruinen der Villa sind dagegen weniger eindrucksvoll. Folgt man dem Hauptweg weiter bergauf, stößt man auf der rechten Seite auf die *Omnia-tibi-felicia-Villa*, deren Grundmauern und Innenhof noch gut zu erkennen sind.

Herrlich in die Landschaft eingebettet liegen die Tempel von Dougga

Temple Anonyme: Geht man auf dem gepflasterten Weg weiter, stößt man auf der linken Seite auf den *Anonymen Tempel*, unübersehbar durch eine einzelne Säule am Eingang. Der gesamte Torrahmen ist noch erhalten. Vermutlich handelt es sich bei dem 164 bis 166 n. Chr. entstandenen Bauwerk um den Sklavenmarkt. Angrenzend das *Haus der Venus* mit seinen noch gut sichtbaren Mosaiken. Unterhalb davon liegt der *Temple de la Victoire de Caracalla*, die Stiftung einer reichen Familie aus dem Jahr 214 n. Chr.

Ain-Doura-Thermen und -Zisternen: Folgt man vom *Temple Anonyme* dem Hauptweg weiter, geht es kurz darauf links hinunter zu den Zisternen mit einer Kapazität von 3.000 m^3 Wasser. Die benachbarten Thermen dienten wahrscheinlich als öffentliche Badeanstalt.

Juno-Caelestis-Tempel: Vom Hauptweg geht es einige Treppen hinauf und nach links zu dem außerhalb liegenden Tempel, der durch seine halbkreisförmige Bauart eine architektonische Besonderheit im Tempelbau darstellt. Zu sehen ist noch die erhöht gebaute *Cella* mit korinthischen Säulen. Juno Caelestis war das römische Pendant zur punischen Göttin Tanit, der Tempel entstand während der Herrschaft von Severus Alexander in den Jahren 222 bis 235 n. Chr. In der näheren Umgebung des Tempels stößt man auf die lang gezogenen *Ain-El-Hammam-Zisternen*, fünf Wasserreservoirs mit einem Fassungsvermögen von insgesamt 6.000 m^3. Ein zum Teil noch bestehendes Aquädukt transportierte das Wasser aus der 12 km westlich liegenden Ain-El-Hammam-Quelle hierher. Neben den Zisternen findet man den gut erhaltenen *Triumphbogen des Severus Alexander*, dem hier zum Dank für die vielen Privilegien, die er den Bewohnern der Stadt gewährte, ein Monument errichtet wurde.

Vom Triumphbogen aus verläuft ein Weg oberhalb der eigentlichen Ausgrabungsstätte vorbei an den *Ain-Mizeb-Zisternen* (mit einem Fassungsvermögen von 9.000 m^3), den Überresten eines *Minerva-Tempels* und den *Dolmengräbern* (alles auf der linken Seite), in denen Skelette und Grabbeigaben gefunden wurden. Wann diese von Puniern und Numidern genutzte *Nekropole* entstand, ist unklar.

Baal-Saturn-Tempel: Auf dem Weg oberhalb der Ausgrabungen zurück in Richtung Eingang. Auf einem kleinen Plateau in exponierter Lage, mit weitreichendem Blick über die Landschaft. Der große Tempel mit drei *Cellae* entstand 195 n. Chr. auf dem Platz eines früheren punischen Heiligtums, das dem Gott Baal geweiht war (Saturn ist das römische Gegenstück zum punischen Gott Baal). Unterhalb davon befinden sich die Ruinen der frühchristlichen *Viktoria-Kirche* (4./5. Jh.) mit unregelmäßigem Grundriss. Von hier zurück zum Eingang/Parkplatz.

Teboursouk

6 km von der Ausgrabungsstätte Dougga entfernt. Keine große Sehenswürdigkeit, doch gute Verbindungen in den Norden des Landes. Das Leben spielt sich am zentralen Platz ab, hier auch einige Imbissbuden und Restaurant für Dougga-Touristen. Die Jugendherberge war zum Zeitpunkt der Recherche geschlossen (Übernachten s. S. 145).

• *Verbindungen* Dougga ist ausgeschildert, asphaltierte Straße zu den Ausgrabungen, keine öffentlichen Verkehrsmittel. Man ist darauf angewiesen, im Zentrum ein Taxi zu bekommen (ca. 5 TD), was ziemlich schwierig ist, oder muss laufen. **Busse** fahren vom Hauptplatz (Ticketverkauf bei der Wartebank neben dem Restaurant) nach: Tunis (ca. stündl., Fahrtzeit 1 Std. 45 Min., ca. 5 TD) und El Kef (15-mal tägl., 1 Std., 3,45 TD). **Louages**: ebenfalls am Hauptplatz, nach Tunis (1,5 Std., 5,25 TD), El Kef, Tajerouine (hier umsteigen nach Makthar) und Beja. Die Preise von Bus und Louage sind annähernd gleich.

Lesertipp: „Von Dougga gibt es einen schönen, ca. 2-stündigen Fußweg durch die Felder zurück zum Ort" (Hartwig Block, Bremerhaven).

Makthar

Typische Landstadt mit etwa 10.000 Einwohnern, 70 km von El Kef und 100 km von Kairouan entfernt. Die moderne Stadt Makthar liegt abseits der gängigen Touristenrouten, die gut erhaltenen römischen Ruinen werden nur selten besucht. Abgesehen von der schönen Lage auf einem Plateau des Hohen Tell auf knapp 1.000 m Höhe hat die kleine Stadt kaum etwas zu bieten.

• *Verbindungen* **Busse** fahren im Zentrum ab, 10-mal tägl. nach Tunis (2,5–3 Std., 7 TD); Kasserine und Sbeitla 8-mal tägl. (ca. 1,5 Std., 4–5 TD). Die Busse nach El Kef (nicht gerade gute Verbindungen) fahren neben dem Hôtel Maktaris (untere Parallelstraße von der Hauptstraße, nahe Ausgrabungsgelände) ab.

Louages: im Zentrum (nahe der Busstation). Verbindungen nach Tunis (2 Std., 6,50 TD) und El Kef (45 Min., 3 TD).

Das antike Mactaris

Die römischen Ruinen liegen etwas außerhalb des Zentrums an der Ausfallstraße Richtung Tunis. Die ursprünglich numidische Stadtgründung geht etwa auf den Anfang des 2. Jh. v. Chr. zurück, doch lebten hier auch Punier, die nach der Zerstörung Karthagos 146 v. Chr. als Flüchtlinge nach Makthar kamen. Bis zur Machtübernahme durch die Römer 46 v. Chr. war der Ort also eine numidisch-punische Siedlung. Die römische Besiedlung von *Mactaris* setzte erst ab Ende des 1. Jh. n. Chr. (vor allem aber unter Kaiser Trajan) ein, 180 n. Chr. wurde die Stadt unter Mark Aurel römische *Colonia* und zum wohlhabenden Handelsplatz. Danach wohnten hier Christen, Vandalen und Byzantiner, bis die Beni-Hilal-Nomaden die Stadt im Jahr 1050 zerstörten.

• *Öffnungszeiten* Im Sommer tägl. außer Mo von 8–18 Uhr, im Winter 8.30–17.30 Uhr. Eintritt 3 TD, Kinder unter 6 Jahren und Studenten mit ISIC frei, Fotografieren 1 TD. Preise und Öffnungszeiten gelten für Ruinen und Museum.

Am Theater von Haidra

Rundgang: Bereits außerhalb der Ausgrabungen befindet sich ein römischer Bogen mit dem arabischen Namen *Bab El Ain*. Man betritt das Gelände durch das kleine *Museum*, in dem punische Stelen, Grabbeigaben, aber auch römische und frühchristliche Funde ausgestellt sind. Von hier (im Garten des Museums weitere Ausstellungsstücke) führt ein Weg leicht bergauf zum *Forum*, dem gut erhaltenen *Trajansbogen* und den Resten eines *byzantinischen Baus*. Vom Forum zweigt ein Pfad ab zum nur spärlich erhaltenen *Hathor-Miscar-Tempel*, der einer kaum bekannten punlischen Gottheit geweiht war. Vom Forum aus – vorbei an den Überresten der *Hildeguns-Basilika*, in der der gleichnamige Vandalenfürst begraben wurde – führt der Weg zu den gut erhaltenen *Großen Thermen* (Ende 2. Jh. n. Chr.). Wendet man sich vom Trajansbogen nach rechts, kommt man (vorbei am *Punischen Forum* und dem *Bacchus-Tempel*) zur *Schola der Juvenes*, dem Gebäudekomplex einer Art jugendlicher Burschenschaft, die aber auch hilfspolizeiliche Aufgaben übernahm. Zur Schola gehörten auch die *Juvenes-Thermen*. Ganz in der Nähe befinden sich eine *Nekropole* aus der Frühzeit der Stadt und numidische *Megalithgräber*. Von der Schola führt ein Weg hinunter zu den nördlich gelegenen *Thermen*.

Von El Kef nach Kasserine

Die 125 km von El Kef nach Kasserine auf der P 17 führen relativ nah an der algerischen Grenze entlang, daher sollten Selbstfahrer mit häufigen, in der Regel aber problemlosen Polizeikontrollen rechnen. Zunächst kommt man durch Ebenen und Hügelland – eine dünn besiedelte Gegend; in westliche Richtung sieht man hinüber zu den *Monts de Tebessa*, Ausläufern des algerischen Gebirges. Nahe Kasserine verläuft die Straße dann durch ein von schrofferen Bergen begrenztes Tal entlang des *Oued El Hatab*, der zumindest im Winter und Frühjahr Wasser führt. Absolutes Highlight auf der Strecke ist der *Table de Jugurtha*, der – egal, aus welcher Richtung man kommt – schon von weitem groß und mächtig die Ebene überragt. Lohnenswert ist sicherlich auch ein Abstecher zu den entlegenen Ruinen von *Haidra* an der algerischen Grenze.

Auf den Table de Jugurtha

Keine Frage, den *Tisch des Jugurtha* muss man einfach bestiegen haben. Jugurtha (160–104 v. Chr.) war ein numidischer König und, den Geschichtsbüchern nach zu urteilen, ein ziemlich verschlagener Herrscher. Der Enkel des Numiderkönig Massinissa ließ nämlich im Zuge der Erbaufteilung des Numiderreiches seine beiden Adoptivbrüder hinterlistig ermorden und zettelte einen Krieg gegen die Römer an (111–105 v. Chr.), der einigen römischen Feldherrn schwer zu schaffen machte. Gestellt werden konnte Jugurtha erst, nachdem er beim mauretanischen König Bocchus Zuflucht suchte, der ihn prompt an Rom auslieferte. Jugurthas größter Widersacher, der Feldherr Marius, ließ ihn 104 v. Chr. im Triumphzug durch Rom tragen und kurze Zeit später hinrichten. Ob Jugurtha den nach ihm benannten Tafelberg je bestiegen hat oder ihn als Zuflucht nutzte, ist zweifelhaft.

Dass der *Table de Jugurtha* eine über die Jahrhunderte uneinnehmbare natürliche Festung war, lässt sich erahnen. Einziger Zugang ist eine angelegte Treppe, die man am Fuß des steilsten Abschnitts durch ein byzantinisches Tor erreicht. Auf dem bis zu 1.271 m hohen Plateau weiden heute ein paar Kühe, zu sehen ist außerdem ein Marabout (Heiligengrab). Ansonsten Gestein und Geröll und die grandiose Aussicht bis weit hinüber nach Algerien und auf die zentraltunesische Hügellandschaft, die für den anstrengenden Aufstieg belohnt.

• *Anfahrt* Nur mit dem Auto möglich (nächste Autovermieter s. u. Tabarka, Kairouan, Gafsa). Von El Kef kommend auf der P 17 etwa 4 km nach Tajerouine rechts abbiegen ins 23 km entfernte Kalaat Es Senam. Hier links abbiegen nach Ain Senam (4 km, es geht ziemlich steil bergauf). Nach dem Dorf wiederum links ab (Schotter- und Teerstraße) zu einer kleinen Ansiedlung, hier parken.

• *Aufstieg* Vom „Parkplatz" aus den Schotterweg zum Berg hinauf nehmen (unübersehbar). Es geht teilweise in Serpentinen hinauf, man muss halb um den Tafelberg herumlaufen und von der östlichen Seite durch den Treppenaufgang hindurch, bis man die bis zu 70 m hohe, an einigen Stellen senkrecht aufragende Felswand erreicht. Der Weg über die Treppen ist völlig ungefährlich (Schutzmauer). Der sehr lohnenswerte, aber genauso schweißtreibende Aufstieg dauert ca. 1 Std.

Tipp: Unbedingt etwas zu trinken mitnehmen und die Mittagshitze meiden! Die Wanderung erfordert keine besonderen bergsteigerischen Fähigkeiten; schwindelfrei muss man nur sein, wenn man sich auf dem Plateau nahe an den Abgrund begibt (hier ist Vorsicht geboten!). Wanderschuhe sind von Vorteil. Besteigen Sie den Table de Jugurtha am besten am späten Nachmittag, wenn der Aufstieg im Schatten liegt (Tipp von Stephan Mertens, Köln).

Haidra: Die zum Teil erstaunlich gut erhaltenen Ruinen des römischen *Ammaedara* liegen weit verstreut nahe der algerischen Grenze. Schon bei der Anfahrt fallen eine frühchristliche Basilika, der Triumphbogen des Septimius Severus (Ende 2. Jh. n. Chr.) und ein zweistöckiges Turmmausoleum ins Auge. Außerdem existieren noch Reste der byzantinischen Festung, das Theater, Thermen sowie die Melleus-Basilika u. v. m. Haidra lag an der Römerstraße von Karthago nach Tebessa (in Algerien). Ein Ausflug zu den entlegenen Ausgrabungen lohnt in jedem Fall.

• *Anfahrt* Von der P 17 bei der Ortschaft **Kalaa Khasba** rechts ab (beschildert). 17 km (asphaltiert) zu den Ausgrabungen, die sich unübersehbar beiderseits der Straße erstrecken. Sehr schlechte öffentliche Verbindungen, evtl. ab Kalaa Khasba (Zugverbindung mit Tunis) mit Taxi oder Louage. Das Dorf **Haidra** liegt westl., die Straße führt weiter nach Tebessa in Algerien. Die Ruinen sind frei zugänglich, kein Eintritt. Die Ankunft von Besuchern spricht sich im Dorf schnell herum, sodass Sie bestimmt bald von kontaktfreudigen Kindern umgeben sein werden, die eine ganze Menge von den Touristen wissen wollen.

Medeina: Das kleine Ausgrabungsgelände des römischen *Althiburos* liegt idyllisch nahe dem Ort *Dahmani* (Ebba Ksour), die Abzweigung ist von der P 17 aus beschildert.

Kasserine

Moderne Kleinstadt mit etwa 25.000 Einwohnern und Zellulosefabrik am Ortseingang. Die *Avenue Habib Bourguiba* zieht sich über 5 km durch Kasserine. Das Stadtzentrum bildet die kleine *Place 7 Novembre*, an der man einige Banken, Cafés und die Taxistation findet. Die Sehenswürdigkeiten der Stadt – das römische *Cilium* auf einem Hügel außerhalb und das Turmmausoleum – stehen im Schatten des 38 km entfernten Sbeitla mit seinen bekannten, gut erhaltenen Ausgrabungen. Hausberg der Stadt ist der **Djebel Chambi**, mit 1.544 m der höchste Berg Tunesiens.

• *Verbindungen* **Busse**: *2 Busstationen*, die erste liegt an der Straße Richtung Sbeitla, nach dem Hôtel Pinus die 3. Straße links (Einfahrt mit Schranke), von hier Busse in die nähere Umgebung. Die andere, große Busstation befindet sich ebenfalls am Ortsausgang Richtung Sbeitla, bei dem Fabrikgebäude (mit grünem Dach) links ab, nach ca. 100 m auf der linken Seite. Verbindungen: etwa stündlich nach Sbeitla (35 Min., 2 TD); 4-mal Gafsa (ca. 2 Std., 5 TD); 4-mal El Kef (2,5 Std., 5,50 TD); 4-mal Kairouan (2 Std., 7,0 TD); 5-mal Sfax (2,5–3 Std., 7 TD); 9-mal Tunis (5 Std., 12,20 TD) und 3-mal Sousse (3 Std., 8,20 TD).

Louages: bei der großen Busstation, Fahrten nach: Gafsa (1,5 Std., 5,80 TD); Sbeitla (20 Min., 1,75 TD); El Kef (1,5 Std., 6,60 TD); Kairouan (1,5 Std., 7,85 TD); Sfax (2 Std., 9,60 TD); Tunis (4 Std., 13,45 TD); Sousse (2,5 Std., 9,85 TD).

• *Übernachten/Essen* In Kasserine übernachtet man günstiger als im 38 km entfernten Sbeitla.

Hôtel Cilium, 3 Sterne, ca. 4 km vom Zentrum an der Straße Richtung Gafsa (auf der linken Seite). Ruhige Lage, vom Hotel Blick auf den Djebel Chambi. Mit Restaurant, Bar, Pool. Großzügige, aber schlichte Zimmer mit Bad und Balkon, pro Person 20 TD. Sehr freundlicher und hilfsbereiter Service, großer Aufenthaltsraum, im Hotel werden auch einfache Halfagrasartikel verkauft. ✆/℻ 77/473682.

Hôtel Pinus, an der Av. H. Bourguiba, von der Place 7 Novembre ca. 500 m in Richtung Sbeitla auf der linken Seite. Hat seine Glanzzeiten schon hinter sich, relativ ruhig. DZ mit schlichtem Bad ca. 30 TD, EZ 22 TD. ✆ 77/470164, ℻ 476457.

Das römische Cilium bei Kasserine – Triumphbogen

Hôtel de la Paix, sehr zentral, nur wenige Häuser von der Place 7 Novembre entfernt (Av. H. Bourguiba Richtung Sbeitla auf der linken Seite). Sehr saubere Zimmer mit Waschbecken und Balkon, saubere WCs und Duschen auf dem Gang. Etwas laut, da die meisten Zimmer zur Hauptstraße liegen, dafür aber sehr günstig: DZ 14 TD, EZ 7 TD ohne Frühstück. Nettes und hilfsbereites Personal., ✆ 77/471465.

Sehenswertes

Römisches Turmmausoleum: An der Straße Richtung Gafsa auf der rechten Seite (beim Stadion) ragt das gut erhaltene dreistöckige Bauwerk in die Landschaft. Entfernt erinnert es an das libysch-punische Mausoleum in Dougga, doch hier handelt es sich um eine rein römische Kreation, die von einem gewissen Flavius Secundus errichtet wurde. Ihm ist auch die lange Inschrift gewidmet, in der jetzt leeren Nische in der oberen Etage stand vermutlich ein Standbild des Stifters. Die spärlichen Reste eines weiteren, kaum nennenswerten Mausoleums befinden sich etwa 500 m stadteinwärts.

Das römische Cilium: An der Straße Richtung Gafsa (nur wenige 100 m nach dem Hôtel Cilium) geht es links ab (beschildert) zu dem frei zugänglichen Ruinenfeld. Das Gelände ist nur zum Teil ausgegraben, zu sehen sind ein gut erhaltener Triumphbogen, Reste einer byzantinischen Anlage, ein römisches Theater mit erstaunlich intakten Sitzreihen (unterhalb am Hang), des Weiteren die bescheidenen Reste einer Kirche und ein weiterer Torbogen. Von dem Plateau hat man einen schönen Rundblick über die weite Ebene und die Berge, den Djebel Chambi und Teile Kasserines.

Sbeitla

Pulsierender kleiner Marktort, der an sich schon einen Besuch wert ist. Die Hauptattraktion sind aber die interessanten Ruinen von Sufetula am nordwestlichen Ortsausgang – nach Dougga sicherlich die sehenswerteste Ausgrabungsstätte im westlichen Tunesien.

Das Ruinengelände liegt etwa 1 km vom Zentrum entfernt. Hier hat sich – im Gegensatz zu Dougga – eine bescheidene touristische Infrastruktur gebildet, die auch dem Individualtouristen einen Besuch der Ausgrabungen sehr bequem macht. Neben guten Verkehrsverbindungen gibt es in dem lebendigen Ort Cafés, Restaurant und komfortable Hotels.

• *Verbindungen* Busse und Louages, die *Stationen* liegen nebeneinander. Von den Ruinen kommend nach dem Hauptplatz des Dorfes die 3. Straße (Stoppschild) rechts hoch, nach 150 m auf der linken Seite.

Busse: 4-mal tägl. Kasserine (30 Min., 1,60 TD); 4-mal Tunis (ca. 4 Std., 11,60 TD); 3-mal Kairouan (1,5 Std., 5 TD); 2-mal Gafsa (morgens, ca. 2 Std., 4,50 TD); 2-mal Sousse (am Morgen, 2–2,5 Std., 8 TD). Tickets im Bus.

Louages: Kasserine (20 Min., 1,70 TD); Kairouan (1 Std. 15 Min., 6 TD); Tunis (2 Std. 45 Min., 12 TD). Nach Gafsa über Kasserine.

• *Übernachten* **Hôtel Suffetula**, 3 Sterne, 2 km außerhalb von Sbeitla an der Straße nach Kasserine. Frisch renovierte Zimmer mit Du/WC, teilweise auch mit Blick auf die Ruinen. Mit Bar, Restaurant und Pool. DZ 92 TD, EZ 64 TD. ✆ 77/465074, ℻ 465582.

Hôtel de la Jeunesse, *Tipp!* Einfaches, aber einladendes Hotel gegenüber vom Bahnhof. Die Zimmer gehen vom kleinen, hübsch gekachelten Innenhof ab, sehr sauber. DZ mit Dusche 24 TD, EZ 12 TD (Zimmer ohne Dusche 8 TD pro Person), Frühstück 3 TD. Av. H. Bourguiba 40, ✆ 77/466528.

• *Essen und Trinken* **Café Kalil Stars**, kleines Restaurant im Zentrum, über 2 Räume verteilt, nette Einrichtung, im Sommer schön kühl. Günstig, man ist um seine Gäste bemüht. Am Hauptplatz von Sbeitla (Av. de la République).

Karte Seite 139

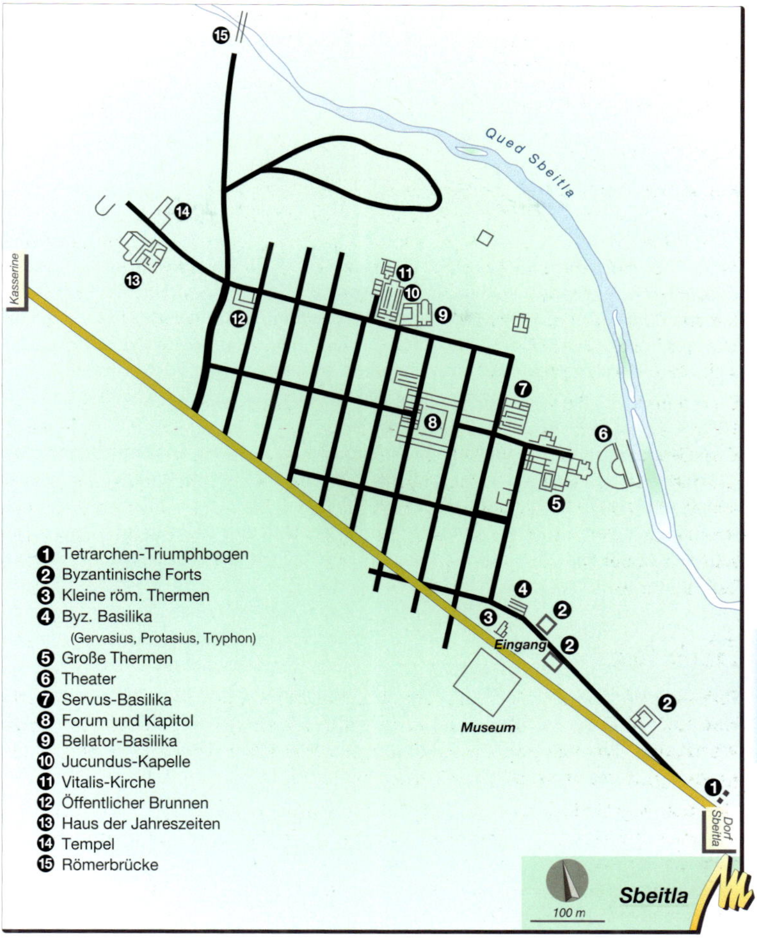

Das römische Sufetula

Obwohl in der Umgebung von *Sufetula* prähistorische Megalithen und punische Stelen gefunden wurden, ist von der vorrömischen Geschichte der Stadt nichts bekannt. Zu einer römische Stadtgründung kam es vermutlich erst spät (1. Jh. n. Chr.), und zwar zeitgleich mit den Gründungen von *Thelepte* und *Cilium*. Das Herzstück der Anlage, Forum mit Kapitol, entstand im 2. Jh. n. Chr.; zu dieser Zeit entwickelte sich in der Stadt auch ein bescheidener Wohlstand, der sich auf die Landwirtschaft (v. a. Olivenöl) gründete. In Sufetula finden sich viele frühchristliche Kirchen, die zwischen dem 3. und 5. Jh. n. Chr. entstanden sind. Nach einer kurzzeitigen Machtübernahme durch die Vandalen war die Stadt byzantinisch beherrscht und im 7. Jh. erklärte sich hier der byzantinische Patriarch Gregorios zum Gegenkaiser –

allerdings ohne nachhaltige Wirkung, da die Stadt kurz darauf von den Arabern eingenommen wurde (*Schlacht von Sbeitla*). Nach einigen Jahrhunderten Schattendasein wurde Sbeitla schließlich ganz verlassen.

• *Öffnungszeiten* **Ausgrabungen**, Mai–Sept. tägl. 7–19 Uhr, sonst 7.30–13 Uhr und 14–17.30 Uhr. Eintritt 3 TD, Fotografieren 1 TD, Kinder unter 6 Jahren und Studenten mit ISIC frei. Der Eintritt für das Museum ist im Preis inbegriffen. **Museum**, im Sommer 8.30–13 Uhr und 14.30–18 Uhr, im Winter nur bis 16.30 Uhr. Das Museum ist Mo geschlossen.

Rundgang

Tetrarchen-Triumphbogen, auch Diokletian-Triumphbogen genannt. Das massige Eingangstor der Stadt am Südende des Ausgrabungsgeländes (bei der Tankstelle) entstand um 300 n. Chr. In den vier jeweils von Säulen flankierten Nischen befanden sich einst Standbilder. Von hier aus auf dem Weg zurück Richtung Eingang/Forum gelangt man an zwei kleineren **byzantinischen Forts** vorbei, die auf ursprünglich römischen Fundamenten gebaut wurden und z. T. bis in die Aghlabidenzeit (9. Jh.) bewohnt waren.

Gegenüber dem Ausgrabungsplan beim Eingang ein größeres **byzantinisches Fort**, nahebei befinden sich Reste einer kleinen **römischen Thermenanlage**. Zurück auf der „Hauptstraße", liegen auf der rechten Seite die Reste einer römischen **Ölpresse**, gegenüber davon ein etwas größeres römisches **Bad** mit halbrunder Wanne und Resten eines Bassin-Mosaiks mit Fischmotiven. Neben der Ölpresse stößt man auf die Ruinen der **byzantinischen Basilika** aus dem 7. Jh., die den Heiligen Gervasius, Protasius und Tryphon geweiht wurde. Auf dem Hauptweg wendet man sich nun nach rechts Richtung Forum (vorbei an einer ehemals öffentlichen Zisterne auf der linken Seite), zunächst gelangt man aber zu den **Großen Thermen** auf der rechten Seite: ungewöhnlich, da sich hier die Symmetrie römischer Badeanlagen (wie z. B. bei den Antoninus-Thermen in Karthago oder den Licinius-Thermen in Dougga) nicht wiederfinden lässt. Die Bodenmosaike sind noch fragmentarisch erhalten und auch die Konstruktion der Fußbodenheizung lässt sich in einem der Caldariae (Wärmeräume) noch erkennen. Am ausgetrockneten Flussbett des *Oued Sbeitla* östlich der Thermen befinden sich die Reste des **Theaters**, von dem außer der Bühne und einigen Säulen nicht mehr viel zu sehen ist.

Mächtige Ruinen von Sufetula

Wendet man sich nun dem Forum zu, liegt auf der rechten Seite in der Nähe der Thermen die **Servus-Basilika**, die in einen vormals römischen Tempel hineingebaut wurde. Das Taufbecken ist noch erhalten, des Weiteren vier Sarkophage, die aber außerhalb der Basilika stehen.

Das Forum von Sufetula

Glanzstück der Anlage ist das hervorragend erhaltene **Forum**. Die Straße dorthin war von römischen Läden gesäumt. Man betritt das Forum durch den **Antoninus-Bogen**, der zur Zeit von Antoninus Pius (138–161) wahrscheinlich im Jahr 139 n. Chr. entstand. Das Bauwerk stellt keinen Triumphbogen, sondern lediglich das Eingangsportal zum Forum dar. Das fast quadratische Forum (35 x 37 m) ist noch immer von einer Mauer umgeben, die im Laufe der Jahrhunderte mehrfach verändert bzw. erweitert wurde. Das **Kapitol** besteht aus **drei Tempeln**: Minerva-Tempel, Jupiter-Tempel und Juno-Tempel (von links nach rechts). Während das klassische römische Kapitol nur drei *Cellae* (Heiligtümer) für Jupiter, Juno und Minerva beherbergte, wurden in Sufetula gleich drei separate Tempel gebaut, von denen die beiden äußeren mit Treppenaufgängen, der mittlere, dem Hauptgottheit Jupiter geweihte mit einem Rednerpodium versehen war (Zugang durch die äußeren Tempel). Am besten erhalten ist der Minerva-Tempel mit seinen korinthischen Säulen.

Verlässt man das Forum durch einen der Durchgänge zwischen den Tempeln und wendet sich nach rechts, gelangt man zur **Bellator-Basilika** aus dem 4. Jh., die an der Nord- und Südmauer jeweils mit einer Apsis versehen ist. Direkt daneben die **Jucundus-Kapelle**, das Baptisterium der Basilika. Der Bischof Jucundus soll hier im 5. Jh. gelebt haben und Opfer der Vandalen geworden sein. Daneben die neuere **Vitalis-Kirche** aus dem 5. Jh., eine katholische Basilika mit zwei Apsiden und mosaikverziertem Baptisterium.

Das kleine **Museum** befindet sich gegenüber vom Eingang der Ruinen. Ausgestellt sind prähistorische Funde aus der Umgebung, dazu u. a. viele Grabstelen, Säulenkapitelle, Mosaikfragmente, Marmorstatuen und einige Kleinfunde (Öllampen, Keramik, Münzen). Besonders interessant ist die Statue von Bacchus, der auf einem Panther reitet. Die meisten Funde stammen aus Sufetula, einige Exponate aber auch aus *Thelepte* (bei Feriana). Erläuterungen nur in französischer Sprache.

Gafsa

(ca. 60.000 Einwohner)

Seine Gründung hat das römische „Capsa" seinen Quellen zu verdanken. Man baute hier sogar einen Wassertempel, der Neptun und den Nymphen geweiht war. Übrig geblieben sind in der nördlichsten Oasenstadt Tunesiens zwei einladende antike Schwimmbecken, in denen Frauen ihre Wäsche waschen und die außerdem als Freibad benutzt werden.

Auch die prähistorischen Funde aus der Umgebung sind spärlich und nur in Bruchstücken im kleinen Museum der großen und wirtschaftlich relativ bedeutenden Gouvernoratsstadt zu besichtigen. Reizvoller ist sicherlich die Lage der Stadt: Im Süden ist Gafsa von einem Oasengürtel halb umschlossen, in der Ferne sieht man die kargen Bergketten des *Djebel Orbata* und des *Djebel Bou Ramli*. Trotz der annähernd 1 Mio. Dattelpalmen liefert die Oase einen eher enttäuschenden Ertrag, denn klimatisch bedingt gedeihen hier nur Pflanzen minderer Qualität. Wichtigster Wirtschaftsfaktor ist der Phosphatabbau in der Region. Nach der ersten Verarbeitung wird der (Halb-)Rohstoff auf der Schiene zum Hafen von Sfax transportiert.

Hauptstraße von Gafsa ist die *Avenue Taieb M'hiri*. Hier befinden sich die wichtigsten Hotels, die Busstation, Banken, einige Cafés und kleine Restaurants. An der *Place 7 Novembre* mit kleinem Park spielt sich der größere Teil des städtischen Lebens ab. Von diesem Platz gelangt man durch ein Tor in die Medina und zu den *römischen Bädern*, dem *archäologischen Museum*, der *Großen Moschee*, der *Kasbah* usw. Besonders am Markttag (mittwochs) geht es in den Straßen um die Medina (vor allem *Rue Belhouane*) sehr lebhaft zu.

Information/Verbindungen

• *Touristeninformation* An der *Place des Piscines Romaines* (neben dem archäologischen Museum), geöffnet Mo–Do 8.30–13 Uhr und 15–17.45 Uhr, Fr/Sa 8.30–13.30 Uhr. ✆ 76/221664. Der hilfsbereite, nette Herr von der ONTT kann Sie auch in punkto Sehenswertes etc. beraten.

• *Vorwahl* Für Gafsa und Umgebung gilt die Vorwahl **76**.

• *Verbindungen* Es bestehen gute Bus- und Louageverbindungen in weite Teile des Landes, eine Bahnreise von oder nach Gafsa ist eher umständlich.

Züge: Der Bhf. von Gafsa liegt nicht gerade günstig im 3 km entfernten Vorort **El Ksar** (Straße nach Gabès), vor den Gleisen geht es rechts ab. 1-mal tägl. (frühmorgens) nach Metaloui (30 Min., 1,50 TD) und 1-mal über Nacht nach Tunis (in Sfax umsteigen, 9 Std., ca. 13 TD).

Busse: *Busstation* (✆ 221587) im Zentrum in der Rue Mongi Slim (die kleine Straße, die bei der Shell-Tankstelle von der Av. Taieb M'hiri abzweigt), an der Place 7 Novembre die Sackgasse hinein. Mit Wartehalle (Tickets), Imbiss und Polizeistation. Verbindungen: häufig zum Bhf. in El Ksar (0,30 TD); 10-mal tägl. Metlaoui (45 Min., 1,50 TD); 7-mal Tozeur (ca. 2 Std., 4 TD); 6-mal Nefta (2,5 Std., 4,70 TD); 7-mal Kasserine (2,5 Std., 4,20 TD); 1-mal Sbeitla (3 Std., 6 TD); 6-mal Kairouan (3,5–4 Std., 9 TD); 4-mal Tunis (1-mal über Nacht, 5 Std., 14 TD); 6-mal Sfax (5 Std., 8 TD); 8-mal tägl. nach Gabès (2,5 Std., 5,50 TD); des Weiteren Verbindungen nach Kebili, Douz und El Kef.

Louages: *Station* hinter dem Hôtel Maamoun (Av. Taieb M'hiri, Ausfallstr. Richtung Sfax), Fahrten nach: Tozeur (1 Std. 15 Min., 4 TD); Kasserine (1,5 Std., 4,60 TD); Gabès (1,5 Std., 6 TD); Sfax (2,5 Std., 9 TD); Kebili (2 Std., 8 TD); Metlaoui (30 Min., 1,50 TD); El Kef (3 Std., 11 TD); Kairouan (2,5 Std., 8,50 TD); Tunis (meist mit langen Wartezeiten verbunden, falls die Fahrt überhaupt zustande kommt, ca. 6 Std., 20 TD).

Taxis: an der Hauptstraße (Av. Taieb M'hiri) und an der Place 7 Novembre.

Antikes Freibad in Gafsa

Adressen/Sonstiges

• *Adressen* **Ärztl. Hilfe**: Hospital in der Rue Avicenne (beschildert), ✆ 225055 o. 225177.

Apotheken: im Zentrum, z. B. Rue Ali Belhouane oder Av. Taieb M'hiri, *Nachtapotheke* in der Rue Amor Ben Slimane (Straße Richtung Tozeur), ✆ 222843.

Banken: Reiseschecks kann man bei der *STB-Bank* (beim Hôtel Gafsa in der Av. Taieb M'hiri) wechseln, bei den anderen Banken im Zentrum nur Bargeldtausch.

Polizei: Av. Taieb M'hiri (neben dem Hôtel Khalfallah), ✆ 225012.

Post: am Uhrturm in der Av. H. Bourguiba/ Ecke Av. de la Liberté (etwas außerhalb vom Zentrum an der Straße Richtung Tozeur). Mo–Fr 8–18 Uhr, Sa 8–13 Uhr, im Sommer bis 18 Uhr, So 9–11 Uhr geöffnet, Öffnungszeiten unzuverlässig.

Reisebüros: *Abou Hamza Voyages*, zentral an der Place 7 Novembre. *Tunis-Air-Agentur*, Fähragentur für C.T.N., auch Zugtickets. Mo–Sa 8.30–12.30 Uhr und 14.30–19 Uhr, ✆/℻ 224709, ebenso *Insiri Voyages* mit Tunis Air Agentur in der Rue Mohammed Khaddouma.

Telefonieren: intern. Telefonzelle (Taxiphones) in der Av. Taieb M'hiri oder bei der Post.

• *Sonstiges* **Einkaufen**: *Magasin Général* bei der Louage-Station (Rückseite Hôtel Maamoun), hier auch der *Lebensmittelmarkt*. Beim *ONAT-Artisanat* in der Rue Sidi Bouayhia kann man bei der Teppichherstellung zuschauen, kein Verkauf.

Auf der Ausfallstraße nach Kasserine (ca. 1 km vom Stadtzentrum entfernt) befindet sich auf der linken Seite ein Internetcafé.

Festivals: Alljährl. im Juli findet im Hof der Kasbah das **El-Borji-Theaterfestival** statt. Auskünfte bei der Touristeninformation.

Übernachten

Keine Unterkunft in Gafsa halten wir für besonders empfehlenswert. Es ist daher zu überlegen, ob man die Nacht nicht lieber in einem der zahlreichen Hotels im ca. 95 km entfernten Tozeur verbringen möchte.

Hôtel Maamoun, 3 Sterne, schon älteres Baujahr, abgewohnt. Im Innenhof großer Swimmingpool; Bar, Restaurant und Teestube.

Zimmer mit Bad, Balkon, Aircon. und TV, teilweise laut, da zur Hauptstraße. DZ 80 TD, EZ 55 TD. Eckhaus an der Av. Taieb M'hiri (gegenüber der Shell-Tankstelle), ✆ 224441, ✆ 226440.

Hôtel La Lune, an der Ausfallstraße Richtung Sfax auf der linken Seite. Einfache, aber geräumige, saubere Zimmer mit Bad. Ruhiger sind die, die nach hinten hinaus auf die große Terrasse gehen. Mit Restaurant, Bar, Billard. DZ ca. 36 TD, EZ 26 TD. ✆ 220218, ✆ 222968.

Jugendherberge, relativ weit vom Zentrum, einfache Anlage, die Übernachtung kostet 7–5 TD pro Person, im Hof einige Stellplätze für Camper. Von der Ausfallstraße Richtung Tozeur nach dem Hôtel Moussa die erste rechts, dann die erste links. ✆ 224468. Im Sommer geschlossen.

Camping La Galia, in der Nähe der römischen Bäder (in der Verlängerung der Rue El Kebir, schlecht beschildert) inmitten der Oase. Campen unter Dattelpalmen für 6 TD pro Person. ✆ 229135.

Hôtel Jugurtha, in einer Oase gelegenes, neues 5-Sterne-Hotel mit allem Luxus, 5 Restaurants, 5 Bars und schönem Pool. Erst 2006 eröffnet, die Einrichtung der Zimmer pompös bis edelkitschig, DZ 130 TD, EZ 90 TD. Das Hotel liegt ca. 6 km außerhalb an der Straße nach Tozeur, gut beschildert. ✆ 211200, ✆ 211220, E-Mail: jugurthapalace@gnet.tn, Internet: www.jugurthapalace.com.

Essen und Trinken/Cafés

• *Essen und Trinken* eine Vielzahl unlizenzierter Restaurants, z. B. um die Place 7 Novembre.

Semiramis, 1 Gabel, im Haus des Hôtel Gafsa im 1. Stock, lebhafte Bierbar nebenan. Recht nobles, gediegenes Restaurant, die Preise sind entsprechend hoch, guter Service, tunesische und internationale Gerichte, lizenziert, große Weinauswahl (tunesische Weine). Lesertipp auch von Werner Schuh aus Zwickau.

Abide, *Tipp!* Wird von Tunesiern geschätzt und weiterempfohlen. Große Auswahl, wer sich nicht entscheiden kann, wird gebeten, einen Blick in die Töpfe zu werfen. Viele Lammgerichte, viel Gemüse. Lecker und sehr günstig, unlizenziert. Als nette Geste zum Abschied bekommt der Gast Orangenblütenwasser zum Verreiben in die Hände – das tunesische „Erfrischungstuch". Von der Place 7 Novembre durch das Medina-Tor, dann die erste Gasse links, das erste Restaurant auf der rechten Seite ist es.

• *Cafés* Nettes Café bei den römischen Bädern, das aber bedingt durch die ausgezeichnete Lage relativ teuer ist. Einfache Cafés im Zentrum um die Place 7 Novembre.

Sehenswertes

Römische Bäder: Sie sind die einzigen wirklich sehenswerten Überreste des römischen *Capsa*. Etwa 25 °C warme Quellen speisen die Bäder, zwei mit Steinquadern eingefasste Becken, die durch einen Tunnel miteinander verbunden sind. Die Jungs von Gafsa springen aus 5 m Höhe in das erfrischende, grün schimmernde Wasser und hoffen auf ein Trinkgeld für ihre wagemutigen Vorführungen. An der *Place des Piscines Romaines* am westlichen Medina-Eingang (über die Av. H. Bourguiba oder durch die Medina). Im Hintergrund der Bäder sieht man die *Große Moschee* mit ihrem hohen gelb-weißen Minarett.

Archäologisches Museum: Am gleichen Platz (neben der Touristeninformation). Ziemlich klein, ausgestellt werden u. a. prähistorische Funde aus der Gegend von Metlaoui und Redeyef, zwei große römische Mosaike vom Anfang des 4. Jh. n. Chr., eines davon mit einer Athletendarstellung in verschiedenen Szenen. Des Weiteren Grabstelen aus dem 3. Jh. n. Chr. sowie Keramikfunde aus dem 4./5. Jh. n. Chr., beides aus der Region Gafsa. Bilder der schönsten Mosaike aus Thuburbo Majus, Gafsa, Gightis usw. bereichern die Ausstellung.

• *Öffnungszeiten* Von April bis Mitte Sept. 8–20 Uhr, sonst 9.30–16.30 Uhr, Mo immer geschlossen. Eintritt 2 TD, Fotografieren 1 TD, Kinder unter 10 Jahren, Schüler/Studenten mit Ausweis frei.

Medina: Die Altstadt von Gafsa wird derzeit umfangreich restauriert, überall wird gehämmert und geklopft. Ein Spaziergang durch die Medina ist dennoch lohnenswert, vor allem sollte man am **Dar Longo**, dem ehemaligen Sitz des reichen Gouverneurs der Stadt, Halt machen. Hier ist ein Museum für Volkskunst geplant. An den *Römischen Bädern* die Gasse beim Café hinein, dort auf der rechten Seite.

Kasbah: Tagsüber geöffnet und frei zugänglich. Die ursprünglich aus dem 15. Jh. stammende Festung wurde im 17. Jh. zum ersten Mal umgebaut. Vor einigen Jahren hat man die Kasbah vielleicht etwas zu sorgfältig restauriert, hinzu kommt ein Neubau im Innenhof (vermutlich aus den 70er Jahren), der ein gutes Drittel der Festungsmauern schluckt und so einen wenig bleibenden Eindruck des Bauwerks hinterlässt. Im Hof befindet sich die Bühne für die Freilichtaufführungen des *El-Borji-Festivals*. Die Kasbah liegt in der Av. H. Bourguiba (von den römischen Bädern durch das Medina-Tor in nördliche Richtung).

Mida-Hügel: Mehrere Pfade führen auf den Aussichtshügel der Stadt, von hier ganz guter Überblick. Der Mida-Hügel liegt außerhalb des Zentrums links der Straße nach Tozeur.

Sehenswertes in der Umgebung

Oase Lala: Üppige Vegetation und türkisgrünes Wasser, mit Oasenrestaurant, eigentlich ein idyllisches Plätzchen, aber leider etwas verschmutzt. Wer keine Gelegenheit hat, eine der südlicheren Oasen zu besuchen, sollte trotzdem herkommen.

• *Anfahrt* In El Ksar (Str. Richtung Gabès, 3 km von Gafsa) geht es nach den Bahngleisen links ab nach Lala. Von hier knapp 3 km durch das Dorf (immer der Straße nach) bis zur Oase.

Metlaoui: 42 km von Gafsa; berühmt ist der *Lezard Rouge*, ein Salonzug im Kolonialstil, der vom Bhf. Metaloui aus durch die eindrucksvolle *Selja-Schlucht* fährt. Näheres siehe unter „Metlaoui“ auf S. 218.

Zaghouan

(ca. 10.000 Einwohner)

Die kleine Stadt mit ihren weißen Häusern erstreckt sich malerisch am Hang des felsigen Hausbergs Djebel Zaghouan (1.295 m). Attraktion ist das oberhalb des Ortes gelegene Nymphäum, ein römischer Wassertempel aus dem 2. Jh. n. Chr.

Im Zentrum von Zaghouan herrscht Geschäftigkeit, besonders an der Hauptdurchgangsstraße mit Bus- und Louage-Station sowie einigen Cafés. Ein ganz anderes Bild bietet sich in der beschaulichen Altstadt. Kleine Gassen laden zum Bummel ein; so gelangt man beispielsweise vom römischen Torbogen durch eine lebhafte Gasse (Imbissstände) und dann rechts hinauf zu einem malerischen kleinen Platz mit Café. In Zaghouan gibt es keine Übernachtungsmöglichkeiten.

• *Verbindungen* Bus- und Louage-Station nebeneinander an der Hauptdurchgangsstraße im Zentrum. **Busse**: 8-mal tägl. Tunis (1 Std., 2 TD, 4-mal davon als *Komfortbus*, etwas teurer); 8-mal Nabeul (1,5 Std., 2,70 TD); 2-mal Sousse (etwa 2 Std., 3,50 TD); 6-mal tägl. El Fahs (30 Min., 1 TD). Ticketverkauf und Warteraum neben der Busstation.

Louages: nach Tunis (1 Std., 2,50 TD); Nabeul (1 Std. 15 Min., 3,50 TD); Hammamet (1 Std., 3 TD); Sousse (1,5 Std., 6 TD); El Fahs (15 Min., 1,30 TD). Louages nach Kairouan über El Fahs.

Am Nymphäum von Zaghouan

• *Essen und Trinken* **Temple des Eaux**, Terrassenrestaurant in reizvoller Lage neben dem Nymphäum. Uum Kaffeetrinken bestens geeignet, die Speisen sind für das Gebotene jedoch überteuert, nicht besonders viel Auswahl.

Für den großen Hunger findet man in der Medina einfache, unlizenzierte **Restaurants** und **Garküchen**.

Nymphäum: Eindrucksvoll vor der schroffen Bergkulisse des 1.295 m hohen *Djebel Zaghouan* gelegen. Unterhalb des Wassertempels befindet sich das achtförmige Auffangbecken, Treppen führen hinauf zu dem halbrunden Heiligtum, das auf jeder Seite von einem Portal flankiert war (zum Zeitpunkt der Recherche wurden die Treppen gerade restauriert). Das Nymphäum (30 x 35 m) wurde zur Regierungszeit Kaiser Hadrians (117–138 n. Chr.) gebaut und war den Quellnymphen geweiht. In der Mitte des Heiligtums (hinten) befand sich die *Cella*, in den Nischen waren Statuen der Nymphen aufgestellt. Das im Nymphäum gesammelte Quellwasser wurde über ein mehr als 60 km langes Aquädukt nach Karthago transportiert und war für die Römer die wichtigste Wasserversorgung der Hauptstadt. Gut erhaltene Reste dieses *Hadrians-Aquädukts* sind noch bei **Mohamedia** zu sehen (ca. 18 km von Tunis auf der GP 3 Richtung El Fahs/Thuburbo Majus).

• *Anfahrt* Ca. 3,5 km oberhalb von Zaghouan am Ortsausgang Richtung Tunis links hinauf, am Club de Chasse rechts abbiegen, von hier noch 700 m zum Nymphäum. Man kann auch durch die Altstadt von Zaghouan zum Nymphäum hinauflaufen, steil und beschwerlich. Beim Nymphäum Café/Restaurant, Taxis vom Zentrum.

Auf den Djebel Zaghouan: Direkt hinter der Einfahrt zum Nymphäum rechts der unbeschilderten Straße folgen. In engen Serpentinen (asphaltiert) geht es mit schönem Panoramablick steil bergauf. Selbst im Sommer ist es hier oben angenehm kühl. Achtung, oft blockieren Ziegen und Rinder die Fahrbahn. Der Gipfel des Djebel Zaghouan ist militärisches Sperrgebiet, doch gibt es bereits auf dem Weg hinauf zahlreiche Aussichtspunkte.

Thuburbo Majus

Wenig spektakulär ist die Lage in einer weiten Ebene, um so besser erhalten sind aber die Ruinen von Thuburbo Majus.

Das Gelände umfasst etwa 40 ha. Was heute so abgelegen erscheint, war einst ein strategisch und ökonomisch bedeutender Ort am Schnittpunkt wichtiger Handelsstraßen.

Die Gegend war wahrscheinlich schon lange vor den Puniern von Berbern besiedelt. Eine erste punische Niederlassung in Thuburbo Majus geht vermutlich auf das 5. Jh. v. Chr. zurück, was u. a. an der ungeraden Straßenführung, die die Römer später übernahmen, zu erkennen ist. Unter Kaiser Augustus wurde Thuburbo Majus 27 v. Chr. zum *Municipium* ernannt, der Aufstieg zur *Colonia Julia Aurelia Commoda* erfolgte etwa zwei Jahrhunderte später (188 n. Chr.). In diesem Zeitraum erfuhr Thuburbo Majus einen glanzvollen Aufstieg zur Handelsstadt, die wichtigsten Monumente der Stadt – Forum, Kapitol und Sommerthermen von eindrucksvoller Größe – stammen aus dem späten 2. bzw. frühen 3. Jh. n. Chr. Die privaten Häuser (nur noch sehr spärlich erhalten) der wohlhabenden Stadt fallen im Vergleich zu den öffentlichen Monumenten flächenmäßig relativ bescheiden aus.

Nach der Zeit der Soldatenkaiser (ab Mitte des 3. Jh.), in der Thuburbo Majus einen wirtschaftlichen Rückgang zu verkraften hatte, erfolgte im 4. Jh. nochmals ein ökonomischer Aufstieg, bevor es dann endgültig bergab ging: Die Vandalen degradierten Thuburbo Majus zum unbedeutenden Dorf und auch die Byzantiner schenkten dem Ort nur wenig Beachtung. Die arabische Invasion im 7. Jh. brachte den Resten der einst blühenden Stadt letztendlich den Niedergang. Erst Ende des 19. Jh. wurde Thuburbo Majus wiederentdeckt, erste Grabungen erfolgten ab 1912.

Die durchaus lohnenswerte Besichtigung der Ausgrabungsstätte nimmt in etwa 2 Std. in Anspruch, größere Besuchermassen muss man nicht befürchten.

- *Anfahrt* Von El Fahs Richtung Tunis, nach 1,5 km links ab, von hier noch 2 km (beschildert). Von Tunis kommend: Straße Richtung Kairouan, vor El Fahs rechts ab (beschildert).
- *Verbindungen* Keine Busse von El Fahs nach Thuburbo Majus, Louage von El Fahs bis ca. 400 m vor der Ausgrabungsstätte (0,50 TD). Taxis ab El Fahs (teuer, ca. 4,50 TD). Verbindungen nach El Fahs: Busse und Louages ab Zaghouan (27 km) und Tunis (63 km).
- *Öffnungszeiten* Tägl. 8–19 Uhr, im Winter 8.30–17.30 Uhr. Eintritt 3 TD, Fotografieren 1 TD, Kinder unter 6 Jahren und Studenten mit ISIC frei. Am Eingang Café und Souvenirshop.

Rundgang

Vom Eingang in Richtung Kapitol kommt man zunächst an Häuserruinen und Resten einer Ölpresse vorbei. Das **Kapitol** selbst ist unschwer an seinen vier jeweils 8,50 m hohen Säulen mit korinthischen Kapitellen zu erkennen. Ansonsten ist vom Kapitol (168 n. Chr.), das wie die meisten römischen Bauten dieser Art drei *Cellae* hatte und den Gottheiten Jupiter, Juno und Minerva geweiht war, nur noch wenig erhalten.

Vom Kapitol führt eine mächtige Treppe hinunter zum **Forum**, dem öffentlichen Versammlungsplatz der Römer. Das außergewöhnlich große, quadratische Forum hat eine Seitenlänge von 49 m (2.400 qm). In der südwestlichen Ecke stehen noch einige Säulenreste, zu sehen ist auf dem großen Platz außerdem noch ein Sarkophag aus Marmor. Das Forum entstand zwischen 161 und 192 n. Chr., wie aus der Inschrift eines Friesteils hervorgeht. Östlich vom Forum schließt die **Kurie** an, das tempelartige römische Versammlungshaus; etwa gegenüber davon (an der Westseite des Forums) finden sich die Reste des **Merkur-Tempels**. Dieses Heiligtum des römischen Handelsgotts Merkur, dessen kreisrunde *Cella* noch von acht Säulenresten umgeben ist, liegt nördlich vom Marktplatz.

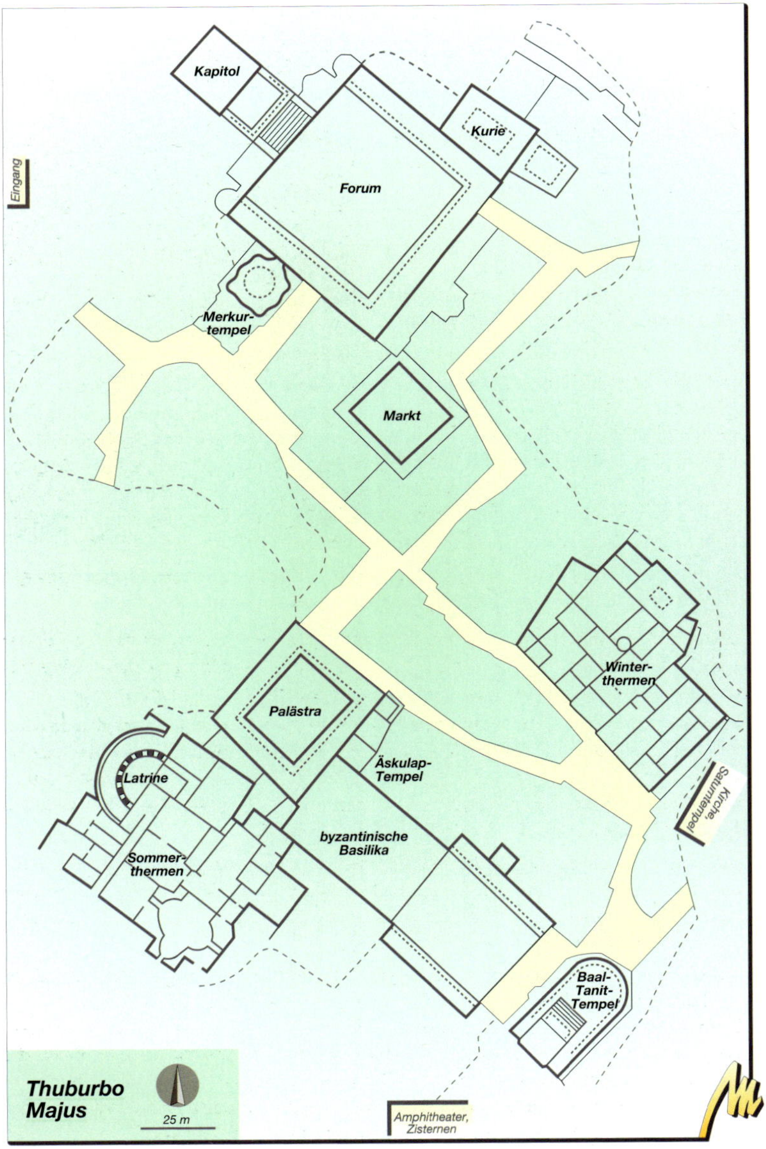

Der **Markt** liegt tiefer als das Forum und bestand aus drei Höfen, in einem kann man am Rand noch die Fundamente einiger Läden sehen, außerdem einige Säulen. Vom Forum aus (gegenüber vom Kapitol) führen in südliche Richtung Treppen hinauf zu den **Winterthermen** (halb rechts) aus dem 2. Jh. n. Chr. Zu sehen sind noch einige Fußbodenmosaike und Säulen, außerdem Sitzbänke im Ankleidezimmer sowie zwei mit Marmor ausgelegte Bassins. Die recht kleinen Thermen folgen keiner symmetrischen Ordnung wie z. B. die Antoninus-Thermen in Karthago. Man betrat die Badeanlage von der Südseite über einen Portikus (Vorbau mit Säulen), von dem noch drei korinthische Säulen übrig sind.

Die Ruinen von Thuburbo Majus

Von den Winterthermen weiter in südliche Richtung gelangt man zu den Überresten einer **Kirche** aus dem 6. Jh., die auf den Resten eines der ältesten Heiligtümer der Stadt gebaut wurde. Gut erkennbar sind noch das kreuzförmige Taufbecken der Kirche sowie Säulen der *Cella* des Tempels. Auf dem kleinen Hügel im Süden finden Sie die Ruinen eines ehemaligen **Saturnus-Tempels**, der unter den Byzantinern zur **Festung** umfunktioniert wurde. Von dieser Anhöhe hat man einen guten Blick auf das gesamte Ausgrabungsgelände. Südwestlich davon findet man die Überreste des **Amphitheaters** und einer **Zisterne**.

Von hier zurück (die Winterthermen halb rechts liegen lassend) kommt man zum **Baal-Tanit-Tempel**, ein Treppenaufgang führt zu dem Heiligtum, zwei der Außensäulen stehen noch. An der Längsseite des Tempels schließt ein nicht näher identifizierter **Platz** an, dahinter eine **byzantinische Basilika**. Am nordöstlichen Rand der Basilika stand der römische **Äskulap-Tempel**.

Nächstes imposantes Relikt (hinter der Basilika) ist die quadratische **Palästra** aus dem frühen 3. Jh. n. Chr. Dieser Sportplatz wurde von einem reichen Kaufmann namens Petronius Felix gestiftet. Er ist sehr gut erhalten, viele Säulen des Portikus mit Fries und Inschriften sind noch zu sehen.

Neben der Palästra befinden sich die großen **Sommerthermen** (2.400 qm), eines der bedeutendsten Bauwerke von Thuburbo Majus aus dem späten 2. bzw. frühen 3. Jh. n. Chr. Viele Bodenmosaike sind noch zu erkennen; allerdings sind sie überwiegend in schlechtem Zustand. Westlich an die Sommerthermen schließt die **Latrine** an, die mit Säulen und einer Sitzbank bestandene halbrunde öffentliche Bedürfnisanstalt der Römer. Von hier geht es vorbei an den Fundamenten einiger Privathäuser mit Mosaiken- und Säulenresten zurück zum Eingang.

Kairouan

(ca. 118.000 Einwohner)

Die heilige Stadt Tunesiens und – nach Mekka, Medina und Jerusalem – die vierte heilige Stadt des Islam. Eine Stadt der Superlative: 89 Moscheen und 50 Mausoleen; doch leben hier auch die verschlossensten Bewohner des ganzen Landes, die europäische Besucher oftmals mit unverhohlener Skepsis betrachten.

In Kairouan herrscht Rummel, und das nicht nur zu den heiligen islamischen Festen. Jährlich kommen etwa 1,5 Mio. Pilger hierher, um beim Grabmal des Sidi Sahab in der Barbiermoschee oder in der Sidi-Okba-Moschee – der größten und ältesten des Landes – zu beten.

Tourismus findet in Kairouan in der Regel nur halbtags und in Form organisierter Busreise statt. In der Medina bzw. auf ihren Hauptrouten haben sich viele Souvenirgeschäfte mit hohem Preisniveau angesiedelt. Vor allem die älteren Bewohner der Stadt sind von leicht bekleideten Touristen, die im Schnelldurchgang ihre heilige Stadt in Beschlag nehmen, nicht unbedingt begeistert. Individualreisende sind in Kairouan selten.

Wer etwas Zeit mitbringt, kann die stimmungsvollen Ecken der Medina (und außerhalb davon) kennen lernen oder die Moscheen und Zaouias außerhalb der Stoßzeiten besichtigen. Die relativ teuren organisierten Busfahrten (z. B. von Sousse, ca. 30 TD) muss man nicht zwingend in Anspruch nehmen: Für etwa 5 TD kommt man (ohne umsteigen zu müssen) in eineinhalb Stunden von Sousse mit dem Sammeltaxi nach Kairouan und auch wieder zurück.

Geschichte

Der muslimische Eroberer *Okba ibn Nafaa* legte im Jahr 670 den Grundstein für die Hauptstadt des arabisch-islamischen **Ifrikya**. Als geistiges Zentrum Nordafrikas erlebte die Stadt unter den Aghlabiden im 9. Jh. ihre Glanzzeit. Unter den Fatimiden wurde die Hauptstadt im Jahr 916 allerdings nach Mahdia an der Küste verlegt, bis 973 Kairo erobert und zum neuen Zentrum ausgerufen wurde. Bei dem Einfall der Beni-Hilal-Nomaden wurde Kairouan 1057 geplündert; später wurde die Stadt als politisches und kulturelles Zentrum von Tunis abgelöst. Kairouan zieht bis heute als geistiges Zentrum des Maghreb und als viertheiligste Stätte des Islam eine große Anzahl von Pilgern an. Die Wallfahrt nach Kairouan, auch wenn sie mehrfach durchgeführt wird, kann allerdings nicht den *Hadsch* (Pilgerfahrt nach Mekka) ersetzen.

Achtung: Touristen-Nepp ist in Kairouan keine Seltenheit. Da die meisten Besucher nur wenige Stunden bleiben, haben sich manche Händler auf das schnelle Geschäft mit überhöhten Preisen spezialisiert. Besonders auf den Hauptrouten durch die Medina zahlt man ahnungslos oft das Doppelte oder Dreifache des normalen Preises. Es kann aber auch passieren, dass Sie – v. a. auf den Zufahrtsstraßen der Stadt – einem Fremdenführer begegnen, der gar keiner ist und sie nur in das Teppichgeschäft seines Cousins locken will. Ein Problem in der Stadt, durch das sich auch die offiziellen Führer des ONTT in Misskredit gebracht sehen.

Information/Verbindungen

• *Touristeninformation* Es gibt zwei Büros in der Stadt. Eines liegt ziemlich weit außerhalb vom Zentrum an der Einfallstraße aus Richtung Tunis/Sousse auf der rechten Seite (Av. de la République). Es werden Stadtpläne von Kairouan und Hotellisten herausgegeben. Geöffnet: Mo–Do 8–14 Uhr durchgängig, ✆ 77/230452. *Hier und an der Sidi-Okba-Moschee (Große Moschee) werden die Sammeltickets für die Besichtigung der wichtigen islamischen Bauwerke der Stadt verkauft* (6 TD; Ticketverkauf Sa–Do 8–18 Uhr, Fr 8–13 Uhr). Im Touristenbüro kann man auch einen offiziellen Stadtführer in Anspruch nehmen (am besten einen Tag vorher Bescheid sagen), die Führung kostet 15 TD und dauert etwa 1,5 Std. Lohnend, die Herren von der ONTT sprechen in der Regel Französisch, Englisch oder Deutsch.

Vom Dach des Büros hat man einen schönen Ausblick auf die Stadt. Im Treppenaufgang zur Dachterrasse interessante Fotografien von Kairouan in den 30er Jahren.

Das zweite Büro befindet sich auf der Place des Martyrs (wenige Meter vom Eingang zur Medina entfernt). Auch hier sind Stadtpläne und Hotellisten erhältlich (kein Sammelticketverkauf). Öffnungszeiten: Mo–Do 8.30–13 Uhr und 15–17.45 Uhr, Fr/Sa 8.30–13.30 Uhr. Im Internet findet man unter www.kairouan.org zusätzlich einige interessante Informationen rund um die Stadt.

• *Vorwahl* Für Kairouan und Umgebung gilt die Vorwahl **77**.

• *Verbindungen* Keine Züge, dafür aber hervorragende Bus- und Louageverbindungen in weite Teile des Landes. *Große Bus- und Louage-Station* ca. 1,5 km außerhalb vom Zentrum an der Str. nach Sbeitla/Gafsa auf der linken Seite. Es gibt in Kairouan noch eine *kleine Louage-Station* bei der Post (Rue Etienne), von hier Fahrten Richtung Sfax und in einige Städte des Südens.

Busse (✆ 77/227125): etwa stündl. nach Sousse (1 Std. 15 Min., 2,50 TD); 6-mal tägl. Tozeur (5 Std., 11,50 TD); 7-mal Sbeitla (2 Std., 4,50 TD) und weiter nach Kasserine (2,5 Std., 5,50 TD); 3-mal Sfax (2,5 Std., 5 TD); 4-mal Monastir (1 Std. 45 Min., 3,50 TD); 9-mal Gafsa (4 Std., 8,70 TD); 14-mal Tunis (2,5 Std., 7,70 TD); 2-mal El Kef (3 Std. 15 Min., 7,70 TD); 4-mal Makthar (ca. 2 Std., 4,20 TD); 5-mal Nabeul (2,5 Std., 4,50 TD); 4-mal Gabès (2-mal nachts, 4 Std., 8,50 TD); 3-mal tägl. Djerba (1-mal nachts, 6–8 Std., 15 TD).

In der Medina von Kairouan

Louages: nach Tunis (2–2,5 Std., 7 TD); Sousse (ca. 1,5 Std., 3 TD); Gabès (3 Std., 8,30 TD); Sfax (1,5 Std., 5,50 TD); Gafsa (2,5 Std., 8,30 TD); Sbeitla (1 Std., 4,60 TD); Kasserine (2 Std., 6,50 TD); El Jem (1 Std., 3,50 TD); Nabeul (1,5–2 Std., 4,70 TD).

Taxis: Am Platz vor der Post und an der Louage- bzw. Busstation. Die Fahrt ins Zentrum kostet ca. 2 TD.

Adressen

Ärztl. Hilfe: Hospital außerhalb an der Straße Richtung Tunis/Sousse (gegenüber der Touristeninformation), Englisch sprechende Ärzte, ✆ 226300. Ein weiteres Hospital (Zaghalhit) befindet sich eine Querstraße weiter, ✆ 229937.

Banken: z. B. die *Banque de l'Habitat* im Zentrum, Nähe Bab ech Chouhada (gegenüber vom Medina-Tor die Straße hinein) an der Place de l'Indépendance, Mo–Fr 8–16 Uhr geöffnet.

Einkaufen: *Markt* und *Markthalle* außerhalb der Medina am *Bab et Tounes* bzw. an der Place de Tunis, allerlei Verkaufsstände, viel zu sehen. Mo Wochenmarkt. Souvenirs, Leder- und Haushaltswaren, Teppiche und anderes in den *Souks*. Der Laden des **ONAT** (und gleichzeitig Teppichmuseum) mit Festpreisen liegt außerhalb der Medina in der Av. Ali Zouaoui; ebenfalls zu festen Preisen werden Teppiche im **Centre des Traditions et des Métiers d'Art de Kairouan** verkauft Nahe Bir Barouta in einer Seitenstraße.

Feste: *Festival du Tapis* (Teppichfestival) immer Ende April, *Olivenfest* Ende November. Der Geburtstag des Propheten (**El Mouled**) und das Ende des Ramadan (**Aid El Seghir**) sind in der heiligen Stadt Tunesiens größere Feste als anderswo. Termine s. S. 47.

Polizei: kleines Häuschen in der Hauptgasse der Medina (Rue Belhouane), ✆ 226429.

Post: Am Platz, in den Av. de la République und Rue Farhat Hached münden, davor die Taxistation. Die Post ist in einem Kuppelbau untergebracht, Mo–Do 7.30–13.30 Uhr, 18–20 Uhr, So 9–11 Uhr geöffnet.

Telefonieren: intern. Telefonbüro (Taxiphone) neben der Banque de l'Habitat an der Place de l'Indépendance im Zentrum.

Internet: in der Nähe der Post, Rue du 20 Mars, funktioniert nur langsam – für Geduldige.

Kairouan ist auch die **Teppichhauptstadt** Tunesiens. Berühmt ist die Stadt vor allem für ihre *Mergoums*, Webteppiche, die dicker sind als die *Kelims* (aber auch teurer) und sich durch ihre filigranen geometrischen Muster auf einfarbigem Untergrund auszeichnen. Daneben werden natürlich auch Knüpfteppiche angeboten (*Zerbia* und *Alloucha*). Die Teppichproduktion findet zum Teil immer noch in Heimarbeit statt, für die Frauen eine – wenn auch bescheidene – Einnahmequelle.

In der Altstadt von Kairouan stößt man manchmal auf Teppichgeschäfte, die als „Musée“ ausgewiesen sind. Man sollte sich davon nicht in die Irre leiten lassen, die einzige Garantie für die Qualität eines Teppichs ist das Gütesiegel des ONAT (Office National de l'Artisanat Tunisien). Die Preise sind allerdings nicht festgelegt.

Ein echtes **Teppichmuseum** findet man in der *Rue Zouagha*. Hier werden überwiegend Teppiche aus dem 18. und 19. Jh. (teilweise sehr groß), aber auch ganz moderne Stücke ausgestellt (Eintritt frei, Mo–Do 8–13 Uhr und 15–18 Uhr geöffnet, Fr/Sa nur vormittags).

Übernachten

Hôtel La Kasbah (2), 5 Sterne, 1999 eröffnet. Zentral gelegen, harmonisch in das Stadtbild bzw. in die Kasbah integriertes Luxushotel mit 200 Betten. Innen arabischer Baustil mit Naturstein, geschmackvoll eingerichtete Zimmer. 24-Std.-Zimmerservice. Türkisches Bad und Außenschwimmbad. Zwei Restaurants, Buffet. DZ 156 TD, EZ 103 TD, Frühstück inkl. ✆ 237301, 📠 237302, www.goldenyasmin.com, E-Mail: kasbah.kairouan@goldenyasmin.com, Avenue Ibn El Jazzar (direkt an der Medinamauer).

Hôtel Splendid (7), 3 Sterne, *Tipp für die Innenstadt*. Zentrale, aber sehr ruhige 80-Betten-Herberge. Großzügige, elegant eingerichtete Zimmer im Stil der 60er/70er Jahre, mit Bad (Wanne) und WC, gepflegt, EZ 28 TD, DZ 40 TD, Dreibettzimmer 65 TD, ✆ 227522, 📠 230829. Von der Rue Farhat Hached etwa gegenüber vom Hôtel Tunisia die kleine Straße rein (Rue du 9 Avril), dort auf der linken Seite.

Hôtel Continental (1), großes 3-Sterne-Hotel, nicht mehr taufrisch, auch Tagungshotel. Große Zimmer, alle mit Bad, Balkon, sep. WC. Mit Restaurant und (wenig ansprechendem) Pool. DZ 60 TD, EZ 41 TD. ✆ 231135, 📠 229900. Gegenüber der Touristeninformation an der Straße Richtung Tunis.

Hôtel Tunisia (8), 2 Sterne, zentral gelegen, *empfehlenswert*. Sehr saubere, recht große, klimatisierte Zimmer mit Bad und teilweise Balkon, freundlicher älterer Herr an der Rezeption, gutes Preis-Leistungs-Verhältnis: DZ 40 TD, EZ 25 TD. ✆ 231855 oder 231775, 📠 231597. Rue Farhat Hached, von der Place des Martyrs (Bab ech Chouhada) ausgeschildert.

Hôtel El Menema (3), zentrumsnah, schlichte, aber sehr saubere Zimmer mit Du/WC, manche mit Balkon, DZ 20 TD, EZ 15 TD (ohne Frühstück). ✆ 226182, ℻ 235033. Rue Moez Ibn Badiss/Rue Ibn El Jazzar, Nähe Place de Tunis, im Erdgeschoss Internet-Café.

Hôtel Sabra (6), zentraler geht es kaum, an der Place des Martyrs (Bab ech Chouhada), von einigen Zimmern schöner Ausblick auf das Medina-Tor. Trotz der Lage nicht zu laut. Bei Franzosen und Tunesiern gleichermaßen beliebt, sehr günstig: Das DZ kostet 24 TD, das EZ 14 TD. Zimmer mit Waschbecken, saubere Etagenduschen und -toiletten. Café nebenan. ✆ 230263.

Hôtel des Aghlabites (4), zentral, beim Markt (Place de Tunis) in einer Gasse (ganz in der Nähe des Bab et Tounes): sehr einfach, sehr günstig, aber sauber. Zimmer um einen sehr großen Innenhof, Etagenduschen. DZ 8 TD, EZ 7 TD. ✆ 230880.

Jugendherberge, gegenüber vom Stadion, die Übernachtung kostet 5 TD pro Person (kleine 3- und 4-Bett-Zimmer). Man ist nicht besonders bemüht um ausländische Gäste. Angeschlossen an ein Sport- und Jugendzentrum, viel Rummel. ✆ 228239. Ca. 1 km vom Zentrum, gegenüber vom Bab ech Chouhada in die „Fußgängerzone" (Place de l'Indépendance), dann halb links in die Av. de Fes.

Essen und Trinken (siehe Karte Seite 169)

Mit Gourmet-Tempeln ist Kairouan nicht gerade gesegnet; auf der Hauptroute durch die Medina (Rue Ali Belhouane) warten ein paar einfache Restaurants mit völlig überhöhten Preisen auf Touristen (oftmals keine Speisekarte). Auch die Fastfood-Lokale in der Medina sind eher teuer. Wer sich etwas Besonderes gönnen will, sollte eines der Restaurants im 5-Sterne-Hotel La Kasbah in Erwägung ziehen.

Charlot, günstig, sauber, einfach, etwas eng. Spezialität sind die gefüllten Schafsköpfe (!). Rue la Mosque de Barbier.

Kairi Hamami (5), Sandwich für 1 TD. In der Medina auf der Hauptgasse, von Bab et Tounes kommend 10 m vor der Polizeistation links.

In und um die Rue Farhat Hached weitere *einfache Restaurants*, aber die Auswahl bleibt begrenzt. *Lizenzierte Restaurants* in den größeren Hotels. *Cafés* um die Place des Martyrs (Bab ech Chouhada).

Makroudh

Die Zauberformel heißt Honig, Grieß und Dattelpaste, heraus kommt Makroudh, die süßeste Spezialität Tunesiens. In Rauten oder Röllchen aufgetürmt bekommt man Makroudh an jeder Straßenecke Kairouans, und wer es einmal probiert hat (vorausgesetzt man liebt Süßes), kann so schnell an keinem Makroudh-Stand mehr vorbeigehen. Das klebrige, süße Gebäck wird einzeln (Stück ca. 50–100 Millimes) oder abgewogen (Kilo ca. 5–10 TD) verkauft und ist genau das Richtige für den kleinen Hunger zwischendurch.

Sehenswertes

Davon gibt es in Kairouan außerordentlich viel. Wer sich Eintritt in die heiligen Bauwerke der Stadt verschaffen möchte, muss beim Touristeninformationsbüro der ONTT (s. S. 167) oder an der Sidi-Okba-Moschee (Große Moschee) ein Sammelticket erstehen, das folgende Sehenswürdigkeiten einschließt: Sidi-Okba-Moschee (für Nicht-Moslems ist nur der Innenhof zugänglich), Barbiermoschee, Säbelmoschee, Zaouia Sidi Abid El Ghariani, Bir Barouta, Aghlabiden-Bassins und das 11 km von Kairouan entfernte Museum von Rakkada.

Medina: Nach der großen Medina von Tunis sicherlich die interessanteste Altstadt Tunesiens. Die beiden Haupttore der Medina, das **Bab ech Chouhada** an der Place des Martyrs und das **Bab et Tounes** an der Place de Tunis, werden durch die Rue Ali Belhouane, die „Hauptstraße" der Medina, miteinander verbunden. Die **Souks** liegen, betritt man die Medina vom Bab ech Chouhada aus, rechts von der Rue Ali Belhouane etwa um den Bir Barouta (s. u.). In den dunklen gewölbeüberdachten Gassen werden Teppiche, Lederwaren, Kleidung, Haushaltsgegenstände und viele Souvenirs verkauft.

Vom **Bir Barouta** gelangt man durch die Gassen (vom Bir zunächst rechts, dann links durch einen Durchgang und wieder rechts) zur **Moschee der Drei Tore**, eine der ältesten Moscheen der Stadt aus dem Jahr 866, deren Minarett nachträglich im 15. Jh. angebaut wurde. Beachtenswert ist die Fassade mit Kufischrift, der ältesten arabischen Schrift überhaupt. Nicht zugänglich, man kann nur das Äußere der Moschee bewundern.

Die heutige Ummauerung der Medina stammt aus dem 17. Jh. und umschließt mit einer Mauerlänge von etwa 4 km nahezu die ganze Altstadt. Auffällig sind die für Kairouan typische Ziegelbauweise und die festungsartigen Zinnen der Stadtmauer. Im Laufe der Jahrhunderte wurde die Medina kleiner: im 9. Jh., als Kairouan unter den Aghlabiden noch die Hauptstadt Nordafrikas war, lebten innerhalb der Stadtmauer von damals 17 km Umfang eine viertel Million Menschen, heute sind es in ganz Kairouan (Neustadt und Altstadt) kaum noch die Hälfte (ca. 110.000) und davon wohnen nur noch ca. 30 % in der Medina.

Sehenswertes mit dem Sammelticket

Zaouia Sidi Sahab (Barbiermoschee): Die Grabstätte des Begleiters des Propheten Mohammed (Sahab = Begleiter), der stets drei Barthaare von ihm bei sich trug und daher als sein Barbier bezeichnet wurde. Prachtvoller Bau mit herrlichem Innenhof (Nabeul-Kacheln und Marmorsäulengang), die Kuppel der Grabstätte aus dem Jahr 1629 ist aus handgefertigtem Stuck mit 24 verschiedenen Mustern und gilt als eine der schönsten Tunesiens. Die Decken sind aus Zedernholz, zu sehen sind außerdem Stuckarbeiten mit Koraninschriften. Die Grabstätte des Sidi Sahab stammt aus dem 7. Jh., die Zaouia selbst wurde im 17. Jh. gebaut. Dem damaligen Architekten hat man für seine Glanzleistung in einem Nebenraum ebenfalls ein kleineres Grabmal errichtet. Bei beiden Gräbern dienen die Sarkophage (in der heiligen Farbe Grün) als dekorativer Aufbau, das Grab selbst liegt darunter.

Barbiermoschee

Die Zaouia Sidi Sahab ist besonders während des dreitägigen *El Mouled* (Geburtstag des Propheten) ein frequentiertes Pilgerziel, zu dieser Zeit kommen 4.000 bis 7.000 Wallfahrer aus ganz Nordafrika hierher. Den Gläubigen stehen kleine Zimmer zur Verfügung, außerdem gehört zur Zaouia eine Koranschule (Medersa) mit bunt gekacheltem Minarett. Auffällig sind die vielen Teppiche in den Räumlichkeiten. Der Tradition nach muss jede Frau in der Teppichhauptstadt Kairouan ihren ersten Teppich dieser Zaouia stiften.

Lage/Öffnungszeiten Die Barbiermoschee liegt außerhalb vom Zentrum an der Av. de la République nahe der Abzweigung Richtung Gafsa. Täglich 8–18 Uhr, freitags bis 13 Uhr geöffnet, den Raum mit dem Grabmal dürfen Nichtmuslime nicht betreten.

Bir Barouta: Der älteste Brunnen (arab. *bir*) der Stadt liegt im Herzen der Medina. Aus etwa 20 m Tiefe wird das Wasser geschöpft, der Brunnen stammt aus dem 7. Jh., der Aufbau mit Kuppel wurde im 17. Jh. hinzugefügt. Angeblich soll die Quelle des Bir Barouta Sidi Okba zur Gründung der Stadt bewogen haben. Heute schlägt den Besucher allerdings Kurioseres in den Bann: Ein Dromedar zieht das Brunnenwasser aus der Tiefe und muss dafür jeden Tag aufs Neue über die Treppen in den ersten Stock steigen, wo sich der Ziehbrunnen aus Holz befindet. Das Dromedar, das früher stundenlang und mit verbundenen Augen – sonst hätte es keinen Schritt getan – im Kreis lief, demonstriert seine Arbeit nur noch für Touristen. Zwecks dieser Vorführung wird ihm dann sogar extra der Bart gebürstet.

Lage/Öffnungszeiten Vom Bab ech Chouhada auf der Rue Ali Belhouane, bei der Straßenteilung halb rechts, nach ca. 100 m kommt man zu dem Brunnen (Treppen hoch). Tägl. 8–18 Uhr geöffnet.

Eine der vielen Moscheen in der heiligen Stadt Tunesiens

Zaouia Sidi Abid el Ghariani: In den 1980er Jahren aufwändig restaurierte Grabstätte des Heiligen Sidi Abid aus dem 15. Jh. Die bunten Kacheln aus Nabeul sind noch aus dieser Zeit, außerdem Stuckdecken und eine kleine Koranschule. Vom prachtvollen Eingang führt im Innenhof die erste Tür links zum Grab des Heiligen, auch hier ein dekorativer Sarkophag, sehr schöne Kuppel, die Decken sind aus handbemaltem Zedernholz. Der marmorne Sandfilter am Eingang reinigt das auf dem abschüssigen Boden gesammelte Regenwasser.

Lage Nach dem Bab ech Chouhada rechts ab, die Zaouia befindet sich auf der rechten Seite. Tägl. 8–18 Uhr geöffnet.

Sidi-Okba-Moschee (Große Moschee): Wahrzeichen der Stadt und die älteste und größte Moschee Tunesiens. Gegründet wurde sie im Jahr 671 unter Sidi Okba ibn Nafaa, einem Begleiter des Propheten Mohammed. Die Moschee ist das bedeutendste Bauwerk der 670 gegründeten islamischen Stadt Kairouan. Bereits 703 wurde die Moschee erstmals umgebaut und vergrößert, weitere Um- und Erweiterungsbauten erfolgten im Lauf des 8. Jh. Das Minarett entstand in den Jahren 724 bis 728 und diente als Vorbild für spätere Minarettbauten in Nordafrika. Der heutige Bau stammt aus der Zeit der Aghlabidendynastie im 9. Jh.

Die festungsartige, relativ schmucklose ockerfarbene Moschee hat in etwa die Form eines Trapezes – mit nur ungefährer Ausrichtung der Gebetshalle nach Mekka. Die Grundfläche beträgt etwa 80 x 124 m, die des Innenhofs 50,25 bzw. 52,45 m x 67 m, die Außenmauer hat einen Gesamtumfang von ca. 500 m. Beim Bau der Moschee wurden sowohl kleine Lehmziegel aus Kairouan als auch größere Steinquader aus antiken Stätten verwendet. Das Minarett der Moschee hat eine Höhe von 32 m, in der gesamten Anlage finden sich rund 600 antike Marmorsäulen aus Karthago, Sousse, Sbeitla etc., 300 allein im Gebetssaal. Alljährlich zum Mouled (Geburtstag des Propheten) bietet die Gebetshalle Raum für 3.500 bis 4.000 Gläubige.

Der Innenhof: Man betritt die Moschee von der Westseite. Um den Innenhof Arkadengänge mit antiken Marmorsäulen, der Hof selbst ist zum Teil mit weißen Marmorplatten belegt und zur Mitte hin abschüssig. Hier befindet sich ein Sandfilter aus Marmor (9. Jh.), der das Wasser in Zisternen leitet. Die Brunnen aus Säulensockeln weisen Rillen auf – 1.100 Jahre Wasser hochziehen hinterlässt Spuren. Im Innenhof finden sich außerdem drei Sonnenuhren, die vormittags, mittags und nachmittags die Zeit anzeigen. Die eindrucksvollste steht erhöht auf einer Art Podest etwa in der Mitte des Hofes.

Der Gebetssaal: 17 Türen aus Zedernholz, von denen die linken acht den Frauen und die rechten acht sowie das Hauptportal den Männern vorbehalten sind. Das Hauptportal ist mit wunderschönen geschnitzten Ornamenten verziert, die anderen Türen sind mit Intarsien ausgelegt. Wichtigster Bestandteil des säulenbestandenen 17-schiffigen Gebetssaals ist die dem Hauptportal gegenüberliegende marmorne Gebetsnische (Mihrab) des Imam (Vorbeter) aus dem 9. Jh., rechts daneben der Minbar (Predigtstuhl) aus geschnitztem Teakholz (9. Jh.), der als die älteste Kanzel der islamischen Welt gilt. Wiederum rechts neben dem Minbar befindet sich die Maksoura (11. Jh.), ein durch eine handgeschnitzte Holzwand abgegrenzter Bereich, in dem der jeweilige Herrscher unbehelligt und vor Attentaten geschützt am allgemeinen Gebet teilnahm. Der Gebetssaal ist mit Strohmatten ausgelegt, bei islamischen Festen kommen die Pilger mit ihren eigenen Teppichen hierher. Die Holzgestelle an den Säulen sind für die Schuhe gedacht, die bei einer Zahl von 3.500 Paaren bei größeren Festen leicht verloren gehen können. Früher betrat man den Gebetssaal der Moschee über das Lalla-Rihana-Tor an der Ostseite des Bauwerkes, eines von neun Zugangstoren der Moschee.

Lage/Öffnungszeiten Die Moschee befindet sich am nordöstl. Rand der Medina (von Bir Barouta und Moschee der Drei Tore aus beschildert). Tägl. von 8–14 Uhr geöffnet, im Winter generell kürzer.

Zaouia Sidi Amor Abbada (Säbelmoschee): Die Zaouia wurde erst im 19. Jh. gebaut, hier befindet sich das Grab des heiligen Schmieds Abbada. Neben dem hölzernen Sarkophag und einigen Möbelstücken sind derzeit einige Werkzeuge und Waffen zu besichtigen, u. a. ein Schwert, in das eine Koransure eingraviert ist. Von außen fällt der Bau durch seine fünf gerippten Kuppeln auf.

• Lage/Öffnungszeiten Nicht so einfach zu finden. Von der Post aus ca. 700 m auf der Av. de la République Richtung Tunis/Sousse, etwa 100 m nach der großen Shell-Tankstelle rechts ab in eine kleine Straße (ein sehr kleines braunes Schild weist den Weg). Tägl. 9–15 Uhr geöffnet, Mo geschlossen.

Aus handgeschnitztem Zedernholz – das Portal zum Gebetssaal der Sidi-Okba-Moschee

Aghlabiden-Bassins: Früher das einzige Trinkwasserreservoir der Stadt, von den Aghlabiden im 9. Jh. gebaut. Das große Becken mit einem Durchmesser von 128 m ist 5 m tief und hat ein Fassungsvermögen von fast 50.000 m³, das angrenzende kleine Becken diente als Filteranlage für das Wasser, das über ein Aquädukt vom 36 km entfernten Djebel Cherichera hergeleitet wurde. Heute werden die restaurierten Bassins zur Bewässerung in der Landwirtschaft genutzt.

Lage/Öffnungszeiten Av. de la République, die Bassins befinden sich beim Touristenbüro ca. 2 km außerhalb der Stadt an der Ausfallstraße Richtung Tunis/Sousse.

Museum für Islamische Kunst in Rakkada: Exponate aus den verschiedenen Epochen islamischer Geschichte, z. B. typische Aghlabiden- und Fatimidenkeramik aus dem 9. bis 10. Jh., Münzen aus den verschiedenen arabischen Epochen der Aghlabiden, Fatimiden, Ziriden und Hafsiden, dazu u. a. Schmuck, Flakons und Karaffen sowie Stuckarbeiten und Säulenfragmente mit arabischer Schrift (11. Jh.). Außerdem mehrere Schriftstücke (Koran) aus dem 10. und 11. Jh. sowie fünf Seiten aus der Koranschrift der Sidi-Okba-Moschee in Kairouan (Gold auf blauem Pergament, 10. Jh.). Die Ausstellungsstücke sind meist nur in Arabisch beschriftet. Interessant auch die Modelle (z. B. von den Aghlabiden-Bassins und der Großen Moschee) und die verschiedenen Stadtansichten aus dem 19. Jh. (u. a. Mahdia, Sousse, Monastir und Karthago). Ein Besuch der nahe gelegenen Ruinen des ehemaligen aghlabidischen Regierungssitzes Rakkada (9. Jh.) lohnt dagegen nicht, da von den Bassins, Bädern, Souks und der Moschee nur noch spärliche Reste erhalten sind.

• *Anfahrt* Von Kairouan auf der Straße Richtung Gabès, nach 9 km rechts ab zum Museum (beschildert). In Rakkada befindet sich die Universität von Kairouan, Busse zur „Faculté" halten am Museum (Abfahrt in Kairouan am großen Platz vor der Post). Einfacher mit dem Taxi, die Fahrt kostet einfach ca. 3 TD (evtl. Wartezeit mit dem Taxifahrer aushandeln).

• *Öffnungszeiten* Juli–Aug. 8.15–14.15 Uhr, sonst 9–16 Uhr, Mo immer geschlossen. Eintritt mit dem **Sammelticket**.

Blick auf Mahdia

Die Sahel-Region

Der fruchtbare Küstenstreifen erstreckt sich vom südlichen Golf von Hammamet hinunter bis nach Sfax. Die Sahel mit ihren Touristenzentren Sousse, Port El Kantaoui, Monastir und neuerdings auch Mahdia ist die bedeutendste Fremdenverkehrsregion des Landes – jährlich werden hier über 6 Mio. Übernachtungen gezählt.

Kaum weniger wichtig ist der Obst-, Gemüse- und Olivenanbau, Letzterer besonders in der Gegend um Sfax. Die Sahel-Region als Kulturlandschaft wurde – ähnlich wie das Cap Bon – schon von den Puniern und später den Römern landwirtschaftlich intensiv genutzt. An landschaftlichen Highlights bietet sie zwar wenig, dafür erstrecken sich an der Küste fast durchgehend kilometerlange breite Sandstrände.

Für Kulturinteressierte ist die Region ein idealer Ausgangspunkt für Entdeckungstouren: Kairouan (s. S. 166) am nordwestlichen Rand der Sahel ist die älteste und wichtigste islamische Stadt Tunesiens und auch in Sousse, Monastir, Mahdia und Sfax haben die Dynastien der Aghlabiden, Fatimiden und Ziriden bedeutende Bauwerke hinterlassen. Deutlich geringer ist die Zahl an römischen Hinterlassenschaften, was erhalten blieb, ist dafür aber umso beeindruckender: Das gut erhaltene Amphitheater von El Jem zieht jährlich große Besucherscharen an und gehört zum Standardprogramm jeder Tunesienrundreise.

Von den Badeorten Sousse, Port El Kantaoui, Monastir und Mahdia lassen sich bequem Ausflüge sowohl in den Norden – z. B. nach Tunis und Karthago – als auch in die Oasenstädte am Rande der Sahara und ins südliche Bergland unternehmen.

Zaghouan
Hammamet, Tunis
Bou Ficha
Jeradou
GP 1
Golf von Hammamet
Takrouna
Enfidaville
Hergla
GP 2
Port El Kantaoui
Hammam Sousse
Sebkhet Kelbia
Kalaa Kebira
Sousse
Kairouan
Kuriat-Inseln
Skanès
Monastir
M'Saken
Leptis Minor
Kairouan
GP 12
Lamta
Sayada
Bekalta
Moknine
Thapsus
Sidi Mokrune
Sebkhet de Sidi El Hani
GP 1
Cap Africa
Mahdia
Ksour Essaf
Salakta
Sullecthum
El Jem
Chebba
Sbeitla, Kasserine
GP 13
Sidi Mansour
Insel Chergui
Gafsa, Tozeur
GP 14
Sfax
Remla
El Attaia
Sidi Frey
GP 1
Melitta
Kerkennah-Inseln
Sidi Youssef
Insel Gharbi
Sahel
10 km
Gabès
Nakta

Sousse

(ca. 175.000 Einwohner)

Hotelburgen am nördlich gelegenen Strand, ein unschöner Industriehafen und großstädtische Hektik – auf den ersten Blick überhaupt kein Traumziel stressgeplagter Europäer. Doch kann man auch in Sousse einen angenehmen Badeurlaub verbringen, und das in Verbindung mit einer guten Auswahl an Hotels und Restaurants sowie einer hervorragenden Infrastruktur.

Die nach Tunis und Sfax drittgrößte Stadt Tunesiens ist eines der wichtigsten Ferienzentren des Landes. Das Klischee vom billigen Pauschalurlaub im Hotelklotz, der von der einheimischen Bevölkerung bestens abgeschirmt ist, trifft auf Sousse genauso zu wie die Vorstellung von souvenirüberladenen Souks, deren Händler den Touristen um jeden Preis irgendetwas andrehen wollen.

Aber Sousse bietet mehr, man muss sich nur etwas von den gängigen Routen entfernen. Die Große Moschee und der benachbarte Ribat sowie die Kasbah, die als Wahrzeichen der Stadt an deren höchster Stelle thront, und das darin beheimatete bedeutende archäologische Museum lassen auch Kulturfreunde auf ihre Kosten kommen. Ausflüge nach Kairouan, El Jem, Tunis und Karthago sind leicht an einem Tag zu bewältigen.

Das Neustadtzentrum liegt um die *Place Farhat Hached*, die eine Büste des tunesischen Widerstandskämpfers und Volkshelden ziert. An der zum Meer führenden *Avenue Habib Bourguiba* finden sich Geschäfte, Autovermietungen und Ähnliches mehr, die meisten Restaurants liegen in der *Route de la Corniche* (Richtung Port El Kantaoui).

Karte Seite 176

Geschichte

Das phönizische *Hadrumentum* wurde im 9. oder 8. Jh. v. Chr. gegründet. Im 2. Punischen Krieg hatte Hannibal kurz vor seinem erfolglosen Feldzug gegen Scipio hier einen Stützpunkt. Die Bewohner Hadrumentums erkannten jedoch bald die Ungunst der Stunde und schlugen sich im 3. Punischen Krieg rechtzeitig auf die Seite der Römer und das machte sich bezahlt: Vom Untergang des karthagischen Reiches blieb die Stadt verschont und unter Kaiser Trajan (98–117 n. Chr.) erlebte Hadrumentum einen wirtschaftlichen Aufschwung als Handelsstadt für Getreide- und Olivenexporte nach Rom.

Trajan ernannte die Stadt zur *Colonia Ulpia Traiana Augusta Frugifera Hadrumetica*. Diokletian (284–305 n. Chr.) machte Hadrumentum zur Hauptstadt der neuen Provinz Byzacium, die Vandalen kamen im 5. Jh. und gaben der Stadt den Namen *Hunericopolis*, Justinian benannte sie im 6. Jh. um in *Justinianopolis* – bis die einfallenden Araber der Stadt zwar endlich den Namen *Sousse* gaben, sie aber bei der Einnahme schwer beschädigten.

Blütezeit der Stadt war das 9. Jh. unter den Aghlabiden, deren imposante Bauwerke wie die *Große Moschee* und der *Ribat* noch heute zu bewundern sind. Zu dieser Zeit war Sousse der Hafen von Kairouan. Wie viele andere Städte auch fiel Sousse dem Einfall der Beni-Hilal-Nomaden (11. Jh.) zum Opfer. Durch den Aufstieg der benachbarten Fatimiden-Stadt Mahdia versank Sousse mehr und mehr in die Bedeutungslosigkeit, erlebte zwischenzeitlich einen kurzen Aufschwung als Piratenhafen, bis im 17. Jh. die Spanier und bald darauf die Franzosen die Stadt erneut angriffen.

Im 2. Weltkrieg wurde die Stadt schwer bombardiert, bevor sie am 12. April 1943 von den Alliierten eingenommen wurde. Den Bomben fiel auch der Eingang zur Medina an der *Place Sidi Yahia* zum Opfer.

Information/Verbindungen

• *Touristeninformation* Av. Habib Bourguiba 1, Öffnungszeiten Mo–Sa 8–19 Uhr, So 9–13 Uhr. Wenig hilfreicher Service, erhältlich sind Stadtplan und Hotelliste. ✆ 225157-59, ✆ 224262.

• *Vorwahl* Für Sousse und Umgebung gilt die Vorwahl **73**.

• *Verbindungen* Sousse ist der Verkehrsknotenpunkt der Sahel-Region, entsprechend gut sind die Verbindungen in weite Teile des Landes (z. B. mit der *Metro du Sahel*). Der intern. **Flughafen** von Monastir ist 18 km von Sousse entfernt (s. S. 190).

Zug: *Bhf.* im Zentrum am Blvd. Hassouna Ayachi, von hier: 9-mal tägl. Tunis (2 Std., 6,50 TD), auf der Strecke (Bir Bou Rekba) Umsteigemöglichkeiten nach Hammamet/Nabeul; 5-mal tägl. über El Jem (1 Std., 3,80 TD) nach Sfax (ca. 2 Std., 5,90 TD); 3-mal nach Gabès (5 Std., 10,50 TD); 1-mal nach Gafsa (über Nacht, knapp 5 Std., 11,10 TD), der Zug fährt weiter nach Metaloui. ✆ 224955.

Metro du Sahel: Verkehrt zwischen Sousse, Monastir und Mahdia, Abfahrt am *Bhf.* Bab El Djedid beim Hafen. Etwa stündl. nach Monastir (35–40 Min., 0,80 TD) mit Stopps am Flughafen und in Skanès; 8-mal tägl. nach Mahdia (1,5 Std., 2 TD).

Busse: Mehrere Busstationen im Zentrum, alles etwas verwirrend: *Busstation für den Fernverkehr* (✆ 221910) am Medina-Tor Bab El Djedid (Av. Mohamed Ali), hier folgende Verbindungen: 8-mal tägl. Tunis (2 Std., 7,12 TD); von 6–18 Uhr etwa stündl. Kairouan (2,50 Std., 3 TD); fast stündl. nach Sfax (2 Std., 6,43 TD); mehrmals tägl. nach El Jem (1 Std., 3 TD) und nach Gabès (4 Std., 12,05 TD); außerdem besteht eine Direktverbindung nach Matmata im Süden des Landes (5 Std., 12 TD). *Busse in die nähere Umgebung* (✆ 224382) fahren an der Place Sidi Yahia (Nordmauer der Medina bei der Place Farhat Hached) ab: Nr. 12 und Nr. 18 nach Port El Kantaoui (20 Min., 0,60 TD) und weiter nach Hergla (1 Std., 1 TD) mit Stopps bei den Hotels. Busse nach Enfida (Nr. 19) und weiter nach Bou Ficha fahren am *Gare Routière* in der Av. Senghor (die Av. de la République stadtauswärts nehmen) ab.

Louages: Große *Louage-Station* außerhalb vom Zentrum an der Straße Richtung Kairouan und Sfax (neben dem großen Wochenendmarkt). Verbindungen: Tunis (1,5 Std., 7,05 TD); Hammamet (1 Std. 15 Min., 4,45 TD); Zaghouan (1 Std., 4,40 TD); Kairouan (1 Std., 3,90 TD); Monastir (25 Min., 1,22 TD); Mahdia (45 Min., 2 TD); Sfax (2 Std., 6 TD); Gabès (4 Std., 10 TD).

Taxis: Wagen stehen an der Place Farhat Hached im Zentrum, kein Telefon. Eine Fahrt nach Port El Kantaoui kostet ca. 3,50 TD, die Fahrt zum Flughafen 12 TD (es empfiehlt sich die Metro!).

Kutschen: Am Eingang der Medina (Place Farhat Hached), eine Stadtrundfahrt kostet ca. 10 TD pro Person.

Le Petit Train: Haltestelle der Touristenbahn am Strand beim Hôtel Abou Nawas Boujaafar (am Ende der Av. H. Bourguiba). Während der Saison von 9–23 Uhr stündl. nach Port El Kantaoui mit Halt an den Hotels. Einfache Fahrt 2,50 TD, hin und zurück 3,50 TD (Kinder 2,50 TD). ✆ 240353.

Dreirad (Tuk Tuk): Die Haltestelle für die motorisierten Rikschas befindet sich an gleicher Stelle wie die der Touristenbahn. Es werden auch alle Hotels nach Port El Kantaoui angefahren. Platz für 6 Personen mit Fahrer, Abfahrt alle 30 Minuten. Man kann das Dreirad auch vom Hotel aus bestellen, ✆ 274400. Gleiche Preise wie Le Petit Train.

Adressen/Sonstiges

• *Adressen* **Ärztl. Hilfe**, *Centre Hôpital Universitaire* (C.H.U.) außerhalb vom Zentrum, deutsch- und englischsprachige Ärzte, ✆ 241411. Privates Krankenhaus *(Clinique les Oliviers)* am Blvd. 7 Novembre (Route Touristique Richtung Port El Kantaoui), ✆ 242711. Das Preisniveau für Behandlungen ist genauso hoch wie in Deutschland.

Apotheken, mehrere im Zentrum, z. B. im großen Gebäudekomplex des Hôtel Abou Nawas Boujaafar. *Nachtapotheke* in der Av. de la République.

Blick auf die Große Moschee, im Hintergrund der Hafen

Autoverleih, mehrere Anbieter, alle ähnlich teuer, die meisten an der Route de la Corniche, z. B. Europcar, ✆ 226252. Kleinwagen ca. 75 TD am Tag, 3 Tage ca. 210 TD und ca. 340 TD pro Woche.

Autowerkstatt, Rue de l'Indépendance (neben einer Tankstelle). Weitere Werkstätten befinden sich an der Av. Mohammed V. (Straße am Hafen).

Banken, z. B. die *STB-Bank* in der Av. H. Bourguiba, weitere Banken im Zentrum, übliche Öffnungszeiten.

Einkaufen, Soula Shopping Center, verkauft tunesisches Kunsthandwerk und Souvenirs auf drei Etagen zu festen Preisen. Direkt am Eingang zur Medina, nicht zu verfehlen. Souvenirs bestimmen auch das Angebot in den **Souks** der Altstadt. Der *Marché Gros*, ein riesiger **Wochenendmarkt** (So 6–14 Uhr), befindet sich gegenüber der Louage-Station an der Ausfallstraße nach Sfax/Kairouan. Von der Keramikschüssel bis hin zum Plüschkamel ist hier wirklich (fast) alles zu haben, zum Teil recht günstig.

Supermärkte: wenige, das *Magasin Général* in der Rue de l'Indépendance. *Bonprix* im Vorort Hammam Sousse.

Kino, Av. H. Bourguiba (neben der Tunis-Air-Agentur), internationale Filme.

Polizei, Av. H. Bourguiba Richtung Strand auf der rechten Seite neben der Tunis-Air-Agentur. ✆ 225566.

Post, Place Farhat Hached, Eckgebäude am Blvd. Mohamed Maarouf, Öffnungszeiten: Mo–Do 8–12 Uhr und 15–18 Uhr, Fr/Sa 8–12 Uhr, So 9–10 Uhr.

Reinigung, Av. H. Bourguiba (gegenüber der STB-Bank).

Reisebüros, die Ausflugsprogramme der zahlreichen Anbieter unterscheiden sich nur unwesentlich. Wer pauschal gebucht hat, kann Ausflüge vom Hotel aus zu gleichen Konditionen buchen und wird dort sogar abgeholt. Einer der renommiertesten Veranstalter ist *Carthage Tours* (etwas außerhalb am Blvd. 7. Novembre): Auf dem Programm stehen u. a. Kairouan (halber Tag, 35 TD), Tunis/Karthago/Sidi Bou Said (1 Tag, 68 TD), Cap-Bon-Rundfahrt (1 Tag, 52 TD), Nabeul/Hammamet (halber Tag, 26 TD), El Jem/Monastir (halber Tag, 35 TD), Südtunesien-Rundfahrt (2 Tage, Vollpension, 135 TD) und Sahara-Exkursion (3 Tage, Vollpension, 220 TD). ✆ 211422, 📠 225301.

Auf Jeeptouren spezialisiert hat sich *King's Travel*, eine 3-tägige Rundfahrt durch Südtunesien kostet ab ca. 220 TD. Rue du Caire 10 (Seitenstraße der Av. H. Bourguiba, Richtung Strand auf der rechten Seite, bei Monoprix), ✆ 228750, 📠 228307, E-Mail: kingstraveltunisia@yahoo.com.

Cartours Travel bietet u. a. auch Sahara-Ausflüge (mit Kamelritt) an: 3 Tage (Vollpension) für 180 TD, Ausflug zum neuen Zoo

Friguia Park mit Freiluftgehege (halber Tag, 25 TD) Route de la Corniche 7 (neben Avis), ✆ 224092, 📠 227871.

Bahn-, Flug- und Fährtickets gibt es bei *Travel Sousse Express*, daneben das Standard-Ausflugsprogramm. Sehr freundlich und hilfsbereit. Lage: gegenüber vom Hôtel Abou Nawas Boujaafar, Av. H. Bourguiba 85, ✆ 227631, 📠 219573.

Eine *Tunis-Air-Agentur* befindet sich in der Av. H. Bourguiba (Richtung Strand auf der rechten Seite), ✆ 227955.

Telefonieren, ausreichend internationale Telefonzellen (Taxiphones) im Zentrum.

Zweiradverleih, bei einigen der großen Hotels.

• *Sonstiges* **Sport**, vielfältiges Angebot bei den großen Hotels (z. B. Tennis), **Wassersport** bei den großen Hotels am Strand. **Tauchen** und **Golf** in Port El Kantaoui (s. dort).

Nachtleben, ziemliche Flaute, es gibt in der Großstadt gerade mal zwei öffentliche Diskos (beim Hôtel Marhaba und beim Hôtel Samara, beide außerhalb am Blvd. 7 Nov.). Ansonsten ist in Sousse abends wenig los, die Medina wirkt wie ausgestorben (am Abend meiden). Das Spielcasino von Sousse befindet sich auf der Route de la Corniche (Straße nach Port El Kantaoui).

Baden, nördlich vom Zentrum schöner Sandstrand, lang gezogen, lädt zum Strandwandern ein. Außerhalb der Hotelzonen nicht immer ganz sauber.

Übernachten

Über 50 Hotels zählt man in Sousse und die Wahl fällt schwer. Wer günstig übernachten möchte, ist in den kleinen, meist recht einfach ausgestatteten Medinahotels richtig. Der preisliche Kompromiss liegt bei den Stadthotels außerhalb der Medina; die in der Anzahl überwiegenden Strandhotels bieten den höchsten Komfort und haben die höchsten Preise. Die klotzigen Hotelkästen sind allerdings nicht immer eine Augenweide. In der Regel sind fast alle Hotels großzügig ausgeschildert. Eine kleine Auswahl:

• *Hotels in der Medina* **Hôtel de Paris (5)**, *empfehlenswert*, im 1. Stock, freundlichlegere Atmosphäre, viele französische Gäste, mit Dachterrasse, Aufenthaltsraum und TV. Die Zimmer sind sehr schlicht eingerichtet, z. T. auch sehr klein, mit Waschbecken. Saubere Etagenduschen und -toiletten, Warmwasser über die Solaranlage. DZ 22 TD, EZ 16 TD (ohne Frühstück). Rabatt bei längerem Aufenthalt. Am Haupteingang zur Medina die Gasse rechts innen an der Medinamauer entlang nehmen (Rue Rempart Nord), ca. 200 m. ✆ 220564, 📠 219038.

Hôtel Medina (9), hinter der Großen Moschee über einem Restaurant (am Anfang der Rue de Paris, Hauptgasse der Medina). Lange Gänge, schlichte Zimmer, z. T. mit Blick auf die Moschee, z. T. aber auch recht dunkel. DZ mit Du/WC 50 TD, EZ 40 TD ✆ 221722.

Hôtel Ahla (8), zentral, teils neu hergerichtete, schöne Zimmer, freundlicher Service, kleine Dachterrasse, Blick auf die Moschee, günstig: DZ 15–20 TD. Am Platz gegenüber der Großen Moschee. ✆ 220570.

• *Hotels in der Neustadt bzw. an der Uferpromenade Richtung Norden* **Hôtel Abou Nawas Boujaafar (1)**, 4-Sterne-Herberge, die den Beginn der Strandzone markiert. Direkt am (allerdings nur mäßig attraktiven) Strand, außerdem 2 Pools (innen und außen) sowie Thalasso-Therapiezentrum, dazu diverse Restaurants und Bars. Das Hotel ist in einem großen Gebäudekomplex (*Sousse Centre*) mit Restaurants, Geschäften, Bank usw. untergebracht. 234 Zimmer, alle mit Bad, sep. WC, Balkon, TV, DZ 146 TD, EZ 99 TD. Etwa 400 m von der Medina (am Ende der Av. H. Bourguiba). ✆ 226030, 📠 226595, E-Mail: boujaafar @abounawas.com, Internet: www.abou nawas.com.

Hôtel Sousse Azur (3), 2 Sterne, in einer Seitenstraße der Av. H. Bourguiba (etwa auf Höhe des *Abou Nawas Boujaafar*). Kleine Zimmer in freundlichem Blau, sauber, mit Bad, kein Balkon, dafür aber Heizung. Freundlicher Service, der Preis ist auch okay: DZ 64 TD; EZ 45 TD, 3-Bett-Zimmer 77 TD, 5er-Appartement ca. 105 TD. Rue Amilcar 5, ✆ 227760, 📠 228145.

• *Hotels an der Strandzone (nördl. von Sousse)* **Hôtel l'Orient Palace**, einziges 5-Sterne-Hotel in Sousse bzw. 4,5 km nördlich davon. Direkt am eher mäßigen Strand; schöner Pool, Tennisplatz, Whirlpool, Hallenbad, Wassersport, Fitness, Sauna, Massage, Restaurants, Bars usw. Noble Zimmer mit Mini-Bar, Bad, separatem WC, Balkon sowie kleinen Aufmerksamkeiten, die das

Die Sahel-Region
Karte Seite 176

Hotel dann doch eine Klasse besser machen als seine vielen Nachbarn. Nobles und trotz aller Perfektion sympathisches Hotel, DZ 240 TD, EZ 177 TD, ✆ 242888, ℻ 243345.

Hôtel Royal Salem, 4-Sterne-Hotel mit entsprechender Ausstattung, das Foyer lädt zum Verweilen ein, außen viel Grün, 2 Pools, Sauna, maurisches Bad, Hallenbad, Fitness, Tennis, Minigolf, Wassersport am Strand usw., außerdem Restaurants und Bars. Zimmer in Blau gehalten, angenehme Atmosphäre, höfliches Personal. DZ 216 TD, EZ 128 TD. 4,5 km nördlich von Sousse am Strand. ✆ 271588, ℻ 271595.

Hôtel Marhaba, 3 Sterne, aber im Vergleich zu anderen Hotels dieser Kategorie weitaus schicker. Sehr schöne, weitläufige, nur 2-stöckige Anlage mit vielen bunten Nabeul-Kacheln und der gängigen Ausstattung: Pool im Garten, Hallenbad, Tennisplätze, Squash, Fitnessraum, am Strand Wassersport, diverse Bars und Restaurants usw. Zimmer in hellen Farben, mit großen Balkons zum Meer, Bad, separatem WC. DZ 138 TD, EZ 63 TD. 3 km nördlich vom Zentrum direkt am Strand, ✆ 242170 oder 243867, ℻ 243867, E-Mail: hotel.marhaba@planet.tn, Internet: www.marhabahotels.com.tn.

Hôtel Jinene, 3 Sterne, etwas älter, netter Service, Zimmer in Grün (mit Bad/Balkon), Pool, Tennis usw., 200 m zum nicht immer ganz sauberen Strand. Ausflüge werden vom Hotel organisiert. DZ 136 TD, EZ 68 TD. 5 km nördlich von Sousse, ✆ 241800, ℻ 241989.

Essen und Trinken/Cafés (siehe Karte Seite 181)

• *Essen und Trinken* Um die Medina einfache Garküchen und kleine, unlizenzierte Restaurants; einige *Touristenrestaurants* an der Route de la Corniche. Eine Auswahl:

La Baraka, 2 Gabeln, kleines, rustikal-gemütliches Restaurant der mittleren Preisklasse, auch bei den Bewohnern von Sousse beliebt. Große Auswahl an tunesischen und internationalen Gerichten, Touristenmenü ca. 10-15 TD, Spezialität des Hauses ist die *Coucha Tunisienne* (aus dem Backofen). Lizenziert. Route de la Corniche, Eckhaus gegenüber dem Hôtel Chems El Hana, ✆ 227681.

Le Golfe (2), 2 Gabeln, in der zweiten Etage des *Sousse Centre* (Gebäudekomplex des Hotels Abou Nawas Boujaafar). Gediegen bis teuer, schöne Aussicht. Internationale Küche, lizenziert. ✆ 229905, war zum Zeitpunkt der Recherche wegen Umbau vorübergehend geschlossen.

Le Bonheur (4), 2 Gabeln, relativ preiswert, Küche mit italienischem Einschlag, sehr zentral an der Place Farhat Hached gelegen, mit Terrasse. Freundlicher Service, lizenziert. ✆ 225742.

Du Peuple (6), direkt neben dem Eingang zum Hôtel de Paris, einfache, aber deftige Küche, preiswert und gut, von Touristen und Einheimischen gern besucht, freundlicher Service, es wird gratis eine üppige und sehr leckere Vorspeisenplatte gereicht.

• *Cafés* Einige Cafés am Strand und in der Altstadt, z. B. das **Café Souayah (7)** schräg gegenüber der Großen Moschee. Genau richtig für ein kleines Frühstück mit Kaffee und Croissant.

Sehenswertes

Große Moschee: Nach der Sidi-Okba-Moschee in Kairouan und der Ez-Zitouna-Moschee in Tunis das drittwichtigste sakrale Bauwerk in Tunesien. Gebaut wurde die Anlage im Zentrum von Sousse im Jahr 851 unter dem Aghlabiden-Emir *Abu El Abbas*. Auffallend ist das Fehlen eines Minaretts und der festungsartige Charakter der Moschee. Tatsächlich diente die Moschee – wahrscheinlich an der Stelle einer früheren Kasbah gebaut – gemeinsam mit dem nur 50 m entfernten Ribat in erster Linie der Verteidigung. Erste Umbauten fanden Ende des 10. Jh. statt, weitere in der Mitte des 11. Jh., der letzte größere Um- und Erweiterungsbau erfolgte 1675 unter türkischer Herrschaft.

Im Mauerwerk des Innenhofes findet man am oberen Abschluss eine Kufi-Inschrift, die Arkadengänge stammen aus dem 9. Jh. Der säulenbestandene

Gebetssaal aus dem 10. Jh. besteht aus 13 Schiffen und ist vergleichsweise klein. Zwischen der Männer- und Frauenseite liegt die Koranbibliothek; der Mihrab (*Gebetsnische*) im Gebetssaal mit Ausrichtung nach Mekka stammt aus dem 10. Jh.

Öffnungszeiten Täglich von 8–14 Uhr, Fr nur bis 13 Uhr geöffnet. Eintritt 2 TD, Kinder unter 10 Jahren frei. Es darf nur der Innenhof der Moschee betreten werden.

Der Ribat von Sousse

Ribat: Das Wehrkloster (= *ribat*) schräg gegenüber der *Großen Moschee* stammt aus dem Jahr 796, der etwa 30 m hohe Wachturm wurde 821 hinzugefügt. Heute noch sieht man über dem Eingangsportal die Spalte, aus der heißes Öl auf Angreifer gegossen wurde, zur Sicherheit waren auch noch ein paar Falltüren eingebaut, darüber hinaus dienten die sechs kleinen Aussichtstürme zur Überwachung der Gegend. Vom Wachturm aus wurden Leuchtsignale nach Hergla im Norden und nach Monastir im Süden weitergegeben. Ein notwendiges Bollwerk der Aghlabiden gegen die Gefahr aus dem Landesinneren (z. B. die Beni-Hilal-Nomaden im 11. Jh.), aber auch Zufluchtsstätte für die Bevölkerung Kairouans. Im kargen Inneren des Ribat befanden sich auf zwei Etagen die Mönchszellen, auf der Eingangsseite im 1. Stock die **Moschee** (die älteste von Sousse), außerdem das Hamam (Bad) und das Vorrats- und Waffenlager. Der Wachturm des Ribat kann bestiegen werden und das sollte man auch tun, da sich von hier eine herrliche Aussicht über Medina, Neustadt, Hafen und besonders auf die Große Moschee bietet.

Öffnungszeiten Tägl. von 8–19 Uhr (Sommer) bzw. 8.30–17.30 Uhr (Winter). Eintritt 3 TD, Fotografieren 1 TD.

Medina

Sie erstreckt sich leicht bergauf und wird an der höchsten Stelle der Stadt von der eindrucksvollen Kasbah gekrönt. Die Stadtmauern (9. Jh.) von fast 2,5 km Umfang umschließen die Altstadt fast vollständig, nur an der Place Sidi Yahia bzw. Farhat Hached, wo sich das im 2. Weltkrieg zerstörte Tor *Bab El Bahar* befand, fehlt die Ummauerung. Die Medina ist in jedem Fall eine Besichtigung wert, doch sollte man sich auf teilweise penetrante Händler auf der souvenirbeladenen Hauptachse *Rue de Paris* (und in den umliegenden Souks) einstellen. Nur ein paar Gassen weiter findet man in der Medina eine ruhige, fast dörfliche Atmosphäre vor. Die Altstadt mit 34 Moscheen innerhalb der Mauern stammt zum großen Teil aus dem 11. Jh., manche Bauten auch aus dem späten 10. Jh.

Auf der Hafenseite (beim Bab el Jedid) liegt die neue Markthalle. Eine helle und luftige Konstruktion mit vielen Fischständen, besonders Tintenfisch wird hier angeboten. Weiter im Inneren der Halle befinden sich die Obst- und Gemüsestände. Die immer noch genutzte alte Markthalle ist nur ca. 150 m entfernt (am Bab el Jedid rechts halten, auf der Rue de France, dann nach 100 m links einbiegen). Hier geht es noch lebhafter zu, Touristen sind nur wenige zu sehen. Unempfindlichen Naturen sei der „Frischfleischbereich" vor der alten Markthalle empfohlen.

Folgt man der Rue d'Angleterre (einer der Hauptachsen der Medina) in Richtung Bab El Khabli, gelangt man in eine der schönsten Ecken der Medina: kaum noch Touristen, keine Souvenirs, dafür viele kleine „richtig tunesische" Geschäfte. Man passiert (jeweils auf der linken Seite) zuerst das **Hamam Bey** (Badehaus mit weißer Kuppel), daneben die über 950 Jahre alte **Moschee Sidi Ali Ammar** und bald darauf die kleine **Bou-Ftata-Moschee**, die von 838 bis 841 gebaut wurde, also noch vor der Großen Moschee.

Sousse – Medina und Kasbah

Musée Dar Essid: Ein kleines privates Volkskundemuseum an der Nordmauer der Medina. Das Gebäude aus dem 10. Jh. wurde 1987 umfangreich restauriert und zum Museum umfunktioniert. Bunt gekachelter Innenhof, nachgestellt sind Leben und Wohnen einer reichen Familie der Stadt.

Lage/Öffnungszeiten Vom Place Sidi Yahia an der Innenseite der nördl. Medinamauer entlang zum Museum. Mai–Sept. tägl. 10–19 Uhr, sonst tägl. bis 18 Uhr. Eintritt 3 TD, Kinder unter 10 Jahren frei.

Kasbah mit Museum: Die Kasbah mit ihrem 30 m hohen *Khalef-El-Fata-Turm* ist das imposante Wahrzeichen der Stadt. Ursprünglich aus dem Jahr 859 stammend, wurde die Kasbah in den darauffolgenden Jahrhunderten stark erweitert und umgebaut. Der Khalef-El-Fata-Turm entstand ebenfalls 859 und übernahm – dank der hervorragenden Fernsicht – bald die ursprünglich dem Ribat-Turm zugedachte Aufgabe als Wachposten der Stadt. Der Turm ist für Touristen nicht zugänglich. Das Museum in der Kasbah gilt (nach dem Bardo in Tunis) als eines der wichtigsten des Landes. Sehenswert!

In den neuen Markthallen von Sousse

Zu den Exponaten zählen u. a. viele sehr gut erhaltene römische Mosaike. Daneben werden Fundstücke (besonders Grabbeigaben und -stelen) aus punischer Zeit, römische Kleinfunde, Säulen und Statuen (u. a. von Kaiser Trajan), aber auch frühchristliche (Grab-)Mosaike u. Ä. ausgestellt. Zu sehen sind außerdem Funde aus El Jem (2. Jh. n. Chr.), darunter Freskenfragmente und ein Mosaik mit einer Darstellung des Achill. Ein phönizisches Grab (unter der Kasbah befinden sich Katakomben) kann von oben eingesehen werden. Glanzstücke des Museums bleiben aber die zahlreichen römischen Mosaike (viele Jagdszenen, Meeresszenen und einige Gladiatorenkämpfe). Zu den interessantesten Motiven zählen sicherlich das Haupt der Medusa (gleich beim Eingang) und der Julianische Kalender. Erläuterungen zu den Exponaten nur in französischer Sprache. Im Garten der Kasbah ein kleines schattiges Café; von der Kasbah-Mauer schöne Aussicht auf die Medina.

• *Lage* Zugang nur über den Blvd. Maréchal Tito, am besten der Rue Souk El Caid in der Medina bis zum Bab El Gharbi folgen, dann links.

• *Öffnungszeiten* April–Sept. 8–19 Uhr, sonst 9–18 Uhr, Mo geschlossen. Eintritt 3 TD, Fotografieren 1 TD (ohne Blitz und Stativ).

Katakomben: in der Rue 25 Juillet 1957, westlich der Medina in der Neustadt gelegen. Ein Besuch ist durchaus lohnenswert, auch wenn nur ein kleiner Teil der über 5 km langen, unterirdischen Gänge für die Öffentlichkeit zugänglich ist. Im 4. und 5. Jh. n. Chr. wurden hier etwa 15.000 Christen begraben.

• *Lage* Knapp 1 km westlich der Medina (Av. des Catacombes, ca. 500 m ab der Louage-Station); am besten nimmt man sich ab Zentrum ein Taxi (ca. 2–3 TD).

• *Öffnungszeiten* Im Sommer 9–18 Uhr, im Winter nur bis 17 Uhr, Fr geschlossen. Eintritt 2 TD.

Port El Kantaoui

Der touristische Ausleger von Sousse knapp 10 km nördlich: für Urlauber, die schickes Yachthafen-Ambiente der Großstadt mit Strandanschluss vorziehen.

Das Reißbrettprojekt der späten 1970er Jahre ist nicht nur ein teures Pflaster, sondern auch ziemlich gesichtslos. Die europäischen Touristen bleiben unter sich und mit arabischem Flair hat Port El Kantaoui (P.E.K.) wenig bis gar nichts zu tun. Dennoch ist der Yachthafen ganz nett anzuschauen, und wer einen sportlichen Strandurlaub in gehobenem Ambiente verbringen möchte, ist hier sicher nicht falsch. Die in aller Regel bestens ausgestatteten Hotels erstrecken sich vor allem nördlich der Marina am Strand. Wer doch etwas von Tunesien sehen möchte, sei getröstet: Sousse ist nur einen Katzensprung entfernt (gute Verbindungen) und auch von P.E.K. kann man Ausflüge nach Kairouan, El Jem oder in den Süden unternehmen (Buchungen über die Hotels oder individuell ab Sousse).

Information/Verbindungen/Adressen/Sport/Sonstiges

• *Touristeninformation* Das Büro befindet sich nach dem Torbogen zum Hafen auf der linken Seite. Nicht immer zuverlässige Öffnungszeiten, normalerweise aber Mo–Do 8–18 Uhr, So–12 Uhr, ✆ 73/817177.

• *Verbindungen* Die **Busse** Nr. 12 und Nr. 18 verkehren häufig zwischen dem Hafen von P.E.K. und Sousse, Fahrtdauer 20 Min., 0,70 TD. Der gleiche Bus fährt weiter nach Hergla (ca. 30 Min., 2 TD). Weiteres unter „Sousse/Verbindungen".

Taxis: Die Wagen stehen vor dem Tor zum Hafen, nach Sousse ca. 4 TD.

Kutschen: Ebenfalls am Tor zum Hafen, eine „Rundfahrt" kostet ca. 16 TD (Handeln ist möglich).

Le Petit Train: Abfahrt am Hafeneingang von 9–19 Uhr alle halbe Stunde. zwischen P.E.K. und Sousse mit Halt an den Hotels. Einfache Fahrt 2,50 TD, hin und zurück 3,50 TD (Kinder 2,50 TD).

Dreirad (Tuk Tuk): Gleiche Haltestelle wie für die Touristenbahn. Es werden auch alle Hotels nach Sousse angefahren. Max. 6 Personen mit Fahrer, Abfahrt alle 30 Minuten. Man kann das Dreirad auch vom Hotel aus bestellen, ✆ 274400. Gleiche Preise wie Le Petit Train.

• *Adressen* **Bank** am Hafeneingang, gegenüber davon eine **Apotheke** (auch So geöffnet). **Polizei** ebenfalls am Eingangstor zum Hafen, ✆ 227285 bzw. 240295 für die **Hafenpolizei**, genauso befindet sich dort auch die **Post**. Viele Souvenirs in den **Boutiquen** am Hafen, aber auch Schmuck, Kleidung, Lederwaren etc. Das meiste sehr teuer, Handeln ist auch hier obligatorisch.

• *Sport* Port El Kantaoui ist eine gute Adresse für Sportsfreunde, neben den üblichen Angeboten der Hotels (z. B. Tennis) steht Folgendes auf dem Programm: **Golf**, der Platz liegt etwas nördl. vom Hafen, 18-Loch-Anlage (Par 72), Green Fee 39 TD (in der Wintersaison 50 TD), Einzelunterricht 10 TD (30 Min.). Anmeldungen unter ✆ 73/241756, ℻ 348755, Internet: www.kantaouigolfcourse.com.tn.

Tauchen, *Tauchclub Sdanek*, am Hafen, ein Tauchgang kostet 40 TD, man sollte mind. einen Tag vorher buchen. Weitere Informationen unter ✆ 73/347668.

• *Sonstiges* Großes Angebot an **Bootsausflügen**, z. B. mit dem Zweimaster Mouhamed Ali, einem alten Piratenschiff. Die 3-stündige Ausflugsfahrt kostet 20 TD (inkl. Essen und Getränke), Fahrten am Morgen und am frühen Nachmittag. Die Mouhamed Ali liegt Richtung Werft im Hafen, nicht zu übersehen. Organisierte *Segeltouren* mit Katamaran oder Yacht: 2 Std., 25 TD, Abfahrten nach Bedarf, die Boote liegen im Hafen. Segelboote werden auch tageweise verchartert, weitere Informationen bei den Agenturen im Hafen. *Aquascope-Boote* mit Glasboden, z. B. mit der „Ulysse", gleich am Eingang des Hafens auf der linken Seite, 30 Min. für 15 TD, Abfahrten nach Bedarf, aber nur bei ruhiger See. Außerdem bietet P.E.K. einen kleinen **Zoo** und das ebenfalls recht kleine **Vergnügungszentrum** *Queen Events*

Club mit diversen Kirmesattraktionen wie z. B. Autoscooter.

Nachtleben findet in P.E.K. nur in den Hotels statt.

Baden, am Strand oftmals angeschwemmter Seetang, nicht immer ganz sauber, die Hotelstrände sind in der Regel aber sehr gepflegt.

Übernachten

• *Übernachten* Es gibt an die 30 Hotels in P.E.K., die sich ganz auf den Geschmack ihrer europäischen Gäste eingestellt haben. Auch auf die Bundesliga muss man dank Satellit im Urlaub nicht verzichten. Die jeweiligen Strandhotels sind nicht zu verfehlen, da großzügig ausgeschildert. Eine Auswahl:

Hôtel Abou Nawas Diar El Andalous, 5 Sterne, sehr nobel, in einem herrlichen Garten gelegen, direkt am Strand. An Komfort und Sportmöglichkeiten ist wirklich fast alles Denkbare geboten, zu viel, um es hier aufzulisten. Dazu kommt ein perfekter Service. DZ 250 TD, EZ 220 TD. Ca. 1 km nördlich vom Yachthafen (beschildert), ✆ 73/246200, ℻ 246348, E-Mail: diarelandalous@abounawas.com.tn.

Iberôtel Green Park, 4 Sterne, gediegenes Großhotel mit sehr zuvorkommendem Service, ruhige Atmosphäre, viele, oft nicht mehr ganz junge Golf-Urlauber (grenzt an den Golfclub). Große Terrasse mit Pool, direkt am außerordentlich gepflegten Strand (Wassersport), Hallenbad, Boule, Volleyball, Billard, Tennis usw. Freundliche Zimmer mit Bad, separatem WC, Balkon, Mini-Bar, TV, Safe, DZ 290 TD, EZ 183 TD. Ca. 300 m vom Hafen, ✆ 73/348677, ℻ 348655.

Hôtel Sol El Mouradi, 3 Sterne, gehört zu einer großen Hotelkette, Pauschalhotel, ziemlich groß, 2 Pools, Hallenbad, Hamam, Fitness, Tennis usw. DZ 168 TD, EZ 114 TD. Etwa 1,5 km vom Hafen, ✆ 73/246355, ℻ 246070, E-Mail:info.elmouradi@elmouradi.com, Internet: www.elmouradi.com.

Hôtel Soviva und **Golden Soviva**, 3 bzw. 4 Sterne, großer Komplex, bestehend aus einem älteren 3-Sterne- und einem neuen 4-Sterne-Bau. Das Besondere ist die gigantische Wasserrutsche am Pool. Viel Action, auf dem Animationsprogramm stehen Miss-Wahl, Bingo und Kinderdisko. Ca. 200 m vom privaten Strand, sehr schöner, großer Pool. Vertragshotel deutscher Reiseveranstalter, überwiegend junges Publikum. Eher schlichte Zimmer mit Bad/Balkon, DZ 166 TD, EZ 103 TD. Knapp 2 km vom Hafen, ✆ 73/246145, ℻ 246158, E-Mail: soviva@planet.tn, Internet: www.soviva-hotel.com.

• *Appartements* **Les Maisons de la Mer**, Studios bzw. Appartements direkt am Yachthafen, für 2 Personen 90 TD pro Tag (630 TD/Woche). ✆ 73/348799, ℻ 348961, E-Mail: shotopek@portelkantaoui.com.tn, Internet: www.portelkantaoui.com.tn.

Essen und Trinken/Cafés

• *Essen/Trinken* Am Hafen eine ganze Reihe von Restaurants, die zwar nicht typisch tunesisch sind, dafür aber ziemlich teuer. Fast nur Touristen, entsprechend auch die Preise und das Angebot. Alle folgenden Restaurants sind lizenziert und sowohl mittags als auch abends geöffnet.

La Daurade, 3 Gabeln, am Anlegeplatz der alten Schiffe, elegant und teuer, gehobenes Niveau, große Speisen- und Weinauswahl.

L'Olivier, direkt am Hafen, gemütlich, auch mittags viel besucht. Fischspezialitäten, mittleres Preisniveau.

Neptune, 1 Gabel, auf einem alten Schiff. Dinieren mit Blick über den Hafen. Auf nobel getrimmt, was sich auf die Preise niederschlägt (Hauptgerichte ab ca. 10 TD), gute Fischkarte.

Kantaoui Burger/Pasta del Port, preisgünstige internationale Küche, auf Luftlinie etwa gegenüber dem Hafeneingang. Beim Vorbeischlendern an dem Terrassenrestaurant streckt Ihnen der Kellner schon die Speisekarte entgegen – nicht abschrecken lassen.

La Spada Pizzeria + Fast food, sehr günstig (Hamburger 2 TD, kleine Pizza 3 TD), ganz nett zum Sitzen, am Ende des Hafens Richtung Werft.

Les Orchidées, ca. 500 m vom Zentrum bergauf in Richtung GP 1 (die nach Tunis führt) auf der linken Seite. Bei Tunesiern beliebtes Restaurant der mittleren Preisklasse. Schön zum Draußensitzen.

• *Cafés* Es gibt eine ganze Reihe von Cafés und Bars am Hafen, alle lizenziert und relativ teuer.

Nördlich von Sousse

Hergla: Das Fischerdorf liegt etwa 25 km nördlich von Sousse (Busverbindung, von Port El Kantaoui ebenfalls leicht per Bus zu erreichen). Wählt man für die Anfahrt die Küstenstraße, so hat man in den Wintermonaten die Gelegenheit, zahlreiche Flamingos auf dem Salzsee bei Hergla (ca. 8 km vor Hergla) zu beobachten. Netter Ort mit schöner Moschee und Friedhof fast am Meer, ein paar Souvenirläden, in denen überwiegend Halfagras-Produkte (Körbe, Sonnenschirme, Matten) aus der Region verkauft werden. Außerdem ein kleiner Fischereihafen. Im Zentrum ein paar einfache Restaurants und Cafés, kein Hotel. Besonders empfehlenswert ist das kleine **Restaurant Wassim**: Couscous auf Vorbestellung für 4 TD, mit schattiger Sitzgelegenheit (✆ 73/251672).

Wenige hundert Meter hinter Hergla in Richtung Hammamet erstreckt sich kilometerweit ein herrlicher Küstenwald, der unter Naturschutz steht und nicht betreten werden darf. Strandwanderer kommen an diesem unbebauten Strand aber voll auf Ihre Kosten. Bis auf wenige Fischer ist es hier menschenleer, das Wasser glasklar. Einer der schönsten Strände in Tunesien! Hier soll jedoch bereits 2008 ein neuer internationaler Flughafen entstehen (in Richtung Enfida).

Enfida(ville): Hauptattraktion des ansonsten eher langweiligen Orts ist das sehenswerte *archäologische Museum*, das in einer französischen Kirche (von 1907) im neoromanischen Stil untergebracht ist. Überwiegend Funde aus der Umgebung, z. B. römische und frühchristliche Mosaike (tägl. außer Mo 9.30–17.30 Uhr, Eintritt 2 TD). Im Zentrum Cafés und einfache Restaurants, vom außerhalb gelegenen Bahnhof zweimal tägl. Verbindungen nach Sousse (43 km) und Tunis. Im Stadtzentrum befindet sich auch eine kleine Louagestation (Verbindungen nach Sousse).

Friguia Park: Auf 36 ha Fläche werden über 100 Tiere gehalten. Großzügige Freilandgehege mit landestypischer Vegetation und Tieren wie Löwen, Leoparden, Geparden, Hyänen und Schakalen in einer herrlichen Umgebung machen den Park nicht nur für Kinder zu einem schönen Ausflugsziel. Die Gebäude auf dem Parkgelände wurden eigens aus dem südlichen Afrika hierher transportiert. Es besteht die Möglichkeit, auf dem Kamelrücken eine Mini-Safari durch das Antilopengehege zu unternehmen. Im Zentrum des Parks befindet sich ein günstiges Restaurant mit schattiger Holzterrasse und Blick auf Krokodile (!).

• *Anfahrt* Der Park liegt zwischen Enfida und Bouficha an der GP 1 (Straße nach Tunis). Mit der Louage von Sousse über Enfida erreichbar. Die von den Agenturen angebotenen Fahrten für 25 TD sind nach unserem Dafürhalten völlig überteuert.

• *Öffnungszeiten* Im Sommer 9–19 Uhr, im Winter 9–16 Uhr. Eintritt 5 TD, E-Mail: friguia.park@planet.tn.

Bergdorf Takrouna: Das halb verlassene Berberdorf ist wunderschön und mit seinen weißen Häusern und der Moschee außerordentlich fotogen. Vom höchsten Punkt des Orts hat man einen grandiosen Ausblick auf Takrouna und auf die Ebene mit ihren Olivenbäumen. Doch hat der Tagesausflugs-Tourismus seine Spuren hinterlassen: Schon beim Abstellen des Wagens kommt ein selbst ernannter Parkwächter herbei, der überflüssigerweise und gegen Entgelt auf Ihr Auto aufpassen will. Genauso erscheinen sofort hartnäckige Souvenirverkäuferinnen in Tracht.

Anfahrt Am besten mit dem Mietwagen; von Enfida der Straße nach Zaghouan folgen, dann links ab (beschildert) den steilen Berg hinauf, 6 km von Enfida.

Monastir – Friedhof und Bourguiba-Mausoleum

Bergdorf Jeradou: Jeradou ist vielleicht nicht ganz so malerisch wie Takrouna, besticht aber durch seine Unverfälschtheit. Treppen führen zum höchsten Punkt des Orts, von hier hat man eine herrliche Aussicht; im unteren Teil des Orts gibt es ein Café.

• *Anfahrt* Von Bou Ficha (ca. 60 km von Sousse) die Straße Richtung Zaghouan nehmen, nach 8 km links ab (beschildert), nach weiteren 8 km wieder links (auf der rechten Seite ein Steinbruch). Von hier noch 2 km. Am besten mit dem Mietwagen, da mit öffentlichen Verkehrsmitteln nur schwer erreichbar.

Monastir/Skanès (ca. 45.000 Einwohner)

Keine Stadt Tunesiens ist so eng mit Habib Bourguiba verbunden wie Monastir. Hier wurde der wichtigste tunesische Staatsmann des 20. Jh. offiziell am 3. August 1903 (vermutlich aber schon 1900 oder 1901) geboren und im imposantesten Bauwerk der Stadt, dem Bourguiba-Mausoleum, ist er nach seinem Tod am 6. April 2000 auch bestattet worden.

Den Bau seiner monumentalen letzten Ruhestätte hat Bourguiba übrigens schon in den 1960ern selbst in Auftrag gegeben, die nahe gelegene Habib-Bourguiba-Moschee entstand 1963. Ansonsten wirkt die Universitätsstadt eher nüchtern. Große Straßenzüge und weite Gebäudekomplexe wie z. B. der Kongresspalast bestimmen das Bild und auch die zum Meer hin offene Medina lässt die übliche Altstadtstimmung kaum aufkommen. Eindrucksvoll dagegen der fast am Meer gelegene *Sidi-el-Mezri-Friedhof* mit dem Marabout (Grabbau) des Namensgebers aus dem 12. Jh.

Mit seinem *Port de Plaisance* (Yachthafen), einigen Badehotels am Stadtstrand und einer guten Infrastruktur (Flughafen) ist Monastir ein bedeutendes Ferienzentrum. Die meisten Touristen verbringen ihren Urlaub jedoch nicht in der Stadt, sondern in den Hotels des einige Kilometer nördlich gelegenen **Vororts Skanès**, wo übrigens

Karte Seite 176

auch Habib Bourguiba eine Villa besaß. Monastir selbst wirkt eher verschlafen, der große Touristenrummel hat sich nach Sousse verlagert.

Monastir, das antike *Ruspina*, war zunächst punisch, später römisch besiedelt, erlangte aber niemals größere Bedeutung. Zwischen 49 und 46 v. Chr. hielt Julius Caesar hier eine Stellung im Bürgerkrieg gegen die Pompejaner, aus dem er bei der *Schlacht von Thapsus* (ca. 20 km südlich an der Küste) siegreich hervorging. 796 n. Chr. bauten die Abbasiden hier den ersten Ribat des Landes.

Information/Verbindungen

- *Touristeninformation* ONTT-Büro bei der Av. de l'Indépendance (Medina), Stadtplan 2 TD, dazu Prospekte, geöffnet Mo–Do 8.30–13 Uhr und 15–17.45 Uhr, Fr/Sa 8.30–13.30 Uhr. Öffnungszeiten unzuverlässig! Kein Telefon. Freundlich, aber wenig hilfreich.
- *Vorwahl* Für Monastir und Umgebung gilt die Vorwahl **73**.
- *Verbindungen* Recht gute Verbindungen, bessere Möglichkeiten (was Busse und Louages betrifft) jedoch im benachbarten Sousse. Wichtiger Flughafen bei Monastir.

Der **Internationale Flughafen Habib Bourguiba** (✆ 520000 oder 521300) liegt 6 km nördlich von Monastir und 15 km südlich von Sousse. Verbindungen: mit der Metro du Sahel (eigene Haltestelle), Bus oder Taxi (ca. 5 TD) ab Monastir. Achtung: Bei Ankunft am Flughafen Monastir gelangen Sie am günstigsten mit der Louage nach Sousse oder Monastir. Hierzu den Taxiparkplatz vor dem Flughafengebäude überqueren und auf der entsprechenden Straßenseite eine Louage durch Handzeichen anhalten. Bequem und günstig ist auch die Metro. Sie verkehrt direkt vor dem Flughafen in beide Richtungen: Monastir–Sousse.

Auch innertunesische Flüge nach Tozeur und Djerba. Am Flughafen Banken, Post, Polizei, Reisebüros, Autoverleih (s. u.) und Touristeninformation (tägl. ab 8 Uhr bis zum letzten Flug am Abend geöffnet).

Zug, *Bhf.* im Zentrum an der Av. de la République. 1-mal tägl. um 18 Uhr nach Tunis (2,5 Std., 7,85 TD), weitere Verbindungen (z. B. nach El Jem, Sfax, Gabès, Gafsa) über

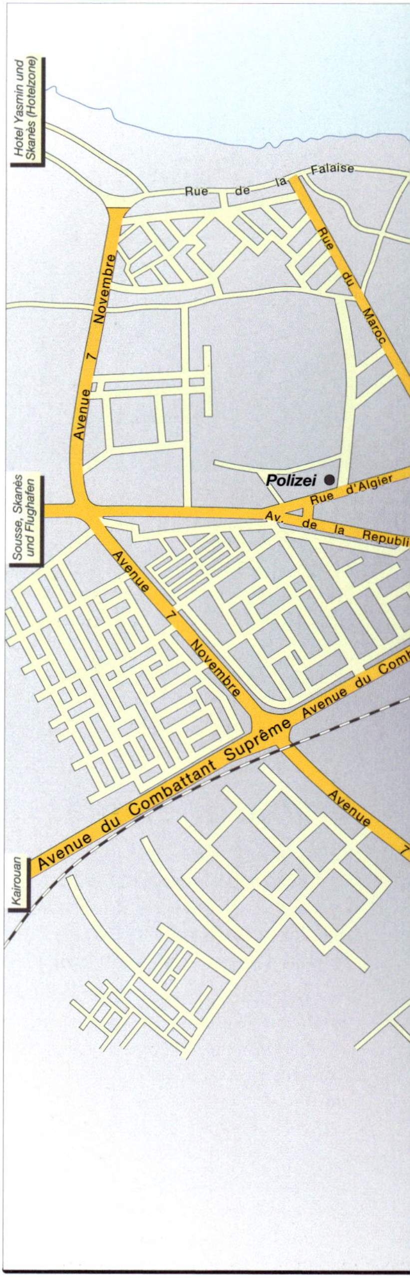

Die Sahel-Region
Karte Seite 176

Sousse. Die **Metro du Sahel** fährt etwa alle halbe Stunde. nach Sousse (mit Halt an den Hotels in Skanès und am Flughafen), Fahrtdauer ca. 35–40 Min., 0,96 TD; außerdem im 35-Min.-Takt tägl. über Moknine nach Mahdia (ca. 1 Std., 1,80 TD).

Busse, an der *Place Sayad bzw. Bab el Gharbi* (Rue des Martyres, schräg gegenüber vom Bhf.), ✆ 461059 oder 460926. Etwa stündl. nach Sousse (mit Halt bei den Hotels von Skanès; ca. 30 Min., 1,20 TD); stündlich nach. Kairouan (2 Std., 5 TD); 3-mal Nabeul (2 Std., 5 TD); außerdem Busse zum Flughafen. Tickets kauft man im Bus. Vergleichsweise seltene Verbindungen nach Tunis und in den Süden (am besten über Sousse).

Louages, ab der Busstation Verbindungen nach Kairouan (ca. 1,5 Std., 5,70 TD) und Tunis (ca. 2 Std., 6,80 TD); zweite Louage-Station in der Rue des Martyrs, ab hier Fahrten nach Mahdia (45 Min., 2,50 TD) und Sousse (15 Min., 1,20 TD).

Adressen/Sport/Sonstiges

• *Adressen* **Ärztl. Hilfe**, Krankenhaus in der Av. F. Hached/Ecke Rue Ibn Sina, ✆ 461144.

Apotheken, nahe der Place du 3 Septembre 1934 in der Rue Tripolitain (Medina).

Autoverleih, am Flughafen *Europcar*, Kleinwagen ab 77 TD/Tag, 3 Tage ca. 200 TD, ✆ 460300.

Belguith Rent a Car, Rue Mohamed Mhala in Richtung Hafen. Kleinwagen ab ca. 70–75 TD am Tag. ✆ 464165, ℻ 460153. Weitere Autovermietung in der gleichen Straße (✆ 467000).

Banken, mehrere Banken in der Rue Tripolitain.

Einkaufen, *ONAT-Artisanat* in der Av. de l'Indépendance (gegenüber der Bourguiba-Moschee), hier sehr gute Auswahl, Mo–Fr 9–19 Uhr geöffnet. Einkaufszentrum *Yasmina-Center* in der Rue Sakka, ebenfalls große Auswahl. Supermarkt *Monoprix* in der Av. H. Bourguiba.

Polizei, Rue d'Algier, ✆ 461431.

Post, Av. H. Bourguiba, Mo–Fr 7.30–13.30 und 18–20 Uhr Uhr, Sa 7.30–13.30 Uhr, So 9–11 Uhr geöffnet.

Reisebüros, z. B. *Orange Tours* im Hôtel Monastir Center (Rue de la Corniche), Französisch sprechende Tourbegleiter, Ausflüge nach Kairouan (halber Tag, 25 TD), Tunis/Karthago (1 Tag, 52 TD) oder 2 Tage Südtunesien (130 TD). ✆ 461599 oder 463388. *Tunis-Air-Agentur* im Hôtel Ribat, ✆ 462550. *Voyages C.T. Tours* am Ende der Rue Mohamed Mhala in Richtung Meer. ✆ 449606, ℻ 449998.

Telefonieren, einige Taxiphones im Zentrum oder bei der Post.

• *Sport/Sonstiges* **Golf**, 2 Golfplätze in der Umgebung von Monastir: *Golf Palm Links*, 18-Loch- (Par 72) und 9-Loch-Anlage (27). Mit Bar/Restaurant. Taxi ab Monastir ca. 5 TD. Anfahrt: Gegenüber dem Hôtel Houda (etwa auf halber Strecke zwischen Sousse und Monastir) führt eine Straße zum Golfplatz, gut beschildert. ✆ 521910, ℻ 521913, www.golf-palmlinks.com.

Monastir Flamingo Golf, 18-Loch (Par 72), nobler als Palm Links, mit Restaurant/Bar und Shop, auf einer Anhöhe, 30 Min. Unterricht 15 TD, ✆ 500283, ℻ 500285, E-Mail: flamingo.golf@planet.tn. Anfahrt: zunächst Richtung Kairouan, nach den Bahngleisen links ab, beschildert, 5,5 km von Monastir, Taxi ca. 4 TD.

Tauchen, *Diving Center Argonaut Subaqua*, Tauchzentrum am Strand vom Hotel Sahara Beach. Tauchgang ca. 25 TD, auch Kurse. ✆/℻ 502556, weiteres Diving Center direkt am Hafen ✆ 98457393.

Bootsfahrten entlang der Küste (u. a. auch zu den Kuriat-Inseln) werden auf dem Zweimaster Ruspina angeboten. Dauer ca. 3 Std., mit Picknick, ca. 35 TD/Person. Abfahrten während der Saison tägl. um 9 und 14 Uhr (bei der Capitainerie).

Wassersport: bei den Strandhotels in Monastir und Skanès Surfen, Tretboot usw.

Übernachten (siehe Karte Seite 190/191)

Die meisten Hotels befinden sich beim Strand von *Skanès* (Metro- und Busverbindung, alle beschildert). In Monastir an der Rue de Corniche ebenfalls ein paar Strandhotels; keine Hotels in der Medina. Eine Auswahl:

• *In Monastir* **Hôtel Globalia Al Habib (5)**, 4 Sterne, sehr großes, 6-stöckiges Komforthotel mit Pool und nettem Garten. Nur durch die Küstenstraße vom Strand getrennt, zentrumsnah. 200 Zimmer mit Bad/Balkon, Restaurants, Bars, Disko, Sport usw. DZ 180 TD, EZ 129 TD mit HP ✆ 73466750, 📠 37466751.

Hôtel Yasmin, 1 Stern, kleines, familiär geführtes Hotel in schöner Villa, allerdings ohne Strand und 2 km vom Zentrum entfernt. Mit Restaurant und Café. Recht günstig: DZ 40 TD, ✆ 501546, E-Mail: hotel_yasmin@yahoo.fr. An der Uferstraße Richtung Skanès (Route de la Falaise).

Hôtel El Mezri (7), 3 Sterne, gegenüber vom Fischereihafen, nahe dem Restaurant La Plage und ca. 200–300 m vom Strand. Günstig, sauber, ordentlich und eine Empfehlung wert. Die Umgebung um das Hotel herum wirkt jedoch ein wenig verschlafen. DZ mit Bad 40 TD, ✆ 468400, 📠 462425. Lesertipp von Susanne Irmer aus Paderborn.

Hôtel Mourabou (8), Route de Khniss, 150 m vom Verkehrskreisel stadtauswärts (bei der Tankstelle) auf der rechten Seite. Nette, familiäre Leitung, Dachterrasse, relativ laut. Am besten ein Zimmer nach hinten hinaus nehmen. Schlichte Zimmer, sauber, DZ 20 TD, ✆ 460111.

• *Appartements* **Marina Cap Monastir (2)**, große Anlage beim Port de Plaisance (Yachthafen), Studios für 2 Pers. mit Kochgelegenheit 106 TD/Tag, 700 TD/Woche. App. für 4 Pers. 115 TD/Tag, 805 TD/Woche. Mindestaufenthalt 2 Tage. ✆ 462305, 📠 464999, E-Mail: marina@planet.tn, Internet: www.marinamonastir.com, Reservierung in der Hochsaison empfohlen.

Residence Sidi Massoud Monastir (4), neue Anlage, geräumige Appartements, zentral gelegen und relativ preisgünstig, für 2 Pers. mit Kochgelegenheit und Kühlschrank 70 TD/Tag, verschiedene Größen und Preisklassen, ✆ 467434, 📠 467819.

• *Jugendherberge* **(3)** bei der Louage-Station. Die Übernachtung im 8er-Schlafsaal (nach Geschlechtern getrennt) kostet 5 TD. Die Schlafsäle sind okay, die sanitären Anlagen beim letzten Check etwas schmuddelig. Schlicht. ✆ 461216.

• *In Skanès* **Hôtel Amir Palace**, 5 Sterne. Imposanter Treppenaufgang, säulenbestandenes Foyer. Diverse Bars und Restaurants, direkt am gepflegten Strand, großes Sportangebot, Garten mit Pool, Hallenbad. Zimmer mit Bad/Balkon, TV, Telefon, DZ 170 TD, EZ 150 TD. Ca. 7 km vom Zentrum, beschildert, ✆ 520900, 📠 521823, E-Mail: info@amirpalace.net, Internet: www.amirpalace.net.

Hôtel Skanès Palace International, 4 Sterne, Traditionshotel aus den 1960ern, Habib Bourguiba war hier Stammgast. Weitläufig, mit schönem Garten, nur 2-stöckige, sympathische Anlage, freundlicher Service, Pool, Privatstrand. DZ 140 TD, EZ 100 TD, mit Bad, Terrasse oder Balkon. Einziges Manko: liegt gegenüber vom Flughafen. 6 km vom Zentrum, beschildert. ✆ 520350, 📠 520294, E-Mail: info@skanespalace.com, Internet: www.skanespalace.com.

Hôtel Neptunia Beach, 3 Sterne, moderne, kompakte Hotelanlage mit nur 72 Zimmern. Zuvorkommender Service, schöner Pool, am Strand. Wassersport, Tennis, Große, helle Zimmer mit Bad/Balkon, DZ 68 TD. 8,5 km vom Zentrum, beschildert. ✆ 521818, 📠 520250, E-Mail: contact@neptunia-beach.com, Internet: www.neptunia-beach.com.

Hôtel Les Palmiers, 2 Sterne, die schon etwas ältere Anlage vermittelt Freibad-Atmosphäre. Alle Zimmer mit Bad und Terrasse, schöner Pool im Garten (mit Bar und Spielplatz), direkt am Strand. DZ 80 TD, EZ 60 TD, ca. 4,5 km vom Zentrum. ✆ 502636, 📠 502149.

Essen und Trinken/Nachtleben (siehe Karte Seite 190/191)

• *Essen und Trinken* Keine besonders große Auswahl an lizenzierten Restaurants in Monastir, im Zentrum (Medina) einige unlizenzierte Lokale.

The Capitain (1), 3 Gabeln, gehobene Preisklasse, lizenziert, zur Auswahl stehen auch Kinderteller und Diabetikergerichte. Am Port de Plaisance, ✆ 461449.

La Plage (6), 1 Gabel, Place du 3 Août (Uferstraße). Traditionsreiches, familiengeführtes Restaurant seit 1940, sehr sympathische Inhaber, Mittlere Preisklasse, Menü für ca. 10 TD, versch. Couscous-Varianten, Spezialitäten des Hauses sind *Kamounia aux poulpes* (Tintenfischgulasch). und *Schirka* (Omelett aus Fisch und Ei). ✆ 461124.

Chahrazed, Fastfood-Restaurant gegenüber der Louagestation. Ein ganzes Hühnchen kostet hier 6,50 TD.

Pizzeria Why not? In der Avenue des Martyres (Nähe Bahnhof). Hervorragende Pizzen und Sandwichs, gute Auswahl. Pizza Margherita schon für 2,50 TD. Reservierung empfohlen, ✆ 606894.

Dar Echraka, in der Medina, Place de L'Indépendance, in der Nähe der Touristeninformation, schöner Innenhof eines alten arabischen Hauses, freundlich, mittlere Preisklasse, nicht lizenziert, ✆ 460528.

Weitere **lizenzierte Restaurants** am Yachthafen.

• *Nachtleben* die einzige öffentliche Diskothek, der **Nightclub Strocco**, befindet sich am Yachthafen, ansonsten nur Hoteldiskos. In der Innenstadt ist abends – wie fast überall in Tunesien – wenig los.

Baden: Der zentrumsnahe öffentliche Stadtstrand von Monastir ist einladend und sauber, jedoch an einigen Stellen ziemlich schmal. Die Hotelstrände von Skanès sind breiter und in aller Regel sehr gepflegt. Von verschiedenen Hotels werden (auch für Nicht-Gäste) Surfen, Tretboote, Parasailing, Wasserski und Segeln angeboten.

Sehenswertes

Ribat: Das trutzige Wehrkloster beeindruckt durch seine Lage am Meer, daneben befindet sich die **Große Moschee** von Monastir, ursprünglich aus dem 9. Jh., im 11. Jh. umgebaut. Der Ribat wurde bereits 796 von *Harthama Ben Ayen*, einem abbasidischen Statthalter, gebaut und gilt als ältestes Bauwerk dieser Art in Nordafrika, zweifelsohne ist er das älteste Wehrkloster in Tunesien. Durch das Fehlen einer Kasbah hatte der Ribat hier von jeher einen höheren Stellenwert als in den benachbarten Städten. Im 9., 11./12. und 17. Jh. wurde die Klosterfestung umgebaut und erweitert. Vom Eingang der ziemlich verzweigten und verwinkelten Anlage gelangt man in den Innenhof, nach rechts geht es zum Frauenribat, der im 9. Jh. angebaut wurde. Im 16. Jh. nahmen die Spanier den Ribat ein, unter den türkischen Herrschern wurde er im 17. Jh. zur Festung umfunktioniert. Um den Innenhof des größeren Männerribats befinden sich die Schlaf- und Wohnzellen der Mönche. Man sollte unbedingt den *Turm* besteigen, von hier eröffnet sich dem Besucher eine herrliche Aussicht auf Monastir, die Küste, das Bourguiba-Mausoleum und den angrenzenden **Sidi-el-Mezri-Friedhof**, einen der schönsten Friedhöfe Tunesiens.

Im Inneren des Wehrklosters befindet sich ein kleines **Museum für islamische Kunst**. Zu den Exponaten zählen Dekorstücke aus den verschiedenen Moscheen, Koraninschriften, Grabsteine, arabische Münzen etc. Interessant auch der Bauplan, der Aufschluss über die Erweiterungen des Wehrklosters in den einzelnen Epochen gibt.

• *Öffnungszeiten* Mai bis 15. Sept. täglich 8–19 Uhr, 16. Sept. bis März täglich 8.30–17.30 Uhr, April täglich 8–18 Uhr. Eintritt (Ribat und Museum) 3 TD, Kinder unter 6 Jahren frei, Fotografieren 1 TD. Von Mitte Juli bis Mitte August findet das Festival de Monastir statt (siehe Feste und Festivals S. 47).

Angler am Meer bei Mahdia

Das kleine **Musée des Costumes Traditionelles** befindet sich bei der Touristeninformation, geöffnet 1. April bis 15. September 9–13 Uhr und 16–19 Uhr, ansonsten 9–16 Uhr. Montags geschlossen. Eintritt 1 TD.

Sehenswertes in der Umgebung

Lamta/Leptis Minor: 12 km südlich von Monastir (Straße Richtung Mahdia) am Ortseingang von Lamta auf der linken Seite. Nicht unbedingt die Ausgrabungen selbst, sondern vielmehr das sehr anschaulich und sorgfältig gestaltete **Museum** ist einen Besuch wert. Das römische Gegenstück zum größeren *Lepti Magna* an der libyschen Küste hatte eine große Ausdehnung, ausgegraben ist erst ein Bruchteil davon. Die antiken Hafenanlagen befinden sich heute unter Wasser.

Die Ausstellungsstücke im 1992 eröffneten Museum werden sehr detailliert in englischer und französischer Sprache, z. T. auch durch Schaubilder erläutert. Zu sehen sind römische und frühchristliche Mosaike, Amphoren, Grabbeigaben, Statuen und Sarkophage aus verschiedenen Epochen.

- *Öffnungszeiten* Im Winter 9.30–17.30 Uhr, im Sommer 9–13 Uhr und 16–19 Uhr, Mo geschlossen. Eintritt 3 TD, Kinder unter 6 Jahren frei, Fotografieren 1 TD.
- *Verbindungen* Louages ab Hammamet (ca. 1,50 TD).

Mahdia

(ca. 30.000 Einwohner)

Unter den fatimidischen Herrschern des 10. Jh. galt die Stadt als uneinnehmbar, sodass sie ihre Hauptstadt von Kairouan hierher verlegten. Das felsige Cap Africa, auf dem Mahdia gebaut wurde, ragt über 1 km weit ins Meer hinein und scheint zumindest von der Seeseite aus unzugänglich.

Die Medina von Mahdia zählt zu den beschaulichsten des Landes. Zwar haben der Tourismus und mit ihm die Souvenirshops hier in den letzten Jahren verstärkt Einzug gehalten, dennoch, die Altstadt von Mahdia ist klein, gemütlich und über-

Karte Seite 176

schaubar. Das Geschäftsleben spielt sich heute in der Neustadt außerhalb der Medina ab. Traditionell lebten hier (im früheren Stadtteil *Zawil*) die armen Leute, während sich die Herrscher mit ihrem Gefolge in der Medina verschanzten. Eine Stadtmauer mit Tor trennte Arm und Reich bereits im 10. Jh.; heute markiert das trutzige Stadttor *Skifa el Khala* oder *Bab Zawila* aus dem Jahr 1554 die Grenze zwischen Vorstadt und Medina. Zu Zeiten des französischen Protektorates (1881–1956) war es umgekehrt: Die Kolonialherren lebten in der Vorstadt, die ärmere Bevölkerung zog in die Altstadt, wo sie bis heute geblieben ist.

Mahdia lebt nicht ausschließlich vom Tourismus, obwohl dieser durch eine immer größer werdende Hotelzone an Bedeutung gewinnt. Eine kleine verarbeitende Industrie (Olivenöl, Seife und Fischkonserven) sorgt für das Auskommen der Bewohner, außerdem besitzt Mahdia einen wichtigen Fischereihafen. Die Stadt ist touristisch gut erschlossen, aber noch lange nicht so überlaufen wie z. B. Sousse oder Hammamet. Zahlreiche Ausflugsmöglichkeiten, eine herrliche Altstadt und schöne Badestrände machen Mahdia zu einem wirklich lohnenden Ziel an der tunesischen Küste.

Das Schiffswrack von Mahdia

Im Sommer 1907 entdeckte ein griechischer Schwammtaucher 5 km vor der Küste von Mahdia und in einer Tiefe von 40 m ein Schiffswrack. Zunächst nichts Ungewöhnliches, bis man es als römisches Frachtschiff identifizierte, das etwa 70 v. Chr. hier gesunken war, und zwar vollgeladen mit römischen Kunst- und Luxusgütern, die nach fast 2.000 Jahren aus den Tiefen des Mittelmeers geborgen werden konnten. Nach der Bergung und Identifizierung der Funde durch französische Archäologen – die technische Leitung hatte der 1997 verstorbene Meeresforscher Jacques Cousteau – wurde das antike Material zunächst ins Bardo-Museum von Tunis gebracht, 1987 dann ins Rheinische Landesmuseum nach Bonn, wo weitere intensive Forschungen vorgenommen wurden. Inzwischen befindet sich die antike Schiffsladung wieder im Bardo-Museum (der Trakt mit den Schiffsfunden war zur Zeit der letzten Recherche im Sommer 2006 geschlossen).

Geschichte

Dank seiner exponierten Lage war das *Cap Africa* wahrscheinlich schon von den Phöniziern, später von den Römern besiedelt. Bedeutend wurde Mahdia unter dem fatimidischen Herrscher *Obeid Allah el Mahdi* (dem Namensgeber der Stadt), der sich 916 hier niederließ und 921 den Regierungssitz von Kairouan nach Mahdia verlegte. Zwar ernannten die Fatimiden bereits 50 Jahre später Kairo zu ihrer neuen Hauptstadt, doch konnte die nachfolgende Dynastie der *Ziriden* Mahdia halten, bis die Stadt 1148 von den Normannen eingenommen wurde. Im 16. Jh. besetzte der Spanier Karl V. Mahdia, bei seinem Rückzug 1554 zerstörte er die wichtigsten Verteidigungsanlagen der Stadt.

Information/Verbindungen

- *Touristeninformation* das Syndicat d'Initiative befindet sich gleich am Eingang der Medina, geöffnet Mo–Sa 8.30–13 Uhr und 14–18 Uhr. Das Büro ist im ehem. Marabout des Heiligen Sidi Khlil untergebracht, schöner Kuppelbau. ✆ 681098.

• *Vorwahl* Für Mahdia und Umgebung gilt die Vorwahl **73**.

• *Verbindungen* **Bahn**, die *Metro du Sahel* fährt etwa alle halbe Stunde (5–18.30 Uhr) mit Halt an der Zone Touristique nach Monastir (1 Std., 2 TD) und weiter nach Sousse (1,5 Std., 2,50 TD). *Bhf.* bei der Av. Farhat Hached Nähe Hafen.

Busse fahren an der Metro Station. 15-mal tägl. Sousse (ca. 1,5 Std., 2,30 TD), in Sousse umsteigen in Richtung Tunis und Kairouan; 5-mal El Jem (1 Std., ca. 1,60 TD); außerdem Busse nach Sfax (ca. 4 TD).

Louages, an der Straße Richtung Sfax (ca. 1 km vom Hafen), Verbindungen nach Sousse (1 Std., 3,70 TD); El Jem (45 Min., 2,20 TD); Kairouan (1 Std., 6,50 TD); Monastir (45 Min., 2,25 TD); Tunis (2,5–3 Std., ca. 10 TD); Sfax (1,5 Std., 5,40 TD); Gabès (3 Std., 11,50 TD).

Taxis, im Zentrum (Av. H. Bourguiba) oder beim Hafen, eine Fahrt zu den Hotels kostet 2–3 TD.

In der Hochsaison pendelt der **Petit Train** (Touristenbahn) zwischen Zentrum und Hotelzone.

Adressen/Sport

• *Adressen* **Ärztl. Hilfe**, *Krankenstation* im Zentrum bei der Post, Sprechstunde: Mo–Fr 8–13 Uhr und 15–18 Uhr. In ernsten Fällen wendet man sich an das große *Krankenhaus* 2 km außerhalb (Straße Richtung Sousse), hier Englisch und Deutsch sprechende Ärzte. ✆ 680744.

Apotheken, Av. H. Bourguiba (an der Straßengabelung). Nachtapotheke ca. 100 m von der Touristeninformation entfernt in Richtung Hafen.

Autoverleih, *Jet Car Loisir*, Av. Habib Bourguiba. ✆ 681796 oder 694390.

Fatimides Rent a Car, an der Uferpromenade in Richtung Zone Touristique, Kleinwagen 90 TD/Tag, 3 Tage ca. 250 TD, 450 TD/Woche, ✆ 695377.

Banken, mehrere Banken in der Av. H. Bourguiba, z. B. die *AMEN-Bank*.

Einkaufen, großer *Freitagsmarkt* am Hafen, Lebensmittel, Haushaltswaren, Kleidung, Decken usw. In der Markthalle (Hafen) wird täglich Fisch, Fleisch, Gemüse, Obst usw. verkauft. Zwei große *Supermärkte* in der Av. H. Bourguiba.

Festivals, *Fête de la mer de Mahdia* am 1. Juli, *Les Nuits de Mahdia* (Straßenfest) im Aug., *Fête de l'Olivier* (Olivenfest) Ende Nov.

Polizei, zweite Parallelstr. von der Av. H. Bourguiba, nicht ganz einfach zu finden.

Post, Av. H. Bourguiba, an der Straßengabelung, Mo–Sa 8–18 Uhr, So 9–11 Uhr geöffnet. Außerdem gibt es eine kleine Poststation in der Hauptgasse der Medina an der Place du Caire.

Reisebüros, *Cap Voyages* **(3)** in der Av. H. Bourguiba 196. Flug- und Fährtickets, ✆ 680355 o. 680629, 📠 696384. *Crown Travel* an der Uferpromenade in Richtung Zone Touristique. ✆ 696354, 📠 696468.

Telefonieren, Taxiphone in der Av. Farhat Hached, Eckhaus beim Hafen.

• *Sport* Die üblichen Wassersport- und andere Sportmöglichkeiten bei den Strandhotels außerhalb vom Zentrum (Surfen, Tretboot, Tennis usw.), ansonsten ist das Angebot eher dürftig.

Ausflüge werden von den jeweiligen Hotels organisiert. Zur Buchung muss man sich daher an eines der Hotels wenden, nicht an die Reisebüros.

Übernachten (siehe Karte Seite 197)

Begrenztes Angebot in Mahdia; die Strandhotels der *Zone Touristique* liegen alle 2–6 km vom Zentrum entfernt.

• *In Mahdia* **Hôtel Jazira (2)**, einfaches, kleines Hotel in reizvoller, zentraler Lage, etwas zurückversetzt von der Uferstraße. Schlichte Zimmer (z. T. mit Bad und Heizung). DZ 24 TD, EZ 17 TD. ✆ 681629, 📠 680274.

Hôtel La Medina (5), empfehlenswertes, einfaches Hotel in der Medina (ca. 150 m von der Touristeninformation geradeaus, dann zweimal rechts, beschildert). Sehr saubere Zimmer in freundlicher Ausstattung, gekachelter Innenhof mit Pflanzen. DZ 24 TD, EZ 12 TD. ✆ 694664, 📠 696348.

Jugendherberge (8), relativ zentral, aber sehr ruhig gelegen. Unterbringung in einfachen 2-Bett-Zimmern, die sanitären Anlagen sind mittelmäßig. Pro Person ca. 5 TD. Von der Esso-Tankstelle am Hafen aus beschildert, nach ca. 200 m auf der linken Seite. Ein Anruf im Voraus ist ratsam, da oft größere Gruppen die Jugendherberge in Beschlag nehmen und sie für Alleinreisende manchmal nicht zugänglich ist. ✆ 681559.

• *An der Hotelzone* **Hôtel Mahdia Palace**, 5-Sterne, absolute Spitzenklasse, der Gast ist hier wirklich König. Große, ruhige Anlage, gediegene Atmosphäre. Herrlicher Sandstrand, riesiger Pool, Hamam, Massage, Thalassozentrum, Sauna, Hallenbad, Tennis (Sand) usw. Gemütliche Zimmer mit Bad/Balkon, TV, Minibar, Zimmerservice. DZ 260 TD, EZ 160 TD. 5 km vom Zentrum, beschildert, ✆ 683777, 📠 683810, E-Mail: contact@mahdiapalace.com, Internet: www.mahdiapalace.com, Thalasso Spa & Kneipp: www.mahdiapalacethalasso.com.

Melici Hôtel El Mouradi, 5 Sterne, große, sehr gepflegte Anlage mit allen erdenklichen Extras, in der Hotelzone beschildert. All inclusive DZ 310 TD, EZ 180 TD. ✆ 682111, 📠 682120, E-Mail: info.mahdia@elmouradi.com, Internet: www.elmouradi.com.

Hôtel Riu El Mansour, 4 Sterne, der Kategorie entsprechende Ausstattung, DZ 240 TD, EZ 145 TD. ✆ 682696, 📠 682668, Internet: www.riu.com.

Iberostar Hôtel El Fatimi, 4 Sterne, riesige Hotelanlage, beliebt bei deutschen Pauschaltouristen. Mit Animation, diversen Sportangeboten, Pool, Spielplatz. Freundlicher, korrekter Service. Schöne Zimmer mit Bad/Balkon, all inclusive DZ 220 TD, EZ 135 TD. Ca. 6 km vom Zentrum am Strand, beschildert, ✆ 683733, 📠 683731, E-Mail: elfatimi@planet.tn.

Hôtel El Mehdi, 3-Sterne-Pauschalhotel, eine der ersten großen Anlagen in Mahdia, 1969 gebaut. Die Zimmer mit Bad/Balkon sind etwas eng, dafür viele kinderfreundliche Angebote. All inclusive, DZ 220 TD, EZ 135 TD. Ca. 3 km von der Altstadt, beschildert, ✆ 671300, 📠 671309, E-Mail: contact@ElMehdiHotel.com, Internet: www.ElMehdiHotel.com.

Hôtel Corniche, *Tipp in der unteren Preisklasse!* Einfache, aber saubere Zimmer, teils mit großen Balkonen und Meerblick, mit und ohne Bad. Der freundliche Besitzer bemüht sich um seine Gäste, das Hotel liegt direkt am öffentlichen Strand. Mit Café und Restaurant, DZ 24 TD, EZ 17 TD. Ca. 2 km vom Zentrum an der Route de la Corniche (Av. 7 Nov.), ✆ 694201 oder 692196.

Essen und Trinken/Cafés (siehe Karte Seite 197)

• *Essen und Trinken* **Neptune (1)**, 2 Gabeln, schickes Restaurant am Meer. Gemütliche Atmosphäre, lizenziert. Mittlere Preisklasse, viele Fischgerichte, aber auch internationale Speisen, Touristenmenü für 10 TD. Von der Av. H. Bourguiba auf Höhe

Beschauliches Café in Mahdia

der BNA-Bank in die Straße zum Meer einbiegen, Eckhaus (links). ✆ 681927.

Le Lido (7), 1 Gabel, gehobene Preisklasse. Von der Terrasse Blick auf den Hafen, große Fischkarte, z. B. Couscous mit Fisch für 9 TD, lizenziert. Av. Farhat Hached, ✆ 681867.

Le Quai (6), 1 Gabel, Traditionslokal, lizenziert, fast direkt neben dem Lido und genauso empfehlenswert.

• *Fastfood-Restaurants* **Delices Plage**, an der Corniche, direkt neben Hotel Corniche. Schöne Terrasse mit Meerblick im ersten Stock, komplettes Hühnchen mit Salat und Pommes gibt's für ca. 9 TD.

• *Cafés* **Café Sidi Salem (4)**, zwischen Hafen und Bordj el Kebir unterhalb der Straße auf einem Felsen gelegen. Nett zum Sitzen, schöner Blick aufs Meer.

An der Place du Caire in der Medina befindet sich ein wunderschönes, stimmungsvolles **kleines Café**. Man sitzt unter schattigen Bäumen, viele der älteren Bewohner der Stadt rauchen hier genüsslich ihre Wasserpfeife. Gemütlich!

Sehenswertes

Die Medina beginnt am schmalsten Punkt der Landzunge *Cap Africa*. Ihr Eingang ist das 1554 gebaute mächtige Stadttor *Skifa el Khala*, was so viel wie „dunkler Tunnel" bedeutet. Über die *Rue Obeid Allah el Mahdi* – hier eine Reihe von Souvenirgeschäften – gelangt man zur beschaulichen *Place du Caire* mit kleiner Moschee und zwei Hamams, eins davon ein maurisches Bad. Ein Stück weiter geradeaus öffnet sich ein weiter Platz, an dessen rechter Seite die schmucklose *Große Moschee* ohne Minarett zu sehen ist. Der Bau entstand ursprünglich 921 unter fatimidischer Herrschaft, wurde aber im 16. Jh. beim Rückzug der Spanier komplett vernichtet. 1961–1965 wurde die Moschee nach den Originalplänen aus dem 10. Jh. rekonstruiert (für Nicht-Moslems kein Zutritt).

Ein Rundgang durch die engen Gassen der Medina ist sehr lohnenswert, besonders stimmungsvoll zeigt sich die Altstadt am Abend. Beim Bummel kann man einen Blick in die verschiedenen Handwerksbetriebe werfen.

Mahdia ist bekannt für seine zahlreichen Seidenweber, die sich besonders auf die Herstellung von sehr aufwändig verarbeiteten Hochzeitsgewänder spezialisiert haben. Die Herstellung dieser Kunstwerke aus Seide dauert bis zu drei Wochen. Um die traditionelle Hochzeitsfeier dann auch ins richtige Licht zu setzen, gibt es in der Medina außerdem einen Verleiher von Starklichtpetroleumleuchten.

Ein etwas längerer Spaziergang führt vorbei am islamischen Friedhof und den Resten des punischen (später fatimidischen) Hafens hinaus bis zum *Cap Africa* mit seinem französischen Leuchtturm.

Bordj el Kebir: Von den Außenmauern des türkischen Forts aus dem 16. Jh. hat man einen eindrucksvollen Blick über Mahdia und das Cap. Gegenüber der Festung eine kleine Ausgrabungsstätte mit römischen Ruinen (frei zugänglich).

Öffnungszeiten/Eintritt Bordj el Kebir Im Sommer 9–13 Uhr und 15–18 Uhr, im Winter 9–16 Uhr, Mo geschlossen. Eintritt 3 TD, Fotografieren 1 TD.

El Jem

(ca. 10.000 Einwohner)

Das drittgrößte Amphitheater der Welt und das größte Nordafrikas – für Tagesausflügler und archäologisch Interessierte ist El Jem ein Muss. Im Sommer finden hier klassische Konzerte mit internationaler Besetzung – z. B. den Wiener Philharmonikern – statt. Eine großartige Akustik und das geschmackvoll mit Fackeln erleuchtete Amphitheater bieten dem Besucher ein Open–Air-Konzert der besonderen Art. Über Nacht bleibt in El Jem allerdings fast kein Tourist.

Die Bewohner der kleinen Stadt haben sich auf die Bustouristen, die maximal zwei Stunden in ihrer Stadt verweilen, eingestellt und bieten rund um die Sehenswürdigkeit gekühlte Getränke und Snacks an. Das Amphitheater ragt mächtig über das ansonsten wenig attraktive Städtchen hinaus.

Das römische *Thysdrus* wurde 46 v. Chr. unter Julius Caesar vermutlich auf dem Boden einer punischen Siedlung gegründet. Es folgte ein rascher wirtschaftlicher Aufschwung, der seinen Höhepunkt mit dem Bau des Amphitheaters (Baubeginn ca. 230 n. Chr.) finden sollte. Bei der Niederschlagung eines Aufstands gegen horrende Steuererhöhungen wurden acht Jahre später große Teile der Stadt vom römischen Militär zerstört, das Amphitheater blieb unvollendet. Während der arabischen Eroberung soll hier die legendäre Berberprinzessin *Kahina* das Amphitheater zur Festung gegen die Araber umfunktioniert haben. Später, zu Zeiten der türkischen Beys von Tunis, waren es wieder die Berber, die sich hier verschanzten. Das türkische Militär sprengte daraufhin einen Teil des Theaters, die Bresche ist heute noch gut sichtbar. Vor einigen Jahren wurde das Amphitheater sorgfältig restauriert, alljährlich im Juni finden hier Konzerte mit Starbesetzung statt.

• *Verbindungen* **Bahn**, *Bhf.* im Ortszentrum, 6-mal tägl. nach Tunis (ca. 3,5 Std., 10,80 TD); 6-mal Sfax (1,5 Std., 3,6 TD); 3-mal Gabès (ca. 4 Std., 8,50 TD); 2-mal (über Nacht) nach Gafsa und Metlaoui (5,5 Std., 11 TD).

Busse fahren bei der Louage-Station am Bhf. ab, kein Fahrplan. Tägl. nach Sousse und Sfax (je 3 TD); Gabès (8 TD); Tunis (8,50 TD); Mahdia (2,50 TD).

Louages (am Bhf.), Verbindungen nach Sousse (1 Std., 3,50 TD); Monastir (ca. 1,5 Std., 4 TD); Sfax (ca. 1,5 Std., 3,50 TD); Tunis (3 Std., 9,50 TD); Mahdia (2 TD).

• *Adressen/Sonstiges* Im Zentrum gibt es Banken, die Post und einige Lebensmittelläden, Restaurants und Souvenirstände finden sich beim Amphitheater.

Auskünfte zu den Terminen für die **Konzerte im Amphitheater** erteilt das Touris-

El Jem – das Amphitheater

teninformationsbüro in Sousse. Zu manchen Konzerten wird auch ein Sonderzug ab Hammamet mit Zusteigemöglichkeit in Sousse eingesetzt. Aktuelle Informationen und Kartenreservierung unter ✆ 73/631163 bzw. 630244 oder 71/285813.

• *Übernachten/Essen* **Hôtel Julius**, am Bhf., einzige Unterkunft direkt im Ort. Mit Restaurant im Innenhof. Einfach, aber nett, saubere Zimmer, allerdings wenig motivierte Leitung. DZ 30 TD, EZ 24 TD, ✆ 73/630044, 630523.

Hôtel Club Ksar El Jem, 3 Sterne, das Hotel befindet sich knapp 3 km vom Zentrum entfernt. Zunächst 2,5 km auf der Hauptstraße Richtung Sousse fahren, dann rechts abbiegen und der Stichstraße 200 m folgen. Neueres Hotel in geschmackvoller Flachbauweise mit Pool und Restaurant, ruhige und abgeschiedene Lage. DZ 60 TD, EZ 55 TD mit Frühstück oder Abendessen. ✆ 73/632800, 630390, E- Mail: hotel.ksarelJem@gnet.tn.

Sehenswertes

Amphitheater: Mit einer Ausdehnung von 122 x 148 m fasste es ca. 30.000 Zuschauer. Die drei Stockwerke mit jeweils 64 Arkaden wurden von einem vierten Stockwerk gekrönt, die maximale Höhe des Theaters beträgt 41 m. In der Mitte der Arena kann man zu den Käfigen und Kerkern hinuntersteigen, in denen die Raubtiere und die Gladiatoren auf ihren „Auftritt" warteten.

Öffnungszeiten Tägl. von 7–19 Uhr, im Winter 8–17.30 Uhr, Eintritt 6 TD, Kinder unter 6 Jahren frei, Fotografieren 1 TD. Führungen werden nur für Gruppen angeboten.

Museum: Zu sehen sind überwiegend Mosaike, besonders Tiermotive und ornamentale Mosaike, aber auch Darstellungen zu den vier Jahreszeiten und den neun Musen. Des Weiteren römische Kleinfunde und Statuen(-fragmente), alles aus der Gegend um El Jem (2.–4. Jh. n. Chr.).

Lage/Öffnungszeiten Das kleine Museum liegt an der Str. nach Sfax auf der rechten Seite (ca. 500 m vom Amphitheater, beschildert). Es gilt dieselbe Eintrittskarte. Tägl. von 7–19 Uhr geöffnet.

Sfax

(ca. 265.000 Einwohner)

Die zweitgrößte Stadt Tunesiens wird vom Tourismus kaum beachtet. Zu viel Industrie und Großstadthektik, zu wenig Strände und Hotels. Sfax ist in erster Linie ein wirtschaftliches Zentrum Tunesiens.

Den Wohlstand hat die Stadt ihren fleißigen und sparsamen Bewohnern zu verdanken, die in Tunesien etwa den gleichen Ruf haben wie hierzulande die Schwaben. Doch die Universitätsstadt Sfax hat neben großen Industrieanlagen am Hafen auch eine sehr reizvolle, ursprüngliche Medina mit echt tunesischen Souks zu bieten, außerdem drei Museen und zahlreiche islamische Bauwerke.

In der Neustadt zwischen Medina und Hafen scheint das französische Protektorat mit seinen Kolonialbauten noch präsenter zu sein als anderswo in Tunesien. Eine touristische Infrastruktur findet sich in Sfax zwar nicht (keine Ausflugsmöglichkeiten mit organisierten Touren), dafür ist die Stadt aber Verkehrsknotenpunkt der südlichen Sahel-Region. Mit Bussen und Louages sind von hier aus weite Teile des Landes zu erreichen.

Historisch war Sfax nie von größerer Bedeutung. Über das römische *Taparura* ist nur wenig bekannt und auch die arabischen Eroberer ließen Sfax mehr oder minder links liegen. Relativer Wohlstand kam mit den Aghlabiden im 9. Jh., aus dieser Zeit stammen auch die mächtige Stadtmauer und die Große Moschee. Nach einer weiteren Phase der Bedeutungslosigkeit für die Stadt waren es erst die französischen Kolonialherren, die während der Protektoratszeit (1881–1956) den wirtschaftlichen Aufstieg von Sfax vorantrieben. Im 2. Weltkrieg wurde Sfax stark bombardiert. Heute hat die *Olivenölbörse* hier ihren Hauptsitz und trägt somit nicht unerheblich zum Wohlstand der Stadt bei.

Information/Verbindungen

• *Touristeninformation* In der Av. Mohamed Hedi Khefacha (am Hafen), Mo–Do 9–13 Uhr und 15–17.30 Uhr geöffnet, Fr/Sa 8.30–13.30 Uhr, ✆ 74/211040. Ein kleiner Pavillon des Syndicat d'Initiative befindet sich an der Place de l'Indépendance.

• *Vorwahl* Für Sfax und Umgebung gilt die Vorwahl **74**.

• *Verbindungen* Der **Flughafen** liegt ca. 8 km vom Zentrum entfernt, sehr klein, Inlandsflüge nach Tunis und Djerba, ✆ 241700. Südl. vom Zentrum beschildert. Taxi ca. 2–3 TD.

Bahn, *Bhf.* im Zentrum bei der Av. H. Bourguiba. Tägl. 6-mal über El Jem (1 Std., 3,65 TD) und Sousse (2 Std., 5,6 TD) nach Tunis (4 Std., 10,5 TD); 3-mal nach Gabès (3 Std., 6,20 TD); 1-mal (nachts) nach Gafsa (3,50 Std., 8,450 TD) und weiter nach Metlaoui.

Busse, es gibt in Sfax drei Busstationen, *1. Stadtbusse und Nahverkehr* in die umliegenden Orte, Busstation in der Av. des Martyrs (gegenüber der Louage-Station nördl. von der Medina). Busse nur arabisch beschriftet, am besten fragt man sich an der Station durch (Tickets im Bus). *2. Busse in die Sahel-Region, in den Süden und nach Tunis* fahren in der Rue Tazarka (beim Bhf.) ab. Kleines, unscheinbares Büro (✆ 222355), die Busse halten an der Straße. Tägl. 5-mal Tunis (4 Std., 11 TD); 2-mal Djerba (4 Std., 10 TD); 2-mal Sousse (2 Std., 5,50 TD); 1-mal Tataouine (4,5 Std., 11 TD); 2-mal Ben Guerdane (1-mal über Nacht, 4,5 Std., 11,50 TD); 2-mal Kebili (1-mal über Nacht, 4,5 Std., 10 TD). Außerdem Verbindungen nach Matmata und Tripolis (Libyen). *3. Gare Routière*, der Bus-Hbf. in der Verlängerung der Av. H. Bourguiba, Tickets an der Station. Tägl. 4-mal nach Gafsa (3 Std., 7 TD); 3-mal El Kef (5 Std., 11,50 TD); 2-mal Medenine (3,5 Std., 10,50 TD); 4-mal Kasserine (2,5–3 Std., 6,50 TD); 11-mal Mahres (45 Min., 2,30 TD); 2-mal Mahdia (ca. 2 Std., 3,50 TD); 3-mal Gabès (ca. 2 Std., 5 TD); 3-mal Kairouan (2,5 Std., 5 TD);

Die Sahel-Region
Karte Seite 176

außerdem Verbindungen nach El Jem (1-mal), Djerba und Zarzis.

Louages, nahe Gare Routière in der Rue Comm. Bejaoui, außerdem eine Station im Zentrum (Av. des Martyrs), weitere Louages beim Bab Diwan. Fahrten nach Tunis (3 Std., 13 TD); Sousse (2 Std., 7 TD); Gabès (1,5 Std., 7,5 TD); Gafsa (2,5 Std., 11,30 TD);, El Jem (1 Std., 3,60 TD); Kairouan (1,5–2 Std., 7,50 TD); Djerba (4 Std., 11,60 TD); Kasserine (2 Std., 9,60 TD).

Taxis, gegenüber vom Bab Diwan in der Av. A. Belhouane.

Fähren, vom Hafen Sfax ca. 4- bis 6-mal tägl. zu den vorgelagerten Kerkennah-Inseln. Fahrtdauer 1 Std., pro Person 1 TD, Auto 4,50 TD.

Adressen

Ärztl. Hilfe, großes Krankenhaus ca. 500 m nördlich von der Medina (Route El Ain), Englisch sprechende Ärzte, ✆ 244511 oder 241511.

Apotheken an der Place de la République.

Autoverleih, mehrere Anbieter in der Rue Mohamed Ali, z. B. *Europcar*, ✆ 226680. Die

Rue Mohamed Ali führt von der Place de la République rechts neben dem Rathaus/Museum hinunter zum Hafen. Weitere Autovermietungen in der Rue Tahar Sfar am Hafen: z. B. *Solvos Location de Voitures* (✆ 229882).

Banken, z. B. *STB-Bank* in der Av. H. Chaker oder *BIAT-Bank* an der Place de la République.

Einkaufen, großer **Markt** am Nordausgang der Medina (Tor Bab Djebli): Obst, Gemüse, Haushaltswaren, Spielsachen, Kleidung, Gewürze, Fleisch und Fisch, Strohmatten und -körbe – und keine Souvenirs. Man kann hier noch das eine oder andere Schnäppchen machen. Das meiste spielt sich hauptsächlich um das Bab Djebli ab. In den **Souks** ebenfalls hervorragende Einkaufsmöglichkeiten. **Achtung**: Fast alle Medinageschäfte sind Mo geschlossen.

Supermarkt: *Monoprix* in der Av. des Martyrs (im Einkaufszentrum Sfax 2000). Der **Wochenmarkt** findet am Fr statt.

Polizei, Rue Victor Hugo, ✆ 229700.

Post, Av. H. Bourguiba (beim Bhf.), Mo–Sa 8–18 Uhr, So 9–11 Uhr.

Reisebüros, *Tunis-Air-Agentur* gegenüber der Post, ✆ 228028, Fax 299573. Einige Reisebüros in der Av. Hedi Chaker und in der Av. H. Bourguiba, hier Flug- und Fährtickets. Weitere Reisebüros am Hafen in der Rue Tahar Sfar.

Telefonieren, im Zentrum ausreichend Taxiphones.

Übernachten/Essen und Trinken/Cafés (siehe Karte Seite 203)

• *Übernachten* **Hôtel Mercure (4)**, 9-stöckiges 4-Sterne-Hotel im Neustadtzentrum. Mit Pool, Restaurant, Bar, Diskothek. Schicke, moderne Zimmer mit Bad/Balkon, Telefon, TV, Aircon., DZ 159 TD, EZ 127 TD, bei rechtzeitiger Buchung Ermäßigung möglich. Av. H. Bourguiba, ✆ 225700, Fax 225521, E-Mail: mercuresfax@planet.tn, Internet: www.mercure.com.

Oliven vom Fass

Hôtel Alexander (5), 1 Stern, in der gleichnamigen Straße in der Neustadt. Empfehlenswertes 72-Betten-Haus mit Restaurant, DZ 30 TD. EZ 20 TD (jeweils mit Bad). ✆ 221613, Fax 299773.

Hôtel La Medina (1), Rue Mongi Slim (Medina), für bescheidene Ansprüche. Sehr einfache, kleine, saubere Zimmer mit Waschbecken, Du/WC auf dem Gang, freundlicher Service. Lassen Sie sich ein Zimmer mit Außenfenster geben, sonst sehr trostlos. DZ 8 TD, ✆ 220354. In derselben Straße befinden sich weitere Hotels im ähnlichen Stil.

• *Essen und Trinken* **La Perla (3)**, 2 Gabeln, in der Av. H. Bourguiba (fast direkt an der Place de la République). Mittleres Preisniveau, z. B. Couscous mit Fisch für 7 TD, große Auswahl an Fisch und Meeresfrüchten, tunesische Weine und Spirituosen.

Tuparura, Rue Hedi Chaker am Hafen, mittleres bis gehobenes Preisniveau, große Auswahl an Fischgerichten (ab 10 TD).

Carthage, gegenüber der Kasbah in der Av. Belhouane, lizenziert. Der Patron präsentiert auf einer Platte den frischen Fisch zum Aussuchen (Lesertipp von Werner Schuh aus Zwickau).

Sehr günstig essen kann man in einem der vielen namenlosen **Restaurants populaires** (unlizenziert) in der Medina, besonders um das Tor Bab Diwan. Rund um die Souks stößt man immer wieder auf kleine **Garküchen**, meist stehen nur 3–4 Töpfe auf dem Herd, aus denen man sich dann sein „Menü" aussucht. Sehr günstig.

• *Cafés* **Café Diwan (2)**, in der Medinamauer, ganz in Blau-Weiß, sehr typisch. Vor allem junge Leute kommen hierher zum Chicha-Rauchen. Von der Dachterrasse schöner Blick auf Sfax, hier ist auch abends etwas los. Vom Bab Diwan rechts auf die Rue de la Kasbah, dann links eine Treppe hinauf. Weitere Cafés an der Place de la République und am Hafen.

Sehenswertes

Medina: Die Altstadt mit ihrer zinnenbestandenen Stadtmauer stammt ursprünglich aus der Mitte des 9. Jh., wurde aber mehrfach umgebaut und erneuert. Man betritt die Medina durch das Haupttor Bab Diwan aus dem Jahr 1306. Vom Tor geradeaus gelangt man zur **Großen Moschee** (Mitte 9. Jh.) mit Minarett, das dem von Kairouan nachempfunden wurde, im Ganzen aber schlanker ist (kein Zutritt für Nicht-Moslems). Um die Große Moschee liegen die **Souks** von Sfax: viele enge, zum Teil überdachte Gassen, in denen der Tourismus noch überhaupt keine Rolle spielt. Hier gibt es noch den urigen Olivenholzschnitzer, der allerhand Gebrauchsgegenstände vom Wellholz bis zum Flaschenverschluss in mühsamer Handarbeit herstellt. Wer außergewöhnliche Mitbringsel sucht, wird in der Medina von Sfax bestimmt fündig: Zum Beispiel bei dem Waffenschmied, der für tunesische Festivitäten und Reiterspiele Handfeuerwaffen aus dem 18. Jh. nachbaut. Eine gewisse Unempfindlichkeit gegen Gerüche ist allerdings erforderlich, wenn man in den Sommermonaten in die Gasse der Metzger gerät. Entschädigt wird die Nase des neugierigen Besuchers aber schon wenige Meter weiter: Brote aus verschiedenen Getreidesorten und auch solche aus dunklem Mehl, die sonst allenfalls noch in den Souks von Tunis angeboten werden, verströmen hier ihren verlockenden Duft. Durch die Gassen geht es über die Rue Mongi Slim zum Bab Djebli. Vor dem Tor linker Hand gelangt man zum **Fondouk des Forgerons**, einer Karawanserei aus dem Mittelalter, in der heute noch eine Schmiede in Betrieb ist. Es lohnt in jedem Fall, einen Blick in den Innenhof zu werfen.

Sfax – Place de la Kasbah

Museum Dar Jallouli (Musée des Arts et Traditions Populaires): Schon der wunderschöne Innenhof des Hauses der wohlhabenden Familie Jallouli aus dem 17. Jh. überrascht jeden Besucher. Das Museum zeigt die Schlafgemächer von vor über 200 Jahren, aber auch Schmuck, Trachten und Hochzeitsgewänder aus der Region sowie einige Alltagsgegenstände.

• *Lage* Auf der Rue Mongi Slim (vom Bab Diwan kommend) beim Haus Nr. 54 (Kreuzung) rechts ab, nach ca. 50 m weist ein hellblaues Schild in die Rue Cheikh Sidi Ali Ennouri, vor dem Torbogen auf der linken Seite befindet sich das Dar Jallouli.

• *Öffnungszeiten* tägl. außer Mo 9.30–16.30 Uhr, Eintritt 2 TD, Kinder unter 9 Jahren frei, Fotografieren 1 TD.

Kasbah: Die ursprünglich aus dem 9. Jh. stammende Kasbah an der südwestlichen Ecke der Medina beherbergt heute das *Musée de l'Architecture Traditionelle de Sfax*. Zu den Ausstellungsstücken zählen verschiedene Baumaterialien, Säulenkapitelle, außerdem Baupläne zu verschiedenen islamischen Gebäuden. Die unterschiedlichen Baustile der jeweiligen Dynastien werden durch Schaubilder erläutert, alles leider nur in Arabisch und Französisch beschriftet. Für Leute, die an islamischer Architektur interessiert sind, ein sehenswertes Museum. Die Türme der Kasbah können bestiegen werden, von hier guter Ausblick auf die Stadt.

Öffnungszeiten tägl. außer Mo 9.30–16.30 Uhr, Eintritt 2 TD, Kinder unter 12 Jahren frei, Fotografieren 1 TD.

Archäologisches Museum: Im Erdgeschoss des Rathauses an der Place de la République untergebracht. Hauptsächlich Funde aus der Gegend um Sfax, alle aus der römischen, frühchristlichen und byzantinischen Epoche. Dazu einige wenige prähistorische und punische Funde aus der Umgebung; zumeist aber Mosaike, Säulenfragmente und Kleinfunde (Grabbeigaben). Außerdem Teile von Koranschriften, u. a. eine in kufischer Schrift aus dem 10. Jh. Der freundliche Museumswärter schließt bei Interesse auch die Nebenräume auf.

Öffnungszeiten tägl. außer So 8.30–13 Uhr und 15–18 Uhr, Eintritt 2 TD, Kinder unter 12 Jahren frei, Fotografieren 1 TD.

Ausflüge/Baden

In der direkten Umgebung von Sfax keine Bademöglichkeiten, zwei empfehlenswerte Sandstrände befinden sich südlich:

Plage Nakta, 22 km von Sfax (GP 1 Richtung Gabès). Am südlichen Ortsende des Dorfs Nakta geht es links ab zum relativ sauberen, seichten Sandstrand (4 km von der GP 1).

Strand von Chaffar: 2,5 km südlich vom Ort Nakta links ab zum sauberen, großen Sandstrand (3,5 km von der GP 1). Bei Tunesiern beliebt, keine Touristen.

Tozeur – Blick vom Belvédère-Hügel

Die Chott-Region

Die Chott-Region ist nun endlich das Tunesien, das man sich vorstellt und aus Prospekten kennt – grüne Oasen vor dem großen Sandmeer der Sahara und ausgetrocknete Salzseen, auf denen hin und wieder eine Fata Morgana auftaucht.

Geografisch ist die Gegend zweigeteilt in die **Djerid-Region** (von *Bled El Djerid* = Land der Dattelpalmen) am nordwestlichen Rand des Chott El Djerid mit ihren Oasen Tozeur und Nefta und in die **Nefzaoua-Region** an dessen südöstlichem Ende mit den Oasen Kebili und Douz.

Südöstlich der Chott schließt die **Sahara** an, der *Grand Erg Oriental*. Mit rund 9 Mio. km^2 ist sie die größte Wüste der Erde, aber nur ein kleiner Teil davon liegt in Tunesien. Doch kämpft man auch hier mit der Ausbreitung bzw. Neubildung der Wüste und mit der Wasserknappheit. In den Oasen von Tozeur und Nefta wird sehr deutlich, wie durch Trockenheit die Randgebiete der Palmenhaine absterben. Gründe dafür sind neben den vielen Touristenhotels mit ihrem großen Wasserverbrauch auch die neu angelegten landwirtschaftlichen Flächen außerhalb der Oasen, die hier intensiv bewässert werden müssen.

Die touristisch wichtigsten Orte der Region sind Tozeur und Douz. In der Gegend um Tozeur bietet sich eine ganze Reihe von Ausflugsmöglichkeiten, z. B. die Erkundung der Bergoasen oder Fahrten mit dem berühmten Salonzug *Lézard Rouge* durch die Selja-Schlucht, sodass die Stadt ein idealer Standort für die nördliche Chott-Region ist. Vom südöstlich gelegenen Douz aus kann man dagegen kleinere Wüstentouren unternehmen. Beide Orte sind übrigens auch als Winterziele bei europäischen Touristen sehr gefragt.

Karte Seite 210/211

Der Chott El Djerid

Mit einer Ausdehnung von über 200 km ist der *Chott El Djerid* der größte ausgetrocknete Salzsee (oder Salzpfanne) am Nordrand der Sahara. Im Osten schließt der schmalere *Chott El Fedjedi* bis fast an die Küste bei Gabès an, in nordwestliche Richtung ist es der *Chott El Gharsa*, der durch den Isthmus bei Tozeur vom großen Chott getrennt wird. Die Oberfläche der teilweise unter dem Meeresspiegel liegenden Chotts besteht aus Salzkristallen (oft mit Sand bedeckt), darunter befindet sich eine Schicht aus tonhaltigem Schlamm. Gelegentlich wird die obere Salzkruste auch von Wasser überschwemmt, das aber schnell wieder verdunstet.
Jahrhundertelang war die Überquerung des Chott ein gefährliches Unternehmen, heute bringt eine Straße auf dem aufgeschütteten Damm die Reisenden sicher über den Salzsee. Bereits der griechische Geschichtsschreiber Herodot berichtete im 5. Jh. v. Chr. über die Salzseen. Im 19. Jh. entstand der Plan, den Chott El Djerid bzw. seine östliche Verlängerung Chott El Fedjedi durch einen Kanal mit dem Meer zu verbinden und so ein riesiges Binnenmeer zu schaffen – bis man erkannte, dass der große Chott gar nicht unter dem Meeresspiegel liegt. Nur der Chott El Gharsa liegt 31 m u. d. M.

Tozeur

(ca. 32.400 Einwohner)

Mit ihrer herrlichen Oase, den altertümlich wirkenden Lehmziegelbauten in der Altstadt und den luxuriösen Hotels in der neu entstandenen Zone Touristique erfreut sich die Gouvernoratsstadt bei Touristen zunehmender Beliebtheit. Tozeur ist in jeder Hinsicht das Zentrum der Chott-El-Djerid-Region.

Tozeur, das „Tor zur Wüste“, hat sicherlich einen der höchsten Freizeitwerte des ganzen Landes. Vormittags ins Museum und nachmittags am Pool liegen, vormittags ein Ausflug zu den Bergoasen und nachmittags in der Oase spazieren oder vormittags mit dem Salonzug *Lézard Rouge* durch die Selja-Schlucht bei Metlaoui und nachmittags in der Altstadt bummeln, abends dann den Sonnenuntergang vom Belvédère-Hügel betrachten und danach ins Oasen-Café – in Tozeur wird es einem so schnell nicht langweilig.

Trotz vieler Jeepgruppen und Tagesausflügler ist Tozeur ein ruhiges, fast dörfliches, kleines Städtchen geblieben. Internationalen Rummel erlebte die Stadt nur 1996, als im Hôtel Palm Beach Palace die Filmcrew zu den Dreharbeiten des „Englischen Patienten“ abstieg. Im Zentrum sitzen die zahlreichen Souvenirverkäufer vor ihren Shops in der *Avenue Habib Bourguiba*, der wichtigsten Geschäftsstraße von Tozeur, und warten auf Kundschaft. Nur ein paar Ecken weiter gelangt man in das Altstadtviertel *Ouled Hadef* mit seinen engen Gassen, sandfarbenen Lehmziegelhäusern und oft ganz in Schwarz gehüllten, verschleierten Frauen.

Thusuros war eine der südlichsten Bastionen der römischen Provinz Africa. Später, zur Zeit der islamischen Invasion (Ende 7. Jh.), trugen sich hier schwere Kämpfe zwischen Arabern und christlichen Berberstämmen zu, doch folgte bald ein beständiger wirtschaftlicher Aufstieg zur wichtigen Karawanenstation. Auch die Gelehrten der Stadt genossen überall im Land einen ausgezeichneten Ruf. Einer von

Lehmziegelarchitektur – Altstadtviertel Ouled Hadef in Tozeur

ihnen, *Ibn Chabbat*, entwickelte im 13. Jh. das Bewässerungssystem für die Oase. Im 14. Jh. sollen hier an die 100.000 Menschen gelebt haben. Die Karawanenstation Tozeur blieb bis ins 19. Jh. bestehen.

Information/Verbindungen

• *Touristeninformation* Freundlich und auskunftsfreudig, Mo–Do 8.30–18 Uhr geöffnet, Fr/Sa 8.30–13.30 Uhr. Rue Abou El Kacem Ech Chabbi, ✆ 454503, ℻ 452051. Das kleine Büro des **Syndicat d'Initiative** (Av. H. Bourguiba Ecke Av. F. Hached) ist tagsüber geöffnet (8–18 Uhr, auch So), hier ebenfalls sehr freundliche Beratung, außerdem Organisation von *Kamelritten* und *Kutschfahrten*.

• *Vorwahl* Für Tozeur und Umgebung gilt die Vorwahl **76**.

• *Verbindungen* **Flughafen**, ca. 2 km auf der Straße Richtung Nefta, dann rechts ab. Inlandsflüge nach Tunis, Monastir und Djerba, internationale Flüge nach Frankfurt, Zürich und Paris (Tunis Air). ✆ 453388. Keine Busverbindung, mit dem Taxi ca. 3 TD ab Zentrum.

Busse, neue *Station* (✆ 452086) im Zentrum an der Av. Farhat Hached Richtung Nefta auf der rechten Seite. Verbindungen: stündl. nach Nefta (30 Min., 1 TD); 2-mal Kebili (1-mal davon weiter nach Gabès, 2 Std., 6,50 TD), in Kebili umsteigen nach Douz; 5-mal Gafsa (2 Std., 5 TD); 4-mal Metlaoui (ca. 1 Std., 3 TD), der Bus fährt weiter nach Redeyef. *Busse nach Tunis* fahren an der Av. F. Hached/Av. H. Bourguiba ab, 6-mal tägl., 21 TD, ca. 6–7 Std. Ticketverkauf neben dem Café La Palme, großes Gedränge beim Nachtbus.

Louages: *Station* schräg gegenüber der Busstation, Verbindungen: Nefta (15 Min., 1 TD); Kebili (1,5 Std., 6 TD, in Kebili umsteigen nach Douz); Gafsa (1 Std. 15 Min., 5 TD); Metlaoui (45 Min., 3 TD); Redeyef (1,5 Std., 4,50 TD); Kasserine (2,5 Std., 8,50 TD); Gabès (2,5 Std., 9 TD); Sfax (3,5 Std., 12 TD); Chebika (1 Std., 2,5 TD).

Taxis, Wagen im Zentrum. Zur Hotelzone ca. 2 TD, zum Flughafen ca. 3,50 TD.

Adressen/Sonstiges

• *Adressen* **Ärztl. Hilfe**, *Krankenhaus* in der Rue Ech Chabbi (Richtung Dar Cherait, dann rechts ab), ✆ 450400.

Apotheken, Av. F. Hached und Av. H. Bourguiba.

Die Chott-Region
Karte Seite 210/211

Autoverleih, in den großen Hotels oder z. B. über die Reiseagentur Cartours (s. „Reisebüros") mit *Avis-Agentur*: Kleinwagen ca. 75-80 TD/Tag, ca. 520 TD/Woche. Schräg gegenüber dem Museum Dar Cherait befinden sich mehrere kleine Autovermietungen: *Camica Rent a Car* (✆ 462433) und *Sarab Rent a Car* (✆ 453540, 📠 453539). Direkt neben dem Hôtel Residence El Arisch das Büro *Djerid Rent Service*, ✆ 460788, 📠 463788. Außerdem *Beya Rent a Car* in der Av. Abou El Kacem Chebbi (200 m vom Hôtel Continental, ✆ 462211 oder 463211, Handy 09/325933).

Banken, z. B. die *STB-Bank* an der Place Ibn Chabbat (Av. H. Bourguiba), Mo–Fr von 8–16 Uhr geöffnet. Ohne Geldautomat!

Einkaufen, viele *Souvenirläden* in der Av. H. Bourguiba und der Av. Ech Chabbi, es werden hauptsächlich Teppiche, Decken, Flechtwaren, Schmuck und Keramik angeboten (z. B. die gelb-grünen Teller, die die grüne Oase von Tozeur und die gelbe Wüste drum herum symbolisieren). Die leckeren *Deglet-Nour-Datteln* sind in Tozeur recht günstig zu bekommen, man sollte die offenen den abgepackten Datteln vorziehen. Daneben werden *Sandrosen* angeboten, wunderschöne, aber sehr zerbrechliche Gesteinsgebilde, die in der Wüste „wachsen". Der **Wochenmarkt** von Tozeur findet So statt, zum kleineren Markt (Lebensmittel) geht es an der Place Ibn Chabbat die Gasse hinein.

Polizei, ca. 1 km vom Zentrum an der Straße Richtung Gafsa, ✆ 452099.

Post, an der Place Ibn Chabbat.

Reisebüros, z. B. *Cartours* in der Av. F. Hached. Organisiert Ausflüge zu den Bergoasen Chebika, Tamerza und Midès (halber Tag ca. 70 TD, 1 Tag 90 TD), Douz (1 Tag, ca. 100 TD), 2 Tage Ksar Ghilane mit dem Jeep, ✆ 453547, 📠 452377. Nur wenige Häuser weiter: *Tozeur Voyages*, Av. F. Hached (an der Abzweigung der Av. H. Bourguiba) bietet folgende Ausflüge in klimatisierten Jeeps an: halber Tag Bergoasen 70 TD, halber Tag Nefta 40 TD, Chott el Djerid/Douz/Zaafrane (1 Tag) 100 TD, Gafsa/Kasserine/Sbeitla (1 Tag) 170 TD (Preise für Gruppen günstiger); außerdem Lufthansa, Tunis-Air und CTN-Agentur, ✆ 452203, 📠 452130.

Ausflüge zu den Bergoasen oder Fahrten mit dem Salonzug *Lézard Rouge* werden auch von vielen Hotels angeboten.

Telefonieren, Taxiphone beim Syndicat d'Initiative um die Ecke.

Zweiradverleih, Fahrräder und Mopeds gibt es bei *Tlili Bicycle* gegenüber vom Hôtel Palmeraie (Av. Ech Chabbi beim Dar Cherait). Fahrräder: 2–3 TD/Std., 6 TD/halber Tag, 12 TD/Tag; Mofas und Vespas ab 5 TD/Std. und ca. 20 TD/halber Tag. Tägl. 8–18 Uhr geöffnet, ✆ 454402.

Die Chott-Region
Karte Seite 210/211

• <u>*Sonstiges*</u> **Kutschfahrten/Kamelritte in die Oase**, Kutschen stehen an einem Platz an der Av. Ech Chabbi beim Marabout Sidi Egili. Eine Rundfahrt durch die Oase (ca. 1 Std.) kostet ab 15 TD (für die ganze Kutsche), 1 Std. Kamelritt 10–15 TD pro Person. Besonders ans Herz gewachsen ist uns der Kutscher Ali (Kutsche Nr. 53) mit seiner Stute (!) Hannibal.

Baden kann man in den Pools einiger Hotels auch als Nicht-Gast. Einen wunderschönen Pool hat das *Hôtel Oasis* am Rand der Oase (Poolbenutzung 6 TD pro Person).

Quadtouren, eine Tour mit dem hochgeländegängigen Quad über Oasenpisten bis in die Sahara hinterlässt bestimmt nicht nur bei Motorsportfreaks einen bleibenden Eindruck. 1,5 Std. 30 TD, 2 Std. 35 TD, halber Tag 45 TD (plus Spritkosten). Tagestouren sind möglich, alle Touren mit Führer. Zu buchen bei Beya Rent a Car (siehe Autoverleih).

Übernachten

Einige Hotels im Zentrum bzw. zentrumsnah (Av. Ech Chabbi); die Hotels in der *Zone Touristique* von Tozeur überbieten sich gegenseitig an Komfort (alle mind. 3 Sterne), allerdings sind sie alle 2–3,5 km vom Zentrum entfernt. Eine Auswahl:

• *Im Zentrum bzw. zentrumsnah* **Hôtel Oasis (3)**, 3-Sterne-Traditionshotel, viele Bus- und Jeepgruppen. Gepflegt, aber unpersönlich. Herrlicher Pool, 250 Betten, schöne Zimmer mit Bad/Balkon, Aircon., DZ 112 TD, EZ 76 TD. Am Ende der Av. H. Bourguiba, neben dem Rathaus. ✆ 452300, ℻ 452153, E-Mail: hoteloasisdartozeur@yahoo.fr, Internet: www.darhotels.com.

Hôtel Continental (9), 3 schon etwas verblasste Sterne, „das Hotel hat schon mal bessere Zeiten gesehen", schrieb uns ein Leser. Ca. 800 m vom Zentrum, kleiner, nicht besonders gepflegter Pool, schattiger Garten. Relativ günstig, sehr netter Service, DZ 68 TD, EZ 42 TD (mit Bad/Balkon). ✆ 461411, ℻ 452109.

Résidence Warda (5), ca. 400 m vom Zentrum auf der Av. Ech Chabbi. *Tipp* für Individualisten in Tozeur, v. a. Reisende mit kleinerem Budget. Einfache, saubere Zimmer mit Bad um einen nur mäßig idyllischen Innenhof. Hilfsbereiter Service, ausgesprochen günstig: DZ 25 TD, EZ 15 TD. ✆ 452597, ℻ 452744.

Hôtel Résidence El Arich (11), *Tipp!* Einfache Unterkunft, aber sehr sauber und freundliches Personal. Großzügiger, gepflegter Innenhof mit Palmen. DZ 30 TD, EZ 18 TD. Am Beginn der Zone Touristique gelegen (ca. 150 m vom Hôtel Continental entfernt). ✆ 462644 oder 460344, ℻ 461544, E-Mail: elarichtozeur@yahoo.fr, Internet: www.elarichtozeur.8m.com.

Hôtel Karim (8), etwa 600 m vom Zentrum in der Av. Ech Chabbi (gegenüber vom Droschkenplatz). Saubere und ordentliche, aber kleine Zimmer, DZ 44 TD, EZ 26 TD. Schöner, gekachelter Innenhof und arkadenähnliche Gänge mit Sitz- und Sonnenmöglichkeiten. Gemütlicher Frühstücksraum. ✆ 454574, ℻ 463163. Lesertipp von Dr. Rolf Röhrig aus Bremen.

Hôtel Ksar Jerid, 3 Sterne, 300 m vor dem Ortsausgang Tozeur in Richtung Nefta auf der rechten Seite. Helle Räume, DZ 150 TD, EZ 100 TD. ✆ 454357, ℻ 454515, E-Mail: ksar.jerid@planet.tn.

• *In der Zone Touristique* **Hôtel Dar Cherait (12)**, 5 Sterne, steht dem benachbarten Museum in punkto Einrichtung in nichts nach. Antiquarische Fotos an den Wänden, maurisches Café, Bar La Pacha in Plüschrot, die Zimmer sind um einen Patio herum angeordnet – eine Sehenswürdigkeit. Netter Garten mit schön angelegtem Pool und Sonnenterrasse. Moderne Zimmer mit TV, Telefon, Bad/Balkon, DZ 220 TD, EZ 145 TD, ✆ 454888, ℻ 454472, Internet: www.darcherait.com.tn. Ca. 2 km vom Zentrum auf der Av. Ech Chabbi.

Hôtel Ksar Rouge (14), „nur" 4 Sterne. Das Hotel ist ein Traum, allein schon der Eingang und die Terrasse. Gelungenes Ambiente. Schöner Pool mit Massagebecken, Hallenbad, Tennis, maurisches Café usw. Bestens ausgestattete Zimmer mit Balkon, Bad und TV, DZ 170 TD, EZ 115 TD. Ca. 2,5 km vom Zentrum, Route Touristique, auf der rechten Seite neben dem Palm Beach Palace, ✆ 454933, ℻ 453163, E-Mail: eldorador.ksar@planet.tn, Internet: www.jettours.com.

Hôtel El Mouradi Tozeur (15), 4 Sterne, Luxushotel im modernen arabischen Baustil mit allem erdenklichen Komfort. Beheizbarer Swimmingpool, Konferenzraum, Sauna etc. DZ 134 TD, EZ 92 TD. In der Route Touristique nach dem Hôtel Ksar Rouge auf der linken Seite. ✆ 453500, ℻ 452686, E-Mail: info@elmouradi.com, Internet: www.elmouradi.com.

Hôtel Palmyre, 4 Sterne, geschmackvolle Einrichtung, Pool vor brauner Steinlandschaft, 185 Zimmer mit TV, Telefon, Bad/Balkon, DZ 220 TD, EZ 156 TD. Bislang letztes Hotel auf der Route Touristique (ca. 3,5 km vom Zentrum, linke Seite), ✆ 452016, ℻ 453470.

Hôtel Ramla (16), 3 Sterne, *Tipp!* Gepflegte Anlage, bemühter, freundlicher Service, herrlicher Pool, großzügige Zimmer mit Bad, Telefon, TV, Terrasse, DZ 160 TD, EZ 105 TD. Ca. 3 km vom Zentrum, Route Touristique auf der linken Seite, ✆ 454555, ℻ 453225, E-Mail: ramla.tozeur@planet.tn, Internet: www.hotelramlatozeur.com.tn.

Hôtel Sarra, 3 Sterne. Modernes Hotel mit Swimmingpool. Babysitting-Service. DZ 120 TD, EZ 80 TD. Liegt vor dem Hôtel Palmyre. ✆ 453544, ℻ 453241, E-Mail: reservation@sarra-hotel.com, Internet: www.sarra-hotel.com.

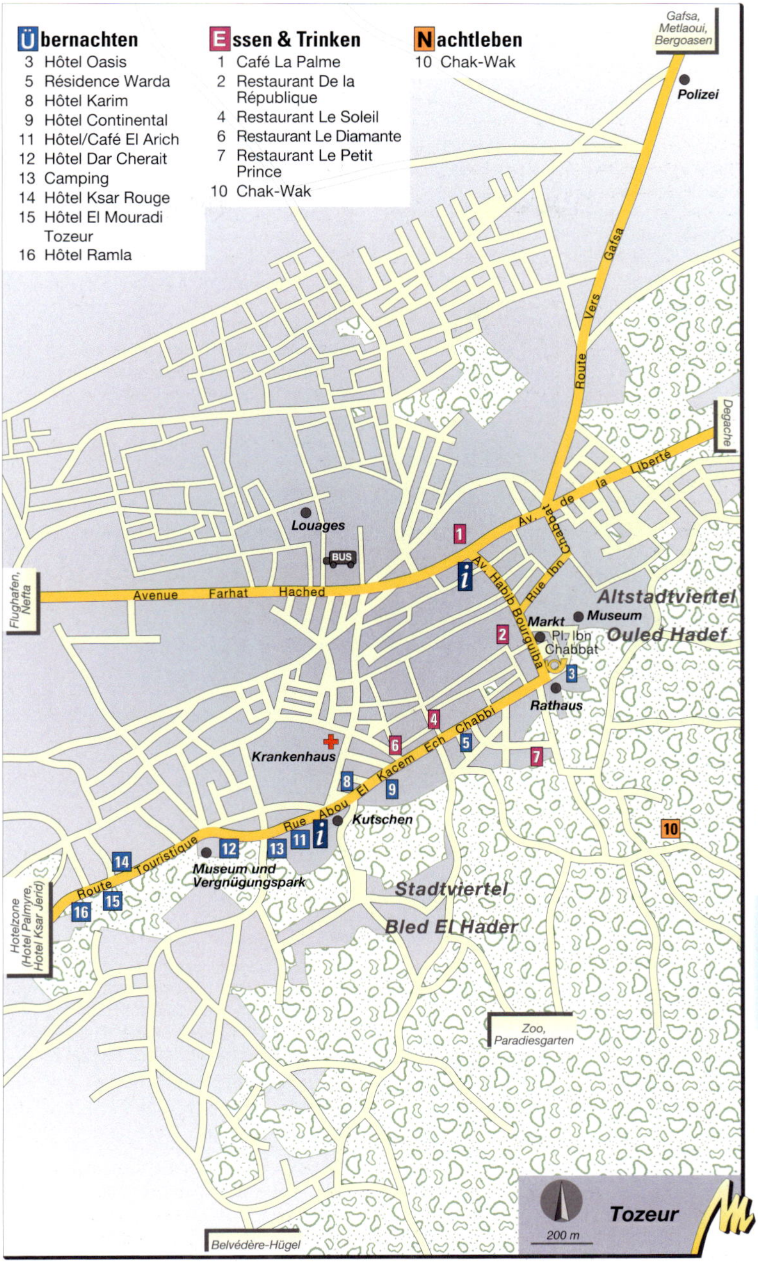

Die Chott-Region
Karte Seite 210/211

• *Camping* **Camping Beau Reves (13)**, ca. 1,5 km vom Zentrum (Av. Ech Chabbi) auf der linken Seite. Unter Palmen, mit Café, Berberzelt, saubere sanitäre Anlagen, Übernachtung auch ohne eigenes Zelt möglich, pro Person 6 TD, ✆ 454208.

Essen und Trinken/Cafés (siehe Karte Seite 213)

• *Essen und Trinken* **Le Soleil (4)**, *Tipp!* Schräg gegenüber der Résidence Warda, gemütliche Atmosphäre, netter Service. Tische und Stühle werden abends auf den Gehsteig gestellt. Relativ günstig, bei Touristen und Bewohnern der Stadt gleichermaßen beliebt. Leckere Salate, Couscous Poulet (mit Huhn), Nudelgerichte, zum Nachtisch Obst.

Begegnung im Altstadtviertel Ouled Hadef

Le Diamante (6), nur ein paar Häuser weiter (ebenfalls Av. Ech Chabbi) auf der gleichen Seite, ähnlich günstig und gut wie das Soleil.

Le Petit Prince (7), lizenziert, am Rand der Oase. Mittlere Preisklasse, man sitzt im überdachten Garten. Überwiegend Touristen. Neben dem Rathaus von der Av. Ech Chabbi Richtung Oase links einbiegen, nach ca. 100 m auf der rechten Seite.

De la République (2), im Zentrum (Av. H. Bourguiba, gegenüber von der Place Ibn Chabbat in einen Innenhof hinein), unlizenziert, günstig.

Empfohlen wird auch die **Pizzeria Azzurra** gegenüber dem Museum Dar Cherait: netter Familienbetrieb mit Terrasse, preislich etwas über dem Durchschnitt (✆ 463082); des Weiteren das **Restaurant du Sahara** schräg gegenüber der Touristeninformation.

• *Cafés* **Café La Palme (1)**, im Zentrum, hier fahren die Busse nach Tunis ab. Auch abends gut besucht, einfaches, günstiges Café.

Café-Bar El Arich (11), neues Café in der Rue Ech Chabbi 93 (neben der Touristeninformation), auch Hotel (DZ ca. 30 TD). Sehr schönes Café mit Bar und wunderbarem Garten (viel Grün), sehr gepflegt, Wasserpfeifenverleih. ✆ 462644. Lesertipp von Gabi und Bernd Möhring aus Herford.

Sehenswertes

Altstadtviertel Ouled Hadef: Enge Gassen und viele Torbögen, die Medina stammt z. T. noch aus dem 14. Jh. Überall präsent ist die für die Stadt so typische wie raffinierte *Lehmziegelarchitektur*: An den Hauswänden ragen reliefartig Ziegel heraus (meist als ornamentale Muster angeordnet), der so gespendete Schatten sorgt für die Kühlung der Gebäude. Einen Spaziergang durch das verwinkelte Altstadtviertel sollte man sich auf keinen Fall entgehen lassen. Von der Place Ibn Chabbat bei der Post die Gasse hinein, dann halb rechts halten.

Musée d'Arts et Traditions Populaires: Steht eindeutig im Schatten des 1990 eröffneten Dar-Cherait-Museums (s. u.). Die drei Räume des Museums sind voll von Ausstellungsstücken zu berberischen Traditionen, des Weiteren eine Handschrift von Ibn Chabbat aus dem 13. Jh. u. a. Eine junge Dame führt Sie herum, erklärt die wichtigsten Exponate und erzählt nebenbei noch viel über Tozeur und die Gegend (in Englisch oder Französisch).

Lage Von der Av. H. Bourguiba bei der Post die Gasse hinein, halb rechts halten, ab da ist das Museum beschildert (Rue du Kairouan). Tägl. 8–12 Uhr und 15–18 Uhr, Sa/So nachmittags geschlossen. Eintritt 1 TD, Kinder frei.

Aussichtshügel Belvédère: Etwa 3 km vom Zentrum, ein netter Abendspaziergang. Von den zwei Hügeln hat man einen guten Blick auf Tozeur und die Ebene sowie die Berge im Hintergrund. Besonders schön ist die Stimmung bei Sonnenuntergang, allerdings wird der Belvédère dann von einer Invasion von Jeeptouristen heimgesucht, die aber nach 10 Minuten meist wieder verschwunden sind. Beim Belvédère finden sich zwischen Palmen mehrere Süßwasserquellen (mit kleinen Wasserfällen), die zum Baden einladen – immer dem Plätschern folgen.

Lage Auf der Rue Ech Chabbi 2 km zum Museum/Hôtel Dar Cherait, hier links abbiegen, auf einer Sandpiste zwischen Palmen noch ca. 1 km.

Museum Dar Cherait und Vergnügungspark 1001 Nacht: Der große Gebäudekomplex mit Museum und Freizeitpark (sowie angeschlossenem 5-Sterne-Hotel) wurde 1990 von Präsident Ben Ali eröffnet und wird heute besonders von Touristengruppen besucht. Ein Prestigeobjekt zweifelsohne, zu dessen prominentesten deutschen Gästen bislang Richard v. Weizsäcker zählt, der das Museum 1993 besuchte. Zwei Cafés im Gebäude.

Museum: Sehr sorgfältig gestaltetes Museum, Erläuterungen in Englisch und Französisch. Lebensgroße Puppen stellen den arabischen Alltag des 19. Jh. nach (im Harem, der Koranschule, der Küche usw.). Zu sehen sind außerdem alte Waffen, Schmuck, Uniformen, Hochzeitsgewänder, diverse Handschriften, Möbel usw. Im Untergeschoss Gemäldegalerie mit kitschigen Ölbildern.

Das Museum befindet sich in der Av. Ech Chabbi neben dem gleichnamigen Hotel (ca. 2 km vom Zentrum). Tägl. 8–24 Uhr geöffnet, Eintritt 3 TD, Kinder unter 10 Jahren 1,50 TD, Fotografieren 1,50 TD.

Vergnügungspark: Der nett angelegte Park ist ganz den arabischen Märchen gewidmet. Beim Rundgang begegnet man Sindbad dem Seefahrer, Ali Baba und den 40 Räubern, Aladin mit der Wunderlampe und natürlich der legendären Prinzessin Scheherezade.

Man wird außerdem durch diverse (Spiegel-)Labyrinthe und Höhlen geschickt; die „Todeshöhle" gleich am Eingang soll laut Schild von Schwangeren und Herzkranken nicht betreten werden.

Tägl. von 8–24 Uhr geöffnet. Eintritt 5 TD, Kinder unter 8 Jahren frei.

Weitere touristische Anlagen in der Oase bieten abendliche Tanzvorführungen und andere Veranstaltungen, z. B. das *Planet Oasis* oder das *Chak-Wak* (**10,** s. Karte Seite 213).

Abendstimmung in Tozeur

Oase mit Zoo und Jardin du Paradis (Paradiesgarten): Rund 200.000 Dattelpalmen, die von fast 200 Quellen bewässert werden, bringen die besten Datteln des Landes hervor: die berühmten *Deglet Nour*. Durch die über 1.000 ha große Oase führen viele verschiedene Wege, die zum Spaziergang einladen (Mückenschutz!). Sehenswert in der Oase ist das alte Stadtviertel *Bled El Hader*, beim angrenzenden *Zoo du Sahara* scheiden sich allerdings die Geister. Ca. 200 m vor dem Zoo/Paradiesgarten befindet sich der *Marabout* des Sidi Bou Lifa mit einem riesigen Baum davor, den der Heilige vor vielen hundert Jahren selbst gepflanzt haben soll.

Erquickend – Oasenquelle bei Tozeur

Der *Jardin du Paradis* hält, was sein Name verspricht. Besonders im März und April, wenn alles blüht, sollte man sich einen Besuch nicht entgehen lassen. Botaniker werden ihre wahre Freude haben: Hier wachsen Mandelbäume, Bananen, Rosen, Quitten, Limonen, wilder Wein, Maulbeerbäume, Palmen und vieles mehr. Ein ruhiges, entspannendes Plätzchen.

- *Öffnungszeiten/Eintritt* Für Paradiesgarten und Zoo zusammen 2 TD, tägl. von 8 bis ca. 20 Uhr geöffnet. Café am Eingang.
- *Anfahrt* 1. Neben Hôtel Oasis und Rathaus die Straße rechts hinein (beschildert), dann ca. 4 km auf Asphaltstraße durch die anfangs sehr üppige, dichte Oase, die bald lichter wird. 2. Beim Hôtel Continental die Str. hinein (beschildert), zunächst an der Moschee Sidi Bou Ali vorbei, dann durch das Viertel Bled El Hader. Ca. 2 km, weniger idyllisch als der erste Weg. Man kann sich auch mit der Kutsche herfahren lassen.

Die Bergoasen Chebika, Tamerza und Midès

Ein Ausflug zu den Bergoasen steht auf den Programmen der regionalen Reiseveranstalter ganz oben. Entsprechend zahlreich sind die Souvenir- und Erfrischungsstände an den Aussichtspunkten der Straße. Die drei verlassenen Bergoasen befinden sich in einem bis zu 900 m hohen Ausläufer des Atlasgebirges und beeindrucken allein schon durch ihre malerische Lage.

Chebika: Die erste Oase auf der Strecke, hier wurden Teile des „Englischen Patienten" gedreht. Man wandert vom Parkplatz den eingefassten Quelllauf entlang in eine eindrucksvolle Schlucht hinein. Die Oase wird von drei Süßwasserquellen gespeist. Man kann von der Schlucht rechts hinauf über Treppen (oben rechts, dann durch eine schmale Felsspalte) zu einem Aussichtspunkt wandern, von hier schöner Blick auf das alte Chebika. Die benachbarte Neubausiedlung entstand nach einem verheerenden Unwetter im Jahr 1969, das große Teile der alten Siedlung unbewohnbar gemacht hat.

• *Anfahrt* Von der asphaltierten Straße (GP 16) führt eine beschilderte Straße rechts ab nach Chebika (ca. 1 km). Am Parkplatz Souvenirstände und ein **Café**, man kann sich hier auch einen **offiziellen Führer** nehmen (30 Min., ca. 5 TD).

Tamerza: 20 km von Chebika entfernt, die Straße windet sich in Serpentinen stetig aufwärts und bietet ein immer eindrucksvolleres Panorama. Die gespenstisch wirkende Ruinenstadt mit ihren Marabouts liegt vor karger Bergkulisse am Ortsausgang von *Neu-Tamerza* (Richtung Midès) auf der rechten Seite; den besten Blick auf das alte Tamerza hat man vom Hôtel Tamerza Palace. Die Neubausiedlung mit Post und Lebensmittelläden wirkt dagegen sehr nüchtern, viele der Bewohner arbeiten im nahe gelegenen Phosphatabbauzentrum Redeyef. Beim Hôtel Les Cascades gelangt man zu einem kleinen Wasserfall, ein größerer Wasserfall befindet sich am Ortsausgang (Straße Richtung Chebika) auf der rechten Seite (viel Touristenrummel). Bei Trockenheit kann man eine etwa zweistündige *Wanderung* von Tamerza durch die Schlucht nach Midès unternehmen (Informationen hierzu gibt es in den Hotels in Tamerza, pro Kleingruppe ca. 40 TD).

• *Verbindungen* Unregelmäßige Louageverbindung von und nach Tozeur (über Chebika, 2,50 TD).

• *Übernachten* **Hôtel Tamerza Palace**, 4 Sterne, sehr nobel, DZ 132 TD, EZ 106 TD, 3er 226 TD. ✆ 76/485344, ℻ 485345. Auskünfte auch in Tunis unter 71/891564, ℻ 71/799810, E-Mail: tamerza.palace@planet.tn, Internet: www.tamerza-palace.com. Über das Hotel können auch Fahrten mit dem Salonzug *Lézard Rouge* gebucht werden (s. auch unter Metlaoui, S. 218). Am Ortsausgang Richtung Midès auf der rechten Seite.

Hôtel Les Cascades, von Chebika kommend auf der Durchgangsstr. rechts ab (beim Schild Blvd. d'Environnement), ca. 300 m. Tolle Lage, sehr einfache Bungalowhütten, DZ ca. 25-30 TD, EZ 20 TD. ✆ 76/485332.

Midès: Auf drei Seiten von einer Schlucht umgeben, thront das verfallene Dorf, das direkt an der gut bewachten algerischen Grenze liegt, eindrucksvoll auf einem Plateau. Am imposantesten ist der Blick von der Oase aus über die Schlucht zur Siedlung – sehr fotogen (Achtung: nicht gesichert, es geht ziemlich steil und tief hinunter!). Midès ist weniger frequentiert als die anderen beiden Bergoasen, aber vielleicht gerade deshalb besonders sehenswert.

Von Tamerza zunächst Richtung Redeyef, dann links ab (6 km von Tamerza). Auf der Strecke sieht man einige Nomadenzelte. Den Grenzposten der Garde Nationale rechts liegen lassen, dann auf gut befahrbarer Sandpiste zum Aussichtspunkt. 1-mal tägl. *Louage* von und nach Tozeur (ca. 2 Std., 4 TD). Bei der Oase kleines Café, an Souvenirständen werden Kristalle, Sandrosen und Teppiche verkauft. Keine Übernachtungsmöglichkeit!

Die Schlucht von Midès

Metlaoui

Das ziemliche uninteressante Phosphatabbaustädtchen würde wohl niemals ein Tourist besuchen, wäre hier nicht der Ausgangspunkt für die Fahrt mit dem Salonzug *Lézard Rouge* durch die eindrucksvolle **Selja-Schlucht**.

• *Verbindungen* Busse und Louages fahren von der Hauptstraße unweit des Bhf. ab. 42 km nach Gafsa, 50 km nach Tozeur. **Busse**: 4-mal tägl. nach Tozeur (1 Std., 2,60 TD) und ca. 10-mal nach Gafsa (45 Min., 1,80 TD). **Louages** nach Tozeur (45 Min., 3 TD) und Gafsa (30 Min., 2,2 TD).

• *Übernachten* **Hôtel Selja**, 2 Sterne, etwas dunkel, nicht sehr freundlich, 30 Zimmer, DZ 50 TD. An der Hauptstraße Gafsa – Tozeur auf der linken Seite. ✆ 76/241570, 📠 241486.

• *Essen* An der Hauptstraße (etwa auf Höhe des Bahnhofs) gibt es das kleine, stark touristisch ausgerichtete **Restaurant Selja** (Menü ca. 10 TD).

Im Salonzug durch die Selja-Schlucht

Die Fahrt im *Lézard Rouge* (rote Eidechse), einem Salonzug im Stil der Kolonialzeit, dauert insgesamt eindreiviertel Stunden und zählt zu den landschaftlich reizvollsten Ausflügen in ganz Tunesien. Es geht durch Tunnels und an schroffen Felswänden entlang, vorbei an einem Wasserfall – ein imposantes Panorama. Auf der Strecke werden drei Fotostopps eingelegt, der Zug verfügt über einen klimatisierten Waggon und eine Bar.

• *Abfahrten* Täglich außer Mittwochs und Samstags. Abfahrtszeit 10 Uhr. *Achtung*: Die Abfahrtszeiten können sich auch innerhalb der Saison schnell ändern, man sollte *unbedingt* vorher anrufen und sich erkundigen, ✆ 76/241469, 📠 241604. Zu buchen auch über verschiedene Hotels in der Gegend, z. B. über das Hôtel Tamerza Palace (siehe S. 217).

• *Preise* Pro Person 20 TD, Kinder unter 12 Jahren 13 TD, Gruppenermäßigung ab 10 Pers. Der *Bhf.* von Metlaoui liegt an der Durchgangsstraße Richtung Gafsa (von der Busstation nach ca. 200 m etwas zurückversetzt auf der linken Seite). Wer den Lézard Rouge verpasst hat, kann am Nachmittag mit dem normalen Zug nach Moulares (und Redeyef) die gleiche Strecke fahren (Abfahrt ca. 16 Uhr, zurück ab Redeyef um 19.30 Uhr, von dort auch Busse und Louages).

Nefta

(ca. 18.000 Einwohner)

Nefta ist mit seinen über 100 Marabouts und 24 Moscheen der religiöse Mittelpunkt der Chott-Region. Besonders stimmungsvoll sind die beiden Altstadtviertel mit ihren schmalen Gassen und den dicht an dicht gebauten Häusern. Die Oasengärten eignen sich gut für ungestörte Spaziergänge im Schatten der Palmen.

Auf der Einfallstraße Avenue Habib Bourguiba geht es steil hinunter, rechts dann die *Corbeille de Nefta* (*corbeille* = Korb) mit ihren Dattelpalmen. Deutlich macht sich hier die Wasserknappheit bemerkbar, immer mehr Palmen verdorren. Ein richtiges Ortszentrum besitzt Nefta nicht. Die Stadt teilt sich in das südöstlich der Corbeille gelegene Altstadtviertel *Ouled ech Chrif* und das Viertel *El Bayada* im Südwesten. Die außerhalb der Stadt gelegene Oase ist mit 300.000 Dattelpalmen sogar noch größer als die von Tozeur. 152 Quellen, manche davon heiß und schwefelhaltig, bewässern den grünen Gürtel im Süden von Nefta.

Die beiden Altstadtviertel El Bayada (um die Place de l'Indépendance) und Ouled ech Chrif (um die Place de la Liberté) laden mit ihren kleinen Gässchen und vielen

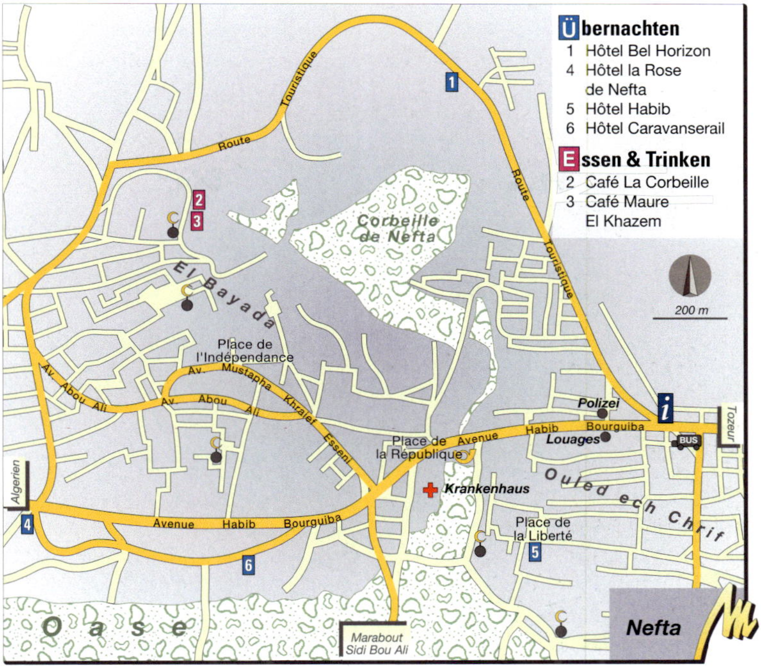

Marabouts zum Bummeln ein. Sehr nett auch ein Spaziergang durch die Oase, z. B. zum **Marabout Sidi Bou Ali**. Die Grabstätte des Ortsheiligen aus dem 13. Jh. ist ein viel besuchter Wallfahrtsort (an der großen Kreuzung in Nefta zur Oase abbiegen, ca. 800 m).

Neben Tozeur war *Nepte* einer der südlichsten Außenposten der Römer. Schon seit dem 9. Jh. ist der Ort das religiöse Zentrum der Region, wirtschaftlich erfuhr er seinen Aufschwung durch den Karawanenhandel, der bis in der Mitte des 20. Jh. eine bedeutende Rolle spielte. Touristisch ist Nefta längst nicht so erschlossen wie die Nachbarstadt Tozeur.

Information/Verbindungen/Adressen

- *Touristeninformation* **Syndicat d'Initiative**, von Tozeur kommend auf der rechten Seite, der hilfsbereite und kundige Leiter des Büros, M. Tahar, berät Sie bei allen Fragen. Das Büro organisiert *Ausflüge*, z. B. 3-stündige Kutschfahrten (35 TD/Person) und Kamelritte in die Wüste (4 Std., 50 TD). Man kann sich hier auch einen offiziellen Stadtführer nehmen (ca. 2 Std. per Auto, 30 TD). Tägl. von 7.30–18.30 Uhr geöffnet, ✆ 430236.
- *Vorwahl* Die Vorwahl für Nefta ist **76**.
- *Verbindungen* **Busse**, Station schräg gegenüber vom Syndicat, Verbindungen: stündl. nach Tozeur (30 Min., 1,20 TD); 5-mal Gafsa (1 Std. 45 Min., 5,50 TD); 2-mal Kebili (ca. 2,5 Std., 6,50 TD); 3-mal Tunis (7–8 Std., 21,50 TD). Bessere Verbindungen ab Tozeur. **Louages**, Av. H. Bourguiba (gegenüber den Restaurants du Sud und Les Palmiers), hauptsächlich nach Tozeur (30 Min., 1 TD), aber auch Gafsa, Metlaoui und Kebili.
- *Adressen* **Bank**, **Polizei** und **Post** in der Av. H. Bourguiba im Zentrum. Do **Wochenmarkt**

an der Place de la République. Kleines **Krankenhaus** in der Rue des Martyrs (Seitenstr. der Av. H. Bourguiba) im Zentrum, ✆ 430193 oder 430777. Reisebüro *Nachil* am Ortseingang *Keine Autovermietung in Nefta!*

Übernachten/Essen und Trinken/Cafés (siehe Karte Seite 219)

• *Übernachten* In Nefta gibt es 2 Hotelzonen: nördlich der Corbeille und südlich der Stadt am Rand der Oase. Im Ort selbst schlechte Übernachtungsmöglichkeiten.

In Nefta: **Hôtel Habib (5)**, an der Place de la Liberté im Altstadtviertel Ouled ech Chrif (von der Av. H. Bourguiba beschildert), sehr einfach, für wenig Anspruchsvolle, DZ 19 TD, EZ 9,5 TD. ✆ 430497.

Nördlich der Corbeille: **Hôtel Bel Horizon (1)**, 3 Sterne, ca. 1 km von der Av. H. Bourguiba, schöner Pool, dabei ein Berberzelt, toller Blick auf die Altstadt, die Oase und den Chott, schön gekachelte Zimmer mit Bad/Balkon. DZ 40 TD, EZ 20 TD, ✆ 430088, 📠 430500.

An der Oase (alle ca. 1 km vom Zentrum entfernt): **Hôtel Caravanserail (6)**, 3 Sterne, geschmackvolle Anlage mit Pool, Natursteinbau. DZ 130 TD, EZ 100 TD, komfortable Zimmer mit Bad/Balkon. ✆ 430355 oder 430322, 📠 430344.

Hôtel la Rose de Nefta (4), 3 Sterne, Pool, Restaurant mit Blick auf die Oase, 90 Zimmer, DZ 130 TD, EZ 90 TD. Letztes Hotel in der Hotelzone in südwestlicher Richtung. ✆ 430696, 📠 430385.

• *Essen und Trinken* Keine besondere Auswahl in Nefta. Entweder in den großen Hotels oder in den wenigen unlizenzierten Restaurants in der Av. H. Bourguiba, z. B. **Du Sud** und **Les Palmiers** (schräg gegenüber vom Syndicat).

• *Cafés* **Café La Corbeille (2)** und **Café Maure El Khazem (3)**, beide am Hôtel Mirage und beide mit schönem Blick auf die Corbeille und die Altstadt.

Östliche Chott-Region

Von Tozeur führt die asphaltierte Straße (GP 16) ins 96 km entfernte Kebili, ein gutes Stück davon geht es über den *Chott El Djerid*. Etwa auf der Hälfte der Chott-Strecke stößt man mitten im Nichts auf einen Souvenirstand mit gekühlten Getränken und Wüstentoilette. Den besten Überblick über den Chott hat man – erhöht sitzend – vom Bus aus.

Kebili (ca. 10.000 Einwohner)

Der Verwaltungssitz der Region ist auf Urlauber kaum eingestellt und im Vergleich zum 28 km entfernten Douz eher langweilig. Aber auch in Kebili gibt es eine Oase und ein paar Hotels sowie gute Verkehrsverbindungen in die wichtigsten Städte. Das Zentrum der 10.000-Einwohner-Stadt befindet sich um die *Place de l'Indépendance*, hier einige unlizenzierte Restaurants, Banken, die Post, ein kleines Krankenhaus und Cafés. Polizei an der Straße nach Douz.

Die Oase von Kebili erreicht man am besten, wenn man auf der Hauptstraße in Richtung Douz 100 m vor einem öffentlichen Platz (mit Springbrunnen) nach rechts abbiegt und immer geradeaus (ca. 500 m) bis zum Schild „Ancienne Kebili" geht. Ab hier bietet sich die Möglichkeit zu ausgedehnten Spaziergängen in der Oase.

• *Verbindungen* **Busse** fahren an der Str. Richtung Tozeur ab, 4-mal tägl. Tunis (8,5 Std., ca. 22,70 TD); 1-mal Tozeur (2 Std., 5,30 TD); 3-mal Gabès (2 Std., 5,90 TD); mehrmals tägl. nach Douz (1,20 TD).

Louages, bei der Place de l'Indépendance, nach Gabès (1 Std. 15 Min., 6,15 TD); Douz (20 Min., 1,70 TD); Tozeur (1,5 Std., 5,25 TD); Tunis (6,5 Std., 23 TD); Sousse (4 Std., 17,50 TD); Sfax (3 Std., 12,10 TD).

• *Übernachten* **Hôtel Ben Said**, zentrumsnah an der Str. Richtung Douz (Av. H. Bourguiba), im Erdgeschoss Männercafé, sehr einfache, saubere Zimmer ohne Bad.

Freundlicher Besitzer, DZ 10 TD, EZ 5 TD, ✆ 75/491573.

Hôtel Oasis Dar Kebili, 4 Sterne, ca. 1,5 km außerhalb, von der Straße Richtung Douz ausgeschildert (links ab). Sehr abgelegenes, komfortables Hotel mit Pool, DZ 136 TD, EZ 104 TD, Buffet 15 TD, ✆ 75/491113 oder 491113, 📠 491140, E- Mail: hoteloasis@topnet.tn, Internet: www.darhotels.com. Nur mit Taxi erreichbar!

Hôtel Fort des Autruches, 3 Sterne, schräg gegenüber vom Dar Kebili, mit Pool. Freundlicher Service, es werden Wüstentrips organisiert. DZ 60 TD, EZ 40 TD, ✆ 75/492104.

Douz

(ca. 12.000 Einwohner)

Die eher dörflich wirkende Stadt bietet das ganz besondere Flair einer Wüstensiedlung. Niedrige, einfache Häuser und sandige Straßen prägen das Bild des leicht überschaubaren Orts, im Zentrum befindet sich der weitläufige Marktplatz.

Man sollte an einem Donnerstagmorgen oder im November/Dezember in Douz sein, denn das sind die Termine des wöchentlichen *Vieh- und Kamelmarkts* und des *Sahara-Festivals* – zwei Ereignisse, für die Douz im ganzen Land bekannt ist. Aber auch sonst ist ein Aufenthalt äußerst lohnenswert. Neben Tozeur ist die kleine Stadt ein weiteres „Tor zur Wüste“ – und das kann man hier wörtlich nehmen. Ausflüge in die Sahara, ob nur für einen Nachmittag oder in mehrtägiger Tour, kann man von Douz aus recht unkompliziert unternehmen. Die Oase am südlichen Ortsrand zählt zwar nicht unbedingt zu den größten und ergiebigsten des Landes, ist aber noch erstaunlich grün geblieben.

In Douz und Umgebung leben viele der sesshaft gewordenen *Merazig*, ein halbnomadischer Stamm. Die berühmten *Tuareg*, die früher zum Handel hierher kamen, sieht man allerdings nicht mehr. Der Tourismus hat hier in den letzten Jahren verstärkt Fuß gefasst, in der Zone Touristique in der Nähe der eindrucksvollen *El-Hofra-Dünen* entstand eine ganze Reihe erstklassiger Hotels, die hauptsächlich von Rundreisegruppen besucht werden.

Am Viehmarkt von Douz

Information/Verbindungen/Adressen

• *Touristeninformation* **ONTT-Büro** an der Place des Martyrs außerhalb vom Zentrum (vom Marktplatz aus die Av. des Martyrs in Richtung Hotelzone), 8.30–13 Uhr, 15–18 Uhr, aber wenig hilfreich. ✆ 470351.

• *Vorwahl* Für Douz und Umgebung gilt die Vorwahl **75**.

• *Verbindungen* **Busse** fahren im Zentrum ab (Av. Taieb M'hiri, beim Kreisel), kleines Ticketbüro im Eckhaus neben dem Uhrturm. 2-mal tägl. Tunis (1-mal nachts, 9–10 Std., 24 TD); 1-mal Tozeur (2,5 Std., 8,50 TD); 2-mal Gabès (2,5 Std., 9 TD); fast halbstündl. nach Kebili (ca. 35 Min., 1,70 TD); häufige Verbindung nach Zaafrane (20 Min., 0,50 TD), El Faouar (45 Min., 2,20 TD) und Sabria.

Louages, überdachte *Station* im Zentrum (schräg gegenüber der STB-Bank), nach Kebili (20 Min., 1,60 TD); Zaafrane (10 Min., 0,60 TD); El Faouar (30 Min., 2 TD); Gabès (1,5 Std., 6 TD); Tozeur (ca. 2 Std., 6,50 TD).

Achtung: Trotz der asphaltierten Straße von Douz nach Matmata gibt es noch keine direkte Louage-Verbindung auf dieser Strecke. Der Umweg über Gabès muss in Kauf genommen werden.

Taxis: Wagen im Zentrum, zu den Hotels und der El-Hofra-Düne ca. 2 TD.

• *Adressen* **Ärztl. Hilfe**, Hospital in der Av. des Martyrs (Nähe Place des Martyrs).

Banken, *STB-Bank* im Zentrum (zwischen Kreisel und Louage-Station).

Wüstentouren ab Douz

Das Angebot ist vielfältig. Von der kleinen Nachmittagstour für „Wüsten-Anfänger" bis zum 8-Tage-Ritt nach Ksar Ghilane kann fast alles – auch individuell – organisiert werden. Die 22 ansässigen Reisebüros haben sich ganz auf die Wünsche der Touristen eingestellt. Wer das Wüstenabenteuer sucht, hat mit Douz also genau den richtigen Standort gewählt. Alle Touren werden von wüstenkundigen Führern begleitet. Drei empfehlenswerte Agenturen:

Abdel Moula Voyages: Tagestour auf dem Dromedar mit Mittagessen (Tee und „Sandbrot") für 36 TD (ab 2 Pers.). Alternativ: Start 16.30 Uhr, ca. 3-stündiger Ritt in die Wüste, Abendessen und Übernachtung im Freien (Decken werden gestellt), am nächsten Morgen zurück, 36 TD (Minimum 2–3 Pers.). 8-Tage-Tour nach Ksar Ghilane (zurück mit dem Jeep), ab ca. 4–5 Pers., Übernachtung im Zelt, mit Verpflegung, Preise auf Anfrage, ca. 2 Wochen vorher reservieren. Bei kleinen Touren sollte man einen Tag vorher Bescheid geben. *Jeeptouren*: nur mit Chauffeur, max. 6 Pers., 155 TD/Tag (Übernachtfahrten nach Ksar Ghilane zum gleichen Preis). Av. des Martyrs, Richtung Touristeninformation auf der rechten Seite, ✆ 470484, 📠 471484, E-Mail: abdelmoula@bigfoot.com, Internet: www.guillouv.club.fr.

Douz Voyages: Ganztagesritt auf dem Dromedar 45 TD, über Nacht (nachmittags bis morgens) 45 TD (im Zelt, mit Verpflegung), einen Tag vorher reservieren. 5-Tage-Tour ca. 570 TD inkl. Verpflegung, man muss nur *Micropur* zur Wasserdesinfektion mitbringen. Ca. 2 Wochen vorher reservieren, mind. 6 Pers. Das Büro befindet sich im Zentrum am Kreisel. ✆ 470178 oder 470179, 📠 470315.

Habibi travel & comerce: Spezialist für außergewöhnliche Wüstentrips: Von Mountainbiketouren, Trekkingtouren bis hin zu Wüstenritten mit Rennkamelen ist alles möglich. Die Schweizer Geschäftsführerin organisiert auch mehrwöchige Touren. Rue d'Irak. ✆ 471746, 📠 473207.

Des Weiteren stehen zahlreiche direkte Anbieter für Wüstentouren aller Art in Douz bereit – wer seine Tour privat organisiert, fährt meist günstiger (ca. 30 TD pro Person und Tag) als mit den offiziellen Agenturen (Lesertipp von Hartwig Block aus Bremerhaven).

Einkaufen, Do ist Markttag, neben dem berühmten *Vieh- und Kamelmarkt* auch viele Verkaufsstände auf dem Marktplatz und drum herum.

Post, Av. Taieb M'hiri (Str. vom Kreisel Richtung Hotelzone).

Reisebüros, s. Kasten.

Telefonieren, einige Taxiphones im Zentrum.

Übernachten/Essen und Trinken

• *Übernachten* Im Ort selbst sehr günstige, einfache Übernachtungsmöglichkeiten. Die Hotels der *Zone Touristique* von Douz liegen 1–2,5 km vom Zentrum entfernt, hier hauptsächlich Bus- und Jeepgruppen.

In Douz: **Hôtel 20 Mars**, *unser Tipp im Zentrum!* 50 m vom Markt in der Rue 20 Mars. Sehr saubere Zimmer. Schöner Innenhof zum Entspannen, der Besitzer ist um das Wohl seiner Gäste bemüht. DZ mit Klimaanlage 30 TD, EZ 25 TD, DZ ohne Klimaanlage 20 TD, EZ 15 TD. ✆ 470269, ✆ 472922, E-Mail: hotel20mars@planet.tn.

Hôtel La Tente, hinter der Louage-Station, sehr saubere Zimmer im 1. Stock (z. T. mit Balkon) und um die Dachterrasse (schöner Blick), Bad außerhalb, mit Aufenthaltsraum, netter Besitzer, angenehme Atmosphäre. DZ mit Dusche 15 TD, Frühstück 1,50 TD. ✆/✆ 470468.

In der Oase: **Hôtel Le Saharien Paradise**, 3 Sterne, persönliches, kleines Hotel zum Wohlfühlen, wenn auch nicht ganz so komfortabel wie die Hotels in der Zone Touristique. Bungalows in schönem Garten, kleiner Pool mit Bar, Restaurant, nicht mehr ganz neu. Unser Leser Werner Schuh aus Zwickau empfiehlt hier Halbpension (reichliches Buffet), hervorragend auch das Frühstücksbuffet. DZ 80 TD, EZ 55 TD. Ca. 1,5 km vom Zentrum, ✆ 471337, ✆ 470339, E-Mail: SDTS@tourism.tn.

Zone Touristique: **Hôtel El Mouradi**, 4 Sterne, ca. 2,5 km vom Zentrum auf der rechten Seite, professionell geführt, etwas unterkühlte Atmosphäre, komfortable Zimmer, Pool, DZ 120 TD, EZ 80 TD.
✆ 470303, ✆ 470905.

Hôtel Touareg, 3 Sterne, ca. 1,5 km vom Zentrum (rechte Seite), schöne Anlage mit Pool, in der Halle sehr einladende Bar, komfortable Zimmer mit Bad/Balkon oder Terrasse, freundlicher Service, DZ 70 TD, EZ 50 TD. ✆ 470245, ✆ 470313.

Hôtel Sun Palm Douz, 3 Sterne, sehr geschmackvolle Zimmer, z. T. mit Blick auf die Dünen, Pool, DZ 120 TD, EZ 80 TD. 2 km vom Zentrum (rechts), ✆ 470123, ✆ 470525, E-Mail: sunpalm.douz@goldenyasmin.com, Internet: www.goldenyasmin.com.

Hôtel Mehari, 3 Sterne, direkt bei den Dünen, 2,5 km vom Zentrum, DZ 120 TD, EZ 82 TD, ✆ 471088, ✆ 471589.

• *Camping* **Camping Desert Club**, ca. 500 m vom Zentrum in der Oase, ausgeschildert, Terrassenbar und lizenziertes Restaurant, ganzjährig geöffnet, einfache Anlage, aber okay. Pro Person 4 TD, Auto 3 TD, Wohnwagen 3 TD, Wohnmobil 4 TD, Motorrad 2 TD, Beduinenzelt 8,50 TD (pro Person und mit Frühstück), Mietzelt 6 TD, ✆ 470575, E-Mail: brahim2020@yahoo.fr, Internet: www.campingdouz.skyblog.com.

Weiterer staatlich finanzierter **Campingplatz Centre de stage et des vacances** am Ortsausgang von Douz an der Asphaltstraße in Richtung Matmata auf der linken Seite. Pro Person 2 TD, auch Bungalowzimmer, sehr sauber, für 5 TD, kein Telefon.

Wüstencamp, verlässt man Douz und fährt auf der ca. 100 km langen, asphaltierten Straße nach Matmata, stößt man bei km 43 (von Douz aus) auf das **Wüstencafé Tarzan**. Übernachtung im sehr einfachen Zelt 5 TD/Person mit Essen. Wasser und kleiner Kiosk auf dem Areal vorhanden.

• *Essen und Trinken* Lizenzierte Restaurants bei den Touristenhotels. *In Douz*: **La Rosa** (Av. 7 Novembre, vom Kreisel Richtung Marktplatz, linke Seite) und **Bel Habib** (gleiche Straße, Eckhaus, ca. 200 m weiter), beide unlizenziert, Hausmannskost auf Fleischbasis, gute Briks und Salate. Couscous ab 3 TD.

Sehenswertes

Vieh- und Kamelmarkt: Der Markt findet jeden Donnerstag gleichzeitig mit dem Wochenmarkt von Douz statt. Ein farbenprächtiges Treiben mit vielen Schafen, Ziegen und Pferden. Kamele sieht man allerdings nur noch wenige. Mittwochs abends schon reist der ganze Umkreis nach Douz, am Donnerstag (ab ca. 6 Uhr morgens, im Sommer schon ab ca. 5 Uhr) wird das Vieh dann begutachtet und vorgeführt; es wird gehandelt und gefeilscht, dabei Tee getrunken und Konversation gepflegt. Den Vieh- und Kamelmarkt sollten Sie sich auf gar keinen Fall entgehen lassen!

Lage Während sich der Wochenmarkt auf dem Marktplatz und den umliegenden Straßen abspielt, befindet sich der Viehmarkt in einem abgegrenzten Areal unter Palmen an der Av. des Martyrs (nicht zu verfehlen, einfach den Menschenmengen folgen).

Treffpunkt Viehmarkt

El-Hofra-Dünen: Die großen Dünen sind *die* Touristenattraktion von Douz. Man genießt einen herrlichen Ausblick auf das weite Sandmeer südlich von Douz, besonders schön ist die Stimmung bei Sonnenuntergang. Allerdings fallen hier zu dieser Zeit wahre Heerscharen von Touristen ein und besteigen die etwa 100 eigens für sie bereit gestellten Dromedare zum Rundritt um die Dünen.

Lage Die Dünen liegen ca. 3 km außerhalb vom Zentrum am Rand der Zone Touristique. Kamelritt 15 TD/Std., Kutschfahrt 10 TD pro Person und Std.

Musée Sahara Douz: Traditionelle Handwerksprodukte, Bekleidung und Webwaren. An der Place des Martyrs (bei der Touristeninformation), z. Zt. der Recherche geschlossen.

Zaafrane: Eine eigentlich unattraktive Neubausiedlung im Niemandsland am Rande der Sahara. Hier kann man – ohne den Touristenrummel der El-Hofra-Dünen und wesentlich günstiger – Dromedare für einen Ritt in die Wüste mieten (gegenüber vom Hôtel Zaafrane, 10 TD/Std., man kann handeln!).

Anfahrt Von Douz beschildert, asphaltierte Str., 7 km nach Douz links ab zum 5 km entfernten Zaafrane. Busse und Louages ab Douz.

Das Sahara-Festival von Douz

Alljährlich im Winter (meist im November oder Dezember) herrscht auf dem riesigen Festplatz außerhalb von Douz (ca. 1,5 km, beschildert) vier Tage lang großer Rummel mit Open-Air-Stimmung. Zu den Darbietungen zählen Pferde-, Dromedar- und Hunderennen, Beduinenzelte werden aufgebaut, eine Berberhochzeit wird nachgestellt. Zu den spektakulärsten Aufführungen gehören die Dromedarkämpfe, sowohl für die Tiere als auch für ihre Besitzer eine gefährliche Angelegenheit. Gefeiert wird dieses tunesische Großereignis in bunten Trachten.

Achtung: Zur Zeit des Festivals in Douz ein Zimmer zu bekommen ist fast unmöglich. Man sollte unbedingt Wochen, am besten Monate vorher reservieren, die Zimmerpreise liegen höher als in der Hauptsaison. Auch die Zufahrtsstraßen nach Douz sind verstopft, die Busse gerammelt voll, Louages z. T. gar nicht mehr zu bekommen.

Gabès

(ca. 90.000 Einwohner)

Die moderne Universitätsstadt liegt zwischen der großen Oase von Chenini und dem Meer. Gabès gilt als das Industrie- und Handelszentrum im Süden Tunesiens. Berühmt ist es vor allem für sein Henna, El Hana du Gabès, das in der Oase gewonnen wird.

Touristisch ist die Stadt kaum erschlossen, sieht man einmal von den beiden knapp 2 km vom Zentrum entfernten Strandhotels ab (der Strand selbst ist durch starke Verschmutzung zum Baden nicht geeignet!). Sehenswert ist das Altstadtviertel *Jara* mit seinem ursprünglichen Markt und den Souks, die *Zaouia Sidi Boulbaba* mit benachbartem Volkskunstmuseum und die herrlich grüne Oase. Die Stadt bietet ausreichend (günstige) Übernachtungsmöglichkeiten und ist Verkehrsknotenpunkt des Südens, sodass sie sich als Standort für Ausflüge in die Chott-Region oder nach Matmata, Medenine und Tataouine gut eignet.

Gabès war wahrscheinlich schon in phönizischer Zeit besiedelt. Unter den Römern wurde *Tacapa* zur reichen Handelskolonie. Nach einer langen Phase der Bedeutungslosigkeit fand Gabès erst wieder 680 n. Chr. Erwähnung, als sich hier *Sidi Boulbaba*, der Barbier des Propheten, niederließ. Im 2. Weltkrieg wurde die Stadt beim Kampf um die *Mareth-Linie* (ca. 35 km südlich) schwer bombardiert. Katastrophal für Gabès waren auch die Hochwasser des *Oued Gabès* in den Jahren 1959 und 1962, bei Letzterem kamen 80 Menschen ums Leben und ein großer Teil der Häuser wurde komplett zerstört.

Die Chott-Region
Karte Seite 210/211

Information/Verbindungen

- *Touristeninformation* Pavillon auf der Av. H. Bourguiba, Richtung Strand. Mo–Fr 8–13 Uhr, 15–18 Uhr Öffnungszeiten jedoch nicht verlässlich. ✆ 75/272577.
- *Vorwahl* Für Gabès und Umgebung gilt die Vorwahl **75**.
- *Verbindungen* **Zug**, *Bhf.* in der Rue Mongi Slim. 3-mal tägl. über Sfax, El Jem und Sousse nach Tunis (6,5 Std., 15 TD).

Busse: große *Station* (✆ 272300) am Rand der Oase im Westen von Gabès, Verbindungen: 1-mal tägl. nach Tozeur (3 Std., 9,70 TD); 4-mal Kebili (ca. 2 Std., 5 TD); 2-mal Douz (2,5 Std., 6,50 TD); 7-mal Djerba (der letzte Bus fährt bereits mittags, 2–2,5 Std., 5,80 TD); 4-mal Zarzis (3 Std., 6 TD); 6-mal

Tunis (6 Std., 16 TD); 4-mal Sfax (2,5 Std., 6,50 TD); 4-mal Sousse (3,5 Std., 12 TD); 2-mal Kairouan (3 Std., 9,50 TD); 2-mal Tataouine (2,5 Std., 5,50 TD); 3-mal Gafsa (2,5 Std., 6,50 TD); ca. stündl. nach Matmata (1-1,5 Std., 2,20 TD).

Louages, vor der Busstation, am Platz auch Cafés und Imbissstände. Verbindungen: Tunis (6–7 Std., 18,50 TD); Djerba (2 Std., 6 TD); Zarzis (2 Std., 7,35 TD); Medenine (1 Std., 4,350 TD); Matmata (45 Min., 2,20 TD); Tataouine (2–2,5 Std., 6,50 TD); Sfax (1,5 Std., 7 TD); Sousse (3,5 Std., 12,50 TD); Tozeur (2,5 Std., 10,50 TD); Kebili (1 Std. 15 Min., 6,10 TD); Gafsa (1,5 Std., 7,70 TD).

Taxis, Av. H. Bourguiba, Taxistand vor der seit Jahren im Rohbau befindlichen Großen Moschee. Zu den Strandhotels 1–2 TD, nach Chenini (Chela Club) ca. 3 TD.

Adressen/Sonstiges

• *Adressen* **Ärztl. Hilfe**, *Uniklinik*, weit außerhalb (Str. Richtung Medenine), ✆ 272700.

Apotheken, Av. H. Bourguiba.

Autoverleih, z. B. *Hertz* in der Rue Ibn Al Jazzar (✆ 270525), Kleinwagen ab 65 TD/Tag, *Euro Car* in der Av. Farhat Hached (✆ 274222).

Banken, einige Banken auf der Av. H. Bourguiba, z. B. *BNA-Bank* und *UIB-Bank*.

Einkaufen, im *Altstadtviertel Jara*: Souvenirs, Henna usw., aber auch großer Lebensmittelmarkt. *ONAT-Artisanat* auf der Av. F. Hached Richtung Busstation auf der rechten Seite. Mo–Fr 8.30–12.30 Uhr und 15–18 Uhr, Sa nur vormittags. *Einkaufszentrum Gabès Center* mit Boutiquen, Café usw. in der Av. H. Bourguiba.

Polizei, kleine Polizeistation in der Av. H. Bourguiba, außerdem an der Str. Richtung Medenine (✆ 270390).

Post, Av. Habib Bourguiba.

Reisebüros, *Sahara Tours* in der Av. F. Hached organisiert Jeep-Ausflüge nach Matmata, Tataouine, Ksar Ghilane und Douz; mind. 4 Personen, pro Tag 56 TD/ Person, 2 Tage ca. 130 TD (inkl. Übernachtung), 1 Woche 355–450 TD. ✆ 270930, Fax 270222. Tunis-Air-Agentur in der Av. H. Bourguiba, ✆ 271250, Fax 277606.

Telefonieren, ausreichend Taxiphones im Zentrum.

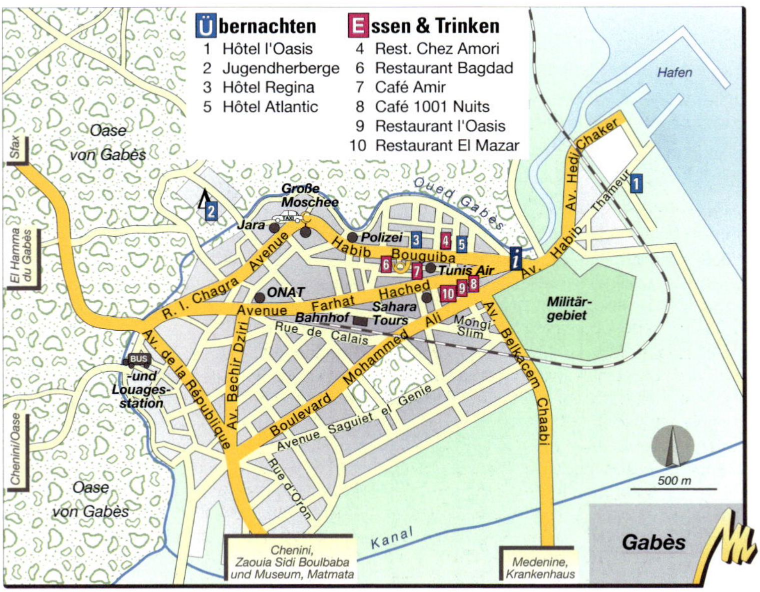

Im Altstadtviertel von Gabès

• *Sonstiges* **Kutschen** stehen hinter der Bus- und Louage-Station bereit. Eine Rundfahrt (1 Std.) durch die Oase Chenini kostet 15 TD pro Kutsche, bei wenig Andrang ist Handeln möglich!

Übernachten/Essen und Trinken/Cafés

• *Übernachten* **Hôtel l'Oasis (1)**, 4 Sterne, direkt am Meer (der Strand ist jedoch nicht der schönste), mit gepflegtem Pool (Bar), Restaurant, freundlichem Service. Zimmer mit Bad/Balkon (Blick aufs Meer), DZ 110 TD, EZ 67 TD. Ca. 1,5 km vom Zentrum Richtung Hafen, ✆ 270381, ✆ 271749, E-Mail: sami.Chabane@gnet.tn.

Hôtel Atlantic (5), 1 Stern, Hausfassade im edlen Kolonialstil, sympathisches Hotel, freundlicher Service, DZ 28 TD, EZ 15 TD. ✆ 220034. Gegenüber vom Nejib.

Hôtel Regina (3), nur 19 einfache Zimmer mit Bad um einen wenig romantischen Innenhof, mit Café und Restaurant (bei den Bewohnern der Stadt beliebt). DZ 20 TD, EZ 13 TD. Av. H. Bourguiba, ✆ 272095, ✆ 221710.

Camping/Jugendherberge (2), außerhalb, einfache Anlage, Übernachtung in der Jugendherberge 5 TD pro Person (2- und 4-Bett-Zimmer), auf dem angrenzenden Campingplatz 3 TD/Person, ✆ 270271. Im Viertel Jara bei der Agil-Tankstelle in die Str. hinein, nach ca. 200 m links ab beim neuen Eingangstor.

• *Essen und Trinken* Lizenziert sind **Restaurant l'Oasis (9)** und **El Mazar (10)**, fast nebeneinander in der Av. F. Hached; das **Les Sirenes** in der gleichen Straße im Haus Nr. 86. Hier und in der Av. H. Bourguiba auch einige unlizenzierte Restaurants, z. B. **Chez Amori (4)**, gute tunesische Küche, günstig, auch zum Draußensitzen. Av. H. Bourguiba (schräg gegenüber der Post).

Bagdad (6), kleines, einladendes Restaurant mit nur wenigen Tischen. Relativ kleine Auswahl an Tagesgerichten, empfehlenswert ist u. a. die würzige Salade Mechouia. Av. H. Bourguiba.

• *Cafés* Im Viertel Jara und am kleinen Platz zwischen Av. H. Bourguiba und Av. F. Hached das **Café 1001 Nuits (8)**, von einem deutsch-tunesischen Ehepaar geführt (Av. F. Hached 31). **Café Amir (7)**, im Gabès Center, Av. H. Bourguiba.

Die Chott-Region
Karte Seite 210/211

Sehenswertes

Altstadtviertel Jara: Marktviertel mit viel Atmosphäre, Stände und kleine Geschäfte für Lebensmittel, Haushaltswaren usw. In den *Anciens Souks* werden neben den üblichen Souvenirs auch Flechtarbeiten, Henna, Gewürze, Schmuck, Kleider und Tücher recht günstig angeboten (Mo geschlossen). Beliebter Zwischenstopp bei organisierten Ausflügen. Lohnend.

Zaouia Sidi Boulbaba: Hier hat sich Sidi Boulbaba, der Barbier des Propheten, im 7. Jh. zur Ruhe gesetzt. Vor dem Mausoleum mit seiner silbernen Kuppel treffen sich besonders freitagnachmittags viele Gläubige. Nicht-Moslems können lediglich einen Blick in den Innenhof mit Arkaden werfen. Gegenüber der Zaouia befindet sich die **Sidi-Boulbaba-Moschee** mit säulenbestandenem Eingangsportal (für Nicht-Moslems kein Zutritt), daneben der islamische **Friedhof**.

Lage Etwa 2 km vom Zentrum, zunächst Richtung Matmata (Av. de la République), nach der Brücke halb links, dann sieht man schon das Minarett der Moschee.

Musée des Arts et Traditions Populaires: Das sehenswerte kleine Volkskundemuseum befindet sich neben der Zaouia Sidi Boulbaba in einer ehemaligen Medersa (Koranschule) aus dem Jahr 1692. Es widmet sich hauptsächlich den Traditionen der Berber: Hochzeitstrachten, Kopfbedeckungen, Teppiche, aber auch Darstellungen zur Wollverarbeitung, Konservierung von Lebensmitteln, außerdem Schmuck und einige wenige Exponate aus punischer Zeit (im Hof). Vom Dach des Museums hat man einen schönen Blick auf Gabès, die Oase und das Meer.

Öffnungszeiten Tägl. außer Mo von April bis 15. Sept. 8–13 Uhr und 16–19 Uhr, sonst 9.30–16.30 Uhr. Eintritt 3 TD, Kinder unter 10 Jahren und Studenten frei. Fotografieren 1 TD.

Üppig grüne Oase

Oase Chenini: Das Besondere an dieser sehr grünen Oase ist ihre Lage so nah am Meer. Die 300.000 Dattelpalmen bewässern unterirdische Quellen und der *Oued Chenini*, der nur 10 km von der Küste entspringt. Durch die Oase kommt man in das 5 km entfernte Dorf **Chenini** (stündl. Bus ab Gabès oder Taxi). Die weit verzweigten Oasenwege lassen sich am besten auf einer Kutschfahrt erkunden (Kutschen in Gabès am Busbahnhof). Das Dorf Chenini bietet kaum Sehenswertes, allerdings eine Übernachtungsmöglichkeit in der Oase (s. o.).

Bordj Ghazi Mustapha in Houmt Souk

Die Insel Djerba

Djerba steht für erholsamen Badeurlaub: eine palmenbestandene, völlig flache Insel mit durchschnittlich 320 Sonnentagen im Jahr, lang gezogene Sandstrände und komfortable bis luxuriöse Strandhotels, hinzu kommen ausgezeichnete Sportmöglichkeiten. Djerba eignet sich auch hervorragend als Standort für Ausflugsfahrten auf das südtunesische Festland.

Die 25 km breite und 22 km lange Insel ist eines der bedeutendsten Ferienzentren Tunesiens. Hervorragende Flugverbindungen nach Deutschland und das stabile Klima machen die südlichste Insel Tunesiens zu einem beliebten Ganzjahresziel. Der Tourismus spielt sich hauptsächlich an den beiden großen Stränden *Sidi Mahres* und *Seguia* im Nordosten bzw. Osten der Insel ab.

Über 200 Moscheen

... zählt man auf Djerba. Und zusammen mit den Zaouias (Mausoleen) sollen es insgesamt sogar mehr als *300 sakrale Bauwerke* auf der 538 km^2 großen Insel sein. Die meisten davon sind recht klein und liegen abseits der großen Straßen bzw. am Meer. Auf Djerba finden sich Moscheen in *ibaditischer* und in *malikitischer Bauweise*, benannt nach Gruppierungen des sunnitischen Islam. Eine malikitische Moschee zeichnet sich durch ein relativ hohes, quadratisches Minarett aus, während die ibaditische Moschee ein massiges, niedriges Minarett aufweist.

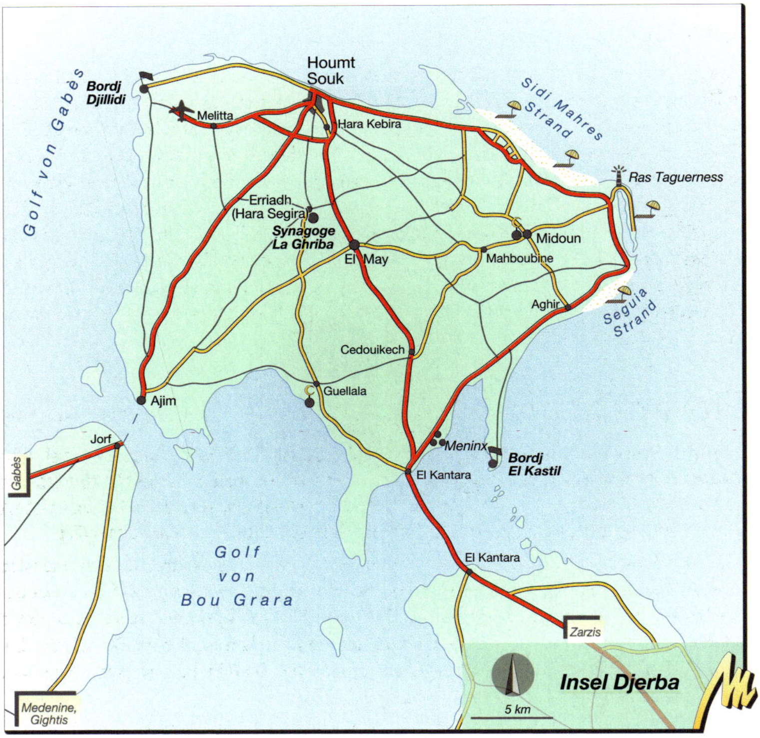

Das Inselinnere ist überwiegend mit Palmen und Olivenbäumen bewachsen. Hinter Kakteenhecken und Obstgärten verbergen sich die für Djerba typischen Gehöfte, die so genannten *Menzel*: kubische, weiße Wohnanlagen mit Stallungen und einem festungsartigen Charakter, in denen die Großfamilien relativ autark und geschützt leben konnten.

Wie viele andere Orte im Süden kämpft auch Djerba mit Wasserknappheit, die durch den hohen Wasserbedarf der Touristenhotels noch verschärft wird, sodass das kostbare Gut über eine Pipeline vom Festland hierher transportiert werden muss.

Als Standort auf Djerba empfiehlt sich – sofern man nicht eines der vielen Strandhotels vorzieht – in jedem Fall die Inselhauptstadt Houmt Souk. Man kann aus einer Vielzahl von guten und preiswerten Unterkünften wählen, außerdem bietet die Stadt eine große Auswahl an Autovermietungen und hervorragende Bus- und Louageverbindungen nach ganz Südtunesien. Über die Reiseagenturen vor Ort lassen sich unkompliziert Inselrundfahrten sowie Ausflüge ins südtunesische Bergland, in die Chott-Region und nach Ksar Ghilane unternehmen.

Achtung: Wer über Jorf mit der *Fähre* nach Djerba reist, muss oftmals (vor allem morgens und abends) mit langen Wartezeiten an der Anlegestelle rechnen (die Überfahrt dauert ca. 15 Minuten, für das Fahrzeug muss man 0,80 TD zahlen, Fußgänger frei). Die Fähren fahren von frühmorgens bis ca. 19 Uhr halbstündlich, nachts alle zwei Stunden. Die zulässige *Höchstgeschwindigkeit* auf den Landstraßen der Insel liegt bei 70 km/h.

Geschichte

Djerba war schon unter den Phöniziern besiedelt. Ab dem 4. Jh. v. Chr. hatten die Karthager auf der Insel *Meninx*, wie Djerba früher hieß, großen Einfluss, mit der Zerstörung Karthagos 146 v. Chr. ging es jedoch auch bald mit Meninx bergab. Die Römer bauten hier später ein bedeutendes Handelszentrum auf, ab dem 5./6. Jh. wurde die Insel von den Vandalen, Arabern und Beni-Hilal-Nomaden eingenommen und zerstört. 1560 trug sich hier eine verheerende Schlacht zwischen den Spaniern unter Philipp II. (die die Insel besetzt hielten) und den Truppen des für die Osmanen kämpfenden Korsaren Dragut zu. Die spanische Flotte wurde damals vernichtet und aus den Knochen der 5.000 gefallenen Spanier wurde ein *Schädelturm* am Hafen von Houmt Souk errichtet. 1574 ging Djerba schließlich ganz an die Osmanen über.

Houmt Souk

(ca. 20.000 Einwohner)

Houmt Souk ist die Abkürzung von „Houmet Es Souk", was so viel wie Marktviertel bedeutet. Und in der Tat, auf den ersten Blick wirkt die ganze Stadt wie ein einziges riesiges Souvenirgeschäft, durch das die Touristen flanieren, wobei es eindeutig mehr Souvenirverkäufer als Kunden gibt.

Das touristische Treiben spielt sich hauptsächlich auf den drei fast ineinander übergehenden Plätzen *Hedi Chaker*, *Farhat Hached* und *Bechir Seoud* ab. Abends, wenn die Tagesausflügler wieder in ihre Hotels zurückgekehrt sind, sind diese Plätze wieder voll und ganz in der Hand ausschließlich männlicher Bewohner der Stadt. Man trifft sich hier zum Wasserpfeiferauchen, Teetrinken und Kartenspielen, Frauen treten dabei nicht in Erscheinung.

Entfernt man sich etwas von den gängigen Routen, zeigt Houmt Souk dann ein anderes, stimmungsvolles Gesicht, zum Beispiel in den ruhigen Gassen um das Hôtel Arischa. Die Inselhauptstadt liegt etwa einen Kilometer vom Meer entfernt; dort kann man das Bordj Ghazi Mustapha besichtigen oder zum Hafen spazieren. Houmt Souk bietet sich als Übernachtungsalternative zu den recht teuren Hotels der beiden Strandzonen an. In sehr schön restaurierten Fondouks (Karawansereien) befinden sich gemütliche, kleine und günstige Hotels. Die beiden Sandstrände *Sidi Mahres* und *Seguia* sind bequem mit Bus oder Taxi zu erreichen.

Information/Verbindungen

• *Touristeninformation* **ONTT-Büro** etwas außerhalb vom Zentrum in der Rue Ulysse (Straße Richtung Sidi-Mahres-Strand, ca. 10 Min. zu Fuß vom Zentrum). Sehr freundlich und hilfsbereit. Man bekommt jedoch nur einen etwas dürftigen Stadtplan von Houmt Souk, außerdem Prospekte. Geöffnet Mo–Do 8.30–13 Uhr und 15–17.45 Uhr, Fr/Sa 8.30–13 Uhr. ✆ 75/650016 oder 650544. Ein weiteres **Informationsbüro** befindet sich in der Av. H. Bourguiba nahe der Post.

• *Vorwahl* Für die Insel Djerba gilt die Vorwahl **75**.

• *Verbindungen* **Flughafen Melitta** (✆ 650233), 8 km westl. von Houmt Souk. Charterflüge von den meisten deutschen Flughäfen, Linienflüge u. a. mit Tunis Air; außerdem Inlandsflüge mit Tuninter nach Tunis, Tozeur, Monastir und Sfax. Am Flughafen Banken, Touristeninformation und Autoverleih. Ein Taxi nach Houmt Souk kostet ca. 5 TD, auf der umgekehrten Strecke weniger!

Busse, *Gare Routière* (✆ 650076) im Zentrum (Av. H. Bourguiba). Ein neuer Busbahnhof ist im Bau, Fertigstellung voraussichtlich 2007.

Busse fahren am Platz davor ab, bei der Louage-Haltestelle. Verbindungen: 4-mal tägl. nach Gabès (2 Std., ca. 5,30 TD, hier umsteigen nach Matmata, Tozeur und Kebili); 7-mal Zarzis (1 Std., ca. 2,30 TD); 4-mal Tunis (8 Std., 21 TD); 4-mal Sfax (4,5–5 Std., 10,40 TD); 2-mal Tataouine (2,5 Std., 6,40 TD); 4-mal Medenine (ca. 1,5 Std., 2,30 TD). Die Inselbusse: Nr. 10 und 11 fahren jede volle Stunde entlang der Hotelzone von Sidi Mahres und Seguia, Halt nahe den Hotels Ulysse Palace, Yasmina u. a. (am besten dem Fahrer den Namen Ihres Hotels sagen). Fahrtdauer bis zum Seguia-Strand 45 Min., ca. 1–1,60 TD (je nach Ziel). Nach Guellala Bus Nr. 14 (6-mal tägl., 1,20 TD, mit Stopp an der Synagoge La Ghriba); Aghir und Midoun Nr. 10; El May Nr. 10 (8-mal tägl., 0,80 TD); Ajim (Fähre) Bus Nr. 12 (8-mal, 0,90 TD). 3-mal tägl. Busse zum Flughafen (Nr. 15, 0,61 TD).

Louages, auf dem Platz vor der Busstation, Fahrten nach Tunis (6–6,5 Std., 23 TD); Sfax (3–3,5 Std., 12 TD); Gabès (1,5–2 Std., 7 TD, hier umsteigen nach Tozeur, Matmata und Gafsa); Sousse (5,5 Std., 14 TD); Medenine (1,5–2 Std., ca. 5 TD); Tataouine (7 TD, ca. 2,5 Std.); Zarzis (1,5 Std., 3 TD).

Taxis, Av. H. Bourguiba und Place Sidi Brahim, eine Fahrt zum Flughafen kostet ca. 3,50 TD, zur Hotelzone am Sidi-Mahres-Strand je nach Entfernung 4–6 TD. ✆ 650205 oder 676060.

Adressen/Festival

• *Adressen* **Ärztl. Hilfe**, *Krankenhaus* im Ortsteil Hara Kebira (1 km südl. von Houmt Souk, Av. H. Bourguiba), Französisch und Englisch sprechende Ärzte, ✆ 650018.

Apotheken, ausreichend im Zentrum vorhanden. Eine Nachtapotheke befindet sich in der Av. H. Bourguiba (ca. 100 m von der Esso-Tankstelle entfernt).

Autoverleih, mehrere Anbieter, die meisten in der Av. Abdelhamid El Cadhi, z. B. *Europ-rent/Express Location*, hier werden Kleinwagen ab 70 TD/Tag, 220 TD/3 Tage, bzw. 450 TD/Woche vermietet, ✆ 650244, 📠 651076. Neben normalen Pkws auch Landrover mit Fahrer (max. 8 Pers.): ca. 230 TD pro Tag für Wagen, Fahrer und Sprit, die Routen können individuell festgelegt werden.

Hertz (Av. H. Bourguiba)) vermietet Kleinwagen ab 50 TD/Tag, 150 TD/3 Tage, 3500 TD/Woche, ✆ 650196.

Banken, mehrere Banken auf der Av. H. Bourguiba, z. B. die *BIAT-Bank* schräg gegen über der Tunis-Air-Agentur mit VISA- und Geldwechselautomat. An der Place Bechir Seoud Wechselstube der *Banque du Sud*.

Polizei, an der Place 7 Novembre und nahe dem Restaurant Haroun am Hafen, ✆ 650015.

Post, Eckhaus auf der Av. H. Bourguiba, geöffnet Mo–Fr 8–12 Uhr und 15–18 Uhr, Sa 8–12 Uhr.

Reisebüros, *Tunis-Air-Agentur* auf der Av. H. Bourguiba, Mo–Sa 8–18.15 Uhr geöffnet. ✆ 650410 oder 650159, 📠 653104. Veranstalter von Ausflügen s. „Organisierte Touren" auf S. 233.

Telefonieren, ausreichend Taxiphones im Zentrum, z. B. um die Souks.

Zweiradverleih, nur am Sidi-Mahres-Strand (einige Hotels und Agenturen).

• *Festival* Im August findet ein **Theater- und Musikfestival** im neuen Amphitheater neben der Burg statt.

Einkaufen

Souvenirs, so weit das Auge reicht, zumindest im Zentrum von Houmt Souk. Um die Place Hedi Chaker, die Place Farhat Hached und in der Rue du Bizerte finden sich mit Abstand die meisten Souvenirshops, hier auch besonders viele Schmuckgeschäfte. Der Schmuck (überwiegend Silber) wird in den meisten Geschäften pro Gramm berechnet; die veranschlagten Preise sind allerdings horrend, auch wenn das Abwiegen die Preisgestaltung auf den ersten Blick seriös erscheinen lässt: Handeln ist notwendig, wer es nicht tut, wird glatt über den Tisch gezogen. Das trifft natürlich auch auf die anderen Touristengeschäfte zu.

ONAT-Artisanat, Av. H. Bourguiba, Mo–Sa 8.30–12.30 Uhr und 15–18 Uhr geöffnet. Das Artisanat liegt etwas zurückversetzt von der Straße hinter einem Vorgarten. Keramik, Silberschmuck, Lederwaren, Teppiche usw. zu Festpreisen. Man kann sich hier einen guten Überblick über in etwa angemessene Preise verschaffen.

Markt mit Markthalle zwischen der Av. H. Bourguiba, Av. Mohamed Badra und der Place 7 Novembre. In kleine Parzellen unterteilt, überwiegend Lebensmittel (Gewürze, Obst, Gemüse, Fleisch, Fisch), aber auch einige Haushaltswaren. Günstig.

Souks, überdacht und dunkel, zwischen der Rue du Bizerte und der Place Farhat Hached. Sehr touristisch ausgerichtet, Keramik- und Lederwaren, Wasserpfeifen und Silberschmuck, aber auch viel Ramsch. Hauptsächlich Souvenirs, die Preise werden sehr hoch angesetzt, Handeln ist obligatorisch. Als Frau allein hier durchzugehen kann zum Spießrutenlauf werden.

Supermärkte, *Monosouk* an der Place 7 Novembre, ein weiterer *Supermarché* befindet sich in der Av. H. Bourguiba/Ecke Av. Mohamed Badra.

Articles d'Artisanat Antiquites, Rue du Bizerte 14. Freilichtmuseum, Antiquitätengeschäft und Flohmarkt in einem – *unbedingt sehenswert*, auch wenn man nichts kaufen möchte. Im palmenbestandenen Innenhof des alten Fondouk (Karawanserei) und in den Nebenräumen sind Antiquitäten ausgestellt, im 1. Stock werden Kelim- und Mergoumteppiche verkauft (200–260 TD, handeln!). Achtung: sehr unscheinbarer Eingang. Tägl. von 9.30–18 Uhr geöffnet.

Libyscher Markt, jeden Mo, Mi, Do und So in der Av. Taieb Mehiri, beginnend bei der Türkenmoschee bis zur Burg. Es werden Obst und Gemüse verkauft (u. a. auch Granatäpfel, Melonen und Datteln) sowie lebende Hühner, Gewürze und Getreide. Aber auch Kleidung, Decken, Spielsachen, Haushaltswaren, Werkzeuge usw. *Sehr typischer, sehenswerter Markt.*

Katholische Kirche in Houmt Souk

Organisierte Touren/Ausflüge

Von Djerba aus bieten sich viele Touren in den Süden des Landes an, z. B. nach Matmata, Chenini, Douz oder Ksar Ghilane. Ob über ein Hotel oder bei den Agenturen direkt gebucht, hat auf den Preis keinen Einfluss. Ebenso wenig unterscheiden sich die verschiedenen Agenturen in ihrer Preisgestaltung. Man wird vom Hotel abgeholt oder es wird ein Treffpunkt vereinbart.

Rêves Tours, Rue Habib Thameur, ✆ 652221, ℻ 652219. Unser Tipp! Angeboten werden Tagestouren nach Tataouine/Chenini (Jeep, 60 TD), Gabès/Matmata (Jeep 60 TD oder Bus 50 TD), halbtägige Inselrundfahrten (25 TD), Bootsausflüge (1 Tag, ca. 40 TD) sowie 2-Tages-Fahrten nach Kebili/Tozeur (Bus, 140 TD) und Ksar Ghilane (Jeep, ca. 140 TD). Bei mehrtägigen Fahrten sind Übernachtung und Vollpension inkl., bei Tagesfahrten ist ein Mittagessen im Preis eingeschlossen.

Ähnliches Angebot bei **Djerba Tours** gegenüber dem Taxistand in der Av. Bourguiba. ✆ 651242 oder 650242, ℻ 652695.

Bootsausflüge, mit dem Segelschiff *Cleopatra* oder dem Glasboden-Motorboot *Calypso*: ganztägige Ausflüge zu den *Flamingo-Inseln* (Mittagessen mit frischem Fisch), dann baden und Folklore-Vorführung. Abfahrten von April/Mai–Okt. tägl. um 9 Uhr, zurück um 16 Uhr, pro Person 20 TD. Wer die Buchung über ein Reisebüro in Houmt Souk macht, zahlt nur 13 TD! Die Ausflugsboote liegen im Hafen.

Inselrundfahrten, einige Taxifahrer (Taxistände an der Av. H. Bourguiba und an der Place Sidi Brahim) bieten Inselrundfahrten an, Dauer etwa 4 Std., ca. 45–50 TD pro Wagen, max. 4 Pers.

Übernachten

Hôtel Erriadh (10), 1 Stern, *unser Tipp!* In einem Fondouk (Karawanserei) im Zentrum untergebrachte Herberge, alle Zimmer um den Innenhof (1. Stock), sehr gemütlich, sehr freundlich und für das Gebotene äußerst preiswert: DZ ab 30 TD, EZ ab 20 TD. Schöne Zimmer mit Bad und Klimaanlage. An der Place Hedi Chaker, ☏ 650756, ☏ 652691, E-Mail: hotel.erriadh@topnet.tn.

Hôtel Dar Faiza (3), 1 Stern, gegenüber dem Bordj Ghazi Mustapha beim Hafen. Gemütliches, kleines Hotel mit Pizzeria, Bar und Mini-Pool im Garten, Sonnenterrasse. Schlichte, aber angenehme Zimmer, z. T. sogar mit Schaukelstuhl, großes Bad, Terrasse, DZ 62 TD, EZ 40,50 TD. Av. de la République, 500 m vom Zentrum, ☏ 650083, ☏ 651763, www.darfaizadarsalem.com, E-Mail: hotel.darfaiza@gnet.tn.

Hôtel du Lotos (2), schönes Kolonialgebäude am Hafen, stilvolles Restaurant, Bar, Terrasse und Garten, sehr netter Besitzer. Die hohen Zimmer sind mit Du/WC, Ventilator und Klimaanlage ausgestattet, Dachterrasse. DZ 40 TD, EZ 25 TD. Av. de la République (zwischen Hafen und Obelisk), ☏ 650026, ☏ 651127, E-Mail: hoteldulotos@topnet.tn, Internet: www.lotoshotel.com.

Hôtel Arischa (5), in einer alten Karawanserei (Fondouk), traditionell eingerichtete, etwas dunkle Zimmer mit Bad. Nette Atmosphäre, schöner Innenhof mit kleinem Pool, lizenziertes Restaurant und Bar. Günstig: DZ 56 TD, EZ 37 TD. Rue Ghazi Mustapha (nahe der kath. Kirche), ☏ 650384.

Hôtel des Sables d'Or (7), zentral gelegen, kleines, verschachteltes Gebäude, freundlicher Service. Gemütliche Zimmer mit integrierter Dusche und Waschbecken, Toiletten auf dem Gang, DZ 25 TD, EZ 14 TD, 3er 35 TD, kein Frühstück. Rue Feriani im Zentrum, ☏ 650423.

Hôtel Marhala (Touring Club) (6), in einem Fondouk mit palmenbestandenem Innenhof, kleine, schlichte, aber saubere Zimmer mit Bad, freundlicher Service, DZ 26 TD, EZ 16 TD. Rue Moncef Bey, ☏ 650146, ☏ 653317.

Jugendherberge (8), neben dem Hôtel Marhala. Die günstigste Möglichkeit, in Houmt Souk unterzukommen und bestimmt nicht die schlechteste. Kleine, einfache 2- und 4-Bett-Zimmer, saubere sanitäre Anlagen, die Übernachtung kostet 6 TD pro Person (mit Frühstück), ☏ 650619.

Essen und Trinken

Haroun (1), 3 Gabeln, unscheinbares Gebäude neben der Polizei am Hafen. Schöne Terrasse, von hier allerdings nur wenig romantische Ausblicke auf ein paar dümpelnde Fischerboote – man hat einen attraktiven alten Zweimaster davor gestellt, auf dem diniert wird. Livemusik mit traditioneller Oud (eine Art Gitarre). Spezialität des Hauses ist das *Couscous Princesse* mit Fisch, überhaupt viele Fischgerichte und Meeresfrüchte, gute Weißweine. Tagesmenü ab ca. 15 TD, gehobene Preisklasse, mittags und abends geöffnet. ☏ 650483 oder 650488.

Les Palmiers (4), *Tipp!* Unlizenziert, in der Rue Feriani nahe dem Hôtel Sable d'Or. Sehr freundlicher, hilfsbereiter Service, das Restaurant wird von Einheimischen und Touristen gleichermaßen geschätzt. Unbedingt probieren sollte man die hervorragende *Chorba* (Suppe), und das *Coucha d'Agneau* (Lamm aus dem Backofen). Relativ günstig, für ein ausgiebiges Essen mit Getränken sollte man etwa 8 TD pro Person rechnen.

Jerba Nova (9), 2 Gabeln, mittleres Preisniveau, lizenziert, bei der Place Hedi Chaker. Gute Auswahl an tunesischen und internationalen Gerichten, z. B. Steaks und Spaghetti, bei Tunesiern beliebt. ☏ 650226.

De l'Ile, 2 Gabeln, lizenziert, ein Haus neben dem Jerba Nova (im 1. Stock). Recht schick, gute Aussicht, mittleres Preisniveau, genauso empfehlenswert wie das Jerba Nova. ☏ 650651.

Ebenfalls bei der Place Hedi Chaker liegt das Restaurant **Blue Moon** (2 Gabeln), beliebt bei Gruppen, mehrmals wöchentl. Folklore-Vorführungen (abends), ☏ 650559.

La Hamhama, Av. H. Bourguiba bei der Agil-Tankstelle. Eine große Portion Couscous gibt es hier schon ab 2,50 TD.

La Colombe Blanche (11), gutes und günstiges Fastfood, leckere, scharfe Sandwichs, außerdem Pizza. Rue Ibn Khaldoun, bei der Place 7 Novembre.

Weitere **Fastfoods** befinden sich um die Place Hedi Chaker, die Place Farhat Hached und die Place Bechir Seoud, hier auch einige **Cafés**.

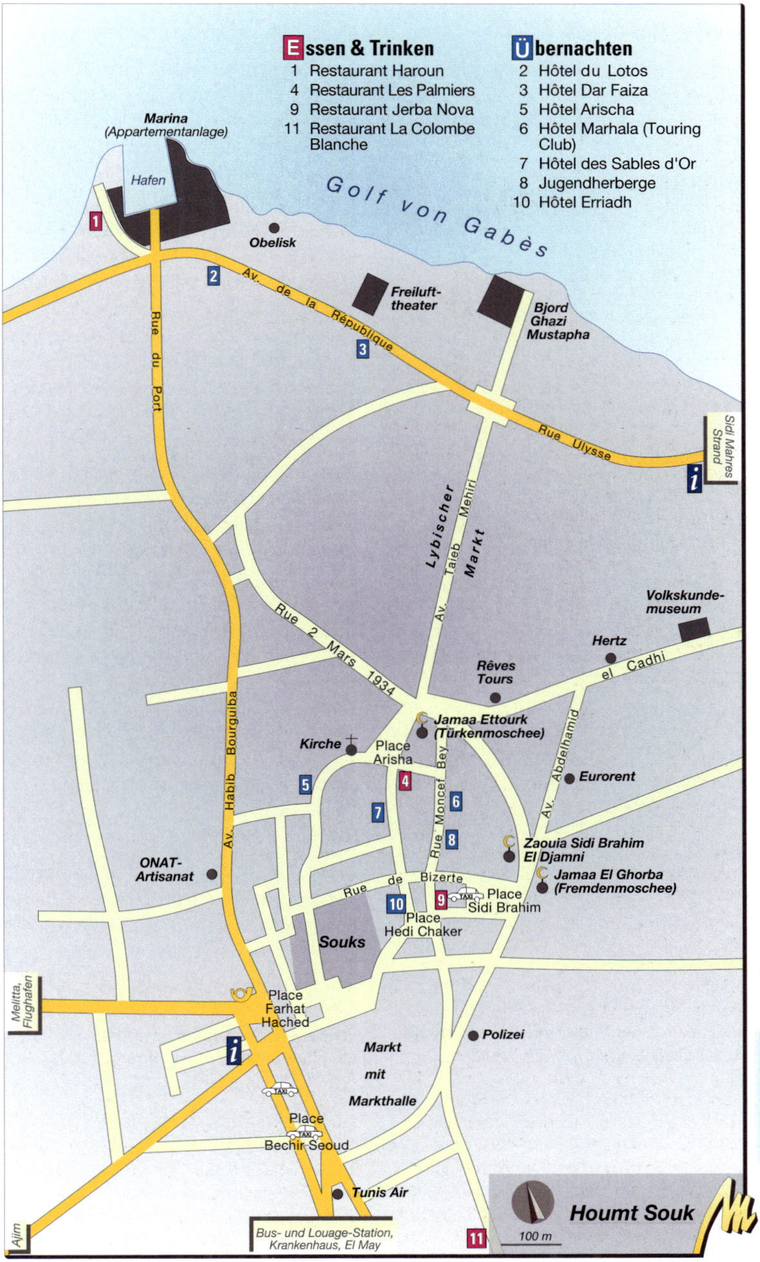

Die Insel Djerba
Karte Seite 230

Sehenswertes

Sehenswert sind die drei islamischen Bauwerke im Zentrum von Houmt Souk, alle ursprünglich aus dem 17. Jh. Die **Zaouia Sidi Brahim El Djamni** an der Place Hedi Chaker, die **Jamaa El Ghorba** (*Fremdenmoschee*) gegenüber der Place Hedi Chaker und die **Jamaa Ettourk** (*Türkenmoschee*) am gleichnamigen Platz. Die Moscheen bzw. die Zaouia sind für Nicht-Moslems nicht zugänglich.

Bordj Ghazi Mustapha

Katholische Kirche: Französisches Kolonialgebäude mit Säulen und spitzen Glockentürmen an der Place Aricha bzw. Place d'Eglise. Gottesdienste werden jeden Sonntag und Feiertag im 1. Stock der Kirche abgehalten, ansonsten nur von außen zu besichtigen. Zugang über die Rue Mustapha Ghazi.

Musée des Arts et Traditions Populaires: Das kleine Museum ist in der Zaouia Sidi Zitouni aus dem 18. Jh. untergebracht. Zu sehen sind u. a. Hochzeitstrachten aus der Region, alter Beduinenschmuck, Schriftstücke, Amphoren, alte Holzmöbel und Kleinkeramik. Nur auf Französisch beschriftet. Das Museum liegt in der Av. A. El Cadhi (beschildert). Ähnliche Ausstellungsstücke finden sich im erheblich größeren neuen *Museum Guellala* bei dem gleichnamigen Ort (s. S. 240).

Öffnungszeiten Tägl. außer Fr von 9.30–16.30 Uhr. Eintritt 3 TD, Fotografieren 1 TD.

Bordj Ghazi Mustapha oder Borj El Kebir: Das Fort wurde 1432 von den Spaniern auf den Grundmauern eines älteren Bauwerks errichtet. 1560 besiegte der Pirat Dragut den spanischen König Philipp II. und baute die Festung weiter aus. Aus dieser Zeit stammt auch die Moschee im Inneren der Festung. 1904 wurde die Festung zum Nationalmonument erklärt.

Bei der Besichtigung kann man an den Außenmauern des Forts entlanglaufen und genießt einen schönen Blick auf Houmt Souk und das Meer. Vom Inneren der Festung sollte man allerdings nicht zu viel erwarten, alles ist ein wenig im Verfall begriffen. Im Eingangsbereich ein paar Säulenfragmente sowie die Reste einer römischen Marmorstatue. Die Festung liegt 500 m vom Zentrum entfernt am Meer.

Öffnungszeiten Im Winter tägl. außer Fr 9.30–16.30 Uhr, im Sommer (Juni–Aug.) 8–17 Uhr. Eintritt 3 TD, Fotografieren 1 TD, Studenten mit ISIC und Kinder frei.

Vom Borji in Richtung Hafen gelangt man, vorbei am neuen Amphitheater, zu einem unscheinbaren **Obelisken**, heute nur ein steinerner Statthalter des berüchtigten

Schädelobelisken (Tour des Crânes), den die Türken 1560 aus den Knochen der besiegten und getöteten Spanier errichteten. 1848 wurde das eigenartige Monument schließlich entfernt. Weiter auf der Av. de la République geht es bald darauf rechts ab zur Marina und dem kleinen **Hafen**, hier fahren auch die Ausflugsboote zu den *Flamingo-Inseln* ab. Die vielen Amphoren am Hafen werden für den Tintenfischfang benutzt: Die Tintenfische halten die auf den Meeresboden heruntergelassenen Tonkrüge für Höhlen, verkriechen sich darin – und sitzen in der Falle.

Sidi-Mahres-Strand

Der 12 km lange, wunderbar sandige Strand ist das bevorzugte Ziel der meisten Pauschaltouristen, die nach Djerba kommen. Hier lässt sich Strandleben pur genießen – mit diversen Wassersportarten, beim Golfen oder beim Strandritt zu Pferde bzw. auf dem Kamel. Für Erholungssuchende optimal.

Der schönste Strandabschnitt erstreckt sich zwischen dem *Holiday Beach Hotel* und dem *Hôtel Abou Nawas* im westlichen Teil des Sidi-Mahres-Strands: sehr sauber und gepflegt und trotz vieler Hotels nicht zu überlaufen, sodass auch Individualisten hier ein gemütliches Plätzchen finden. In diesem Strandabschnitt gibt es auch einige Thermalquellen direkt am Meer. Viele Strandverkäufer sorgen für das Wohl der Badeurlauber, angeboten werden u. a. gekühlte Getränke, tunesisches Gebäck, gebrannte Mandeln und Obst, aber auch Souvenirs. Die veranschlagten Preise sind astronomisch, Handeln ist obligatorisch.

Verbindungen/Sport/Restaurants/Nachtleben/Zweiradverleih

• *Verbindungen* Stündl. mit dem **Inselbus** Nr. 10 oder 11 für 1–1,50 TD ab Houmt Souk zu den Strandhotels (Halt bei den Hotels Ulysse Palace, Yasmina u. a; erkundigen Sie sich vorher beim Busfahrer nach der entsprechenden Haltestelle, zu manchen Hotels ist es relativ weit zu laufen). Die Alternative ist das **Taxi** (ca. 6 TD). In der Strandzone ist es kein Problem, ein Taxi für den Rückweg zu bekommen.

• *Sport* Große **Wassersport-Stationen** bei den Hotels Holiday Beach und Abou Nawas, die Preise sind in etwa gleich: Jet-Ski 15 TD (10 Min.), 20 TD (15 Min.); Parasailing 20 TD pro Runde; Segeln 10 TD/Std. pro Pers.; Banana-Boat 10 TD pro Runde; Wasserski 15 TD pro Runde (10 Min.); Tretboot 10 TD/Std.; Surfen 5 TD/Std. Die Nordküste von Djerba gilt als gutes *Surfrevier*, alljährlich im September wird hier eine internationale Regatta ausgetragen.

Reiten, eine öffentliche Reitschule befindet sich in der Nähe vom Hôtel Hasdrubal, am Strand kostet Reiten auf dem Pferd oder Kamel ca. 16–20 TD pro „Runde", Handeln ist möglich. Einige größere Hotels organisieren Ausritte.

Golf, der *Djerba Golf Club* liegt gegenüber dem Hôtel Yadis. 27-Loch-Anlage (18 Loch Par 73), ✆ 659055 oder 745055, ✆ 659051, E-Mail: djerba.golfclub@planet.tn.

• *Essen und Trinken* Viele Hotels in 1. Reihe verfügen über eine Snackbar oder ein kleines Restaurant direkt am Strand.

• *Einkaufen* Es gibt einige kleine *Supermärkte*, z. B. beim Hôtel Dar Ali und beim Leuchtturm Ras Taguerness. Souvenirshops bei den meisten Hotels, hier auch deutsche Zeitungen und Zeitschriften.

• *Nachtleben* Spielt sich fast ausschließlich in den Bars und Discotheken der großen Hotels ab. Neben dem Hôtel Ksar Djerba (Nähe Hôtel Djerba Yasmina und Dar Midoun) befindet sich die öffentliche **Disko Cleopatre**.

• *Zweiradverleih* An der Hauptstraße etwa auf Höhe der Abfahrt zum Hôtel Yasmina. Teuer: Roller 45 TD/Tag, Enduros 100 TD/Tag, auch Fahrräder, hohe Kaution! Tagsüber geöffnet.

Fahrräder werden von einigen größeren Strandhotels stunden- und tageweise vermietet, ca. 45 TD/Tag.

Strandhotels

Am Sidi Mahres Beach wird mittlerweile bereits in 3. Reihe gebaut und der Boom hält an. Hotels über und über, meist mit sehr hohem Standard und nicht billig. Fast alle Hotels verfügen über einen Pool und einen eigenen Strandabschnitt. Der besseren Orientierung wegen listet die folgende kleine Auswahl die Hotels von West nach Ost:

Radisson SAS Resort & Thalasso (1), 5 Sterne, 11 km von Houmt Souk am Anfang der Hotelzone. 2006 wiedereröffnetes Luxushotel. Herrlicher Pool, gepflegter Strand mit Düne, sehr elegant und modern, großes Sport- und Wellnessangebot einschließlich Spa Zentrum Athénée Thalasso. Restaurants und mehrere Bars. Gehobenes Urlaubsklientel, aber auch Geschäftsleute. Kategorie de luxe mit Meerblick und Balkon, DZ ab 260 TD, EZ ab 203 TD. Die Zimmer der Kategorie Standard waren zur Zeit der Recherche noch nicht fertig gestellt, sollen aber ab 2007 buchbar sein. ✆ 75/757600 ℻ 75/757601, E-Mail:info.djerba@radissonsas.com Internet: www.radissonsas.com.

Hôtel Beau Rivage (3), recht einfache, aber günstige Pension in einer Seitenstraße des Hotels Al Jazira. Sehr kleiner Pool, schlichte Zimmer mit Bad, die meisten mit Balkon, 150 m zum Strand, netter Service. DZ 70 TD, EZ 45 TD. ✆ 757130, ℻ 758123.

Hôtel Résidence Dar Ali (2), gegenüber der Einfahrt zum Ulysse Palace, nur 15 schöne Zimmer mit Kacheln und Ventilator, Bad, Terrasse. Mini-Pool, Restaurant, Bar, 300 m zum Strand, freundliche englische Besitzerin, Supermarkt und Restaurant nebenan. DZ 92 TD, EZ 60 TD, ✆ 758671, ℻ 758045, E-Mail: hoteldarali@topnet.tn.

Hôtel Djerba Holiday Beach (4), 4 Sterne, viele deutsche Touristen, clubähnlich, mit Animation, Gartenanlage mit herrlicher Pool-Landschaft, Pool-Bar, kleine, schattige Pavillons. Relativ teuer: DZ 310 TD, EZ 190 TD. Liegt zwischen Hôtel Al Jazira und Hôtel Télémaque, ✆ 758177, ℻ 758192, E-Mail: lti.jhb@planet.tn, Internet: www.djerbaholidaybeach.com.

Hôtel Télémaque (5), 3 Sterne, relativ neu, sehr gepflegt, guter Strand und Pool, DZ 255 TD, EZ 147 TD. ✆ 758736, ℻ 757821, E-Mail: telemaque.dir@altamarea.it, Internet: www.altamarea.it.

Hôtel Les Sirènes (7), 4 Sterne, neu renovierter Komplex neben dem älteren 3-Sterne-Gebäude mit großem Thermalbecken, Thalasso & Spa, nicht mehr ganz junges, gesetztes Publikum. Pool, Poolbar und Strandbar, mit Bad/Balkon, freundlicher Service, viele Stammgäste. DZ 164 TD, EZ 132 TD im 4-Sterne-Gebäude (etwas billiger im 3-Sterne-Gebäude). ✆ 757266, ℻ 757267, E-Mail: hotel.sirenes@gnet.tn, Internet: www.djerbasirenes.com.

Grand Hôtel Les Thermes (8), 4 Sterne, neueres Hotel (2000 eröffnet), beim Hôtel Abou Nawas. Mit besonderer Auszeichnung für die behindertengerechte Ausstattung (befahrbares Bad und zahlreiche Hilfsmittel). Besonders erwähnenswert ist das Angebot an medizinischen Behandlungen: Hydromassagen, Elektrotherapie, Schlammpackungen etc. DZ 100 TD, EZ 72 TD. ✆ 757751, ℻ 757759, E-Mail: info@djerba-thermalisme.com. Internet: www.djerba-thermalisme.com.

Hôtel Le Petit Palais (6), 3 Sterne, in zweiter Reihe (300 m zum Strand) beim Hôtel Abou Nawas, wird gerade erweitert und umgebaut, Pool, schlichte, aber ganz gute Zimmer (Bad/Balkon), familiäre Atmosphäre, man bemüht sich um die Gäste. DZ 176 TD, EZ 105 TD, ✆ 758231, ℻ 758046.

Hôtel Djerba Yasmina (9), 3 Sterne, 200 m zum Strand (Bar), angenehme Atmosphäre, schöne, verwinkelte Anlage, Pool, Minigolf, Boule, DZ 186 TD, EZ 118 TD. ✆ 731740 oder 730747, ℻ 731740.

Hôtel Sofitel Palm Beach Djerba (10), 5 Sterne, neues Hotel der Spitzenklasse, elegant und mit allem Komfort. Thalasso & Spa. Liegt nahe Hotel Yasmina. DZ 420 TD, EZ 315 TD. ✆ 757777, ℻ 758888, Internet: www.sofitel.com, E-Mail: H2788@accor.com.

Hôtel Hasdrubal (11), ebenfalls 5 Sterne, 17 km von Houmt Souk. Großzügige Anlage mit viel Grün und sämtlichem Komfort, Thalasso-Zentrum, vergleichsweise günstig: DZ 250 TD, EZ 180 TD, ✆ 730657 ℻ 730730, E-Mail: hasdrubal.djerba@gnet.tn, Internet: www.hasdrubal-hotel.com.

Maritim Hôtel Yadis Djerba (12), 5 Sterne, direkt am Strand, mit Wassersportzentrum, Thalasso-Zentrum und Strandbar, großes Sportangebot (Reitstall, Volleyball, Boule usw.), teilweise recht flache Poollandschaft (ideal für Kinder und Nichtschwimmer).

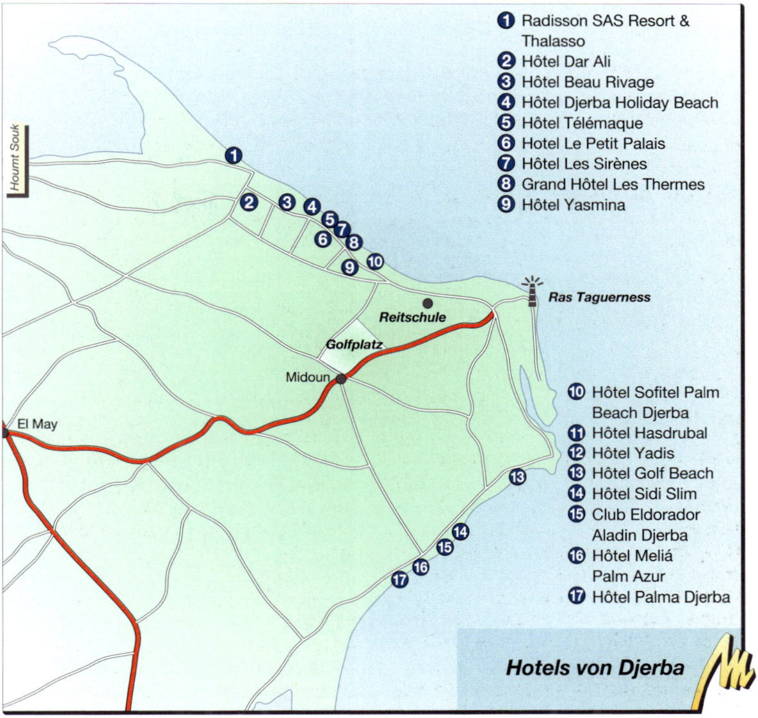

Zimmer unterschiedlich gestaltet, DZ ab 190 TD, ab EZ 145 TD. Nahe dem Leuchtturm (18 km von Houmt Souk), ✆ 747235, ✆ 747223, E-Mail: info.dje@maritim.com.tn, Internet: www.yadis.com.

Seguia-Strand

An der Südostküste von Djerba gelegen und wesentlich ruhiger als der Sidi-Mahres-Strand, doch auch hier sind die Bautätigkeiten noch längst nicht abgeschlossen. Nach Houmt Souk sind es von hier je nach Hotel 30 bis 35 km, die nächste größere Ortschaft ist Midoun. Der Strand ist zwar auch hier feinsandig, aber an den öffentlichen Abschnitten zwischen den Hotels zum Teil sehr verschmutzt. Dafür lassen die palmenbestandenen Hotelstrände bisweilen Südseeromantik aufkommen. Am Seguia-Strand befindet sich eine ganze Reihe All-inclusive-Clubanlagen, die Hotels wirken hier abgeriegelter als am Sidi-Mahres-Strand. „Draußen" gibt es wenig – ab und an mal ein einfaches Café, das war's dann auch.

• *Verbindungen* Ab Houmt Souk mit dem Bus Nr. 11 (durchgehend) oder Bus Nr. 10 (am Ras Taguerness/Leuchtturm umsteigen). Ca. 1,50 TD, 45 Min. Eine Taxifahrt nach Houmt Souk kostet etwa 8–10 TD.

• *Strandhotels (von Nord nach Süd)* **Hôtel Golf Beach (13)**, 3 Sterne, modernes und ziemlich elegantes Hotel, sehr freundlicher Service. Eher gesetztes Publikum; mit Strand, Pool, versch. Bars, Sportmöglichkeiten, Massageangebote usw. DZ 210 TD, EZ 140 TD. ✆ 750750, ✆ 750751.

Hôtel Sidi Slim (14), 3 Sterne, sehr ruhig gelegene, schon etwas ältere Bungalow-

Die Insel Djerba
Karte Seite 230

anlage. Am langen Hotelstrand felsige Abschnitte und z. T. viel Tang. Die Zimmer: kleine Reihenbungalows mit Bad und Terrasse vor der Tür. Relativ kleiner Pool mit Thermal- und Massagebecken, Relax-Center, Restaurant am Pool, Café, Surfbrettverleih, hoteleigene Reitschule. DZ 80 TD, EZ 55 TD, ✆ 750450, ✆ 750449, E-Mail: contact@SidiSlimHotel.com, Internet: www.SidiSlimHotel.com.

Hôtel Club Eldorador Aladin Djerba (15), schöner, palmenbestandener Strand mit Bar und Surfschule, der Pool ist riesig, überwiegend junge Gäste, viele Franzosen. Schöne, moderne Anlage mit Reitstall. Freundlicher Service, DZ 250 TD, EZ 155 TD. ✆ 750180, ✆ 750184, E-Mail: aladin.dir@gnet.tn.

Hôtel Meliá Palm Azur (16), 4 Sterne, 1997 eröffnete Anlage. Moderne, sehr gut eingerichtete Zimmer mit Telefon, TV, Bad und Balkon. Hauptsächlich italienische Gäste. All inclusive ist obligatorisch! DZ 300 TD, EZ 170 TD, ✆ 750700, ✆ 750710, E-Mail: melia.palm.azur@solmelia.com, Internet: www.solmelia.com

Hôtel Palma Djerba (17), 3 Sterne, weitläufige, sympathische Anlage, ca. 300 m vom Strand, der sich zum Baden allerdings nicht optimal eignet. Restaurant am Strand. Pool, Tennisplatz, Boulebahn. Gemütliche Zimmer in kleinen Bungalows, Bad und Terrasse. Auch hier muss all inclusive gebucht werden. DZ 260 TD, EZ 155 TD, ✆ 750830, ✆ 750833.

Midoun

Netter größerer Ort im Osten der Insel, wird vor allem von Hotelgästen des Sidi-Mahres-Strands und des Seguia-Strands besucht. Das Leben spielt sich um den Verkehrskreisel im Zentrum ab. Es gibt sogar eine kleine Fußgängergasse mit ein paar Souvenirgeschäften, Cafés und Restaurants, nett zum Spazierengehen. In Midoun außerdem Post, Bank, Polizei und ein kleines Krankenhaus (✆ 657280).

Sehenswertes auf Djerba

Ausgehend von Houmt Souk gelangt man – an der Hotelzone des Sidi-Mahres-Strands vorbei – zum 21 km entfernten **Ras Taguerness**, dem höchsten Leuchtturm Tunesiens. Die Straße verläuft weiter an der Küste entlang zum Seguia-Strand und zur Ortschaft **Aghir**. Einige Kilometer südlich von Aghir geht es links ab auf eine nur im Sommer und auch dann schwer zu befahrende Piste (am besten jedoch zu Fuß). Von hier sind es 6 km zur Ruine des spanischen Forts **Borji El Kastil** (14. Jh.) an der Spitze der Landzunge.

El Kantara/Meninx: Von Aghir sind es 15 km nach El Kantara, der Kaserne mit Kontrollstation am südöstlichen Ende von Djerba. Von hier geht es über einen 7 km langen Damm, der bereits von den Römern gebaut und Mitte des 20. Jh. verstärkt wurde, aufs Festland. Die Ruinen des römischen Meninx liegen ca. 500 m nördlich der Kontrollstation zwischen Straße und Meer (bei einer grünen Bretterbude auf einem Hügel). Bei intensiver Suche findet man – weit über das Gelände verstreut – dann doch das eine oder andere antike Stück: ein paar Friesteile und Säulensockel. Das antike Meninx hat nur wenige Spuren hinterlassen, eine Besichtigung lohnt nur für sehr speziell Interessierte.

Guellala: Von El Kantara führt die Straße über Cedouikech nach Guellala, dem *Töpferdorf* der Insel. Die Hauptstraße des ruhigen Ortes ist von Keramikgeschäften gesäumt, die sich mittlerweile allerdings auf den Verkauf der bunten Tonprodukte aus Nabeul spezialisiert haben.

Das Töpferhandwerk hat in Guellala eine jahrhundertelange Tradition. Der Ton wird in der direkten Umgebung des Orts in Schächten von etwa 50 m Tiefe abgebaut. Daraufhin wird er getrocknet, zerbröselt und mit Süßwasser (gibt später die rote Farbe) oder Salzwasser (später weiß) wieder zu Ton verarbeitet. Kleine Amphoren fertigen die geschickten Töpfer in etwa 10 Minuten an, die großen Gefäße (dienen traditionell zur Aufbewahrung von Lebensmitteln) werden in vier Phasen mit mehreren Tagen Abstand hergestellt. Die Brenndauer variiert von Betrieb zu Betrieb (jeder hat sein eigenes „Geheimrezept"), ebenso wie die Mischung und Reihenfolge der Brennstoffe. Gebrannt wird mit Olivenholz und Palmblättern.

Auf der Straße in Richtung El Kantara und am Ortsausgang rechts ab gelangt man über einen Feldweg zu einer idyllischen strahlend weißen **Moschee** am Meer, deren Grundsteinlegung auf das 9. Jh. zurückgeht. Die einmalige Lage machen einen Abstecher hierher lohnenswert, auch wenn die Moschee (auch der Innenhof) von Nicht-Moslems leider nicht betreten werden kann (ca. 2,5 km von Guellala).

Unbedingt sehenswert ist das auf einem Hügel (ca. 1 km vom Dorf) gelegene **Museum Guellala**. Zu sehen ist hier eine gute Sammlung an altem Beduinenschmuck, außerdem Keramikartikel, Bekleidung und sonstige Kulturgegenstände. Die Ausstellungsstücke stammen nicht nur aus Djerba, sondern aus allen Regionen Tunesiens.

• *Anfahrt* Von Guellala Richtung El Kantara, dann links halten. Anfahrt nur mit dem Mietwagen oder Taxi.

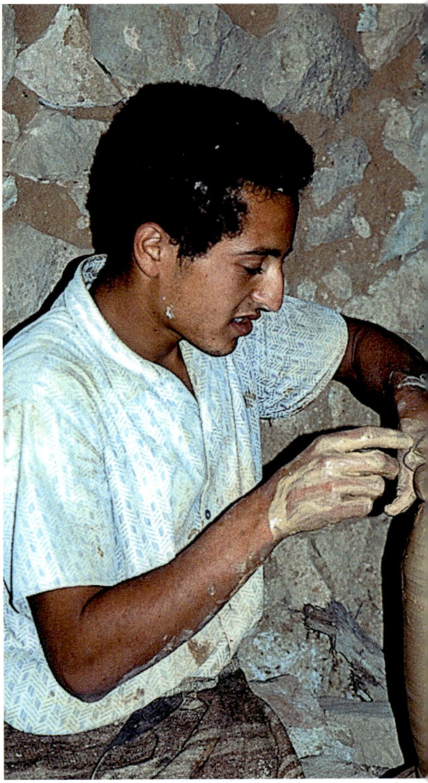

Geschickte Hände – Töpfer in Guellala

• *Öffnungszeiten* In der Hochsaison 8–23 Uhr (durchgehend), ansonsten 8.30–18 Uhr, Eintritt 5 TD. Vor dem Museum befindet sich ein Café (schönes Panorama).

El May: Von der Hauptstraße von Guellala geht es links ab ins 14 km entfernte El May, einen der größeren Orte der Insel mit einer sehr schönen *ibaditschen Moschee*, die von Nicht-Moslems jedoch nur von außen besichtigt werden kann. Lebensmittelgeschäfte und Cafés im Ort.

Erriadh/Synagoge La Ghriba: Von El May sind es etwa 4 km nach Erriadh (Hara Seghira), wo sich eines der bedeutendsten Bauwerke der Insel befindet: die *Synagoge La Ghriba* (1 km vom Ortszentrum entfernt, gut ausgeschildert), die durch den Terroranschlag vom 11. April 2002 weltweit für Schlagzeilen sorgte. 21 Menschen kamen bei der Explosion durch einen mit Flüssiggas beladenen Kleintransporter ums Leben, darunter 14 deutsche Touristen. Ganz im Stil ihrer Informationspolitik ging die tunesische Regierung hier zunächst von einem Unfall aus, musste aber bald zumindest die Möglichkeit eines Terroranschlages einräumen. Im Juni 2002 bekannte sich Al Qaida zu dem Anschlag. Seither hat das Besucherinteresse an der Synagoge deutlich abgenommen. Touristen sieht man kaum noch, obwohl man sich mit neuer Sicherheitsschleuse und viel Polizeipräsenz auf die veränderte Situation eingestellt hat.

La Ghriba

Die Synagoge soll hier bereits 586 v. Chr. auf wundersame Weise gegründet worden sein: Ein Stein fiel vom Himmel und soll so den Ort, auf dem die Synagoge entstehen sollte, markiert haben. Eine weitere Legende erzählt, dass ein fremdes Mädchen (= *ghriba*) hier in einer Hütte gelebt haben soll. Als die Hütte vom Blitz getroffen wurde, brannte alles komplett nieder, das tote Mädchen wurde aber äußerlich unverletzt inmitten von Schutt und Asche gefunden.

Heute steht man einem nüchternen Bau aus dem Jahr 1920 gegenüber. Die Innenräume der Synagoge sind jedoch reich ausgeschmückt, bunte Glasfenster und blau gekachelte Wände, zuletzt 1992 restauriert. Besucher müssen in der Synagoge ihre Schuhe ausziehen und den Kopf bedecken, außerdem wird eine Spende erwartet. Die jüdische Gemeinde hat auf Djerba eine lange Tradition, wahrscheinlich wanderten schon bei der Zerstörung Jerusalems durch die Römer im 1. Jh. n. Chr. etwa 1.000 Juden nach Djerba aus. Hara Seghira (Erriadh) und Hara Kebira waren lange nur von Juden bewohnt, bis nach der Gründung des Staates Israel viele der jüdischen Bewohner auf Djerba dorthin abwanderten. Heute besteht die kleine jüdische Gemeinde aus nur noch etwa 700 Mitgliedern.

Bordj Djillidi: Die alte türkische Festung (Mitte 18. Jh.) befindet sich an der Nordwestspitze der Insel (neben dem Leuchtturm und mitten in der Einflugschneise des Flughafens). Das Fort ist nur von außen zu besichtigen, da sich hier eine Militärstation befindet (das Fotografieren ist verboten). Nahebei ein netter kleiner *Fischerhafen*.

Auf dem Festland

Das römische Gightis: Nur noch spärliche Reste erinnern an die einst sehr bedeutende Römerstadt im Süden der Provinz Africa. Gightis wurde wahrscheinlich schon im 6. Jh. v. Chr. von den Phöniziern gegründet. 202 v. Chr. übernahm der Numiderkönig Massinissa die Macht, bis Gightis ab Mitte des 1. Jh. v. Chr. von den Römern beherrscht wurde. Damals war Gightis ein mächtiger Umschlagplatz sowohl für den Sahara-Handel als auch für Handelsschiffe aus Ägypten und dem gesamten Orient. Nach der Machtübernahme der Vandalen ging es mit der Hafenstadt rapide abwärts. Zu besichtigen sind die Ruinen der bedeutenden Bauwerke der Stadt: Forum, Kapitol und Thermen.

• Anfahrt/Öffnungszeiten Von Djerba mit der Fähre bei Ajim aufs Festland nach Jorf, ca. 20 km nach Jorf (auf der Straße nach Medenine) geht es rechts ab nach Gigthis. Tägl. 8–12 Uhr und 15–19 Uhr geöffnet (im Winter 8.30–17.30 Uhr), Eintritt 3 TD, Fotografieren 1 TD. Keine Busverbindung.

Zarzis

(ca. 15.000 Einwohner)

In der geschäftigen Kleinstadt ist von den Touristenhotels nördlich des Zentrums nichts zu spüren. Die Gäste bleiben meistens in ihren Hotelanlagen, für einen kurzen Spaziergang in die Stadt liegen diese ohnehin zu weit ab.

Das Leben spielt sich in Zarzis auf der Av. H. Bourguiba ab. Hier gibt es ein paar Restaurants, Cafés und einige Einkaufsmöglichkeiten. Der südlichste Badeort Tunesiens ist zwar touristisch voll erschlossen, kann mit den Angeboten auf Djerba aber bei weitem nicht mithalten und auch die Umgebung von Zarzis wirkt eher öde. Wer seinen Strandurlaub ungestört im komfortablen Hotel verbringen möchte, ist hier aber sicher richtig. Die Hotelstrände nördlich der Stadt sind sehr gepflegt (teilweise etwas steinig), der öffentliche Stadtstrand ist allerdings weniger einladend.

• *Touristeninformation* Gegenüber vom Hotel Zarzis in der Zone Touristique. Mo–Do 8.30– 13 Uhr, 15–17.45 Uhr, Fr/Sa 8.30–13 Uhr. Sehr kundiger und hilfsbereiter, Deutsch sprechender Mitarbeiter. Ausdrücklich auch außerhalb der Öffnungszeiten über Handy erreichbar, ✆ 75/706445 bzw. 98212458.

• *Verbindungen* **Busse**, Station in der Nähe vom Hafen, 4-mal tägl. Djerba (1,5 Std., ca. 2 TD); 1-mal Tunis (nachts, 24 TD); 2-mal Gabès; 1-mal Medenine; 1-mal Tataouine. Außerdem etwa stündl. Busse zu den Strandhotels (ca. 1 TD).

Louages, vor der Busstation, Fahrten nach: Djerba (45 Min., 2,30 TD); Gabès (1,5 Std., 6 TD); Tunis (6 Std., 20 TD); außerdem nach Medenine und Tataouine.

Taxis, Wagen im Zentrum und am Bus-Bhf., zu den Hotels ca. 3–4 TD.

• *Adressen* **Banken**, **Post**, **Polizei** (✆ 75/738550), **Krankenhaus** (✆ 75/738026) und **Supermärkte** im Zentrum.

• *Reisebüros* **Majus Voyages** organisiert Ausflüge nach Tataouine/Chenini, Matmata/Gabès, nach Kebili/Douz, Ksar Ghilane und Inselrundfahrten auf Djerba sowie individuelle Jeeptouren. Av. Hedi Chaker 11 (gegenüber vom Hotel 7 Novembre), ✆ 75/694666, 📠 694711.

• *Autovermietungen* z. B. **Mattei**, **Hertz** und **Express** (außerhalb vom Zentrum an der Straße Richtung Djerba bei den Hotels Zarzis und Zita). Die Preise für einen Kleinwagen liegen jeweils bei etwa 80–90 TD/Tag, ca. 450 TD/Woche.

• *Übernachten* Sehr einfache Unterkünfte im Zentrum, z. B. das Hotel Olivier in der Rue Farhad Hashad. Die *Strandhotels* liegen 3–12 km vom Zentrum entfernt und sind ziemlich abgeschieden. Eine Auswahl von Süd nach Nord:

Hôtel Nozha, 1 Stern, an der Corniche (ca. 3 km vom Zentrum). Der Strand liegt gleich über der Straße (steiniger Einstieg). Mit Restaurant, freundlicher Service. ✆ 75/650381, 📠 620758 (war z. Zt. der Recherche geschlossen).

Hôtel Zarzis, 3 Sterne, ca. 4,5 km vom Zentrum, nicht mehr das jüngste, viel deutsches Publikum (meist etwas älter). Schöner Pool mit Palmenlandschaft, gepflegter Strand, trotz Animationsangeboten insgesamt sehr ruhig. DZ 100 TD, EZ 64 TD, ✆ 75706160, 📠 694292.

Hôtel Giktis, 3 Sterne, 12 km vom Zentrum, neuere, sehr große Anlage. Großer Pool, zum Strand sind es 400 m. Jüngeres Publikum, mit Animation, vor dem Hotel Fahrradverleih und Supermarkt. DZ 146 TD, EZ 87 TD, in der Hochsaison sollte man einen Monat vorher reservieren. ✆ 75/705800, 📠 705002, E-Mail: reservation@planet.tn, Internet: www.gektishotel.com.

Club Sangho, 3 Sterne, *Tipp!* Neben dem Giktis in nördl. Richtung. Wunderschön gelegenes, gepflegtes Clubhotel mit traumhaftem Sandstrand. Zimmer zum Wohlfühlen, in kleinen Bungalows auf dem weitläufigen Gelände verteilt. Viel Programm, u. a. Ausflüge, Reiten, Surfen, Wasserski, Segeln. Vollpension ist hier obligatorisch: DZ 240 TD, EZ 135 TD. In der Hochsaison reservieren. ✆ 75/705124, 📠 705715, Internet: www.sangho.fr.

• *Essen/Trinken* **Le Pacha** (1 Gabel) beim Hôtel Zarzis, lizenziert, tunesische und internationale Küche. Etwas weiter stadtauswärts das Restaurant **Le Pirate**, ebenfalls lizenziert. An der Corniche einige **einfache Restaurants**, z. B. **La Petite Vague**, in der Nähe vom Hafen, große, leckere Fischportionen, Menü ca. 10 TD, sehr beliebt auch bei Tunesiern. Ebenfalls empfehlenswert ist das Restaurant **Tonier** in der Nähe vom Hotel Diana in der *Zone Touristique* am Strand.

Endlose Weiten – die Sahara

Der Süden

Eine im Ganzen karge und bizarre Landschaft – dünn besiedelt mit am Berghang klebenden, oft schon verfallenen Berberdörfern oder in den Boden gegrabenen Wohnhöhlen. Dazu die imposanten Abbruchkanten der bis zu 700 m hohen Plateaus des Dahar-Berglands, das sich im Westen absenkt und schließlich in den Weiten der Sahara verliert.

Südlich der Djeffara-Küstenebene um Gabès erhebt sich der Dahar-Bergrücken. Hier finden sich die größten touristischen Attraktionen der Gegend: die Höhlenwohnungen um Matmata und die Ksars um Tataouine.

Ksars und Ghorfas

Die unzugängliche Bergregion ist seit jeher eines der Rückzugsgebiete der halbnomadischen Berber, in das sie jahrhundertelang bei Gefahr flüchteten. Die Fluchtburgen bzw. Wüstenburgen setzen sich aus den meist im Kreis um einen Innenhof gebauten *Ghorfas* (zweistöckige Getreidespeicher mit Tonnengewölbedach) zusammen, die als Ganzes ein *Ksar* ergeben. Die meisten Ksars finden sich noch bei Tataouine, z. B. das *Ksar Ouled Soltane*, oder weiter nördlich das *Ksar Haddada*. Sie wurden als Wohnraum aber größtenteils von den unterhalb am Berg liegenden modernen Siedlungen ersetzt.

Keine Gegend Tunesiens wird mehr von Tagesausflüglern (vor allem von Djerba aus) besucht, über Nacht bleibt dagegen fast niemand. Per organisierter Jeeptour wird der Süden des Landes besichtigt, ein Highlight solcher Touren ist die Fahrt nach Ksar Ghilane am Rand der Sahara – „Wüste light", wie die Oase mit viel Touristenrummel auch treffend bezeichnet wird.

Als Ausgangspunkt für Fahrten in den Süden eignen sich Djerba und Gabès. Gute Quartiere bietet außerdem Matmata mit seinen außergewöhnlichen Höhlenhotels.

Wer Abgeschiedenheit in einem der restaurierten Ksar-Hotels sucht, kann z. B. in Ksar El Hallouf – quasi am Ende der Welt – übernachten.

• *Unterwegs mit dem Auto* Mit Ausnahme von Ksar Ghilane sind alle hier aufgeführten Orte über asphaltierte Straßen mit dem Pkw erreichbar. Für Ksar Ghilane empfiehlt sich eine organisierte Jeeptour – der einfachste und preisgünstigste Weg, ein bisschen Wüstenromantik mit Übernachtung unterm Sternenzelt zu genießen.

Achtung: Fahrten ins riesige tunesische Sperrgebiet südlich von Tataouine bedürfen der Genehmigung. Zuständig sind das Gouvernorat in Tataouine oder das Touristenbüro in Houmt Souk auf Djerba, die Anträge müssen zwei bis drei Wochen vor der geplanten Tour gestellt werden. Die militärische Sperrzone ist nur mit dem Jeep befahrbar, das Fotografieren ist strengstens verboten.

Matmata (ca. 1.000 Einwohner)

Schon bevor man das Höhlendorf erreicht, gelangt man zu einem Aussichtspunkt an der Straße: toller Blick auf die hügelige „Mondlandschaft" – Sie stehen vor der Filmkulisse zum „Krieg der Sterne".

Der Ort zieht Scharen von Ausflugstouristen an, und das nicht nur wegen seiner schönen Lage in den bizarren Matmata-Bergen (nördliches Dahar-Bergland), sondern hauptsächlich wegen der Wohnhöhlen. Diese verteilen sich in dem weit auseinander gezogen Ort – hie und da ein paar Palmen oder Olivenbäume – und

Maisons des Troglodytes

Eine große touristische Attraktion zweifelsohne, kann man hier doch wirklich noch echte Höhlenbewohner (= Troglodyten) antreffen, so zumindest wird in der Gegend um Matmata geworben.
Die meisten der über *500 Höhlenwohnungen* im weiteren Umkreis wurden jedoch längst verlassen. Wer geblieben ist, versucht oft, von der Touristenattraktion ein wenig zu profitieren, und stellt seine Wohnhöhle den unzähligen Jeepgruppen zur Besichtigung zur Verfügung (Trinkgeld nicht vergessen!). Mancher mahlt – ganz in berberischer Tradition – demonstrativ ein wenig Getreide oder stellt den „Gästen" selbst gebackenes Brot und Olivenöl hin. Mit den jahrhundertealten Lebensformen der Matmata-Berber in ihren Wohnhöhlen hat dies allerdings nur noch wenig zu tun.
Man betritt die Höhlen durch einen Tunnel und gelangt in den Innenhof. Von hier geht es in die Wohnräume, Vorratskammern und kleinen Stallungen, im Obergeschoss (entweder über eine halsbrecherische Freitreppe oder eine Strickleiter zugänglich) befinden sich weitere Vorratsräume. Die kraterförmigen Innenhöfe wurden bis zu 7 m tief (mit einem Durchmesser von ca. 10 m) in den weichen Lehmboden gegraben. Die Höhlen sind im Sommer kühl und im Winter wärmespeichernd, also ideal für das Klima im Matmata-Bergland.
Offiziell zu besichtigende Troglodyten-Wohnungen befinden sich jeweils an den Straßen nach Tamezret und nach Gabès. Bei Erkundungsgängen durch Matmata kann man aber auch auf private Wohnhöhlen stoßen. Wenn man sie besichtigen darf, sollte man auch hier ein Trinkgeld geben.

Der Süden
Karte Seite 246/247

sind an den kraterförmigen Innenhöfen zu erkennen; drei der Höhlenwohnungen wurden zu einfachen Hotels umfunktioniert. Im Zentrum von Matmata gibt es eine Post, ein Café und ein gutes Touristenrestaurant im Hôtel Kouseila.

• *Information/Autovermietung* **Touristeninformation** kurz nach dem Ortseingang von Matmata auf der linken Seite (aus Matmata Nouvelle kommend). Je nach Jahreszeit wechselnde Öffnungszeiten, zwischen 10–13 Uhr aber immer geöffnet. ✆ 75/230075. Freundlich und hilfsbereit.

Außerdem gibt es das Büro des **Syndicat d'Initiative** im Zentrum am Uhrturm. Freundliche, kundige Beratung zu Ausflügen in die Umgebung, tägl. 8–12 Uhr und 15–18.30 Uhr geöffnet, ✆ 75/230114. **Mietwagen** über die *Hotels Kouseila* und *Les Troglodytes*. Das **Reisebüro** *Matmata Voyages* organisiert Wüstentouren, ✆ 75/230310.

• *Verbindungen* 9-mal tägl. **Busse** nach Gabès (1,75 TD), 1-mal nach Tamezret (0,80 TD) und 1-mal nach Techine (0,80 TD). **Louages** nach Tamezret und Gabès (über Matmata Nouvelle). Trotz der asphaltierten Straße nach Douz gibt es noch keine direkte Bus- oder Louage-Verbindung dorthin!

• *Übernachten* **Hôtel Diar les Berberes**, 4 Sterne, modernes Luxushotel, Zimmer im Stil der Höhlenwohnungen, klimatisiert, mit Disko (!), DZ 100 TD, EZ 50 TD, Buffet (Abendessen) 15 TD. Etwa 2,5 km außerhalb von Matmata an der Straße nach Tamezret. ✆ 75/240074, 📠 75/240144, E-Mail: contact@diarelbarbar.com, Internet: www.diarelbarbar.com.

Hôtel Ksar El Amazigh, 3 Sterne, *Tipp!* Freundlicher Service, mit Bar/Restaurant und herrlichem Pool vor bizarrer Felslandschaft, gute Zimmer mit Du/WC, DZ 100 TD, EZ ca. 70 TD. Nachteil: Das Hotel liegt 1,5 km außerhalb an der Str. nach Tamezret (beschildert), ✆ 75/240062 oder 240088, 📠 240273.

Hôtel Kousseila, 3 Sterne, im Zentrum, angenehmes Hotel mit Sonnenterrasse, freundlicher, Deutsch sprechender Besitzer, gutes Restaurant, beliebter Mittagessen-Stopp bei Reisegruppen. DZ 64 TD, EZ 44 TD, ✆ 75/240303, 📠 240265.

Hôtel Matmata, 3 Sterne, modern, mit Pool, Snackbar, Restaurant, saubere Zimmer mit Bad und Aircon., DZ 60 TD, EZ 42 TD. In Matmata ausgeschildert, ✆ 05/240066, 📠 240177, E-Mail: matmatahotel@yahoo.fr.

Hôtel Marhala Touring Club, einfaches, originelles Höhlenhotel, urig, aber sehr sauber, mit Bar und Restaurant, Souvenirgeschäfte vor dem Hotel, DZ 22 TD, EZ 13,5 TD (mit Frühstück), beschildert. ✆ 75/230015, 📠 230109.

Hôtel Les Berberes, vom Zentrum aus beschildert, ähnlich wie Marhala Touring Club, einfaches, aber sehr sauberes Hotel in traditioneller Bauweise. Zimmer in Felsen gebaut, kühl durch die natürliche Klimatisierung. Günstigste Übernachtungsmöglichkeit im Ort: im Mehrbettzimmer 20 TD mit Frühstück, ✆ 75/240024.

• *Essen und Trinken* **Chez Abdoul**, im Zentrum von Matmata, 30 m vom Louage-Abfahrtsplatz entfernt. Schöne Sitzgelegenheit, Menü ab 6 TD, Hähnchen 4 TD. ✆ 75/230189.

Ben Khalifa, ebenfalls im Zentrum, nach hinten Terrasse mit wunderschöner Aussicht über Matmata, Menü ca. 8 TD

Tamezret: Das 11 km von Matmata entfernte Dorf erstreckt sich an einem steilen Hang (auf asphaltierter Straße zu erreichen). Enge Gassen zwischen Natursteinhäusern, an der höchsten Stelle eine Moschee und am Ortsrand ein Café, das war's dann auch schon. In westliche Richtung gelangt man auf die Straße nach Douz (knapp 100 km) und auf die Piste nach Ksar Ghilane. Einmal tägl. Busse von Matmata nach Tamezret.

Toujane: Herrlich am Hang gelegenes Bergdorf mit ein paar Souvenirständen, Café und kleinem Museum. Beliebter Zwischenstopp bei organisierten Jeeptouren. Das

Der Süden Karte Seite 246/247

malerische Dorf liegt 27 km von Matmata entfernt. Die Straße führt in zahllosen Serpentinen durch die Berge. Dabei bietet sich ein fantastischer Ausblick auf das bergige Umland und in weiter Entfernung sogar auf das Meer.

• *Anfahrt* Von Matmata auf der Asphaltstraße Richtung Toujane und Medenine. Von Toujane führt eine asphaltierte Straße in Richtung Küste nach Mareth.

Anfahrt ab Mareth: Auf der Straße von Medenine nach Gabès auf Höhe des Mareth-Militärmuseums auf die Straße nach Toujane abbiegen (Straßenbezeichnung 955, ca. 27 km nach Toujane). Man erreicht zuerst Tounine, am Ortsende geht es links ab (beschildert). Die Straße wird nun sehr kurvenreich und windet sich mit grandiosen Ausblicken den Berg hinauf. Achtung: Die Straße ist zwar durchgängig asphaltiert, aber sehr schmal und daher nur geübten Fahrern zu empfehlen. Abwechslungsreiche Strecke.

• *Verbindungen* 1-mal tägl. Bus nach Gabès, 3-mal tägl. Louage nach Medenine.

• *Übernachten* Sehr einfache Übernachtungsmöglichkeit in Toujane: **Auberge Dar Touati chez Habib**, DZ 15 TD, sehr einfache Familienpension, Schlafen auf Matratzen am Boden, freundlich. Couscous mit Gemüse 5 TD. Hier werden auch Besichtigungstouren nach Toujane organisiert ✆ 97797538.

Filmkulisse Tunesien

Die Schönheit der tunesischen Wüstenlandschaft und ihre teils bizarre Formation inspirierte schon die verschiedensten Filmemacher. So diente sie oft als Kulisse für bekannte Filme wie „Star Wars“, „Der englische Patient“, „Indiana Jones – Jäger des verlorenen Schatzes“, „Das Leben des Brian“ und andere. Sie alle wurden hier gedreht, wenngleich die Handlung an völlig anderen Orten spielt. Aber die Landschaft von Onk El Jemel bei Nefta versetzt den Besucher gefühlsmäßig tatsächlich auf einen anderen Planeten, sodass sie bestens geeignet war für George Lukas' „Krieg der Sterne“. Auch die traditionellen troglodytischen Höhlenwohnungen von Matmata sowie die Ksars von Tataouine fanden Eingang in den Film. Der mit Oscars geradezu überhäufte „Englische Patient“, der eigentlich in Ägypten spielt, wurde dagegen in der Bergoase Midès, in Tozeur und in Ksar Ghilane gedreht.
Doch nicht nur Regisseure, auch namhafte Fotografen der internationalen Modewelt (u. a. von Madame und Vogue Gioiello) schätzen die tunesische Wüste als exotische Kulisse. Ein bisschen orientalischer Zauber oder karge Einöden im Nirgendwo, für jedes Shooting findet sich hier der passende Hintergrund.

Medenine (ca. 20.000 Einwohner)

Abgesehen von den völlig vom Ausflugstourismus eingenommen *Ghorfas* (von Djerba kommend am Ortseingang) hat Medenine wirklich gar nichts zu bieten, was einen Aufenthalt lohnenswert machen würde. Von der Gouvernoratshauptstadt allerdings gute Busverbindungen in den Süden. In Medenine gibt es Post, Polizei und ein Krankenhaus.

• *Verbindungen* **Busse**, nahe der Place 7 Novembre (Hôtel Sangho). 5-mal tägl. Gabès (1,5 Std., 3,75 TD); 3-mal Djerba (2 Std., 4,30 TD); 1-mal Zarzis (1 Std., 4,30 TD); 3-mal Tataouine (1 Std., 2,40 TD); 8-mal Ghomrassen/Ksar Haddada (1,5 Std., 4,42 TD). **Louages für Nahziele** gegenüber der Busstation, gleiche Ziele wie die Busse, etwas teurer, dafür schneller. Die **Louage-Station für Fernziele** befindet sich ca. 2 km außerhalb von Medenine auf der Hauptstraße nach Gabès. Taxi ca. 1 TD.

• *Übernachten* **Hôtel Sangho**, 2 Sterne, komfortable Herberge an der Place 7

Ghorfa-Komplex in Metameur

Novembre (Kreisel). Lizenziertes Restaurant. ✆ 75/643878, ℻ 640550, z. Zt. der Recherche geschlossen.

Hôtel Essada und Hôtel El Hana, 2 Billigherbergen fast nebeneinander in der Av. H. Bourguiba (Straße Richtung Gabès), beide extrem einfach und günstig: DZ 12 TD, ohne Dusche sogar ab 6 TD, ✆ 75640690.

• *Essen und Trinken* **Essada**, einfaches Restaurant neben dem gleichnamigen Hotel. Couscous ab 3 TD, Brik mit Thunfisch 1 TD.

Metameur: Für die Besichtigung der Speicherburgen ist das ruhigere Metameur dem Rummel von Medenine in jedem Fall vorzuziehen. Der über 300 Jahre alte Ghorfa-Komplex liegt erhöht neben dem modernen (wenig sehenswerten) Ort Metameur, hier nur wenige Touristen und Souvenirstände.

• *Anfahrt* 7 km von Medenine auf Asphaltstraße, zunächst Richtung Gabès, dann links ab. Busse ab Medenine.

• *Essen/Trinken* **Café-Restaurant Gorfa Pizza chez Salmouk** im alten Zentrum, nicht zu übersehen. Spezialität des Hauses ist ein Menü mit – in der Erde gegarten – Fleischspießen sowie Käse mit Honig für 18 TD. Der Besitzer kocht ab 5 Personen, man sollte einen Tag vorher Bescheid sagen. ✆ 98211985.

Ksar El Hallouf: Der Besuch des kleinen Dorfes mit noch kleinerer Oase in vollkommener Abgeschiedenheit ist durchaus lohnenswert. Die touristische Attraktion des Orts, das eigentliche (sehr große) *Ksar* liegt oberhalb auf einem Berg (ca. 500 m). Der größte Teil der Speicherburg ist verfallen, in einem restaurierten Bereich hat man jedoch auch hier ein einfaches, aber einladendes Hotel eingerichtet. Oberhalb befindet sich eine verfallene Moschee, noch weiter oben ein Marabout, zu dem man wegen der herrlichen Aussicht unbedingt hinaufsteigen sollte.

• *Anfahrt* Auf asphaltierter Straße von Medenine nach Beni Kheddache (36 km, beschildert). Von dort noch 14 km auf nur z. T. asphaltierter Piste, mit dem Pkw einigermaßen befahrbar. Keine Busse oder Louages, evtl. bekommt man ein Taxi in Beni Kheddache, darauf sollte man sich aber nicht verlassen.

• *Übernachten* **Hôtel Ksar Hallouf**, mit Café und Restaurant. Übernachtung mit Abendessen und Frühstück 17 TD pro Person. Vom Hotel werden Ausritte (Kamel oder Pferd) zu einem verfallenen Ksar an der Bergkante gegenüber organisiert, Dauer 5 Std., 25 TD pro Person. ✆/℻ 75/637148

Der Süden
Karte Seite 246/247

Tataouine

(ca. 59.000 Einwohner)

Tataouine, die letzte größere Ansiedlung vor dem südtunesischen Sperrgebiet, hat in jedem Fall mehr zu bieten als Medenine, zum Beispiel einen sehr ursprünglichen, bunten Gewürz- und Lebensmittelmarkt (Mo/Do). Die Stadt am Fuß des Dahar-Berglands (45 km von Medenine) eignet sich gut als Ausgangspunkt für Ausflüge nach Chenini oder Ksar Ouled Soltane, allerdings ist man auf einen Mietwagen (ab Djerba oder Gabès) angewiesen. Im Zentrum um die Av. H. Bourguiba (hier auch der Markt) Post, Cafés und einfache Restaurants, das Krankenhaus liegt im 6 km entfernten **Nouvelle Tataouine**. Jedes Jahr im März findet das Festival von Tataouine statt: In den nahe gelegenen Ksars werden Pferderennen, Windhundrennen und Hochzeitstänze geboten, die farbenprächtig das Leben in der Sahara präsentieren.

Tataouine ist stark vom Militär geprägt, am südöstlichen Ortsausgang befindet sich eine große Kaserne, auf dem Berg oberhalb liegt das ehemalige französische Gefängnis, das jetzt ebenfalls vom tunesischen Militär genutzt wird.

• *Verbindungen* **Busse** und **Louages** fahren im Zentrum (Av. H. Bourguiba) ab. Es bestehen Busverbindungen nach Medenine stündl. (1 Std., 2,40 TD), 2-mal Gabès (2,5 Std., 6,80 TD), außerdem 6-mal nach Ghomrassen/Ksar Haddada, 1-mal nach Beni Barka und Ksar Ouled Soltane sowie 1-mal nach Djerba. Louages u. a. nach Medenine, Djerba, Gabès. **Taxis** im Zentrum, eine Fahrt zum Hôtel Sangho kostet ca. 2,50–3 TD, zum Hotel Dakyanus 3 TD, organisiert vom Hotel.

• *Übernachten* **Hôtel Dakyanus Tataouine**, 3 Sterne, 5 km vom Zentrum an der Straße nach Ghomrassen. Aircondition, großer Pool, schöne Anlage, geschmackvoll eingerichtet, eine domestizierte Gazelle gehört auch zum Haus. Vom hauseigenen Reitstall werden Ausritte zu Pferd und Kamel organisiert. DZ 94 TD, EZ 63 TD. ✆ 75/832199, 📠 75/832198, E-Mail: dakyanus@gnet.tn, Internet: www.dakyanus.hotel.com.

Hôtel Mabrouk – *la perle du désert*, 3 Sterne, 3 km außerhalb vom Zentrum, ca. 200 m vom Hotel Sangho entfernt (auf der Straße nach Chenini). Arabischer Baustil, klimatisiert. Auf dem Gelände gibt es Stellplätze für Campingfahrzeuge. Stellplatz 5 TD/Person, 10 TD/Auto. (mit Dusche). DZ 70 TD, EZ 45 TD. ✆ 75/862805 oder 75852852, 📠 75/850100, E-Mail: hotel mabrouk@messagerie.net.

Hôtel Sangho, 3 km vom Zentrum (Taxi), 3 Sterne, *Tipp!* Stilvolle, luxuriöse Anlage am Fuß eines Berges, die Beschriftung am Berghang weist schon von Weitem den Weg. Mit Pool, Restaurant, Bar, Café, sehr entspannend. DZ 105 TD, EZ 72,5 TD. Standardtouren nach Ksar Ghilane, Douz oder Matmata. ✆ 75/860124, 📠 862177, E-Mail: sangho.tataouine@planet.tn.

Hôtel La Gazelle, 2 Sterne, im Zentrum (Straße Richtung Chenini auf der rechten Seite), freundlicher Service, einfache Zimmer mit Bad, DZ 49 TD, EZ 33,5 TD. ✆ 75/860009, 📠 862860.

Chenini: Knapp 20 km westlich von Tataouine (asphaltierte Straße, beschildert) und das wohl *meistbesuchte Bergdorf Südtunesiens.* Malerisch ist besonders die einmalige Lage: auf zwei Hügeln gebaut, in der Senke dazwischen steht eine strahlend weiße Moschee. Auch hier sind die meisten Bewohner längst ins 3 km entfernte **Nouvelle Chenini** umgesiedelt, die Ghorfas und Höhlenwohnungen verfallen zusehends. Viel Rummel, Souvenirgeschäfte, Erfrischungsstände und ein Touristenrestaurant.

Ksar Ouled Soltane: Liegt abseits der gängigen Touristenrouten und ist u. a. auch deshalb sehr sehenswert. Das Ksar ist mittlerweile restauriert worden, man hat von hier oben einen guten Ausblick auf die grandiose Landschaft rundum. Das neue Dorf (mit Café) liegt nicht, wie sonst üblich, unterhalb, sondern direkt daneben.

Die Bewohner des Orts zeigen sich an den wenigen Besuchern, die sich hierher verirren, interessiert, sind im Ganzen aber sehr zurückhaltend. Ksar Ouled Soltane ist sicherlich die *interessanteste Speicherburg* der Region.

• *Anfahrt* 22 km südlich von Tataouine, beschildert, die Straße ist asphaltiert. Durch eindrucksvolle Landschaft, die Minarette von Ksar Ouled Soltane sieht man schon von weitem. 1-mal tägl. Bus von Tataouine. **Tipp**: Für Übernachtungsmöglichkeiten in Ksar Ouled Soltane wende man sich an den dortigen Fremdenführer.

Beni Barka: Der Abstecher zu dem halb verfallenen Ksar lohnt in jedem Fall, zumal Beni Barka auf der Strecke von Tataouine nach Ksar Ouled Soltane liegt. Herrliche Aussicht oben vom Ksar.

Anfahrt zum Ksar 1 km vor dem Dorf Beni Barka rechts abbiegen und bergauf fahren. Auf der Passhöhe befindet sich ein kleiner Parkplatz, von dort gelangt man in wenigen Minuten zu Fuß auf einem Schotterweg zum Ksar. 1-mal tägl. Bus von Tataouine zum Dorf Beni Barka.

Guermessa: Das alte Guermessa liegt ähnlich wie Chenini auf zwei Hügeln, die durch einen Grat miteinander verbunden sind; in der Mitte prangt weithin sichtbar eine weiße *Moschee*. Touristen kommen fast nie hierher. Die Piste hinauf ist für Pkws schlecht befahrbar, ca. 8 km von der neuen (nicht sehenswerten) Siedlung Guermessa am Fuß des Berges.

Anfahrt über Asphaltstraße ab Tataouine, zunächst Richtung Ghomrassen (beschildert, ca. 20 km).

Ghomrassen: Lebendiges, lang gezogenes Dorf (abseits der Touristenmassen), in einem Tal gelegen, viel Grün. Hinter dem Dorfplatz befindet sich eine alte Ksaranlage. Im Kontrast dazu an der Hauptstraße das Internetcafé (1 Std. 1,50 TD). Louage-Verbindungen nach Tatatouine 0,80 TD und nach Medenine 1,80 TD. Mehrmals tägl. Busse nach Tataouine.

Das meistbesuchte Bergdorf Tunesiens – Chenini

Ksar Haddada: Der sehr ruhige, auf einem kleinen Hügel gelegene Ort wird hauptsächlich von Gruppenreisenden angesteuert. Das (derzeit noch geschlossene) Hotel Ksar Heddada im Zentrum (Wiedereröffnung für 2007 geplant) ist Zwischenstopp auf der Besichtigungstour, schließlich befindet sich hier einer der Schauplätze des Films „Krieg der Sterne“. Ansonsten hat Ksar Haddada ein Café und kleine Lebensmittelgeschäfte zu bieten, aber auch viel Abgeschiedenheit.

Anfahrt Ca. 20 km von Tataouine auf asphaltierter Straße nach Ghomrassen, von hier 6 km nach Ksar Haddada (asphaltiert). Busverbindung ab Tatouine und Medenine.

Ksar Ghilane

Die Oase am Rand der Saharadünen steht bei organisierten Jeeptouren ganz oben auf dem Programm. Entsprechend groß ist auch der abendliche Andrang in den drei Zeltcamps von Ksar Ghilane: Zeltlagerstimmung mit Lagerfeuer und Gesang. Aber auch Luxussuchende kommen hier auf ihre Kosten: Klimatisierte und beheizbare Wüstenzelte mit Bett und Bad sowie ein Oasenschwimmbad lassen die Widrigkeiten der Wüste schnell vergessen.

Auch wenn man lieber auf eigene Faust unterwegs ist: Die organisierte Tour ist in jedem Fall der einfachste und sicherste Weg in die Oase. Man vertraut sich einem wüstenkundigen Fahrer und einem Deutsch sprechenden Reiseleiter an, die etwa dreistündige Fahrt über Sandpiste (mit Stopp an jedem Sahara-Café auf der Strecke, hier gibt es warme Cola) ist allerdings alles andere als bequem. In Ksar Ghilane selbst kann man ein Kamel mieten und zum französischen Fort (auf den Fundamenten einer römischen Befestigung) reiten, in den Dünen spazieren gehen oder im kleinen See der Oasenquelle baden. Wer absolute Ruhe sucht, ist hier allerdings am falschen Ort.

Bisher kaum Tourismus – Ksar Ouled Soltane

• *Anfahrt* 2-tägige Touren nach Ksar Ghilane werden in fast allen *Reiseagenturen* auf Djerba, aber auch ab Gabès und Sousse angeboten. Der Preis ab Djerba liegt bei ab ca. 100 TD inkl. Vollpension. Wer auf *eigene Faust* nach Ksar Ghilane fahren möchte, sollte einen Jeep besitzen oder mieten (auf Djerba/Houmt Souk, ein Jeep kann nur mit Fahrer gemietet werden). Ca. 10 km südl. von Chenini auf der Piste nach Douirat geht es links ab (beschildert), von hier noch etwa 60 km. Nach Ksar Ghilane gelangt man jedoch am besten über die Pipeline-Piste: Auf der Straße von Matmata nach Douz geht es nach ca. 30 km (beim Café Jelili) links ab auf die Piste. Von hier 65 km, die letzten 12 km asphaltiert. **Achtung**: Selbstfahrer sollten mit Vorsicht unterwegs sein und sich vorher über den Zustand der Pisten erkundigen!

• *Übernachten* Die Übernachtung in einem einfachen Wüstencamp kostet ca. 17 TD. **Le Paradis – Campement Touristique**, Ksar Ghilane – Douz. ✆ 75/470255 oder 900507, 📠 75/470515.

Luxuriöse Zelte bei **Pansea Ksar Ghilane**, Restaurant, Pool, Aussichtsturm mit Blick über die Oase und die Dünen. Im DZ (Zelt) 172 TD, EZ (Zelt) 119 TD. ✆ 900521. Reservierungszentrale in Tunis, ✆ 71/42275431, 📠 71/42275434, E-Mail: boissee@clubinternet.fr.

Verlagsprogramm

- Abruzzen
- Ägypten
- Algarve
- Allgäu
- Altmühltal & Fränk. Seenland
- Amsterdam *MM-City*
- Andalusien
- Apulien
- Athen & Attika
- Azoren
- Baltische Länder
- Barcelona *MM-City*
- Berlin *MM-City*
- Berlin & Umgebung
- Bodensee
- Bretagne
- Brüssel *MM-City*
- Budapest *MM-City*
- Bulgarien – Schwarzmeerküste
- Kanada – der Westen
- Chalkidiki
- Chianti – Florenz, Siena
- Cornwall & Devon
- Costa Brava
- Costa de la Luz
- Côte d'Azur
- Dolomiten – Südtirol Ost
- Dominikanische Republik
- Ecuador
- Elba
- Elsass
- England
- Franken
- Fränkische Schweiz
- Friaul-Julisch Venetien
- Gardasee
- Genferseeregion
- Golf von Neapel
- Gomera
- Gran Canaria
- Gran Canaria *MM-Touring*
- Graubünden
- Griechenland
- Griechische Inseln
- Hamburg *MM-City*
- Haute-Provence
- Ibiza
- Irland
- Island
- Istanbul *MM-City*
- Istrien
- Italien
- Italienische Adriaküste
- Kalabrien & Basilikata
- Karpathos
- Katalonien
- Kefalonia & Ithaka
- Korfu
- Korsika
- Kos
- Krakau *MM-City*
- Kreta
- Kroatische Inseln & Küste
- Kykladen
- La Palma
- La Palma *MM-Touring*
- Languedoc-Roussillon
- Lanzarote
- Lesbos
- Ligurien – Italienische Riviera, Genua, Cinque Terre
- Liparische Inseln
- Lissabon & Umgebung
- Lissabon *MM-City*
- London *MM-City*
- Madeira
- Madrid & Umgebung
- Mainfranken
- Mallorca
- Malta, Gozo, Comino
- Marken
- Mittel- und Süddalmatien
- Mittelitalien
- Montenegro
- Naxos
- Neuseeland
- New York *MM-City*
- Niederlande
- Nord- u. Mittelgriechenland
- Nordkroatien – Kvarner Bucht
- Nordportugal
- Nordspanien
- Norwegen
- Nürnberg, Fürth, Erlangen
- Oberbayerische Seen
- Oberitalien
- Oberitalienische Seen
- Ostfriesland & Ostfriesische Inseln
- Ostseeküste – Mecklenburg-Vorpommern
- Ostseeküste – von Lübeck bis Kiel
- Paris *MM-City*
- Peloponnes
- Piemont & Aostatal
- Polen
- Polnische Ostseeküste
- Portugal
- Prag *MM-City*
- Provence & Côte d'Azur
- Rhodos
- Rom & Latium
- Rom *MM-City*
- Rügen, Stralsund, Hiddensee
- Salzburg & Salzkammergut
- Samos
- Santorini
- Sardinien
- Schottland
- Schwäbische Alb
- Sinai & Rotes Meer
- Sizilien
- Skiathos, Skopelos, Alonnisos, Skyros – Nördl. Sporaden
- Slowakei
- Slowenien
- Spanien
- Südböhmen
- Südengland
- Südfrankreich
- Südmarokko
- Südnorwegen
- Südschweden
- Südtirol
- Südtoscana
- Südwestfrankreich
- Teneriffa
- Teneriffa *MM-Touring*
- Tessin
- Thassos, Samothraki
- Toscana
- Tschechien
- Tunesien
- Türkei
- Türkei – Lykische Küste
- Türkei – Mittelmeerküste
- Türkei – Westküste
- Türkische Riviera – Kappadokien
- Umbrien
- Ungarn
- Usedom
- Venedig *MM-City*
- Venetien
- Wachau, Wald- u. Weinviertel
- Westböhmen & Bäderdreieck
- Wien *MM-City*
- Zakynthos
- Zypern

Aktuelle Informationen zu allen Reiseführern finden Sie im Internet unter
www.michael-mueller-verlag.de

Michael Müller Verlag GmbH, Gerberei 19, 91054 Erlangen
Tel. 0 91 31 / 81 28 08-0; Fax 0 91 31 / 20 75 41; E-Mail: mmv@michael-mueller-verlag.de

Register